U0154544

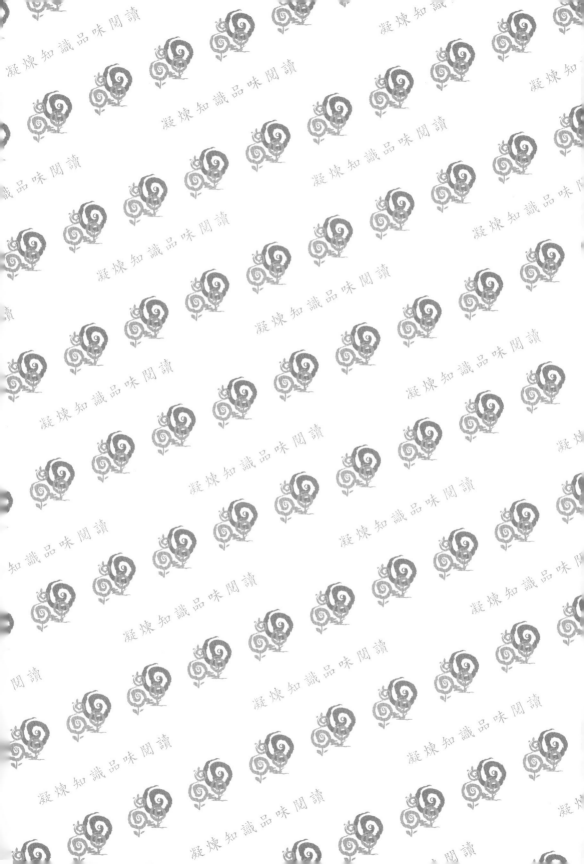

陳隆修教授七秩華誕
祝壽論文集

陳隆修教授七秩華誕祝壽論文集編輯委員會　主編

吳光平、何佳芳、李瑞生、宋連斌、林恩瑋、孫尚鴻、張絲路、許兆慶
許慶坤、許耀明、游悅晨、黃志慧、黃　鈺、馮　霞、葉　斌、蔡佩芬
劉仁山、劉　流、賴淳良、譚曉杰　著

五南圖書出版公司 印行

序　言

　　陳隆修教授民國41年（1952年）出生於臺灣桃園大溪鎮，輔仁大學法律系畢業後，即負笈英國留學，進入倫敦政經學院（London School of Economics and Political Science, LSE）就讀，受業於Trevor C. Hartley教授，並以優異成績先後獲得該校之法學碩士與法學博士學位。攻讀博士期間，適逢美國國際私法革命浪潮，先生躬逢其盛，遠赴美國密西根大學進行第一手研究，研究成果獲Robert Leflar教授及Willis Reese教授等國際私法巨擘高度讚揚。

　　民國70年（1981年）先生完成於英、美等地的研究之後，接受Baker & McKenzie臺北律師事務所邀請，從事國際商務法律實務工作。嗣前最高法院院長、司法行政部長查良鑑博士創辦東海大學法律系，先生接受邀請投入法律教育研究，出任國際私法教席，並兼教授商事法與民法概要等課程。同時間，先生並擔任東海大學企業講座工商法律諮詢顧問，持續將跨國法律的專業運用在實務工作上，對當時法律資源相對欠缺的中南部地區貢獻卓著。

　　先生勤於著述，在教職初期（1986年～1989年）即先後出版了《國際私法契約評論》、《國際私法管轄權評論》、《美國國際私法新理論》、《比較國際私法》等專書。每一本著作力道萬鈞，內容堅實。其中國際私法管轄權評論為華人世界第一部完整介紹英美、歐陸國際管轄權理論之著作，而美國國際私法新理論一書，不但詳盡梳理、批判美國國際私法新理論，

更進而提出「主要價值」（Prevailing Value）理論，成爲此後蔚爲風潮「實體法方法論」的先驅。

民國77年（1988年）先生擔任東海大學法律系系主任，同年並創立東海大學法律研究所碩士班，擔任首屆所長。先生任內發展其行政長才，積極求才，充實資源，領導東海大學法律系、法律研究所朝向嶄新的發展階段。期間愛女出生，先生爲專心照顧愛女，遂辭去學校行政職務，全日居家陪伴其「天使般的小女」。

先生平生不慕名利，不求榮祿，不拘小節，專心致志於國際私法研究。在東海大學服務長達三十餘年，桃李滿門。教職後期（2006年～2013年）又先後與其門生弟子及中國大陸知名國際私法學者劉仁山、宋連斌等教授共同出版《國際私法：選法理論之回顧與展望》、《國際私法：管轄與選法理論之交錯》、《2005年海牙法院選擇公約評析》、《國際私法：國際程序法新視界》、《國際私法：程序正義與實體正義》、《國際私法：新世紀兩岸國際私法》等專書。及至晚近，先生更將其理論連結中華哲學，撰寫「中國思想下的全球化選法規則」以及「中國思想下的全球化管轄規則」等作品，完成「中國式國際私法」之新里程碑；縱使已達學術巔峰，先生仍孜孜矻矻，持續研究、著述，計畫將中西法律哲學思想共冶於一爐，放眼中外國際私法學界，能出其右者幾希！

欣逢先生七秩華誕，受教門生弟子及後進故舊等爲感念先生貢獻，迺齊心共同爲文，蒐集成冊，書名題爲「陳隆修教授七秩華誕祝壽論文集」，即爲見證先生爲國際私法學奉獻之成就。本書各篇論文均爲參與同道精心之作，在此謹以最大敬

意，感謝作者群的熱情贊助；藉由本紀念文集之出版，亦希能
啓迪海內外同道、後進持續致力國際私法研究，是所至盼。

　　　　　　陳隆修教授七秩華誕祝壽論文集編輯委員會敬筆
　　　　　　　　　　　　　　　　　　　　　　2022年8月

目錄

人類命運共同體構建下國際私法使命的重新解讀　　譚曉杰 **449**

淺談涉外契約實質要件之準據法

何佳芳[*]

壹、前言

　　我國現行《涉外民事法律適用法》（以下稱「涉民法」）中，有關涉外契約準據法之規定，包括同法第16條「契約方式（形式）之準據法」及同法第20條「契約實質之準據法」。契約方式，指契約成立所應具備之外觀形式（例如，契約是否須以書面為之、是否須經公證機關之公證等），而契約實質則包括：一、契約成立之實質要件（例如，契約內容之確定與適法、意思表示之健全與合致等）；以及二、契約之效力（亦即，因契約成立而生之債的效力）。在2010年的涉民法修正中，針對此契約實質準據法進行了相當大的變革，尤其就當事人未明白約定契約準據法之場合，參考外國立法例及相關國際準據法公約，引進所謂「最重要牽連關係原則」（the most significant relation）[1]與「特徵性履行理論」（characteristic performance）[2]，以符合國際立法潮流，並使相關選法規則更具彈性且

---

[*] 東吳大學法律系副教授。

[1] 最重要牽連關係原則源自英美司法判例，乃國際私法界之新發展，近年來廣為各國立法例所採用。又稱「最強牽連關係理論」或「最密切關聯原則」，涉民法修正理由中，則稱之為「關係最切之原則」。相關論述，請參閱林益山，〈國際私法上「最重要牽連因素原則」之研究〉，收於《國際私法理論與實踐（一）──劉鐵錚教授六秩華誕祝壽論文集》，第415頁以下；賴來焜，〈國際私法中「最重要牽連關係原則」之研究〉，《法學叢刊》，第47卷第3期，2002年7月，第1-61頁；許兆慶，〈國際私法上「最重要關連原則」之理論與實際──以涉外侵權行為選法規範為中心〉，《東海大學法學研究》，第16期，2001年12月，第153頁以下等。

[2] 特徵性履行理論乃源自於瑞士，因1955年「海牙公約」與1980年「羅馬公約」之採納，而廣為大陸法系國家所接受。日本學者稱此為「特徵的給付」，我國涉民法修正則稱之為「特徵性債務」。相關論述，請參閱王志文，〈涉外債之關係法

周延。

　　無獨有偶，日本於2006年修正通過並於2007年開始施行的《法律適用通則法》[3]（以下稱「日本通則法」）第8條，亦在參考各國立法例後改採「最密接關係原則」，針對當事人未選擇準據法的場合，提供了「最密接關係地」這一能與個別、具體契約關係相對應之柔軟的客觀基準。然而，兩國修法最大不同在於，日本通則法於一般契約準據法之外，在該法第11條及第12條中增訂了有關「消費者契約」及「勞動契約」準據法的特別規定。此二條規定係站在承認當事人意思自主原則的大前提之下，基於弱者保護的理由，而增加了：一、對於當事人意思自主原則的部分限制（同法第11條第1項、第12條第1項）；以及二、針對日本通則法第8條以客觀連結決定準據法的例外規定（同法第11條第2項、第12條第3項）。這些規定的設置，除了符合國際間國際私法的立法趨勢外，亦克服了以往解釋論在範圍上的限制，對於日本國際私法的現代化，具有重大意義。但反觀我國涉民法，則未見有類似規定。因此，本文將依我國涉民法之規定並借鑑日本通則法之相關議論，來探討涉外契約實質要件之準據法。

貳、當事人間有準據法約定──僅限於明示的意思（§20Ⅰ）

　　修正後的涉民法（以下稱「新法」）第20條第1項，相較於修正前的涉民法（以下稱「舊法」）第6條第1項，就契約實質準據法之決定，皆維

　　律適用規範之修正〉，《月旦法學雜誌》，第158期，2008年7月，第5-24頁；何佳芳，〈日本新國際私法之契約準據法〉，《月旦法學雜誌》，第152期，2008年1月，第114-134頁；吳光平，〈國際私法上的特徵性履行理論〉，《法學叢刊》，第49卷第4期，2004年10月，第1-34頁等。

[3] 「法の適用に関する通則法」，平成一八年法律七八號。相關修法經過及內容，請參閱何佳芳，〈日本新國際私法之契約準據法──兼論我國涉外民事法律適用法及其修正草案之相關條文〉，《月旦法學雜誌》，第152期，2008年1月，第114-115頁。

持「當事人意思自主原則」，依當事人意思定之，僅為配合用語之統一，將「成立要件」一詞修正為「成立」，此外並無其他更動。

在舊法時代，實務及學說上對於舊法第6條第1項的「當事人意思」，除了「明示的意思」之外，是否亦包含「默示的意思」甚或「假設的意思」[4]在內，多有爭議。實務上，如最高法院88年度台上字第1569號判決及89年度台上字第1788號判決皆明確地肯定該條之當事人意思包含「默示的意思」在內。而學界基於若依據舊法第6條第2項規定，當事人未選擇準據法時，只能硬性地以未必與系爭契約具相當關聯性的共同本國法或行為地法作為準據法，為避免此不合理情形產生，對於承認依默示意思指定準據法的見解，亦多抱持支持的態度[5]。

然而，從新法第20條第2項，將原本「當事人意思不明」之用語，修改為「當事人無明示之意思或其明示之意思依所定應適用之法律無效」看來，可知新法有意將第1項之「當事人意思」，限定於僅指「明示的意思」，而不包含「默示的意思」。其修正理由亦明白指出，如此之修正係為「為減少本條適用上之疑義，……重申第1項當事人之意思限定於明示之意思」。故依照新法第20條的架構，在當事人無明示的意思時，即使當事人間存在有「默示的意思」，此默示的意思僅能於依據第20條第2項判斷「關係最切之法」時，與其他契約相關因素並列，作為其中一項衡量因素。

日本在2007年的修法中，同樣於日本通則法第8條改採「最密接關係原則」，但對於日本通則法第7條[6]所定之「當事人意思」，解釋上除了「明示的意思」外，依然包括了「默示的意思」在內。只是一般認為，此「默示的意思」較之前法例第7條第1項所承認之「默示的意思」範圍來得窄。同樣於修法時採取「關係最切原則」，為何會造成兩國在解釋及適

4　又稱「假定意思」或「推定的意思」，係指非當事人現實所有的默示意思，而是假設若當事人要選擇準據法，應會如此進行選擇的擬制的意思。

5　參閱劉鐵錚、陳榮傳，《國際私法論》，三民，2006年6月，修訂三版，第126頁。

6　日本通則法第7條：「法律行為之成立及效力，依當事人於該法律行為當時所選擇之地之法。」

用上的差異，應先從日本學界對於法例第7條第1項與日本通則法第7條中「當事人意思」的解釋，以及日本通則法第8條的「最密接關係原則」的定位及其與第7條的「當事人意思自主原則」間的關聯，加以探討。

一、法例第7條第1項與日本通則法第7條中「當事人意思」的解釋

對於法例第7條第1項的解釋，實務上透過昭和53年[7]及平成9年[8]兩個日本最高法院判決，明確地肯定該條之當事人意思包含「默示的意思」在內。而學界基於，若依據法例第7條第2項規定，當事人未選擇準據法時，只能硬性地以（未必與契約具相當關聯性的）行為地法作為準據法，為避免此不合理情形產生，對於承認依默示意思指定準據法的實務見解，亦多抱持支持的態度。但仍有部分學說批評，實務上對於默示意思的認定太過廣泛，導致法院雖然名義上是在探求當事人的「默示意思」，但實際上卻是依據當事人的「假定意思」，來選擇準據法[9]。

由於日本通則法對於法例第7條第1項並未進行任何修正，故學界基本上認為仍應維持以往的解釋方式，肯定日本通則法第7條亦承認依「默示的意思」指定準據法[10]。但學者們也多主張，對於日本通則法第7條中當事人之準據法選擇的認定，應較法例第7條第1項來得嚴格[11]。因為日本通

---

[7]　最高法院昭和53年4月20日判決，民集第32卷第3號，第616頁。

[8]　最高法院平成9年9月4日判決，民集第51卷第8號，第3657頁。

[9]　參閱神前禎，《解說法の適用に関する通則──法新しい国際私法》，弘文堂，2006年9月，第54-55頁。

[10]　詳請參閱澤木敬郎、道垣内正人，《国際私法入門》，有斐閣，2006年10月，六版，第199-200頁；神前禎，前揭書，第55頁；小出邦夫、湯川毅、和波宏典、大間知麗子，〈法の適用に関する通則法の解説〉，NBL838，2006年8月，第13頁；橫山潤，〈法の適用に関する通則法の概要〉，市民と法43號，2007年2月，第3頁；佐藤やよひ，〈契約──法適用通則法に当たっての問題点〉，ジュリスト1325號，2006年12月15日，第48頁。

[11]　詳請參閱森下哲朗，〈国際私法改正と契約準拠法〉，国際私法年報，2006（8號），信山社，2007年1月，第25頁；神前禎，前揭書，第55頁；桜田嘉章、道垣内正人、手塚裕之、小出邦夫、西谷祐子，「〔座談会〕法適用通則法の成立をめぐ

則法第8條中，對於當事人未選擇準據法的場合，採取依據最密接關係地法的方式，而不像法例第7條第2項般機械性地依據行為地法，故即使當事人未依日本通則法第7條選擇準據法，仍能依最密接關係原則確保準據法選擇的妥當性。故對於日本通則法第7條的意思，應僅限於當事人「現實的意思」，亦即包括實際上存在的「明示或默示的意思」，但不包括「假定的意思」。

二、日本通則法第7條的「當事人意思自主原則」與第8條的「最密接關係原則」間的關聯

在契約法的領域中，向來肯定所謂「當事人意思自主原則」，而國際私法在決定準據法時，又向來以找尋客觀上最密切關係地之法為目標。故有關契約準據法之決定，站在「契約自由」的大前提之下，各國國際私法在決定契約準據法時，多先以當事人的主觀意思作為第一順位的連結政策，第二順位再輔以其他客觀的連結方式，尋找合適的準據法。此次日本通則法第8條，即是被定位為第二順位的「客觀連結」規定[12]。只有在第一順位主觀的「當事人意思」不存在時，始能進入第二階段，客觀地考量與契約相關的各種因素，進而找出「關係最密切之地」之法作為準據法。故「當事人意思」應較其他與契約相關的因素優先被考慮，不僅是當事人「明示的意思」，「默示的意思」亦然。

反觀我國涉民法，似乎未如日本通則法般將主觀性的「當事人意思自主原則」和客觀性的「最密接關係原則」作順位及性質上的區分。故依照我國涉民法第20條的架構，在當事人無明示的意思時，即使當事人間存在有默示的意思，此默示的意思僅能於依據第20條第2項判斷關係最切之法時，與其他契約相關因素並列，作為其中一項衡量因素。當然，基本上這樣的方式所選定的準據法，與日本通則法的模式下，所選定的準據法，在大部分的場合中，結果應該不會有太大的不同。且誠如修正草案中該條

って」，ジュリスト1325號，2006年12月15日，第15頁（以下稱「座談會」）；橫山潤，前揭文，第4頁。

[12] 參閱桜田、道垣內、手塚、小出、西谷，前揭「座談會」，18頁。

文之說明所言「為貫徹關係最切原則，並減少本條適用上之疑義」，明確地將當事人的意思限定為「明示意思」的立法方式，亦有其可取之處。然而，站在契約自由的原則下，日本通則法第7條、第8條的立法模式，似較能體現並維持當事人意思自主原則。畢竟，當事人已經作了選擇，即使是默示的選擇，亦應較其他客觀因素來得重要，基於「契約自由原則」，當事人意思應給予最大的尊重，惟如在契約雙方當事人顯處於不對等地位時，或在不符公序良俗之情況時，基於弱者保護之精神，始可就當事人意思予以限制（此部分詳後述日本通則法中有關「弱者保護」配套規定之介紹）。故為能真正符合「兼顧當事人的主觀期待與客觀需求」，將來我國法官在當事人間無「明示的意思」，而須適用「最密切關係原則」以決定契約準據法時，為能充分達到「尊重當事人意思」，應可優先考慮當事人間是否存有「默示的意思」，之後再衡量其他契約相關的客觀因素，以決定該契約之「關係最切之法律」。

參、當事人間無準據法約定

一、最重要牽連關係原則（§20Ⅱ）

新法第20條第2項規定，若當事人未依同條第1項以「有效」[13]的「明示」的意思選定準據法時，即採用「最重要牽連關係原則」以與該契約「關係最切之法」作為準據法。修正前，依照舊法第6條第2項之規定，當事人未選擇準據法時，「同國籍者依其本國法，國籍不同者依行為地法」，並就「行為地不同」、「行為地兼跨二國以上」或「行為地不屬於

---

[13] 當事人之「明示的意思」仍須依其所選定之準據法判斷為「有效」，始可適用涉民法第20條第1項之規定，否則仍應認其決定準據法之意思無效，而依第2項適用與該契約「關係最切之法律」。就此，修正說明亦特別強調：「當事人就準據法表示之意思，應依其事實上已表示之準據法，決定其是否有效成立之問題。」相關論述，請參閱陳榮傳，〈國際私法的新自治——民國一百年新法的當事人意思自主原則〉，《月旦法學雜誌》，第186期，2010年11月，第147-163頁。

任何國家」等情形，分別規定硬性的選法規則。然而，無論是當事人的共同國籍、偶然成立的契約締結地或履行地，在具體個案中皆有可能發生與系爭契約不具密切關聯的情形，機械式地要求所有涉外契約皆一律依據上述規則選法，在學界受到強烈批判。有鑑於此，新法參考各國立法例改採最重要牽連關係原則，針對當事人無明示合意選擇準據法的場合，提供了「關係最切」此一能與個別契約關係相對應之柔軟的客觀基準。

最重要牽連關係原則始於1963年美國紐約州上訴法院的*Babcock v. Jackson*[14]案，該案廢棄傳統以行為地認定侵權行為準據法之硬性選法方式，改採較具彈性之「最重要牽連關係原則」以決定侵權行為準據法。此一概念並於1971年為Wills Reese教授採用，將之納入其所領導編撰之美國國際私法第二次整編（The Restatement of the Law, Second: Conflict of Laws）的規範中，並進一步擴張適用於契約等其他事件。依該整編規定，不論侵權行為或契約事件，於尋找準據法時皆應依與該事件或當事人具有「最重要牽連關係」之國（州）之法律。

以「最重要牽連關係」作為連繫因素，主要是為了破除傳統於特定案件僅能適用特定連繫因素而導致違反當事人期待或社會利益等不公平之弊端。其內涵係指，當決定某一法律關係之準據法時，應綜合分析與該法律關係相關之各種因素，從質與量的角度將主客觀連繫因素進行分析比較，以尋找或確定何一法域，與系爭案件之事實和當事人具有最重要牽連關係，該法域之法律即為本案法律關係之準據法。而所謂相關之各種因素，包括自然人之住居所或國籍、法人之營業地、事件發生地、行為作成地、當事人之預見可能性、正當期待利益之保護、決定及適用該準據法之便利性、法庭地相關政策或其他有利害關係法域之相關政策[15]等。

隨著網路等科技的發達，國際交流日益興盛，法律糾紛的發生原因日趨複雜，傳統機械式的選法規則已不敷現代化社會之需求，最重要牽連關係原則般的彈性選法規則，可依案件之特定事實綜合考量各項連繫因素，

[14] Babcock v. Jackson, 12 N.Y.2d 473, 240 N.Y.S2d 743, 191 N.E.2d 279 (N.Y. 1963).
[15] 詳可參閱美國國際私法第二次整編第6條第2項對於一般選法理論之規範。

選擇最具關聯性之法作為準據法，改變傳統國際私法預設單一連繫因素的僵化選法模式，使法官得在個案選法過程中享有裁量的空間，適度調和兩造當事人之利益，加強案件處理的公正性、妥當性，亦有助於個案正義之維護。

然而，最重要牽連關係原則最為人詬病之缺點即在於其標準過於抽象，法官在審理案件時，選擇法律若無一定的判斷標準，則易流於形式及恣意。再者，若將當事人之間與契約相關大大小小的事都拿來當作判斷關係最切之地的因素的話，亦將對「法的安定性」與「當事人的預見可能性」造成傷害。為修正此流弊，新法進而於第20條第3項採用「特徵性履行理論」，依據契約類型而設置「推定」之規定，以確保法的確實性。希望藉由「最重要牽連關係原則」與「特徵性履行理論」的結合運用，以兼顧契約準據法選法的彈性與明確性。

二、關係最切之法的推定（§20Ⅲ）

首先，針對與不動產相關之契約，由於不動產的定著性可符合當事人預見可能性之要求，而且有關不動產交易之履行亦多在不動產所在地進行，故在大部分的場合中，此類契約多被認為與「不動產所在地」具有密切關係。因此，新法第20條第3項但書明定，就不動產所為之法律行為，推定不動產所在地法為其「關係最切之法」。當然，由於是「推定」，如另有其他法律與該法律行為之牽連關係較不動產所在地法更為密切，當事人仍得舉反證推翻本項但書之推定，而適用該關係更為密切之法律。

其次，針對不動產交易以外之契約關係或其他因法律行為所生債之關係，於同項本文亦設有關係最切之法的推定規定。此次修法，即參考1980年歐洲共同體《契約之債準據法公約》（簡稱《羅馬公約》）[16]第4條之精神，採用「特徵性履行理論」作為推定方法，規定「法律行為所生之債

---

[16] "CONVENTION ON THE LAW APPLICABLE TO CONTRACTUAL OBLIGATIONS" opened for signature in Rome on 19 June 1980 (80/934/EEC), available at: http://eur-lex.europa.eu/LexUriServ/LexUriServ.do?uri=CELEX:41980A0934:EN:HTML (last visited: 2022/3/22).

務中有足為該法律行為之特徵者，負擔該債務之當事人行為時之住所地法，推定為關係最切之法律」。

　　所謂「特徵性履行理論」係指由於商業行為中，契約的重心多位於為商業行為之人之一方，因此，契約的最密切關聯地，應為商人營業之地，以此理念為基礎，並將之一般化，可認為契約中應為特徵性履行之人（或「負擔特徵性債務之人」）的活動據點所在地，即為該契約之最密切關聯地[17]。然而，何謂「特徵性履行」或「特徵性債務」？又，於個案中應如何判斷法律行為所生之債務中是否有足為該法律行為之特徵者？由於此類概念，於我國國內法中並無類似規定，故修正說明特別指出：「至於具有特徵性之債務之判斷，則宜參考相關國家之實踐，分別就個案認定，並逐漸整理其類型，以為法院優先考量適用之依據。」因此，以下即以日本通則法中的契約準據法為例，就有關特徵性履行理論於契約準據法判斷上之適用加以檢討。

　　日本通則法第8條針對當事人間無合意選擇契約準據法時，其規定：「未依前條規定為選擇時，法律行為之成立及效力，依該法律行為當時，與該法律行為關係最密接之地之法（第1項）。前項情形中，當法律行為中特徵的給付僅存於一方當事人時，以為該給付之當事人之慣常居所地法（該當事人具有與該法律行為相關之營業所時，該營業所所在地之法；該當事人具有兩個以上與該法律行為相關且存在於不同法域之營業所時，該主營業所所在地之法），推定為與該法律行為關係最密接之地之法（第2項）。第一項情形中，關於以不動產為標的之法律行為，以該不動產所在地法，推定為與該法律行為關係最密接之地之法，而不適用前項之規定（第3項）。」亦即，日本通則法第8條第1項規定，若當事人未依同法第7條選擇契約準據法時，即採用客觀的連結，依與該契約「關係最密接之地之法」。

　　然而，應如何判斷何地為最密接關係地？若將當事人之間與契約相關大大小小的事都拿來當作判斷「關係最密接之地」的因素的話，恐將對

---

[17] 參閱法務省民事局參事官室，《国際私法の現代化に関する要綱中間試案補足説明》，2005年3月29日，第32頁（以下稱「補足説明」）。

「法的確實性」與「當事人的預見可能性」造成傷害。因此，日本通則法第8條第2項以下遂著眼於契約類型，設置「推定」規定，以確保法的確實性與當事人預見可能性之要求[18]。

　　針對不動產交易以外的其他契約，日本通則法採用「特徵的給付理論」作為推定方法。雖然「特徵的給付理論」在部分類型的事件中，無法有效地發揮其功能，但整體而言，在大部分的場合中，依據特徵的給付理論來推定最密接關係地，應屬妥當。且如此以明文規定的方式，亦有助於增進當事人的預見可能性。再者，特徵的給付理論在歐洲各國及國際條約中亦廣泛地被採納，例如，歐盟（EU）1980年《有關契約債務之準據法條約》（1991年生效）（以下稱《羅馬Ⅰ條約》）第4條、瑞士國際私法第117條以下，及海牙物品買賣準據法條約第8條等。近年來，於日本學界中受到相當的重視及討論，遂於此次日本通則法立法過程中予以明文採納。依據日本通則法立法草案的補充說明：「所謂『特徵的給付理論』是指，由於商業行為中，契約的重心多位於為商業行為之人之一方，因此，契約的最密接關係地，應為商人營業之地，以此理念為基礎，並將之一般化，可認為契約中應為特徵的給付之人的活動據點所在地，即為該契約之最密接關係地。」[19]此處所稱之「特徵的給付」係指，可作為該種契約與其他種類契約區別基準的給付[20]。日本通則法第8條第2項規定，即以契約中應為「特徵的給付」者之慣常居所地法或營業所所在地法，推定為與該契約「關係最密接之地之法」。其具體的判斷方法，例如「片（單）務契約中，唯一負有（給付）義務之人的給付，即為特徵的給付，其慣常居所地或營業所所在地，即為該片務契約之最密接關係地。至於雙務契約，若一方當事人的給付僅為對價關係的金錢給付，由於如此的金錢給付，一般在其他類型的契約中亦存在，無法作為某種契約與他種契約之區別基準，故該金錢給付之對待給付始為特徵的給付，為該特徵的給付之人的慣常居

---

18 參閱橫山潤，前揭文，第4頁。

19 參閱前揭「補足說明」，第32頁。

20 我國學界多稱類似的概念為「特徵性履行」，但為忠於日文原文，且避免含意上的混淆，在此稱「特徵的給付」。

所或營業所所在地，即為該雙務契約之最密接關係地。舉例來說，買賣契約中，與（買主的）價金支付（義務）相對之（賣主的）物之交付（義務），即為特徵的給付，應為該特徵的給付之賣主的慣常居所地法，即為該買賣契約的最密接關係地法。[21]」

　　然而，採用「特徵的給付理論」來推定最密接關係地，仍有其受質疑之處。例如，由於在大多數的場合中，為特徵的給付者多為經濟上的強者，所以特徵的給付理論有時被認為是對經濟強者較為有利的規則[22]。此外，實務上除了單純的典型（有名）契約以外，亦存在多種各式各樣的契約，相信在不少事件中，將產生無法明確判斷出「特徵的給付」為何的情形。事實上，此時並不須勉強依照「特徵的給付理論」來作判斷，因為日本通則法第8條第2項明確指出，只有在「特徵的給付僅存於一方當事人時」，才能使用「特徵的給付理論」，推定為特徵的給付之人的慣常居所地法，為與該契約關係最密接之地之法[23]。是故，當契約中「特徵的給付」不明時，即應回歸到同條第1項規定，依其他客觀因素判斷契約締結時與該契約關係最密接之地，並以該地之法作為契約準據法。另外，須再次強調的是，日本通則法第8條第2項所採用之「特徵的給付理論」，只是用來作為「推定」最密接關係地法的手段而已。當有其他與該契約關係更加密接之地存在時，自然應以該地之法作為準據法。

肆、契約準據法選擇之弱者保護的特別規定

　　如前所述，與我國涉民法不同，日本通則法於一般契約準據法之外，在第11條及第12條中訂有關於消費者契約及勞動契約準據法的特別規定。這些規定的設置，除了符合國際間國際私法的立法趨勢外，亦克服了

---

[21] 參閱前揭「補足說明」，第32頁。

[22] 此外，依據特徵的給付理論判斷最密接關係地時，在OEM契約、銀行的保證契約的場合中，將造成違反實務、業界常理的不合理判斷等。

[23] 參閱神前禎，前揭書，第67頁。

以往解釋論在範圍上的限制，對於日本國際私法的現代化，具有重大意義。以下就此二條文簡要介紹之。

一、消費者契約

所謂消費者契約，依據日本通則法第11條第1項規定，係指：（一）契約之一方當事人為個人（自然人）的消費者，且該個人非以經營事業或為了經營事業之需要而成為契約之當事人[24]；（二）契約之另一方當事人為企業經營者（不論是社團、財團等法人，或者是以經營事業或為了經營事業之需要而成為契約當事人之個人，亦包含在內）；（三）上述之當事人間所締結的除了勞動契約以外的契約，即為消費者契約[25]。由上述定義可知，小企業與大企業間所締結的契約，無論兩當事人之經濟力相差如何懸殊，都不能被認為是消費者契約。而兩消費者之間所締結的契約亦非消費者契約。由於消費者契約具有不同於一般契約之特性及政策考量，日本通則法第11條針對消費者契約之準據法及方式，設有特別規定，分述如下。

（一）當事人間存有準據法約定（日本通則法§11 I ）[26]

有關該當於上述定義之消費契約之成立及效力，如同一般契約，仍有日本通則法第7條之適用，應依當事人所選擇之法作為準據法。但有鑑於在大多數場合中，消費者與企業者的法律知識及交涉能力相差甚鉅，且

---

[24] 例如，律師為了工作上的需要，而與販賣商締結購買電腦的契約，即屬於此處之為了經營事業之需要而成為契約當事人之個人。

[25] 針對勞動契約，通則法第12條中設有特別規定。

[26] 日本通則法第11條第1項：「有關消費者（指個人『以經營事業或關於經營事業之需求而為契約當事人者，除外。』以下，本條中亦同）與事業者（指法人、其他社團或財團，以及以經營事業或關於經營事業之需求而為契約當事人之個人。以下，本條中亦同）間所締結之契約（勞動契約，除外。以下，本條中稱『消費者契約』）之成立及效力，依第七條或第九條之規定所選擇或變更應適用之法，為消費者慣常居所地以外之法時，經消費者向事業者表達，應適用其慣常居所地法中之特定的強行規定之意思者，就該強行規定中所定有關該消費者契約之成立及效力之事項，亦應適用該強行規定。」

有關準據法選擇的約款亦多由企業者側事先擬定，而消費者多無更改準據法約定的談判空間。因此，不能否認，消費者與企業者合意所選擇的準據法，很可能僅有利於企業者一方。如此一來，在消費者契約中，當事人的準據法選擇自由，事實上，將僅是企業者單方的選擇自由[27]。因此，亦有主張為了維護消費者權益，在消費者契約中，應排除當事人意思自主原則，一律以消費者之慣常居所地法作為準據法。然而，考慮到在某些情形中，消費者與企業者間所選擇的準據法，有可能較消費者的慣常居地法來得有利於消費者，故在日本通則法中有關消費者契約之準據法的決定，遂採用在承認當事人意思自主原則上，另外賦予消費者下述特殊保護的立法方式。

　　依據日本通則法第11條第1項之規定，當事人所選擇之契約準據法為消費者之慣常居所地法以外之法時，若消費者之慣常居所地法上的強行規定較有利於消費者時，即使與其所選擇之準據法規定不同，消費者亦可享有該強行規定所賦予的保護。但此保護並非得主動享有，須被動地以該消費者向企業者表達應適用其慣常居所地國之強行規定的意思為限。亦即，只有在消費者向企業者主張其慣常居所地法之強行規定中所定的解除或撤銷等法律效果時，才有該強行規定的適用。事實上，在日本通則法的立法過程中，有見解認為，欲正確地表達此種意思，須以具有相當的法律判斷能力為前提，強制要求身為法律上弱者的消費者，自行判斷是否應向企業者主張其慣常居所地國之強行規定，似有背於常理，不如仿照《羅馬Ⅰ條約》第5條第2項，由法院比較當事人所選擇的準據法與消費者的慣常居所地法中的強行規定在該事案中的適用結果（所謂的「優遇比較」），以較有利於消費者保護之法作為準據法。但考慮到如此的「優遇比較」在實際適用上有其困難。亦即，為了決定準據法，有關調查契約準據法及消費者之慣常居所地法中的強行規定之存在及其內容所花費的勞力及時間，將加重訴訟關係者的負擔且導致訴訟遲延[28]。再者，針對所約定的契約準據法

---

[27] 參閱橫山潤，前揭文，第5頁。

[28] 參閱前揭「補足說明」，第43頁。

與慣常居所地法中，哪個法中的哪些點對消費者較有利，在判斷上亦有相當的困難性，最終還是須由消費者選擇何者為其所欲適用之保護規定[29]。因此，日本通則法採用了現在第11條第1項的立法方式，由消費者自行決定是否欲享有其慣常居所地法之強行規定的保護。

此外，有關消費者所為之欲適用其慣常居所地法之強行法規的意思表示，只要該意思表示是向企業者為之，不論在訴訟中或訴訟外皆可，亦不要求一定之方式，但該意思表示的內容，須為要求適用特定的強行規定[30]，例如某慣常居所地在A國的消費者，就所訂立的消費者契約，欲適用其慣常居所地所在國之A國的消費者保護法中有關七日的猶豫期間之規定時，不能僅一般性地主張要適用自己慣常居所地法的A國法，而應指出欲適用A國消費者保護法第某條中有關猶豫期間之規定。

(二)當事人間無準據法約定（日本通則法§11Ⅱ）[31]

在消費者與企業者間未約定準據法時（或者應說，在企業者未指定準據法時），若依據日本通則法第8條規定，在大多數場合中，企業者的營業所所在地之法，將被推定為與該契約「關係最密接之地之法」，而成為該消費契約之準據法[32]。因此，日本通則法第11條第2項基於消費者保護的考量，有關消費者契約，在當事人未約定準據法時，專以消費者的慣常居所地法作為準據法，而不須依據第8條規定，尋找「關係最密接之地之法」。其目的在確保消費者可於契約紛爭中，適用其較熟悉之法作為準據法。

---

[29] 參閱西谷祐子，〈契約の準拠法決定における弱者保護〉，《法律のひろば》，第59卷第9號，第23-25頁。

[30] 參閱澤木、道垣內，前揭書，第218-219頁。

[31] 日本通則法第11條第2項：「就消費者契約之成立及效力，未依第七條規定選擇準據法時，該消費者契約之成立及效力，依消費者之慣常居所地法，而不適用第八條之規定。」

[32] 依據通則法第8條第2項所採用的「特徵的給付理論」，在消費者契約中，企業者將被認定為應為「特徵的給付」之人，故其營業所所在地即為與該契約「關係最密接之地」。

二、勞動契約

日本通則法第12條係針對「勞動者服從使用者之指揮監督提供勞務，並獲得作為對價之報酬」的勞動契約為規範對象[33]。勞動者在弱者保護的觀點上與消費者契約中的消費者相同，因此，日本通則法第12條與第11條採用了類似的立法技術。但另一方面，由於勞動者的生存基盤為「勞動關係」，而非其慣常居所地，故於準據法決定上，採用與消費者契約不同的判斷標準。

(一)當事人間存有準據法約定（日本通則法§12Ⅰ、Ⅱ）[34]

有關勞動契約的準據法，亦可依據當事人意思自主原則，由勞動者與雇主約定準據法。然而，與消費者保護之規定相同，即使當事人對於勞動契約之準據法有所約定，仍有適用其他保護該勞動者之強行法規的可能性。依日本通則法第12條第1項規定，即使當事人所選擇之法為該勞動契約之最密接關係地以外之法，若勞動者具體主張適用該勞動契約之最密接關係地之強行法規所規定的法律效果（例如，解僱無效等）時，法院應適用該強行規定。此外，有關勞動契約之最密接關係地的推定，依同條第2項之規定，以該勞動契約中「勞務之應提供地」之法，推定為與該勞動契約關係最密接之地之法。若該勞務之應提供地無法特定時，則以該勞動者「受僱營業所所在地」，推定為與該勞動契約關係最密接之地。

---

[33] 詳請參閱「国際私法の現代化に関する要綱中間試案」（2005.3.22），第四・3エ（イ）、6A案（注1）；前揭「補足説明」，第36-37頁。

[34] 日本通則法12條第1項、第2項：「就勞動契約之成立及效力，依第七條或第九條之規定選擇或變更應適用之法為與該勞動契約關係最密接之地以外之法時，經勞動者向使用者表達，應適用與該勞動契約關係最密接之地之法中的特定強行規定之意思者，就該強行規定中所定有關該勞動契約之成立及效力之事項，亦應適用該強行規定（第1項）。前項情形中，以該勞動契約中勞務之應提供地之法（該勞務之應提供地無法特定時，該勞動者受僱營業所所在地之法。次項，亦同）推定為與該勞動契約關係最密接之地之法（第2項）。」

(二)當事人間無準據法約定（日本通則法§12Ⅲ）[35]

消費者契約中，當事人間未約定準據法時，一律以消費者慣常居所地法為其準據法（日本通則法§11Ⅱ）。然而，與消費者契約的情形不同，對於所有的勞動契約，無法一律地特定其勞動關係的重心地。亦即，勞務提供的態樣甚多，無法如同消費者契約般，制定一個明白且客觀的連結點。因此，於當事人未約定準據法時，有關勞動契約準據法之決定，如同一般契約準據法之決定方式，採用於最密接關係地法之上，再另外設置推定規定的立法模式。亦即，對於勞動契約之成立及效力，當事人未依第7條之規定選擇準據法時，仍適用有關一般契約之客觀連結的日本通則法第8條第1項規定，以與該勞動契約關係最密接之地之法作為準據法。但於推定最密接關係地時，不適用第8條第2項之「特徵的給付理論」，而應依據第12條第2項之規定，推定該勞動契約之「勞務提供地」為其最密接關係之地。若該勞務提供地無法特定時，則以該勞動者「受僱營業所之所在地」，推定為該勞動契約之最密接關係之地。

伍、結論

如上所述，我國涉民法在契約實質要件準據法中，與日本通則法規定相較，最大的不同就在於我國並無如日本通則法般，針對消費者契約和勞動契約之準據法予以特別規定。在現行法下，仍須依涉民法第20條來決定此二類契約之準據法。亦即，在當事人有約定準據法的情形中，若所約定之準據法非消費者慣常居所地法或勞務提供地法時，恐難將解釋擴大到如同日本通則法規定般，得依消費者或勞動者之主張，而逕行適用消費者之慣常居地或勞動者之勞務提供地之強行規定。雖然依涉民法第8條規定，

---

[35] 日本通則法第12條第3項：「就勞動契約之成立及效力，未依第七條之規定選擇準據法時，該勞動契約之成立及效力，以該勞動契約中勞務之應提供地之法，推定為與該勞動契約關係最密接之地之法，而不適用第八條第二項之規定。」

如當事人所選擇之準據法的適用結果，有背於我國之公序良俗時，得限制該外國法之適用。但僅因準據法國之消費者契約法或勞動法規定與我國規定不同，而導致適用結果相異，即逕認有背於我國公序良俗，實有爭議。且此亦僅能排除該準據法之適用，並無法成為直接適用消費者住所地或勞動者勞務提供地之法的依據。

　　另一方面，在當事人未約定準據法時，採用「最密切關係原則」決定準據法，並依據「特徵性履行理論」推定「關係最切之法律」，若依該規定，負擔特徵性履行債務之當事人之住所地法，將被推定為與該契約關係最切之法律。依此規定，在消費者契約中，若當事人未約定準據法，原則上將使得「企業者之營業所所在地法」成為該消費者契約之準據法。如此一來，對於消費者之保護，似有不周。當然，第3項所採用之特徵性履行理論僅為「推定」關係最切之法律之規定，若有其他關係更密切之法存在時，自可推翻此推定，而依該關係最切之法。然而，要求處於弱勢地位之消費者舉證推翻法文所為之推定，實有困難。為避免此類不公平問題之產生，並兼顧弱者保護之要求，仍應考慮針對消費者契約及勞動契約設置特別規定。

實體正義導向之選法方法

吳光平[*]

　　國際私法之研究，陳隆修老師鉅著《國際私法契約評論》、《國際私法管轄權評論》、《美國國際私法新理論》、《中國思想下的全球化選法規則》、《中國思想下的全球化管轄規則》為必備書籍。陳老師對我國國際私法之發展有大貢獻，尤其是以實體法之「主要價值」為核心所提出之「實體法方法論」，更是對國際私法選法方法論有著深遠影響。陳老師提攜、鼓勵後輩不遺餘力，筆者自學生時起，即受陳老師指導、照顧有加，銘感五內。今逢　陳老師七秩華誕，特獻拙文，謹祝陳老師松柏長青，福壽綿長！

壹、前言

　　大陸法系國家現階段之準據法選擇制度，係採取植基於薩維尼（Friedrich Carl von Savigny, 1779-1861A.D.）「法律關係本據說」（Sitz des Rechtsverhältnisses）之「雙面衝突法則」，以法律關係「本據」（Sitz）所在地之法律為準據法，「本據」乃每一法律關係基於其自身之性質而與某一地域間固定之連繫，無價值考量或設定，故此種準據法選擇制度具有「價值中立性」，若欲獲得特定實體法目的，只能以採行「具實體法目的之雙面衝突法則」（result-oriented conflicts rules）之立法、「即刻適用法」（lois d'application immédiate）機制之運用、「國際公序」（l'ordre public）機制之運用等手段，獲得特定實體法目的，揭示其價值取向。而美國在「衝突法革命運動」（conflicts revolution）

---

[*] 中國文化大學法學院專任副教授，輔仁大學法學博士。

之風起雲湧之後，各種「方法」（選法方法）陸續提出，這些「方法」（methodologies）中，除了最著名之以州立法政策、州政府及州居民利益作為決定應適用何法律之基準的「利益分析方法」〔interest analysis methodology。包括Brainerd Currie之「政府利益分析理論」（governmental interest analysis）、Arthur T. von Mehren與Donald T. Trautman之「功能性分析理論」（functional analysis）、William F. Baxter與Harold Horowitz之「比較損害理論」（comparative impairment approach）〕與影響大陸法系國家最深之「重要牽連關係方法」〔significant contacts methodology，即我國所熟知之「最重要牽連關係理論」（the most significant relationship doctrine）〕外，尚有國內文獻所較少觸及之「實體正義導向之選法方法」（material-justice-oriented methodology）。「實體正義導向之選法方法」決定應適用法律之基準為「實體正義」（material justice or substantive justice），主張涉外案件應選擇較符合「實體正義」之實體法或直接將「實體正義」之實體結果適用於涉外案件，故亦有稱為「優法方法」者，由於其係直接地以「實體正義」作為適用法律之唯一基準，不考慮政府利益或國家利益，亦不問與某地域間之牽連關係，故乃是以直接手段達到「實體正義」目的之準據法選擇方法。據學者西蒙尼德斯（Symeon C. Symeonides）之分析，美國「現代選法理論」中，David F. Cavers、Robert A. Leflar、Friedrich K. Juenger等所提出之理論乃是屬於「實體正義導向之選法方法」[1]，而我國之陳隆修教授亦主張類似理論。我國對「實體正義導向之選法方法」之討論較不多見，故本文乃不揣簡陋，就「實體正義導向之選法方法」予以闡介並略加評析。

---

[1] See Symeon C. Symeonides, The American Choice-of-Law Revolution: Past, Present and Future 407(2006); see also Symeon C. Symeonides, *Private International Law at the End of the 20th Century: Progress or Regress? General Report*, in Private International Law at the End of the 20th Century: Progress or Regress? 45-46 (Symeon C. Symeonides ed., 2000).

貳、優先原則理論

美國學者卡弗斯（David F. Cavers, 1902-1986 A. D.）於1932年以〈法律選擇問題之批判〉（A Critique of the Choice-of-Law Problem）一文對「價值中立性」之準據法選擇制度之缺失有精闢的分析，開啟了批判「價值中立性」之準據法選擇制度的序幕，對「美國衝突法革命運動」形成了積極之催化作用，但David F. Cavers在此文之後卻於衝突法學界銷聲匿跡（此段期間曾長期在小羅斯福政府擔任要職），當「美國衝突法革命運動」蓬勃發展、各種「方法」（選法方法）爭奇鬥豔後，David F. Cavers於1965年方再以《法律選擇過程》（The Choice-of-Law Process）一書對已經進行一段時間之「衝突法革命運動」提出看法，並於其1932年〈法律選擇問題之批判〉一文之基礎上進一步發展，企圖建立起判決結果能符合「實體正義」之選法原則，且其並將所提出之原則衝突法則化（法則化之原則），此即為「優先原則理論」（principle of preference）。

一、八項優先原則

David F. Cavers於〈法律選擇問題之批判〉一文即曾建議法院應採取判決先例之方式以及法院與學者之合作來發展一套新的法則、原則與標準，其《法律選擇過程》一書重申了此一建議，期望能以熟悉之普通法程序發展出選法原則，以解決立法目的不明確或立法目的相衝突所引發之棘手問題[2]。亦即，David F. Cavers採納Brainerd Currie假衝突與真衝突之分類，並附加了「可以避免的衝突」（avoidable conflict），假衝突為解釋相關法律之目的發現只有一法律適用於系爭案件可實現其立法目的、二法律相同或能產生相同之結果二情形，有一法律之立法目的與系爭案件有重要關聯而另一法律之立法目的與系爭案件無重要關聯之情形為「可以避免的衝突」，而於「可以避免的衝突」保護當事人正當期待與公平原則

---

[2] David F. Cavers, *The Choice of Law Process* 110 (1965).

至為重要，此時依法院地法之用語或立法目的要求應予適用，或依外國法有相同要求時，即應適用法院地法或該外國法[3]。而對於真衝突，David F. Cavers於《法律選擇過程》一書提出應依下列之優先原則解決，之後並於《國際比較法季刊》（*International Comparative Law Quarterly*）以〈製造者責任之適切法〉（The Proper Law of Producer's Liability）一文，以及於「海牙國際法學院」以「從美國觀點看當代衝突法」（Contemporary Conflicts Law in American Perspective）為題，擔任講座演講時加以補充、修正以完善之：

第一，侵權行為案件中，損害發生地法較行為作成地法或侵權行為人家庭（home）所在地法規定了更高標準之行為規則（筆者按：即注意義務）或賠償規則（筆者按：即損害賠償之方法與範圍）者，適用損害發生地法來決定行為規則與賠償規則[4]。此第一項優先原則為保護受害人之優先原則，使受害人能受其所屬州法之保護，蓋一州有權對於進入該州之他州人，於該州對其人民造成之侵害以自己之行為規則與賠償規則規範之，以保護其人民並維護自身之社會與經濟秩序；但侵權行為人與受害人間若有例如婚姻等關係時，應適用當事人間此等關係所應適用之法律，此時此項優先原則例外不適用。

第二，侵權行為案件中，行為作成地法或損害發生地法較受害人家庭所在地法規定了較低標準之行為規則或賠償規則者，適用行為作成地法或損害發生地法來決定行為規則與賠償規則[5]。此第二項優先原則與第一項優先原則雖皆適用損害發生地法，但卻是適用行為規則與賠償規則標準較低之損害發生地法，蓋一州法律不僅保護受害人之利益，亦須考慮可能造成侵害之加害人之利益，而該州既非受害人之所屬州，那不能將其立法者認為不合理之苛刻規則或負擔過重之義務強加於在該州從事活動之人；但侵權行為人與受害人間若有例如婚姻等關係時，應適用當事人間此等關係

---

[3] *Id.*, at 89-90.

[4] David F. Cavers, *supra* note 2, at 139-145.

[5] David F. Cavers, *supra* note 2, at 146-159.

所應適用之法律，此時此項優先原則同樣例外不適用；又發生第三項優先原則與第四項優先原則之情形時，此項優先原則同樣例外不適用[6]。

　　第三，侵權行為案件中，行為作成地法針對行為人對他州或他國原告所為可預見之損害行為規定了包括民事責任制裁在內之特別控制措施者，適用行為作成地法，縱使損害發生地法較行為作成地法規定了較低標準之行為規則或賠償規則，亦同[7]。此第三項優先原則適用行為規則或賠償規則較低標準之行為作成地法，蓋行為作成地法不僅有控制某行為之目的，更有保護財產安全為之目的，此時因保護財產安全之告誡目的具有更為重要之地位故排除了行為地法之適用。

　　第四，侵權行為案件中，當事人間關係本據之所在地法為了保護一方當事人而對他方當事人規定了較損害發生地法較高標準之行為規則或賠償規則者，基於當事人間關係本據之所在地法保護之一方當事人利益，適用當事人間關係本據之所在地法[8]。此第四項優先原則與下述第五項優先原則皆借用了Friedrich Carl von Savigny「本據」之概念，但其並非接受「法律關係本據說」之以法律關係之「本據」確定應適用法律，而是為了保護當事人間關係本據之所在地法所欲保護之受害人（原告），蓋行為規則或賠償規則之標準較高而對其有利；但法律衝突存在於當事人共同屬人法與損害發生地法或當事人間關係本據所在地法間，應當適用當事人共同屬人法，此時此項優先原則同樣例外不適用。

　　第五，侵權行為案件中，當事人間關係本據之所在地法為了保護一方當事人而對他方當事人規定了較損害發生地法較低標準之行為規則或賠償規則者，關於當事人間關係本據之所在地法所規定拒絕責任或限制責任之一方當事人利益，適用當事人間關係本據之所在地法[9]。此第五項優先原則係為了保護當事人間關係本據之所在地法所欲保護之加害人（被告），

[6] David F. Cavers, Contemporary Conflicts Law in American Perspective, 131 *Recueil des Cours* 153-158 (1970).

[7] David F. Cavers, *supra* note 2, at 159-166.

[8] David F. Cavers, *supra* note 2, at 166-177.

[9] David F. Cavers, *supra* note 2, at 177-180.

蓋當事人間關係本據所在地法拒絕責任或限制責任之規定對其有利。

第六，為了防止無行為能力、過失、不知或不對等交易地位所生之後果，一州法律對締約能力、移轉或抵押財產之能力有加以限制之保護性規定者，倘有被保護人之家庭於該州、該州為受影響之交易或被保護之財產利益的重心（center）、受影響之交易或被保護之財產利益因受操縱或偶然地規避保護性規定致使重心不在該州等三情形之一者，適用該州法律[10]。按契約法與財產法法律衝突的根源之一，是各州為了避免不良社會效果而以保護性法律對強勢者自由行使其支配力量加以限制以保護弱勢者，但若克制地解讀此類保護性法律於涉外案件之適用範圍，法律衝突即能避免，若法律衝突無法避免，即適用此項優先原則；適用此項優先原則時對於重心之判斷，須交易和所採行保護弱勢者政策之州間之關係非常密切，僅有某種關聯甚至一種實質性關聯是不足的，如此方能嚴格限制保護性法律之適用範圍；但為了相關法域政策之協調，此項優先原則僅適用於其適用不會干擾到未採用保護弱勢者政策之州其境內之交易[11]。

第七，契約案件中，涉及兩州或多州交易之當事人明示適用與該交易有合理關聯之州之法律，除非有該交易牴觸前一契約案件之優先選擇原則、該交易涉及土地轉讓牴觸土地所在地法之強行法、該交易涉及第三人之獨立利益等三情形之一，縱當事人均無家庭於該州且交易重心不在該州，只要該州法律允許為該交易，適用該州法律[12]。此項優先原則即為「當事人意思自主原則」之採行，並試圖協調當事人所選擇之契約主觀準據法所屬法域與採取保護弱勢者政策之法域間政策之衝突；而契約之準據法條款，通常只要定型化契約之接受方默認即可構成有效之準據法選擇，但若法院認為定型化契約交易中有欺詐或濫用優勢地位之情事，即應毫不猶豫地否定此條款，以免接受方受到壓迫或其他不公平之條件或要求[13]。

---

[10] David F. Cavers, *supra* note 2, at 181-195.

[11] David F. Cavers, *supra* note 2, at 181-183.

[12] David F. Cavers, *supra* note 2, at 194-198.

[13] David F. Cavers, *supra* note 2, at 194-196.

　　第八，於商品責任案件：（一）原告因商品瑕疵而受有損害者，有權依商品製造地法或商品設計地法為損害賠償；（二）商品製造地法提供之保護程度較原告慣常居所地法（慣常居所地為其取得商品或因商品而受有損害之地）或原告取得商品或因商品而受有損害之地之法律為低者，原告有權決定依以上任一法律請求損害賠償；（三）生產者證明其無法合理預見其商品於以上之地並造成損害，原告無權依以上法律請求損害賠償[14]。此項優先原則不僅意在協調瑕疵商品製造地或商品設計地與受害人慣常居所地或受害人取得商品及損害發生地間之法律與政策，且力圖平衡商品製造人與受害人間之利害關係。

二、優先原則理論得以獲致實體正義

　　對於David F. Cavers之「優先原則理論」，雖有不少諸如「很難找到遵循他所舉的原則的判決案件」、「該等原則很難被正確加以說明或定義明確的公式」、「實際上僅是一種『施行細則』（detailed rules）」、「毫無價值的『價值判斷法』（value-judgement method）」等之批評[15]，但其提出了一套將抽象原則化為具體法則、將實體目的衝突法則化之選法原則，為「美國衝突法革命運動」後因對「第一整編方法」（Restatement (First) methodology）衝突法則之過度厭惡所導致對個案分析式之選法方法嚴重傾斜的混亂局面開啟撥亂反正之效，矯正了衝突法則與選法方法之嚴重對立，而David F. Cavers就將對衝突法則之懷疑與恐懼比喻為「後照鏡心態」（reaview mirror），認為持這種心態只能說出遇到過和躲過的坑洞，因此能警告法院小心，但就是無法提供他們前面路上的景象[16]。也因為要標榜其所提出之選法原則有別於選法方法，David F. Cavers堅稱其所提出之選法原則是植基於「衝突正義」（conflicts justice）[17]，但實際上其

---

[14] David F. Cavers, The Proper Law of Producer's Liability, 26 *Int'l Comp. L. Q.* 728-729 (1977).

[15] 參閱陳隆修，《美國國際私法新理論》，五南圖書，1987年1月，初版，第88頁。

[16] David F. Cavers, *supra* note 2, at 215.

[17] David F. Cavers, A critique of the Choice-of-Law Process, 17 *Harv. Int'l L.J.* 653 (1976).

所提出之選法原則明白彰顯出實體目的，依此等選法原則選擇應適用法律，顯然具有獲致「實體正義」結果之目標於其中，就所具實體成分所占之比重言，較之大陸法系國際私法所採取之將特定實體目的「融入」雙面衝突法則之「具實體法目的之雙面衝突法則」，此等選法原則所具實體成分之比重顯然大得多。

　　就David F. Cavers所提出之八項優先原則之實質內容觀之，其僅觸及若干侵權行為與契約領域，並無法涵蓋所有之涉外案件，而David F. Cavers自己也指出「優先原則理論」只是例示性（illustrative）的，且只是階段性與過度性的，意在為法院提供裁判之指南，此理論具有之靈活性為法院留下了充分之獨立裁判空間，其無意創建一套涵蓋侵權行為、契約與財產移轉領域的完整法則體系，不排除其中任何一項優先原則都可能存在重大缺陷，也不排除將來演變為更加細化之法則的可能性[18]。David F. Cavers甚至指出，若某一特定案件恰巧不處在其所提出之某項優先原則之適用範圍內，這並不會要求作出與該項優先原則相反之選擇，這只意味著該案件提出了與該項優先原則所針對之問題有所不同，故必須進一步深慮[19]。但運用David F. Cavers已提出之八項優先原則，得以獲致「實體正義」：以保護弱勢契約當事人，依第六項優先原則，弱勢契約當事人若有家庭於某州，則該州保護弱勢契約當事人之實體法應適用於該契約案件，而契約縱依第七項優先原則有約定主觀準據法，該主觀準據法之約定倘有被強勢契約當事人操縱或規避弱勢契約當事人家庭州保護弱勢契約當事人之實體法的情事，則因牴觸第六項優先原則應否定該主觀準據法之約定，而改適用第六項優先原則所規定弱勢契約當事人家庭州，此第六項優先原則與第七項優先原則綜合運用之結果，得使弱勢契約當事人不受其所不得不屈從或其所未認知之契約準據法所造成不利於己之實體結果，得以獲致保護弱勢契約當事人之「實體正義」；以保護弱勢侵權行為受害人言，依第八項優先原則，商品製造地法所提供之保護程度較商品侵權行為受害人

---

[18] David F. Cavers, *supra* note 2, at 136, 202.

[19] David F. Cavers, *supra* note 6, at 152.

慣常居所地法（慣常居所地為其取得商品或因商品而受有損害之地）或商品侵權行為受害人取得商品或因商品而受有損害之地之法律為低者，商品侵權行為受害人得選擇適用其中任一法律請求損害賠償，商品侵權行為受害人得選擇對其保護較優之法律適用之，得以獲致保護弱勢商品侵權行為受害人之「實體正義」，復依第一項優先原則，侵權行為案件應適用所規定行為規則或賠償規則之標準較行為作成地法或侵權行為人家庭所在地法更為高之損害發生地法，侵權行為受害人得因適用行為規則或賠償規則之標準較高的法律而獲得較優之保護，得以獲致保護弱勢商品侵權行為受害人之「實體正義」。

參、較佳法則方法

美國學者賴弗拉爾（Robert A. Leflar, 1901-1997 A.D.）於1966年所發表〈衝突法中影響選擇之考慮因素〉（Choice-Influencing Considerations in Conflict of Laws）與〈再論衝突法中影響選擇之考慮因素〉（Conflict of Laws: More Choice-Influencing Considerations）二文中，以批判「利益分析方法」之觀點，提出了衝突法中選擇準據法時，所須考慮之判決結果之預測可能性、州際與國際秩序之維持、司法業務之簡化、法院地政府利益之增進、較佳法則之適用等五項因素，其中較佳法則之適用乃是Robert A. Leflar所獨創，而其他四項考慮因素與其他學者先前之主張多有雷同之處，故較佳法則之適用乃是Robert A. Leflar理論之特色，故其理論遂被稱為「較佳法則方法」或「較佳法則理論」。

一、較佳法則之適用為最重要之考慮因素

按Robert A. Leflar所提五項選擇準據法之考慮因素，於適用上並無優先次序，並無強制適用性，且涉外案件所涉及法律關係之不同，每一個別因素之相對重要性也有別，以侵權行為法律關係為例，第一項考慮因素對於侵權行為之法律選擇而言，顯非重要；惟就契約法律關係言，第一項考

慮因素無疑具有最重要之地位，但無論涉外案件所涉及法律關係為何，所有因素皆應在考慮之列[20]，但較佳法則之適用，所考慮到的是適用較佳之實體法，具有強烈的「實體正義」取向，故為Robert A. Leflar理論之特色，但也是最富爭議之處。

　　Robert A. Leflar指出，較佳法則之適用所考慮到的是適用較佳之實體法，所以是法律間之選擇而非法域間之選擇，在不同法律間作出選擇時法律之優劣必然成為考慮因素之一，若法律選擇純粹是法域選擇，法院先決定要適用何州之法律，之後再查明該州法律之內容，則此一考慮因素也不復存在[21]。而司法過程之真相表明法域選擇往往只是適用較佳實體法之幌子。律師在上法院之前，早就知道他想獲得之判決結果且已依結果對問題定性，然後審查所涉及各法域之法律，查明何者之內容對其主張有利，而後再查閱衝突法則，並重新定性或挑選某一衝突法理論，如此就可以依衝突法則達到其所希望之判決結果；而律師上法院後，就會將前述之推理過程予以顛倒，首先主張其所認為正確之定性或衝突法理論，之後得出實際上是上法院前最初思路起點之結論；由於案件當事人之律師通常皆以此方式進行涉外案件之法律推理，法院也就接受此種方式並於判決中採用其中一方之觀點，但可預料的是，法院看穿了律師之做法，並在司法之天秤上衡量雙方之觀點，但法院不受當事人利益之影響，其所關心者乃相衝突法律本身之優劣，儘管法院通常不會如此表述其觀點[22]。

　　Robert A. Leflar復指出，較佳法則之適用也是各衝突法總論機制幕後的一雙無形的手，法官運用各衝突法總論機制達到其所希望之結果已經得到公開認可。「定性」曾被視為準據法選擇之關鍵，但於司法實踐中卻很容易成為法院使用之伎倆，例如，實體問題與程序問題之區分一直被以各種方式操縱，這是機智法官運用司法技巧達到社會贊同但粉飾以傳統法律

---

[20] Robert A. Leflar, Choice-Influencing Considerations in Conflict of Laws, 41 *N.Y.U. L. Rev.* 282, 310 (1966).

[21] Robert A. Leflar, Conflict of Laws: More Choice-Influencing Considerations, 54 *Cal. L. Rev.* 1587 (1966).

[22] Robert A. Leflar, *supra* note 20, at 303.

外衣之結果，利用司法技巧選擇較佳之實體法總比不顧及法律之優劣而盲目選擇好，但更好之做法是提出判決真正之理由而非虛偽之藉口，如此律師和其他法官不僅可以理解過去之判決，更能獲得未來判決之指南[23]。

　　Robert A. Leflar最後強調，較佳法則之適用乃是個案公正之內在要求，有利於實現個案公正，蓋於相衝突之法律中，依法院地之標準傾向選擇適用其中較佳之實體法時，依此標準，訴訟當事人間之公平即可接近實現。於涉外案件中，法院是在實體法而非當事人間作選擇，因而更少個人色彩與主觀性，可以有效減少當事人唯恐人治取代法治之憂慮。又較佳之實體法能部分實現當事人正當期望之保護，蓋當事人某期待是否正當、是否值得法律保護，須視法院對何為較佳實體法之判斷[24]。

二、較佳法則方法得以獲致實體正義

　　由上述Robert A. Leflar對適用較佳法則之說明可知，Robert A. Leflar認為適用較佳之實體法才是衝突法之真相，無論是律師、法院都先設定了其所認為較佳之實體法，之後才以雙面衝突法則之準據法選擇制度包裝運作之，故倒不如揭開偽裝，直接以較佳之實體法作為選法之考慮因素。惟，何謂較佳之實體法，判斷上太過模糊且不確定，而較佳之實體法係法院依法院地之標準判斷，最常發生的結果就是導致法院地法之適用，故也是Robert A. Leflar之理論中被強烈批評之處，而「利益分析方法」更是抨擊較佳實體法之判斷實乃違反三權分立原則[25]，但無論如何，較之David F. Cavers之「優先原則理論」，「較佳法則方法」至少得到了美國法院實務明白的支持，依Symeon C. Symeonides之統計，截至2020年為止，阿肯色、明尼蘇達、新罕布夏、羅德島、威斯康辛等五州於侵權行為案件採取「較佳法則方法」，而明尼蘇達、威斯康辛等二州於契約案件則採取「較

---

[23] *Id.*, at 300-302.

[24] Robert A. Leflar, *supra* note 20, at 296-298.

[25] 參閱陳隆修、許兆慶、林恩瑋，《國際私法：選法理論之回顧與展望》，翰蘆，2007年1月，初版，第111頁。

佳法則方法」[26]。

　　運用Robert A. Leflar之「較佳法則方法」，得以獲致「實體正義」。以保護弱勢契約當事人與保護弱勢侵權行為受害人之「實體正義」言，對弱勢契約當事人與弱勢侵權行為受害人予以特別保護，應為世界各國普遍所承認，故適用保護弱勢契約當事人與弱勢侵權行為受害人之法律對法院地政府利益應能有所增進，尤其是當弱勢契約當事人與弱勢侵權行為受害人為法院地州民時，法院地州民之保護更能凸顯法院地政府利益之維護，又適用保護弱勢契約當事人與弱勢侵權行為受害人之法律能實現個案公正，保護弱勢契約當事人與弱勢侵權行為受害人之法律乃是較佳之實體法，甚至與案件相關之法律皆有保護弱勢契約當事人與弱勢侵權行為受害人之規定時，選擇其中對弱勢契約當事人與弱勢侵權行為受害人保護最優之法律適用，更能使較佳法則之適用昇華為最佳法則之適用，得以獲致保護弱勢者之「實體正義」。而Robert A. Leflar更於分析其所設例「H之住所、車庫與汽車投保地都在加拿大安大略省，G也是一位安大略省之居民；H邀請G到美國紐約旅遊，但因駕駛過失在紐約導致G受傷；依紐約州法，H過失駕駛應負侵權行為損害賠償責任，依安大略省法，車主對因過失所致客人之受傷不負侵權行為損害賠償責任；G在紐約州起訴H」之案例中指出[27]：判決結果之預測可能性與此案無關，因很少當事人會預見交通事故之發生，也無證據顯示本案中當事人有此安排，而州際與國際秩序之維持與司法業務之簡化與本案也無關，因為適用何法都不會影響到美國與加拿大、紐約州與安大略省間之友好關係，且無論適用何法律，法院都會感到輕而易舉，而就法院地政府利益之增進言，紐約州對本案確有政府利益，但此利益不如其對於州內公路交通之管護與安全的利益般強烈，而應是爭議之公正解決，又適用較佳之實體法於本案中就很重要，蓋紐約州從未屈服於保險公司之遊說壓力，對安大略省此類禁止乘客獲得損害賠償之規定尤其反感，故適用自己之實體法能獲得更好之社會經濟效果，而

---

[26] Symeon C. Symeonides, *Choice of Law in the American Courts in 2020: Thirty-Fourth Annual Survey*, available at: SSRN: https://ssrn.com/abstract=3758978, pp. 18-19.

[27] Robert A. Leflar, *supra* note 21, at 1593-1595.

基於法院地政府利益之增進與較佳法則之適用二項考慮因素，本案應適用紐約州法；此顯示Robert A. Leflar肯認保護侵權行為受害人之法律乃是較佳之實體法，因本案中紐約州法較安大略省更能保護G，由此更可推知保護弱勢侵權行為受害人之法律，亦會被認定為較佳之實體法而予以適用。

肆、目的論實體法方法

　　美國學者榮格（Friedrich K. Juenger, 1930-2001 A.D.）於1983年於「海牙國際法學院」以「國際私法之一般課題」（General Course on Private International Law）為題擔任講座，講座內容並於後年集結於《海牙國際法講義》出版[28]，其之後以此講座內容為基礎加以修正增刪後，於1993年以《法律選擇與跨國正義》（*Choice of Law and Multistate Justice*）一書出版，其過世後之2005年再出版了特別版（special edition）。Friedrich K. Juenger於該書中不但對「法則區別說」、雙面衝突法則之準據法選擇制度、「利益分析方法」等提出批判，更提出了由法院於相衝突之實體法間進行質與量之評估，而逐漸建立直接適用於涉外案件之多邊實體法之「目的論實體法方法」（teleological substantive law approach）[29]。

一、以多邊實體法為核心

　　就歷史紀錄觀察，法律選擇之基本方法不外乎：創制能直接適用於跨國交易之實體法的「實體法方法」（substantive law approach）、對可能適用之本地實體法為屬人效力範圍與屬地效力範圍劃分之「單邊主義方法」（unilateralist approach）、將選法法則置於跨國交易與法律體系間之「多邊主義方法」（multilateralist approach）等三類，Friedrich K. Juenger不但批評了傳統「單邊主義方法」之「法則區別說」與新「單邊主義方

---

[28] Friedrich K. Juenger, General Course on Private International Law, 193 *Recueil Des Cours* 119-387 (1983).

[29] Friedeich K. Juenger, Choice of Law and Multistate Justice xxiii (2005).

法」之「利益分析方法」[30]，更對現行雙面衝突法則準據法選擇制度之
「多邊主義方法」嚴加批判[31]，且對現行雙面衝突法則準據法選擇制度中
包括定性、附隨問題、反致、公共政策、外國法之證明、調整問題、規避
法律等總論制度，企圖粉飾「多邊主義方法」之弊端卻反而造成混亂與不
確定之現狀，使得國際私法因充滿奇特之學理而被譏為「荊棘密布之學
科」、「顫抖之沼澤」，嚴詞批評[32]。質言之，Friedrich K. Juenger於實質
上幾乎全盤否定貫穿國際私法全部歷史之思想與學說。

　　Friedrich K. Juenger認為，從法律發展之歷史證明，法院在妥適解決
涉外案件方面是長袖善舞的。法官們身負雙重職能，既要作為本國司法權
力之行使者，又要作為涉外爭議之裁判者，對此清楚意識到之法官，拋開
學術理論之指手畫腳，自立地完成其超國家任務，並沒有採行分配立法管
轄權之方式，而是直指問題核心，針對規範涉外交易的當務之急，創造出
實體性之解決方法。羅馬的外事裁判官（*praetor peregrinus*）吸取本地與
外地法源，創制了優於解決羅馬市民間爭議之實體法，此「萬民法」甚至
有普世通用之效力；中世紀時，商業法院吸納各法源創制了具有超國家性
質之商人法（*lex mercatoria*）；英國海事法官也運用相同方法奠定了世界
性海事法之基礎，此乃現代國際海事公約之制定基礎；從1842年到1938
年，美國聯邦法院一直在適用其自身所創制之一般聯邦普通法以解決不同
州籍當事人之案件，Joseph Story在*Swift v. Tyson*案[33]中所撰寫之意見書為
實體法方法在美國之發展開了先河，Joseph Story對衝突法之執著並沒有
遮蔽其視線，其依然看到了「其存在不依賴本地法規或本地習慣」而旨
在確定「商業世界」（the commercial world）普遍「正義法則」（the just
rule）之法律所具有之優點[34]。而由以上事例表明，針對跨國與跨州交往
頻繁之現實，法官確實具備創制多邊實體法之能力，其創制實體法是在行

---

[30] *Id.*, at 131-139.

[31] Friedeich K. Juenger, *supra* note 29, at 86-87.

[32] Friedeich K. Juenger, *supra* note 29, at 70-86.

[33] 46 U.S. (16 Pet.) 1 (1842).

[34] Friedeich K. Juenger, *supra* note 29, at 165.

使其作為涉外爭議裁判者之職能[35]。

　　Friedrich K. Juenger指出，既然「多邊主義方法」與「單邊主義方法」都已敗北，剩下之唯一可採之方法便是關注超越國界之價值觀之「目的論實體法方法」。此方法係法院於相衝突之實體法間進行質與量之評估而逐漸建立直接適用於涉外案件之多邊實體法。法院會發現，評價諸如契約、侵權行為、家庭法律關係等常見領域實體法之質量，要比處理定性等深奧問題更加容易[36]。而法院於創制多邊實體法之過程中，絕不會忽視可資利用之任何現存資料，於此意義上，由法院創制之多邊實體法，亦為其法律選擇決定之所出，而法院於進行此種法律選擇時，則是建立在對相衝突實體法之批判性比較評價基礎上，非基於旨在劃分立法權力範圍之原則。採用此種方法審理涉外案件之法官，自然會傾向於採納其眼中更為優越之法律[37]。

　　Friedrich K. Juenger復指出，以「目的論實體法方法」取代傳統方法，有以下優點：

　　第一，能簡化與合理化適用外法域法之問題。「多邊主義方法」與「單邊主義方法」都假定法官有能力如同適用本法域法一樣嫻熟地適用外法域法，但「目的論實體法方法」並無此假定，而只是要求法院於確定適當之判決涉外案件之實體法時，視外法域法為應予考慮實體法模型，但並不要求保持外法域實體法之一成不變；「利益分析方法」要求法官去探求隱藏於外法域實體法後之政策，「目的論實體法方法」可將法官從此項繁重工作中解放出來，且對於實體法來源地州或國家之法院實際是如何將實體法適用於具體案件，「目的論實體法方法」不強迫法官去妄加揣測，只要把外法域實體法視為模型，即無須對陌生之外法域裁判機構思考過程亦步亦趨[38]。

---

[35] Friedeich K. Juenger, *supra* note 29, at 169.

[36] Friedeich K. Juenger, *supra* note 29, at 195.

[37] Friedeich K. Juenger, *supra* note 29, at 169.

[38] Friedeich K. Juenger, *supra* note 29, at 191-192.

　　第二，令傳統方法困惑不已之調整問題與法律適用分割方法，在「目的論實體法方法」下找到了現成解釋——判決涉外案件所適用之實體法並不一定要與內國實體法完全相同。而出於對法律實證主義和國家主權之效忠，傳統主義者無法接受此一顯而易見之結論，故其被難以解釋之悖論所拖累——當法院把來自不同法律體系之實體法拼湊在一起，涉外案件之審理結果可能與相關法律體系之法院處理內國案件之結果大相徑庭[39]。

　　第三，於實踐上，不應讓法官在衡量競相適用之實體法之優點而予以評價時，感到困難。傳統方法如同緊身衣一樣束縛著法官思維，「多邊主義方法」不是要求法官不顧後果地適用外國法，就是要求法官寫出一份譴責外國法之適用違反法院地政策之判決，而「單邊主義方法」則幾乎沒有為外國法之適用留下任何空間；「目的論實體法方法」並沒有如此限制法官，因其賦予法官創造性之自主權限而成為頗受法官歡迎之方式，代表強硬對外政策之法院地法導向並不符合處理涉外案件之需要，而創制良好實體法當然要比模仿外法域法院之推理方式更加容易。

　　第四，「目的論實體法方法」可以保證涉外案件可獲得合理之判決結果，蓋法官判決涉外爭議之時，會有意識地適用其眼中質量較優之實體法[40]。而此可回報當事人為查明外國法所付出之努力。傳統方法無法提供此好處，若「多邊主義方法」之雙面衝突法則選擇出低標準之外國實體法，為避免適用令人厭惡之實體法，法院不是忍痛接受違反其正義觀念之適用結果，就是運用「脫避技巧」，而對「單邊主義方法」言，為適用較優之外國實體法即不得不將自己拋棄，而「目的論實體法方法」則無此困擾[41]。

　　第五，「目的論實體法方法」要求對相衝突之實體法為批判性之權衡比較，此遠比迫於抽象困難之衝突法理論更適合法官。對涉外司法正義之追求，不會使法官失察於成文法與判例之質量，反而會將法官之注意力引

---

[39] Friedeich K. Juenger, *supra* note 29, at 192.

[40] Friedeich K. Juenger, *supra* note 29, at 194.

[41] Friedeich K. Juenger, *supra* note 29, at 192-193.

向法律之缺失，從而附帶產生一寶貴成果——依競相適用之實體法優點作出理性法官之判決，此比較衡量之作用數倍於討論諸如：反致、真衝突、尋找法律關係之「本據」等虛假問題；而「目的論實體法方法」之採用可警示外國法與內國法所存在之缺陷，可激勵學者、立法部門與法院進行必要改革[42]。

第六，「目的論實體法方法」促進了法律適用之確定性、可預測性與判決一致性，這些目標正是傳統理論無力實現的。法院一旦辨識出適於判決涉外案件之實體法，一全新之共同法（*ius commune*）將得以建立，由優點已獲法官認可之多項原則構成；依此方式，內國法院之造法能為私法之國際統一作出貢獻，而值得納入國際私法寶庫之多邊實體法雖源自內國法源，但其意義將是超國家性的[43]。

第七，「目的論實體法方法」避免了為追求某特定結果而利用衝突法總論之託詞，蓋這樣的託詞既有損司法誠信，又讓下級法院與律師困惑，而直白之「目的論實體法方法」無託詞之掩飾手段，更易實現個案公正和法律適用之確定性[44]。

第八，「目的論實體法方法」是唯一能要求法官考慮外國法之可信理由，蓋選擇性地引入更好之外國實體法，為法院地法向國際標準看齊提供了獨特激勵，並能因此促進了國內法律之變革。而將注意力集中於此實體標準上，審理涉外爭議之法院不僅是在為本國法律體系服務，而且是在為世界法律體系服務[45]。

二、目的論實體法方法得以獲致實體正義

Friedrich K. Juenger在美國判例法體制之基礎上，借用羅馬外事裁判官創制「萬民法」、中世紀商業法院創制超國家性質之商人法、英國海事

---

[42] Friedeich K. Juenger, *supra* note 29, at 193.

[43] Friedeich K. Juenger, *supra* note 29, at 193.

[44] Friedeich K. Juenger, *supra* note 29, at 194.

[45] Friedeich K. Juenger, *supra* note 29, at 236-237.

法官奠定世界性海事法之模式，發展出「目的論實體法方法」，主張由法院於相衝突之實體法間進行質與量之評估而逐漸建立直接適用於涉外案件之多邊實體法，在此法官造法之運作模式下，法官於決策過程中如同船長與航空器機長，具有不受約束之自由裁量權，幾乎完全自由，地域也不會對其構成制約。由於多邊實體法是經過質與量之評估後所漸次創制，其內容乃是經評估後質量較優之實體法，故涉外案件適用多邊實體法實具有濃厚之「實體正義」目的，且其係直接適用實體性質之多邊實體法，並非於與系爭案件具有關聯之數州或國之現行法律中擇一適用，從此言之，「目的論實體法方法」並非法律選擇，而是實體結果之選擇。

運用Friedrich K. Juenger之「目的論實體法方法」，得以獲致保護弱勢者之「實體正義」。以保護弱勢契約當事人與保護弱勢侵權行為受害人之「實體正義」言，對弱勢契約當事人與弱勢侵權行為受害人予以特別保護應為世界各國普遍所承認，故弱勢契約當事人與弱勢侵權行為受害人之保護必定會被納入為多邊實體法之內容，尤其是創制多邊實體法之過程須經過質與量之評估較勁，納為多邊實體法內容之保護弱勢契約當事人與弱勢侵權行為受害人之實體法，乃是經評估較勁後質量較優、對弱勢契約當事人與弱勢侵權行為受害人保護較優之實體法。於保護弱勢契約當事人方面，Friedrich K. Juenger以「目的論實體法方法」之觀點評論美國聯邦最高法院1972年*M/S Bremen v. Zapata Off-Shore Co.*案[46]時即指出[47]，聯邦最

---

[46] Friedeich K. Juenger, *supra* note 29, at 219.

[47] 案件事實為：美國公司Zapata與德國公司Unterweser締結拖帶契約（towage），約定由Unterweser公司將Zapata公司之海上鑽油設備由路易西安那州（Louisiana）拖帶至義大利外之亞德利亞海（Adriatic Sea），拖帶契約中並有：「本契約所生所有爭議應由倫敦法院管轄」（Any dispute arising must be treated before the London Court of Justice）之「管轄法院條款」。當Unterweser公司之拖船Bremen號將Zapata公司之海上鑽油設備拖帶至中途之墨西哥灣（Gulf of Mexico）時，因發生海上事故致使Zapata公司之海上鑽油設備發生毀損，在Zapata公司之指示下，Unterweser公司將設備拖帶回佛羅里達州（Florida）之坦帕港（Tampa）。後Zapata公司遂向在坦帕的聯邦地方法院起訴Unterweser公司（對人訴訟）及其船舶Bremen號（對物訴訟），要求拖帶過失及違反拖帶契約之損害賠償，而Unterweser公司則以拖帶契約中有以倫敦法院為管轄法院之「管轄法院條款」為由抗辯，聲請聯邦地方法院終止訴訟程序

高法院肯定外國法院管轄之合意之效力[48]，是將「協議必須遵守」（*pacta sunt servanda*）這句古老法諺納為多邊實體法之表明，而聯邦最高法院亦採納了制衡政策，以管轄之合意係受詐欺、受不正當誘導，或當事人間談判地位不對等之條件限制當事人之選擇權，係對具有優勢談判力量之企業單方強加之管轄法院條款保留了拒絕執行之自由裁量權，此表明聯邦最高法院認為保護當事人不受過分強大之經濟實力操縱與保障契約自由同等重要，弱勢契約當事人，尤其是消費者，要求保障其於契約關係中獲得實質平等地位之思想，與「當事人意思自主原則」一樣，正在迅速取得同等

以使當事人得向倫敦法院起訴，而在聯邦地方法院就此聲請為裁定前，Unterweser公司旋即向倫敦法院起訴Zapala公司，而Zapata公司則向倫敦法院聲請撤銷該訴訟，但倫敦法院以該「管轄法院條款」已使該法院取得管轄權為由，駁回Zapata公司之聲請。之後，聯邦地方法院以「爭議發生前預先排除法院之管轄權乃係違反公序良俗且無法執行」（agreements in advance of controversy whose object is to oust the jurisdiction of the courts are contrary to public policy and will not be enforced）為由，拒絕承認該「管轄法院條款」之效力，並駁回Unterweser公司之聲請。後聯邦第五巡迴上訴法院又維持了聯邦地方法院之裁判，故Unterweser公司遂向聯邦最高法院上訴。

[48] 聯邦最高法院判決為：在國際商業交流頻繁之現代社會，假使依地域性觀念堅持所有爭議應適用美國的法律且於美國的法院解決，則美國的商業與工業將很難擴展（The expansion of American business and industry will hardly be encouraged if, ..., we insist on a parochial concept that all disputes must be resolved under our laws and in our courts），傳統之「禁止排除原則」實已淪為「退化的法律虛構」（a vestigial legal fiction）。因此，在無詐欺、受不正當誘導、無不對等談判地位之情形下，此等管轄合意應推定有效（*prima facie* valid），應賦予此等管轄合意之效力（There are compelling reasons why a freely negotiated private international agreement, unaffected by fraud, undue influence, or overweening bargaining power, such as that involved here, should be given full effect），除非有充分之理由可顯示由該合意之法院管轄為不公正或不合理的（unless Zapata could clearly show that enforcement would be unreasonable and unjust）。此外，聯邦最高法院還認為，僅因主張所合意之管轄法院為不便利（inconvenience）者，並不足以使該法院成為一個不合理之法院，因為此等不便利是當事人合意時所得預見（clearly foreseeable at the time of contracting）者，而必須是尋求逃避管轄合意義務之當事人，能證明於所合意之管轄法院進行訴訟將會造成極大困難以及不便利，導致在所有實際的觀點下其程序參與的權利將被剝奪（the party seeking to escape his contract to show that trial in the contractual forum will be so gravely difficult and inconvenient that he will for all practical purposes be deprived of his day in court），方得主張該管轄合意為無效。

之超國家原則地位，此顯示保護弱勢契約當事人亦已納為多邊實體法；於保護弱勢侵權行為受害人方面，Friedrich K. Juenger以「目的論實體法方法」之觀點評論*In re Paris Air Crash of March 3*案[49]（Ermenonville航空空難案）時即指出[50]，本案許多原告都不依賴受害人扶養，故非財產上損害賠償之問題就至關重大，受害人最多來自英國，英國普通法允許受害人家屬請求非財產上損害賠償，而侵權行為地之法國亦允許受害人家屬請求非財產上損害賠償，但法院則認為因本案存在「真衝突」故應適用法院地法之加州法，依加州法不允許受害人家屬請求非財產上損害賠償，但法院卻未適用該不允許受害人家屬請求非財產上損害賠償之法律，而是從美國政府對航空器設計與製造之管理出發，杜撰出所謂「聯邦利益」，以「聯邦利益」為基準放寬了加州不允許受害人家屬請求非財產上損害賠償，法院並將美國聯邦最高法院於1974年*Sea-Land Services v. Gaudt*案[51]所承認「因照護或陪伴之損失之損害賠償，諸如愛情、親情、照顧、關心、友誼、安慰、保護等非財產性質之因素」納入法院地法中，以支持其「愛情與親情之喪失應包括在失去親屬之生者所受痛苦與損害內」之見解，法院披上美國衝突法「利益分析方法」之外衣寫下判決，但具有「目的論實體法方法」之實質，將對原告較有利之美國聯邦最高法院見解納入法院地法之加州法中，等於是納入質量較優之實體法所創建之多邊實體法，而本案原告雖為侵權行為受害人之家屬而非侵權行為受害人，但可明確顯示出保護弱勢侵權行為受害人亦已納為多邊實體法。由上述可知，於涉外契約案件或涉外侵權行為案件適用此等多邊實體法，得以獲致保護弱勢者之「實體正義」。

---

[49] 399 F. Supp. 732 (C.D. Cal.1975).

[50] Friedeich K. Juenger, *supra* note 29, at 208-213.

[51] 414 U.S. 573 (1974).

伍、實體法方法論

　　我國學者陳隆修教授於1987年以《美國國際私法新理論》一書對「美國衝突法革命運動」後所興起包括「利益分析方法」、「第二整編方法」（Restatement (Second) methodology）[52]、「較佳法則方法」、「優先原則理論」等在內之「現代選法理論」提出看法，並以實體法之「主要價值」（prevailing value）為核心提出其「實體法方法論」，認為國際私法案件應以案件所牽連之法律事實所應適用之相關部門於國際上實體法之「主要價值」為解決。之後於2004年與2005年再以〈以實體法方法論為選法規則之基礎〉[53]一文闡述其「實體法方法論」並略作修正。

一、以主要價值為核心

　　在評析「利益分析方法」、「第二整編方法」、「較佳法則方法」、「優先原則理論」等在內之「現代選法理論」，尤其是對Brainerd Currie之「政府利益分析理論」區域性之方式、公法與私法的混淆、擬制的立法意旨、評價禁忌等一針見血的評論後[54]，陳隆修教授開始架構其選法方法論。其指出，無論每一位法官所採理論及技巧規則為何，總能達到相同判決結果之原因，因為法院有著共同之法律觀念，以系爭特定態樣中案件之「主要價值」為判決之理論基礎，而於法律衝突案例中，「主要價值」經常是以法律之基本原理表現出來[55]。法律衝突案例中之基本法律原

---

[52] 第二整編方法，乃是依「美國法律學會」（American Law Institute, A.L.I.）於1969年所批准之「衝突法第二整編」（The Restatement, Second, of Conflict of Laws）所提供之標準來選擇準據法。

[53] 參閱陳隆修，〈以實體法方法論為選法規則之基礎（上）〉，《東海大學法學研究》，第21期，2004年12月，第185-242頁；陳隆修，〈以實體法方法論為選法規則之基礎（下）〉，《東海大學法學研究》，第22期，2005年6月，第307-372頁。此文並已收錄於陳隆修、許兆慶、林恩瑋，前揭註25，第103-234頁。

[54] 參閱陳隆修，前揭註15，第50-63頁。

[55] 參閱陳隆修，前揭註15，第105頁。

理，可包含實體法之原理或多數州所共同接受之衝突法原理，例如契約法之「保護正當之期待」、勞動法之「受僱人因工作而受傷害時須獲賠償，僱用人負擔該費用者應被免除對受僱人於侵權行為法上之責任」、婚姻法之「原則上婚姻效力必須維持」、信託法之「原則上委託人之正當期待應受保護」、子女監護案件之「子女最大利益」、侵權行為案件之「給予受害人迅速合理之賠償」等實體法之原理[56]，以及動產繼承之「適用被繼承人死亡時之屬人法」、不動產移轉之「適用不動產所在地法」、公司法之「適用公司成立地法」等衝突法原理[57]。而於法律衝突之情況下，「主要價值」應根據與案件本身相關之整個國際或州際社會狀況而定，而非依照任一與案件有關之單獨州之狀況而定，故法院著手於確認國際「主要價值」時，必須設想自己是一個國際法院，試圖探討相關國際社會中最妥善之社會價值或原理，因為至少審判地國本身，本來就是相關社會中之一部分。此外，多數國家（州）間所擁有相同之工業社會架構，得使確認「主要價值」之工作遠比許多法學者所瞭解的要容易得多[58]。

　　陳隆修教授進一步把法律衝突案件分為簡易法律衝突案件與困難法律衝突案件，前者係指在數相關州間具有一明顯之「主要價值」，後者係指一件案件中同時包含數相衝突之價值而使法院很難或根本無法決定何一價值應最優先適用。於簡易法律衝突案件中，可能有數種相衝突之價值存在，而其中一項價值很明顯地超越其他價值，此時即以該項價值為「主要價值」，例如未經家長同意之婚姻，依其中一方屬人法該婚姻為無效或可撤銷，此時尊重婚姻自由之價值與尊重父母權利之價值是相衝突的，然而於親屬法中「父母之同意」作為結婚之要件已漸失其地位，故尊重婚姻自由之價值超越了尊重父母權利之價值，應以其為「主要價值」[59]；而困難法律衝突案件則為數不多，例如於高利貸契約，促進商業之價值與有關州

---

[56] 參閱陳隆修，前揭註15，第9、105、131頁。

[57] 參閱陳隆修，前揭註15，第9-10頁。

[58] 參閱陳隆修，前揭註15，第107頁。

[59] 參閱陳隆修，前揭註15，第107-108頁。

控制利率之政策是相衝突的，何者超越另一或許經濟學家可以提供概括性之答案，但無法提供絕對的、決定性之答案，故衝突法學者很難衡量相衝突之價值或決定何者應予優先執行[60]。

　　而對於價值衝突之解決，陳隆修教授原先認為，法院須依與案件有關之國際社會背景、情況予以衡量，只不過在困難法律衝突案件中，當涉及其他有關學科時，法院必須請教專家，但當法院認為衡量案件中所包含之衝突價值是不可行的，或者協調是迫切需要的，則協調便不得不成為最後的解決方式[61]。但陳隆修教授之後調整看法，認為若拘泥於價值衝突之解決，將會造成「多國性主要價值」主張之不穩定性與無法執行性，故應拋棄「主要價值」衝突衡量之觀念，甚至對「主要價值」之認同亦無須過分強調，一切尊重相關案件所牽連之實體法部門於國際上之主流大多數意見即可，亦即雖法律上牽涉數國之涉外案件，但相關案件之爭點之解決，卻可以忽視這些跨國因素，而單純地以案件所牽連之法律事實所應適用之相關部門實體法上大多數人能接受之最妥善或最先進的理論去解決該涉外案件，所得之結果應能得到最大多數人之認同，從而符合普世所認同之公平正義之判決[62]。因之，價值衝突之解決完全交付相關部門之實體法專家認定即可，實體法專家認定所得出之「主要價值」應能得到大多數人之認同，而依此判決所得結果之公平正義亦能得到大多數人認同，如此則國際私法之一致性與穩定性自然實質上達到水到渠成之地步，無須透過機械式之死硬雙面衝突法則去達成表面上之一致性，而私底下卻透過反致、定性與國際公序等脫避技巧去破壞法律之一致性[63]。

二、實體法方法論得以獲致實體正義

　　由上述陳隆修教授對「實體法方法論」之闡述可知，「實體法方法

---

[60] 參閱陳隆修，前揭註15，第109頁。

[61] 參閱陳隆修，前揭註15，第110-111頁。

[62] 參閱陳隆修、許兆慶、林恩瑋，前揭註25，第110、113-114頁。

[63] 參閱陳隆修、許兆慶、林恩瑋，前揭註25，第110頁。

論」之運行所依靠的是比較法方法之進行，簡易法律衝突案件中由法官自
己以比較法方法認定「主要價值」，於困難法律衝突案件則交由實體法專
家以比較法方法認定「主要價值」，但此一運作模式即必須賦予法官較高
之自由裁量權，使「主要價值」之認定工作能於較不受拘束之環境下，達
到最符合國際主流意見之認定。惟，比較法方法加上較高自由裁量權之運
行模式，對大陸法系國家之法官而言，恐有一定程度之困難。事實上，陳
隆修教授自己也認為，由於大陸法系國家之法院相當教條化，以致無法注
意到個案中之實際情況，也無權作出違反過時成文法法規之判決，因此其
「實體法方法論」應更能適合美國普通法法院[64]。但無論如何，倘國際上
主流大多數意見之「多國性主要價值」果能確定，則以之作為涉外案件判
決之依據，確有可能達成個案具體妥當與判決一致，此為最重要但又呈緊
張關係之國際私法目標。又由於「多國性主要價值」是經過法官與實體法
專家以比較法方法認定出，其內容為大多數人能接受之最妥善或最先進的
理論，故涉外案件以「多國性主要價值」作成判決實具有濃厚之「實體正
義」目的，且其係直接適用實體性質之「多國性主要價值」，並非於與系
爭案件具有關聯之數州或國之現行法律中擇一適用，從此言之，「實體法
方法論」應非法律選擇，而是實體結果之選擇。

　　運用陳隆修教授之「實體法方法論」，得以獲致保護弱勢者之「實
體正義」。以保護弱勢契約當事人與保護弱勢侵權行為受害人之「實體正
義」言，對弱勢契約當事人與弱勢侵權行為受害人予以特別保護應為世界
各國普遍所承認，故弱勢契約當事人與弱勢侵權行為受害人之保護勢被認
定為「多國性主要價值」，尤其是若以最妥善或最先進作為認定標準而將
對弱勢契約當事人與弱勢侵權行為受害人保護較優之制度或理論認定為
「多國性主要價值」，則更能保證保護弱勢者之「實體正義」之獲致。
於保護弱勢契約當事人方面，陳隆修教授指出[65]，國內契約法之發展並不
利於雙方當事人締結定型化契約之絕對自由，此一實體契約法之進展，

64　參閱陳隆修，前揭註15，第121頁。

65　參閱陳隆修，前揭註15，第242-244頁。

亦影響到契約衝突法之進展，其並藉1955年*Siegelman v. Cunard White Star Ltd.*案及1957年*Fricke v. Isbrandsten Co.*案之法院判決，與「衝突法第二整編」第187條註釋b：「法律選擇的規定，一如契約之其他規定，假如當事人之一方將法律選擇方法，以不正當的方式併入契約，例如虛偽陳述、脅迫或不當壓力，或者錯誤。擬定條款的一方，是否以不適當的錯誤方式取得另一方的同意，將由法庭地依其本身的法律原則決定之。法庭所考慮的因素之一為，法律選擇的規定是否包含於附合契約中，亦即由占優勢的一方單獨擬定後，才以『要就無條件接受否則拒絕』的方式提出，給交易能力較弱的一方；而事實上，後者並無真正的機會能和擬定條款的一方商議契約內容。契約中法律選擇的約定，通常會被遵照執行。但法庭會非常慎重地檢查契約，倘若適用契約中之法律選擇，條款的結果將對另一方交易能力較弱之當事人，造成實質上之不公平時，法庭將拒絕依照該『法律選擇』條款適用法律。」所述，將「須避免導致另一方當事人遭受重大不公正」認定為定型化契約案件之「主要價值」；於保護弱勢侵權行為受害人方面，陳隆修教授指出[66]，於商品責任法領域中，保護原告是一項絕對正確之趨勢，其並藉Willis L.M. Reese：「當一項基本政策或者所涉及的多項政策均導向同一趨勢時，……法律選擇法則成效的主要標準，是它能達成『促進主要的政策或多數政策』到什麼程度……幾乎全世界所有國家的『商品責任』法，趨勢都是有利於原告，而加諸供應者更嚴厲的責任。」與德國學者Gunther Kühne：「在法律選擇過程中，『商品責任』實體法的主要政策——保護消費者——必須受到充分的重視。」之言，針對*In re Paris Air Crash of March 3*案（Ermenonville航空空難案）本案法院已給予受害人迅速合理之賠償故其判決是公正之評論，將「給予受害人迅速合理之賠償」認定為商品侵權行為契約案件之「主要價值」。由上述可知，於涉外契約案件「須避免導致另一方當事人遭受重大不公正」之「主要價值」判決，於涉外侵權行為案件適用「給予受害人迅速合理之賠償」之「主要價值」，得以獲致保護弱勢者之「實體正義」。

---

[66] 參閱陳隆修，前揭註15，第173、178頁。

陸、實體正義導向選法方法之評析——代結論

　　12世紀末之註釋法學派學者阿德瑞克斯（Magister Aldricus）「應適用較好的、較為有用的法律」（*Respondeo eam quae et utilior videtur, Sebet enim incdicare secundum quod emlius ei fruerit*）之主張，乃是「實體正義導向之選法方法」之源頭，但其後繼者背離了Magister Aldricus之目的論方法（teleological），而以概念論者（conceptualist）之姿提出了「法則區別說」（statutist theories），採取區別實體法之性質以劃分不同性質實體法各自地理上適用範圍之方法，處理涉外案件之法律適用問題，此「單邊主義方法」（unilateralist approach）統治了國際私法五百多年，直至Friedrich Carl von Savigny以先驗論（transcendentalism）之姿提出了「法律關係本據說」，採取不同法律關係各依其與某地域間之牽連關係，而適用該地域法律之方法處理涉外案件之法律適用問題，此「多邊主義方法」（multilateralist approach）深深支配國際私法至今。「法則區別說」及其後「法律關係本據說」之風靡，「實體正義導向之選法方法」沉寂許多，但實際上並未消失，而是以迂迴而隱晦之方式繼續作用著，植基於「法律關係本據說」之雙面衝突法則準據法選擇制度標榜著「價值中立性」，以及「衝突正義」（conflicts justice or private international law justice）與「實體正義」之二分，但卻一直運用「國際公序」機制以維護選法結果之「實體正義」，而近半世紀來「即刻適用法」機制更加入與「國際公序」機制共同維護「實體正義」，這代表著「實體正義導向之選法方法」仍於檯面下作用著。

　　1960年代後「美國衝突法革命運動」之風起雲湧，各種新選法理論如雨後春筍般出現，對以與某地域間之牽連關係作為法律適用基礎之準據法選擇制度於擇定準據法時，完全不考慮實體結果的反動，「利益分析方法」（以Brainerd Currie之「政府利益分析理論」為主）、David F. Cavers之「優先原則理論」、Albert A. Ehrenzweig之「適當法院之適當法理論」、Robert A. Leflar之「較佳法則理論」、Friedrich K. Juenger之「目

的論實體法方法」等新選法理論直接將實體結果列為選法標準，此等依個案考量實體結果之「實體規則選擇方法」或「結果選擇方法」蓬勃發展，顯示價值取向之準據法選擇制度已然復興。然此等「實體規則選擇方法」固為價值取向之選法理論，但非全然屬於「實體正義導向之選法方法」，蓋「利益分析方法」、Albert A. Ehrenzweig之「適當法院之適當法理論」等著重於適用法院地法，「本地法至上」之價值取向非可等同於「實體正義」之價值取向，故此等「單邊主義方法」之選法理論與「實體正義導向之選法方法」尚有所差距，而David F. Cavers之「優先原則理論」、Robert A. Leflar之「較佳法則理論」、Friedrich K. Juenger之「目的論實體法方法」，不獨鍾於法院地法之適用，係以「實體正義」作為適用法律之唯一基準，揭櫫了「實體正義」之價值取向，故此等「多邊主義方法」[67]之選法理論即為「實體正義導向之選法方法」。質言之，「實體正義」之實體結果，並不局限於適用法院地法所得之實體結果，適用外國法之實體結果較適用法院地法更能獲致「實體正義」者，即應適用外國法，故「單邊主義方法」之選法理論，最多只能獲致因適用法院地法而得之「實體正義」[68]，而「多邊主義方法」之選法理論，則因對內外國法無分別心故較能保證「實體正義」之獲致。

　　而就「實體正義導向之選法方法」進一步分析，尚有「實體法選擇型」與「實體結果適用型」二不同型態：前者係選擇較符合「實體正義」之實體法（但非選法域）而適用於涉外案件，故仍有法律選擇之過程，David F. Cavers之「優先原則理論」與Robert A. Leflar之「較佳法則理論」

---

[67] 有批評Robert A. Leflar之「較佳法則理論」主張適用較佳之實體法，最終將導致適用法院地法，故應屬於「單邊主義方法」，但本文以為，若單就其內容而言，並不排除適用較佳之外國實體法，故理論上仍應屬於「多邊主義方法」，只不過於實際運用時，所適用較佳之實體法絕大部分為法院地實體法矣！

[68] 但大陸法系國際私法「即刻適用法」機制之運用與此情形不同，「即刻適用法」機制之運用雖亦為適用法院地法，但其係因依雙面衝突法則所擇定之準據法有為外國法之可能，而適用外國法之實體結果恐有逸脫「實體正義」之虞，故倒不如直接適用法院地實體法以保證能獲致「實體正義」。質言之，「即刻適用法」機制係矯正因適用外國法而逸脫「實體正義」之情形，但「單邊主義方法」之選法理論只著眼於適用法院地法，「實體正義」是否會因適用法院地法而逸脫，其並不關心。

屬此類；後者係直接將能達到「實體正義」之實體結果適用於涉外案件，Friedrich K. Juenger之「目的論實體法方法」與陳隆修教授之「實體法方法論」屬此類。蓋無論是多邊實體法之創制，抑或「多國性主要價值」之認定，皆是「實體正義」之實體結果的採擇過程。無論為「實體法選擇型」，抑或「實體結果適用型」，皆以涉外案件能獲致「實體正義」之實體結果為其唯一目的，與大陸法系國際私法於「衝突正義」之框架下以「具實體法目的之雙面衝突法則」之特別規定、運用「即刻適用法」機制之體制例外干預、運用「國際公序」機制之體制內例外排除等特別法、例外法之方式兼顧「實體正義」，呈現出截然不同之風格。惟，「實體正義導向之選法方法」要能成功運作，必須要有若干條件配合，蓋除了David F. Cavers之「優先原則理論」將所提出之原則衝突法則化外，其他如較佳實體法之判斷、多邊實體法之創制、「多國性主要價值」之認定皆賴法官依自由裁量權為之，倘無資深之判例法經驗與厚實之比較法素養，「實體正義」不過為海市蜃樓之虛幻，易淪為包裝法院地法之美麗外衣，故「實體正義導向之選法方法」於經「衝突法革命運動」洗禮且慣於法官造法之美國有較高成功運作之機會，大陸法系國家仍望之卻步矣！

國際商事仲裁中的管轄權／管轄權原則析評

宋連斌[*]

　　仲裁程序開始後，如一方當事人對仲裁管轄權有異議，仲裁庭、仲裁機構、法院三者，誰有權決定異議是否成立，這是一個重要問題。現代國際商事仲裁的主導觀點認為，仲裁庭有權對當事人提出的管轄權異議作出裁定。這在理論上被形象地稱為管轄權／管轄權、管轄權之管轄權或權限／權限（kompetenz-kompetenz, competence-competence）理論，在立法和仲裁實踐上，則相應被稱為管轄權／管轄權或權限／權限原則[1]。本文擬結合中國的仲裁實踐，對該原則的起源、主要內容及其功能予以扼要的介紹和評析。

壹、管轄權／管轄權原則的起源

　　在制定1976年《聯合國國際貿易法委員會仲裁規則》（下稱《UNCITRAL仲裁規則》）時，管轄權／管轄權原則還是相當新的概念，曾有人建議在草案中取消這一提法[2]。事實上，這一概念可追溯至

---

[*] 法學博士，中國政法大學國際法學院教授，中國國內外多家仲裁機構仲裁員，主要研究方向為國際私法、仲裁。

[1] 也有人將其譯為「自裁」理論或原則。這一譯法不失形象，但「自裁」一詞，亦含自殺之意，故個人不傾向於採用。德語中「kompetenz-kompetenz」本意即為「決定一切職權的職權」，僅就仲裁領域而言，意為仲裁庭就當事人對其管轄權提出的異議具有管轄權，譯為管轄權／管轄權原則或理論，是可取的。但仲裁庭的管轄權決定是否為最終的決定在理論上仍有爭議，主流實踐包括德國並未採納最終決定說，故法語學者認為法語術語「compétence-compétence」語義上更為準確。

[2] See J. J. Van Hof, *Commentary on the UNCITRAL Arbitration Rules*, Kluwer, 1991, pp. 142-

1950年代，甚至更久遠，被認為出自聯邦德國的一場爭論，即當事人可否通過協議，賦予仲裁員對其管轄權作出有拘束力決定的權力。1955年，聯邦最高法院（BGH）認定，仲裁員對作為其管轄權基礎的仲裁協議的範圍，有作出最終決定的權力。但這一裁定，受到廣泛批評。1977年，該院另一個法庭，則持不同的立場，認為當事人只能另行簽訂獨立的協議，賦予仲裁員決定管轄權的權力，且該協議的效力還需接受法院審查[3]。同時代的英國法官per Devlin在*Christopher Brown Ltd v Genossenschaft Oesterreichischer Waldbesitzer Holzwirtschaftsbetriebe*案中認為：法律沒有要求仲裁員在其管轄權遭到反對或質疑時，應該拒絕履行其職責。法律也沒有要求在管轄法院就仲裁庭管轄權問題作出判決前，仲裁員不對異議作出實質調查和裁定，而是繼續仲裁，把管轄權問題留待有權決定的法院去判決。仲裁員不應採取上述任意一種做法。仲裁員有權就他們是否有管轄權的問題進行審查，其目的不是為了得出任何對當事人有約束力的結論，因為他們並無此項管轄權，而是為了解決作為一個先決問題向當事人證實他們是否應該繼續仲裁[4]。但英國在《1996年仲裁法》以前，並不被普遍認為完全接受了管轄權／管轄權原則，否認該原則的實例，亦不難發現。

　　管轄權／管轄權原則，主要是在歐洲大陸發展起來的。1961年《歐洲國際商事仲裁公約》和1966年《歐洲統一仲裁法》完全採納了這一原則並有所擴充，即仲裁庭不僅可以決定自己的管轄權，而且，可以直到最終裁決中才作出這一決定；法院只可在關於管轄權的初步裁定或最終裁決作出後實施審查。在前一種情況下，仲裁庭還可以不中止仲裁程序。至此，管轄權／管轄權原則的主要內容已初步形成。歐陸之外，解決投資爭端國際中心（ICSID）採納這一原則，具有重大意義，而1965年《解決各國與他

143.

[3] See A. Samuel, *Jurisdictional Problems in International Commercial Arbitration: A Study of Belgian, Dutch, English, French, Swedish, Swiss, U.S. and West German Law*, Schulthess Polygraphischer Verlag, Zurich, 1989, pp. 179-180.

[4] See A. Redfern and M. Hunter, *Law and Practice of International Commercial Arbitration*, London: Sweet & Maxwell, 1991, pp. 275-276.

國國民間投資爭端公約》（下稱《華盛頓公約》）[5]，也是首先採用此原則的世界性公約。其後，《UNCITRAL仲裁規則》和1985年聯合國國際貿易法委員會《國際商事仲裁示範法》（下稱《示範法》）的制定[6]，則推動該原則為主要的國際商事仲裁機構及其所在國接受，使其成為現代國際商事仲裁法的一個重要發展。

　　《示範法》在這方面的作用，尤為顯著。在擬定第16條時，起草者一致同意採用管轄權／管轄權原則，但法院應否干預及何時干預仲裁庭的管轄權決定，則引起較大的爭論[7]。在第一稿中，如同荷蘭等國的做法，法院在仲裁程序中，完全不干預仲裁庭的管轄權決定，對仲裁庭任何決定的追訴，均應在裁決作出後進行，除非有相反的適宜的實質性的理由。但英國的反對者認為，這可能浪費時間和金錢，如仲裁庭最終決定自始就沒有管轄權，當事人只得去訴訟，被迫再次陳述案件。第二稿中，仲裁庭和法院有共同的決定管轄權異議的權力，但仲裁庭可自行決定是否中止仲裁程序。如仲裁庭決定自己有管轄權，相應的法院審查應推遲在裁決的撤銷程序中進行。接下來的一稿與第二稿相似，僅增加規定，法院在決定當事人提出的管轄權異議時，可命令仲裁庭中止仲裁程序，而對仲裁庭作出的決定，仍在裁決後給予司法審查，這顯然有點自相矛盾。而且，反對在裁決前法院因管轄權問題介入仲裁程序的觀點認為，改變第一稿是極大的錯誤，仲裁庭初步裁定的方式，完全可避免所謂的浪費。最後一稿以瑞士的做法為基礎，調和了上述分歧，在仲裁程序開始前的訴訟程序中，法院可應被告的請求決定是否將爭議交付仲裁，但當事人不能僅因要求法院對仲裁管轄權作出裁定而提起訴訟。仲裁程序開始後，法院不能命令中止仲裁程序；法院對仲裁庭的管轄權決定的審查，應在裁決的撤銷程序中進行，仲裁庭也可以選擇作出初步裁定而接受法院的立即審查，為減少法院審查可能對仲裁程序造成的延緩，當事人向法院提出申請的時間受到限制，

5　參見該公約第41條。

6　參見1976年《UNCITRAL仲裁規則》第21條，1985年《示範法》第16條。

7　See H. M. Holtzman et al., *UNVITRAL Model Law on International Commercial Arbitration: Legislative History and Commentary*, Kluwer, 1994, pp. 485-487.

仲裁庭亦可決定不中止仲裁程序。《示範法》後的實踐證明，這一折衷是成功的。雖然，有人指責這可能給當事人一些困惑，或者仲裁員為了報酬，可能拖延作出管轄權決定的時間，但仲裁制度本身能夠克服這些小的弊端，連批評者也承認尚未發現這樣的實例[8]。但是，《示範法》未規定法院可審查仲裁庭關於其沒有管轄權的決定，引起了爭論。實際上，如仲裁庭認為確實沒有管轄權，強迫其仲裁也非仲裁之本意。最後必須指出，《示範法》第16條起草過程中的論爭並非是激烈對抗，只不過是正常討論而已。

貳、管轄權／管轄權原則的意義

雖然，管轄權／管轄權理論得到廣泛認同，但對其含義的界定卻不盡相同。有學者認為，這一理論包括兩個方面的內容：一是，仲裁庭擁有裁決自己是否對某一案件享有管轄權的權力；二是，只要當事人之間訂有仲裁協議，法院就須將爭議交付仲裁，不存在當事人只要提交實體答辯和沒有管轄權異議，即被視為放棄仲裁協議而接受訴訟管轄權的問題。因為，認定仲裁管轄權成立與否的權力在仲裁庭[9]。據此推論，法院對其受理的爭議，如一方抗辯應將爭議交付仲裁，法院只要在表面證據證明存在仲裁協議，就要給予仲裁庭優先的管轄權，由仲裁庭決定仲裁管轄權是否有效[10]。這確是較為理想化的擴大理解，但既不合乎1958年《承認及執行外國仲裁裁決公約》（下稱《紐約公約》）第2條，也不利於當事人，如果

---

[8]　See A. Samuel, *Jurisdictional Problems in International Commercial Arbitration: A Study of Belgian, Dutch, English, French, Swedish, Swiss, U.S. and West German Law*, Schulthess Polygraphischer Verlag, Zurich, 1989, pp. 212-215.

[9]　參閱高菲，《中國海事仲裁的理論與實踐》，中國人民大學出版社，1998年，第213-214頁。

[10]　See A. Bucher, *Court Intervention in Arbitration, in International Arbitration in the 21st Century: Towards "Judicialization" and Uniformity*, Transnational Publishers, Inc., 1993, pp. 36-37.

仲裁庭認定仲裁協議無效，當事人又得回到法院，姑且不論組建仲裁庭的周折。

　　從有關各國的立法和仲裁規則看，管轄權／管轄權原則是指，在**仲裁程序中**仲裁庭有權裁定當事人提出的管轄權異議，以確定自己的管轄權。而不是指在任何情況下，仲裁管轄權都應由仲裁庭自己決定。而且，仲裁庭的管轄權決定不是終局的，必須接受法院的審查。這並不意味著管轄權／管轄權原則無足輕重。正如《示範法》起草者公認的那樣，採用該原則的關鍵不在於是否賦予仲裁庭的決定以終局效力，也不在於是否完全排除法院確定仲裁管轄權的權力，而是在於限定法院干預仲裁管轄權的時間和條件[11]，從而避免法院過早地干預仲裁過程，以利於仲裁庭提高效率。從仲裁本身的客觀需要來說，假如一方當事人，可隨時因管轄權問題中斷仲裁程序，仲裁庭的正常工作就無法順利進行。法院的事後監督，足以讓仲裁庭審慎地決定自己的管轄權，當事人的利益能夠得到充分保障。相比將所有管轄權異議均交由法院決定的做法，管轄權／管轄權原則也有利於減少法院工作量。仲裁庭決定自己的管轄權的權力來源於當事人的意思自治，當事人授權仲裁員仲裁其糾紛，即意味著仲裁員有權審查其授權是否成立、範圍有多大以及法律是否限制、禁止仲裁員接受這一授權，而這一過程就是決定自己管轄權的過程。正因為如此，接受管轄權／管轄權原則，在大多數國家並無波瀾。

　　管轄權／管轄權原則與仲裁協議獨立性原則，在立法和仲裁規則中常常被規定在同一條文，反映了二者之間的密切關係。獨立性原則強調仲裁協議的效力獨立於其所屬合同，管轄權／管轄權原則則進了一步，即仲裁程序中決定仲裁管轄權的是仲裁庭，獨立性原則是仲裁庭應適用的指導性準則。顯然，管轄權／管轄權原則是程序法原則，而獨立性原則是實體法原則，它擴大了前者的有效範圍[12]。二者相輔相成，共同完善了仲裁管轄

---

[11] See A. Broches, *Commentary on the UNCITRAL Model Law on International Commercial Arbitration*, Kluwer, 1990, p. 74.

[12] See A. Broches, *Commentary on the UNCITRAL Model Law on International Commercial Arbitration*, Kluwer, 1990, p. 76.

權，使仲裁程序成為一個相對自足的程序。

參、管轄權／管轄權原則與仲裁立法和實踐

　　目前的國際商事仲裁立法和實踐，普遍採用了管轄權／管轄權原則。《歐洲國際商事仲裁公約》第5條、《歐洲統一仲裁法》第18條、《華盛頓公約》第41條等，即如此規定；英國《1996年仲裁法》第30條、法國2011年《民事訴訟法典》第1448條、瑞士1989年《關於國際私法的聯邦法》第186條等國內法，也採納這種做法；美國仲裁協會（AAA）、倫敦國際仲裁院（LCIA）、香港國際仲裁中心（HKIAC）、新加坡國際仲裁中心（SIAC）等世界知名機構的仲裁規則及《UNCITRAL仲裁規則》、《示範法》，也規定了這一內容[13]。以前述法國新仲裁法的規定為例，其對管轄權／管轄權原則的把握可謂透澈，值得借鏡：一、依第1446條：即使爭議已處於法院的訴訟程序中，當事人仍有權將爭議提交仲裁；二、依第1448條：當仲裁協議範圍內的爭議被提交法院時，法院應當表明其無管轄權，除非：（一）仲裁庭尚未受理該爭議；且（二）仲裁協議顯然無效或無法適用；（三）法院應基於當事人對其缺乏管轄權的抗辯，而不得依職權，去認定自己無管轄權。這又一次表明，管轄權／管轄權原則適用的前提，是仲裁程序已經開始；而且，法院在無仲裁庭受理爭議的情形下，不能依職權主動決定自己對相關爭議無管轄權。

　　在機構仲裁情況下，仲裁機構也可對仲裁庭的管轄權予以某種程度的干預，國際商會（ICC）國際仲裁院和斯德哥爾摩商會（SCC）仲裁院，即是如此。在ICC[14]，仲裁院只需判斷有否仲裁協議存在的初步證據，而

---

[13] 參見2021年《美國仲裁協會國際仲裁規則》第21條、2020年《倫敦國際仲裁規則》第23條、2018年《香港國際仲裁中心機構仲裁規則》第19條、2016年《新加坡國際仲裁中心仲裁規則》第28條，以及《UNCITRAL仲裁規則》第21條、《示範法》第16條等。

[14] 參見2021年《國際商會仲裁規則》第6條。

管轄權問題仍由仲裁庭決定。SCC仲裁院的介入似略甚於ICC國際仲裁院，對當事人的管轄權異議，如認為SCC仲裁院明顯缺乏管轄權，將駁回當事人的仲裁申請；反之，將案件移交仲裁庭，由仲裁庭或經仲裁庭其餘成員授權的首席仲裁員決定程序問題[15]。

　　對當事人提出的管轄權抗辯，仲裁庭是否作為先決問題在終局裁決前作出初步裁定，國際實踐亦有所不同。採用管轄權／管轄權原則的情況下，一般由仲裁庭視案情需要，或作出初步決定，或在最終裁決中予以確定。AAA、LCIA、ICSID等機構採用這種做法，《歐洲國際商事仲裁公約》、《示範法》、《UNCITRAL仲裁規則》等亦如此[16]，ICC和SCC的仲裁院，也部分採用這一做法。

肆、管轄權／管轄權原則與法院干預

　　有權最後判定仲裁管轄權是否有效的，是法院而不是仲裁庭。法院是否因仲裁協議而拒絕訴訟管轄權，當然由法院決定；對仲裁庭作出的初步管轄權決定，法院可依法立即給予審查；在裁決的撤銷及承認與執行程序中，法院亦可審查仲裁管轄權成立與否。但是，對仲裁程序中管轄權的初步裁定而言，不是所有國家的法律都賦予法院這個權力。與弱化法院干預的趨勢相一致，很多國家認為法院應盡可能少干預國際商事仲裁程序，對仲裁的監督應盡可能在裁決作出後進行，法國、荷蘭、比利時、義大利等國即是如此[17]。《歐洲統一仲裁法》第18條規定，當事人對仲裁庭作出

---

[15] 參見2017年《斯德哥爾摩商會仲裁規則》第12條、2017年《斯德哥爾摩商會加速仲裁規則》第12、13條。

[16] 參見2021年《美國仲裁協會國際仲裁規則》第21條、2020年《倫敦國際仲裁院規則》第23條、《華盛頓公約》第41條、《歐洲國際商事仲裁公約》第5條、《示範法》第16條、《UNCITRAL仲裁規則》第21條。

[17] 參見2011年法國《民事訴訟法典》第1448條、2015年《荷蘭民事訴訟法典》第1052條、2016年《比利時司法法典》第1690條、2021年《義大利民事訴訟法》第817、819條。

的有管轄權的初步決定,不得向司法機構提出異議,直到關於主要問題之
裁決作出後;《歐洲國際商事仲裁公約》第5條甚至規定,當事人除可在
仲裁程序中按時向仲裁庭提出管轄權異議外,以後不得向任何機構包括法
院審查裁決時,向其提出仲裁管轄權問題。還有個別國家,允許當事人協
議排除法院在裁決前,複審仲裁庭管轄權決定的權力,如在新民事訴訟法
典生效之前,德國的判例即是如此[18]。顯然,在上述情況下,不存在法院
對管轄權異議的初步裁定。不過,在仲裁程序開始之前,一方當事人到法
院起訴,另一方聲稱存在仲裁協議,要求法院終止訴訟程序而將爭議交付
仲裁,此時,法院對仲裁協議效力必須作出認定。理論上,有些學者亦將
此種認定稱為仲裁管轄權的初步裁定[19],這一權力是每個國家的法院都享
有的,但卻是訴訟程序中通過否定法院的管轄權,而對仲裁管轄權作出認
定,也就是訴訟管轄權與仲裁管轄權衝突與協調的問題。

　　對仲裁程序中也就是裁決作出前的管轄權異議,目前大多數國家的
做法是,允許仲裁庭、仲裁機構作出初步決定,但法院應當事人一方的請
求,也可作出初步裁定或對仲裁庭的裁定實施監督,這就是廣義的「並行
控制」(concurrent control)制度。具體有以下幾種情形:

一、仲裁管轄權異議可作為一個獨立的問題,由當事人決定在仲裁過程
　　中向法院起訴,法院作出決定。斯里蘭卡、瑞典、美國等採用這種做
　　法,英國也不排斥。按這一做法,法院基本上可隨時因當事人向其提
　　出仲裁管轄權異議而介入仲裁程序,但是否因此中止仲裁程序,則有
　　不同做法。在斯里蘭卡,仲裁庭有權裁決其管轄權,但仲裁程序的任
　　何一方,可以申請高等法院作出管轄權裁定,而仲裁庭有權繼續仲裁
　　程序[20]。這可以部分抵銷因法院介入仲裁程序,而對仲裁庭效率產生
　　的消極影響。美國等國家的法院在此種情況下,則可命令中止仲裁程

---

[18] 參閱孫珺,〈德國仲裁立法改革〉,《外國法譯評》,第1期,1999年,第86頁。

[19] See A. Samuel, *Jurisdictional Problems in International Commercial Arbitration: A Study of Belgian, Dutch, English, French, Swedish, Swiss, U.S. and West German Law*, Schulthess Polygraphischer Verlag, Zurich, 1989, pp. 186-187.

[20] 參見1995年《斯里蘭卡仲裁法》第11條。

序。美國各州並沒有普遍採用管轄權／管轄權原則，但近年來限制法院干預仲裁過程的趨勢是明顯的。在瑞士仲裁的一個案件中[21]，一方要求仲裁員初步裁定爭議是否適用美國反托拉斯法而被拒絕，遂向美國法院起訴要求確認仲裁協議因涉及反托拉斯請求而無效，法院援引*Mitsubishi*案駁回了這一要求，認為在承認與執行裁決階段法院有充分的監督權，無須干預仲裁員在仲裁程序中的行為。最新的美國仲裁協會國際仲裁規則，也繼續採用了與《示範法》相似的做法[22]。

二、仲裁庭可以適當方式對管轄權異議作出決定，法院相應地或在仲裁程序中介入，或在裁決後實施監督。按這種做法，法院只是在某些時候因當事人對仲裁庭作出的管轄權決定不服而介入仲裁程序，對仲裁庭的初步裁定作出裁定，這是嚴格意義上的並行控制。《示範法》第16條是這一做法的典型。如果仲裁庭作出初步裁定，當事人可向法院起訴；如果仲裁庭在終局裁決時，才裁定仲裁協議的效力，法院只可能進行事後監督。對這兩種選擇，各國的政策傾向，也不完全一致。如瑞士，當事人提出管轄權異議後，一般情況下鼓勵仲裁庭作出初步裁定[23]，以利於當事人及時明確其地位並參與仲裁，但無論如何，仲裁庭在這個問題上有充分的自由裁量權。

三、英國《1996年仲裁法》第30條至第32條，雖然肯定仲裁庭有權決定自己的管轄權，但擴大了管轄權異議的範圍，不僅包括仲裁協議的存在及效力、仲裁範圍，還包括仲裁庭的組成方式，與《示範法》第16條有所不同。但最大的不同是，當事人可書面同意仲裁庭不享有決定自己管轄權的權力；而且，在例外的情況下，即如果仲裁庭同意、法院認為符合第32條的條件或者全體當事人書面同意，一方可直接請求法院認定管轄權異議是否成立[24]。英國甚至也不使用「初步裁

---

[21] See M. F. Hoellering, The Role of the Arbitrator: An AAA Perspective, in ICC Publication No. 564, 1995, p. 62.

[22] 參見2021年《美國仲裁協會國際仲裁規則》第21條。

[23] 參見瑞士《關於國際私法的聯邦法》第186條。

[24] See F. Davison, The New Arbitration Act-A Model Law, 3 *Journal of Business Law* (1997), pp. 113-116.

定」（preliminary ruling）這個詞，而代之以「管轄權裁決」（award on jurisdiction）。可見，英國接受管轄權／管轄權理論的方式是獨特的；實際上，所有處理仲裁管轄權異議的做法，並不被絕對排除。

伍、管轄權／管轄原則與中國仲裁

在判定仲裁庭的管轄權問題上，中國大陸的做法較為獨特。在1994年《中華人民共和國仲裁法》（下稱《仲裁法》）施行前，《中華人民共和國民事訴訟法》沒有規定認定仲裁協議效力的訴訟，據中國國際經濟貿易仲裁委員會（下稱CIETAC）1994年及以前的仲裁規則〔中國海事仲裁委員會（CMAC）亦然〕，由仲裁機構決定仲裁協議的效力，但裁決作出後在執行程序中，仲裁協議的效力要接受法院的審查。而按照《仲裁法》第20條規定，當事人對仲裁協議的效力有異議的，可以請求仲裁委員會作出決定，也可以請求法院作出裁定。一方請求仲裁委員會作出決定，另一方請求法院予以裁定的，即使仲裁委員會受理在先，只要其還沒有作出決定，則優先由法院作出裁定。按照這一規定，中國立法並沒有採納管轄權／管轄權原則。

仲裁機構不審理案件，卻要代仲裁庭處理管轄權異議，這說明中國的仲裁機構較ICC、SCC仲裁院對仲裁程序的介入要實質得多。事實上，管轄權異議由仲裁機構來裁斷，導致仲裁庭過分依附於仲裁機構，使其缺少必要的自主性和獨立性，進而影響其公正性。仲裁員既然接受當事人指定，卻不能決定自己斷案的權限，這顯然有違仲裁協議的本旨。更重要的是，有些管轄權異議，如涉及可仲裁性、一事不再理、仲裁範圍等，未經審理顯然難以確認。實踐中，這種做法更演變成仲裁機構秘書處指定的協辦秘書審查當事人的異議成立與否，這更是悖於情理。但未採納管轄權／管轄權原則的最大弊端在於，由仲裁機構作出管轄權決定，中斷了仲裁程序，使仲裁程序缺乏應有的靈活性，嚴重妨礙了仲裁庭的效率。而且，仲裁機構的管轄權決定在法律上也並沒有終局效力，尚需要接受法院的司法

審查。這一做法，甚至比所有管轄權異議均由法院在仲裁過程中予以決定的模式更糟糕——至少法院的決定是終局的，成為中國國際商事仲裁走向國際化的障礙。另一方面，對仲裁協議的異議與對仲裁管轄權的異議不完全重合。《仲裁法》第16條規定仲裁協議生效的條件，並沒有可仲裁性、仲裁機構管轄權等因素，而當事人對仲裁協議本身沒有異議，但就爭議事項的可仲裁性、仲裁機構的管轄權或仲裁協議的範圍提出異議時，如何處理似乎從《仲裁法》上找不到依據，這也是現行有關法律的不完善之處。實際上，《仲裁法》生效以來的仲裁司法審查實踐表明，因未採用管轄權／管轄權原則，每年為本已十分繁忙的法院帶來數以百計乃至千計的案件負荷，與疏減訟源的目的迥異其趣。

　　CIETAC意識到這個問題，並分別加以處理，其早期仲裁規則使用了「仲裁協議及／或仲裁案件管轄權的抗辯」的用語，顯然也認同這樣的觀點，即仲裁管轄權問題不僅僅是仲裁協議的效力問題[25]。但對《仲裁法》沒有規定的部分管轄權問題，CIETAC也沒有採用管轄權／管轄權學說，直到21世紀初期。為避免未採納管轄權／管轄權原則帶來的弊端，中國各仲裁機構紛紛在其仲裁規則加以應對，以軟化《仲裁法》第20條的僵化規定。2004年《北京仲裁委員會仲裁規則》首次明文規定，當事人對仲裁管轄權提出異議，可以由仲裁委員會或其授權的仲裁庭作出決定；仲裁庭的決定可以中間裁決的形式作出，也可以在終局裁決中作出[26]。2005年《中國國際經濟貿易仲裁委員會仲裁規則》亦作了類似的規定[27]。

　　接受仲裁協議獨立性原則的國家，一般都接受了管轄權／管轄權原則。中國已採納了獨立性原則，尚未接受管轄權／管轄權原則，而現行仲裁機構決定仲裁管轄權異議做法的合理性及其對仲裁效率的影響，已引起注意並為實踐所革新，因此，接納管轄權／管轄權原則，應是中國今後修正《仲裁法》的一個目標。

---

[25] 參見CIETAC 2000年《仲裁規則》第4、6條。

[26] 參見2004年《北京仲裁委員會仲裁規則》第6條第1款。

[27] 該規則第6條。在北京仲裁委員會2022年、中國國際經濟貿易仲裁委員會2015年的新仲裁規則中，仍然肯定了這些做法。其他機構的類似情形，不一一列舉。

國際民事訴訟對於國外被告送達之研究
——借鑑英國法制

李瑞生[*]

壹、前言

　　我國傳統國際私法學界較偏重準據法領域，然而從訴訟程序的進行來看，國際裁判管轄經常是第一個必須解決的問題，法院必須先有管轄權，才能進行審理程序。而合法送達，於訴訟程序中至關重要；甚至，在英國法制中送達是管轄權之基礎。本文認為，研究國際裁判管轄的議題，從送達出發，是值得嘗試之方法，而源自英國法的方便法院原則（forum conveniens）堪稱其中最值得討論的議題之一[1]。

　　送達，係由法院書記官依一定之程序，將訴訟文書或特定事項通知於訴訟當事人或其他訴訟關係人之訴訟行為[2]。此為內國民事訴訟之基本意義，而在涉外民事訴訟上，送達不僅僅是通知的單純意義而已，更涉及對外國的被告之聽審、陳述及防禦等等訴訟權利的保障，外國法院可能據此而決定我國法院的判決是否得以承認與執行。

　　其實，前述送達之論述只討論到第一層次，更深入的層次是，送達應該從保障被告的公平受審權，進一步延伸到法院於對外國之被告送達時，應考慮到對於這樣一個在外國的被告行使管轄權是否合適？如果不合適而勉強送達，不僅被告的訴訟權受損，甚至這樣作成的判決根本不為外國法

院承認與執行，強摘的瓜不甜，這樣的訴訟程序白忙一場，所為何來？此一論述，事實上並非無中生有，英國[3]法制認為，送達是有無管轄權的基礎即為適例。

英國之方便法院係指，對於領域外之被告送達時，必須先符合民事訴訟規則（Civil Procedure Rules）R6.20之規定[4]，再依據R6.20本文「……得經法院之許可為域外送達……」由法院裁量是否送達；法院得許可為域外送達；當然亦得不許，其判斷之標準即為學說上之方便法院原則（以下簡稱方便法院），此係英國普通法累積百年的管轄規則，大陸法系國家並無此制度。英國法院於行使此種裁量權時之判斷基準為：一、雙方具有嚴重爭點；二、原告必須證明英國為合適審判之法院；三、公平正義判決之考量。

於民商事件管轄規則上，歐盟Council Regulation No. 44/2001、1999海牙草約、美國各州送達境外被告之長手法規及英國送達境外被告之R.S.C. Order 11, rule 1[5](1)（即1998 C.P.R.s.6.20），與大陸法各國國內管轄規則相去並不遠，本文建議於行使民商管轄權時：各國仍以國內管轄規則為基礎（英美則仍為所在理論）。但若法院欲送達通知至境外時，首先必須認知此為一種例外之過度管轄，其判決有可能不為外國法院所承認，應以「方便法院」原則來確認法院是否為合適、自然之管轄法院（例如，為了公平

3　一般所稱之英國，正式國名應爲大不列顛及北愛爾蘭聯合王國（United Kingdom of Great Britain and Northern Ireland），簡稱聯合王國（United Kingdom），行政區分爲英格蘭（England）、威爾斯（Wales）、蘇格蘭（Scotland）和北愛爾蘭（Northern Ireland）四部分。而且，英國並非單一的法律制度，而是一個政治聯盟之內存在三種不同的法律制度，或者說存在三個法域，英格蘭和威爾斯實行普通法制度，蘇格蘭實行大陸法制度，北愛爾蘭實行與英格蘭相似的法律制度。這些制度反映了各自的歷史，並在法律、組織和慣例方面有相當大的差異，對於蘇格蘭而言，更是如此。本文討論將限縮於英格蘭和威爾斯的民商事管轄權制度；換言之，本文除有特別說明外，所謂的英國係指英格蘭及威爾斯。

4　See Civil Procedure Rules, Rule 6.20 available at: https://www.justice.gov.uk/courts/procedure-rules/civil/rules (last visited: 2017/11/10).

5　See Rule of Supreme Court, ORDER 11, R1, available at: http://www.legislation.gov.uk/uksi/1998/3132/schedule/1/made (last visited: 2017/11/10).

正義之目的，或訴因與法院地有強烈之牽連時），如是，則實施對外送達程序；如否，則不應對境外之被告為送達。此時，甚至應認為法院無管轄權。

　　在方法論上，本文基於：一、我國不論法規與實務對於國外被告之送達均僅及於簡單技術規定，學理上也缺乏深入的研討論述；二、發源自英國判例法的方便法院已經發展相當成熟，因此在研究方法上採取分析比較方法，先選擇幾則我國的實務裁判，再簡述英國之指標性案例，互相比較分析評論其內容。

　　本文將於以下第貳節討論我國民事訴訟相關送達法制及法院就國外送達之案例。於第參節分別討論英國送達規定及方便法院案例與內涵，並嘗試分析其適用之要件，分析其適用之見解。最後，於第肆節提出我國對於外國被告送達的建議，以供參考。

貳、我國法規與實務

一、法規面

（一）民事訴訟法

　　我國現行民事訴訟法第145條規定：「於外國為送達者，應囑託該國管轄機關或駐在該國之中華民國使領館或其他機構、團體為之。不能依前項規定為囑託送達者，得將應送達之文書交郵務機構以雙掛號發送，以為送達，並將掛號回執附卷。」第146條：「對於駐在外國之中華民國大使、公使、領事或其他駐外人員為送達者，應囑託外交部為之。」

　　第145條之條文僅處理對於外國送達之操作方法，囑託該國管轄機關或囑託我國駐在該國之機關，前二種方法均不可行時，則採取郵務送達；第146條則是對我國駐外人員之送達，囑託外交部為之。均為送達之操作規定，並未涉及送達之更深一層關於國外被告的程序保障的意義。

(二) 外國法院委託事件協助法

依據外國法院委託事件協助法，關於外國法院委託我國司法協助之事件，必須不違反我國法令且經由外交機關為之，該委託之外國必須對於我國平等互惠，該受託送達依照我國法令規定之程序，而委託送達須檢具委託書詳載應受送達人之姓名、國籍、住所等資料，委託書如係外文應附中文譯本，關於費用則應依我國法令徵收之。

綜上論述，可知外國法院委託事件協助法係處理外國法院委託我國法院為送達或調查證據等司法互助事項，其關於送達之部分也是我國法院受外國法院委託送達時，應依據我國法令為之的技術性規範，也未涉及送達之更深一層意義。

二、實務面

本文蒐集實務上論及對於國外被告送達的數個案例，這些案例並非當事人直接要求我國法院對於國外為送達，而是外國法院對我國的被告送達，我國法院是否承認該送達之效力，以下分別分析論述之。

(一) 最高法院89年度台抗字第82號民事裁定

「……按仲裁法第五十條第三款所規定當事人之一方，就仲裁人之選定或仲裁程序應通知之事項未受適當通知，或有其他情事足認仲裁欠缺正當程序者，固可聲請法院駁回承認外國仲裁判斷之聲請。然仲裁程序之通知是否適當，應依當事人約定或其他應適用之仲裁規則決定之，倘受不利判斷之我國當事人已依相關規則、收到開始仲裁程序及選任仲裁人之通知，而拒絕參與該仲裁程序，自不能認係仲裁法第五十條第三款所定欠缺適當通知或欠缺正當程序之情形。本件依雙方於編號269/87服務契約第十七條(a)有關仲裁協議之約定就本契約所生或與本契約有關之爭議，包括託運人交付費用或違反本契約之條文，將於香港或其他雙方同意之地點以仲裁方式解決。仲裁程序應由雙方選任之單一仲裁人進行，若雙方無法合意選任，任一方得向香港國際仲裁中心提出聲請，由其選任之。故系爭

仲裁程序是否經適當通知之正當程序，應依據仲裁地之香港仲裁條例以為斷。查再抗告人於仲裁程序開始前之一九九二年四月二十九日及同年六月二日，分別以傳真及掛號郵件，並委請我國長立國際法律事務所陳長律師以存證信函檢附前揭二信函通知相對人選任仲裁人及參加仲裁程序，仲裁人英格利斯亦於一九九二年十一月二十日及同年十二月八日以傳真發命令予相對人通知其答辯，有信件掛號收據、傳真報告及存證信函等在卷可稽。而以上文件均送達至契約簽名頁所示之相對人住址及其後相對人住於台北市之地址（即相對人之公司所在地）。按諸香港仲裁條例第三十一條第二項有關仲裁通知書送達方式之規定，似無何不當，且符合兩造前開服務契約第十四條之合意。」

　　本判決涉及在香港進行之仲裁程序，對於公司在臺灣之相對人送達仲裁開始之通知，是否經適當通知之正當程序為送達，最高法院認為應依據仲裁地之香港仲裁條例以為斷。

(二)臺灣高等法院88年度上字第136號民事判決

　　「……按民事訴訟法第四百零二條規定：『外國法院之確定判決，有左列各款情形之一者，不認其效力：一、依中華民國之法律，外國法院無管轄權者。二、敗訴之一造，為中華民國人而未應訴者。但開始訴訟所需之通知或命令已在該國送達本人，或依中華民國法律上之協助送達者，不在此限。三、外國法院之判決，有背公共秩序或善良風俗者。四、無國際相互之承認者。』本條規定以外國法院之確定判決為規範對象，即外國法院之確定判決，有該條所列各款情形之一者，不認其效力，惟依舉輕以明重之法理，如外國法院之判決尚未確定，而有該條所列各款情形之一者，當亦不認其效力（最高法院八十六年度台上字第二五四四號判決參照）。查系爭香港法院判決書固經被上訴人代理人於民國八十五年九月二十七日函請台灣台北看守所代轉被上訴人，但被上訴人於同年七月十九日即經該所釋放，有該所函復本院之八十九年三月九日北所傑總字第一一七七號函在卷可憑（見本院卷第一二四頁），該判決書迄未送達上訴人，為被上訴人所不爭之事實，依法理，該判決應無確定之可能。本院曾函請行政院大

陸委員會代為函查系爭判決已否確定（見本院一四三卷第頁），該會之香港事務局洽該局法律顧問復稱依香港法律規定，祇有訴訟雙方才可向香港法院查詢有關訴訟資料（見本院卷第一四七至一四八頁），本院乃於八十九年七月七日及九月十九日之準備程序中請被上訴人向香港法院聲請系爭判決業已確定之證明（見本院卷第一五四、一六二頁），被上訴人迄未能提出，依香港高等法院規則第五九號命令『向上訴法庭提出上訴』之內容，即『4上訴時限(1)除本規則另有規定外，每份上訴通知書均必須根據第3(5)條規則在以下期限屆滿前送達（期限由緊接下級法院的判決或命令加蓋印章或以其他方式成為完備的日期翌日起計），即屬來自非正審命令的上訴……期限為十四天；(c)如屬任何其他情況，期限為六星期。(3)凡上訴法庭應在根據第(1)款送達上訴通知單的時限內提出的申請而批與上訴許可，上訴通知書可不在該段時段內送達，而改在批予許可的日期後七日內送達』（見本院外放證物），系爭判決，既非屬不得上訴之案件，上訴人自得不服該判決而其上訴法庭上訴，上訴人既未合法收受香港法院之判決書，如何向香港上訴法院提出上訴？是被上訴人主張系爭香港法院判決無庸送達，業已確定云云，要無可取。」

本判決主要見解為：香港法院依法應送達被告之判決書，固經被上訴人代理人函請臺灣臺北看守所代轉被上訴人，但被上訴人早已經該所釋放而無法代轉，其既未合法收受香港法院之判決書，如何向香港上訴法院提出上訴？如此對於被告訴訟權之保障當然不足，因此認為該香港判決並未確定並否准承認判決效力。

(三) 臺灣臺北地方法院103年度訴字第3102號民事判決

「……按民事訴訟法第四百零二條第一項第二款之立法本旨，在確保我國民於外國訴訟程序中，其訴訟權益獲得保障。所謂「應訴」應以被告之實質防禦權是否獲得充分保障行使為斷。倘若被告所參與之程序或所為之各項行為與訴訟防禦權之行使無涉，自不宜視之為「應訴」之行為。而在外國行送達者，須向當事人或法定代理人本人為之，向其訴訟代理人送達者，亦無不可，惟以該國之替代送達方法為之，對於當事人之防禦

權是否充分保障，上訴人可否充分準備應訴，自應予詳細調查（最高法院九十七年度台上字第一○九號民事裁判參照）。又外國法院為被告敗訴判決，該被告倘於外國法院應訴，其程序權已受保障，原則上固應承認該外國法院確定判決於我國之效力。惟被告未應訴者，為保障其程序權，必以開始訴訟之通知或命令已於相當時期在該外國域內對該被告為合法送達，或依我國法律上之協助在該外國域外對該被告為送達，給予被告相當期間以準備行使防禦權，始得承認該外國法院確定判決於我國對被告之效力。因此，外國法院對在中華民國之被告，送達有關訴訟程序開始之通知或命令時，揆之『送達，乃國家司法主權之展現』及『程序依據法庭地法之原則』，自應依我國制定公布之『外國法院委託事件協助法』、『司法協助事件之處理程序』及其他司法互助協定暨作業要點等相關法規為協助送達，不得逕由外國法院依職權或由原告律師以郵送或直接交付在我國為送達。否則，即難認該外國法院訴訟程序開始之通知或命令，已在我國發生合法送達被告之效力，且不因於該外國認對被告發生送達之效力而受影響……」

　　本判決明確指出「送達乃國家司法主權之展現」及「程序依據法庭地法之原則」，對於當事人之防禦權是否充分保障，可否充分準備應訴，自應予詳細調查，不得逕由外國法院依職權或由原告律師以郵送或直接交付在我國為送達。換言之，該判決為保障我國被告訴訟權益，認為外國法院對我國被告送達須依我國的法制來認定送達是否合法，進而決定是否承認與執行該外國法院之判決。如此明確清晰指出，送達與被告訴訟權益保障甚至外國法院判決的承認與執行有重要關聯，深值肯定。

　　平實言之，於國際民商事案件，國內很少論述到司法審判是否公正之關鍵，問題根本出在對外國送達程序是否正確，縱然我國並非海牙送達公約的成員國，但送達方式仍應盡量符合國際送達公約，尤其是關於對外國當事人送達權益之保護規範，很可能導致外國法院對於我國法院判決的不予承認或執行。可惜，我國關於送達程序之進行，傳統上卻被視為純技術

領域，而忽視了程序保障方面的重要性[6]。

參、英國民事訴訟規則與方便法院原則之論述

一、管轄規則基本架構

　　英國之普通法管轄規則，可說是大體上簡明開放，細部上卻有複雜的技術規定。英國法院的對人訴訟管轄開放到很寬的程度；有時連其他國之法院都不認為應實施管轄權。基本的論點是：英國法院對於在管轄區內出現的被告有管轄權，實務操作的意義則在於，法院對於領土內能有效送達之被告有管轄權[7]；不論案件與英國或英國法有無關聯，也不管兩造當事人是否具有英國國籍或住所。如此簡單的僅需要被告出現在法院地且被有效的送達，可以用一個案例[8]來加以描述：住所在法國的印度人對於一個住所不在英國的國際藝術品經紀人起訴，爭執原因起於一幅據說由知名法國畫家Bouchier所繪製的名畫買賣契約，其準據法為法國法。非常明顯地，本案當事人與訴訟標的均與英國無關，但是原告在英國起訴，並且趁著被告到英國參加比賽時，在比賽場地將法院書狀送達被告，英國法院判決對該案具有管轄權。

　　英國普通法管轄規則既然如此簡明，對於被告之送達成為重要之管轄構成要件，如果被告出現於法院地，則依通常送達方式為送達即可。如被告在英國管轄區之外，則進行送達前要取得法院的許可，法院有裁量權決定是否送達，而關於如何行使裁量權則有一套規則。英國之民事訴訟規則

6　楊正郎，〈民事訴訟程序外國送達制度之研究〉，國立臺灣海洋大學海洋法律研究所碩士論文，2007年6月，第22頁。

7　See Ian Brown, *Conflict of Laws-Cracknell'S Statutes*, London, Old Bailey Press, 2002, 2nd ed., p. 67.

8　See *Maharance Baroda v Wildenstein*, [1972] 2 QB 283.

（Civil Procedure Rule 1998，以下簡稱CPR）[9]在第六章以35個條文的篇幅有系統的規定了文書的送達，首先略述英國境內與域外之送達：

（一）英國境內送達

在依普通法規則確定管轄權時，程序要件是：傳票的送達必須合法。傳票的送達如果不合法，被告可以對法院提出異議，如異議成立，送達將被宣告無效。再者，如被告認為適當法院（proper forum）在其他地方，而希望英國不要審理案件，可請求訴訟中止，如果法院認為被告有理由，得停止審理但仍保留該案件，以便被告在其他的地方提起訴訟[10]。在適當的時候，法院可撤銷中止而續行審理該案件。

（二）英國域外送達

請求境外送達的要件為：1.依法規得逕行域外送達或聲請法院許可；2.以法律規定的方式送達。如已獲得法院的許可，送達的事實即賦予了法院管轄權。然而，被告可基於以下理由對許可的授予提出異議。首先，被告可根據案件的事實，抗辯法院不應授予原告域外送達許可；若法院認為其抗辯有理由，將宣布授予許可的命令或訴狀的送達無效，結果是法院將不再擁有管轄權。其次，即使法院依法應授予原告域外送達許可，被告可抗辯法院對該案件行使管轄權不適當，若此抗辯成立，法院將宣布授予許可的命令或訴狀的送達無效。再者，英國存在兩種域外送達制度：無需法院許可的域外送達，其法律依據為CPR R6.19的規定；需法院許可的域外送達則規定於CPR R6.20[11]。

依CPR R6.19的規定，在下列情況下，可無需法院許可而向域外的被

---

[9] See Civil Procedure Rule 1998, available at: http://www.wipo.int/edocs/lexdocs/laws/en/gb/gb317en.pdf (last visited: 2017/10/30).

[10] See John O'Hare and Kevin Browne, *Civil Litigation*, London, Sweet & Maxwell, 2003, 7th ed., p. 202.

[11] See Stuart Sime, *A Practical Approach to Civil Procedure*, London, Oxford, 2003, 6th ed., p. 90.

告送達訴狀[12]：

1. (a) 對訴狀中載明的被告主張之全部訴訟標的，法院依1982年民事管轄和判決法（the Civil Jurisdiction and Judgments Act 1982）皆有管轄權；當事人之間未因同一糾紛正在英國其他地區或管轄規則、公約地區法院進行訴訟程序；以及

　　　(b) 被告住所位於英國或任何管轄規則或公約地區；訴訟程序屬1982年民事管轄和判決法附表1第16條、第3C條或附表4第11款所指的訴訟程序，或者被告簽訂該法附表1第17款、第3C條或附表4第12款所指的管轄協議。

2. (a) 對訴狀中載明的被告主張之全部訴訟標的，法院依《歐盟管轄規則》[13]皆有管轄權；且當事人之間並未因同一糾紛正在英國其他地區或其他任何「歐盟管轄規則國家」[14]的法院進行訴訟程序；以及

　　　(b) 被告住所位於英國或任何「歐盟管轄規則國家」；且訴訟程序屬《歐盟管轄規則》第22條所指的訴訟程序，或者被告簽訂《歐盟管轄規則》第23條所指的管轄協議。

3. 如訴狀中載明，向被告主張的全部訴訟標的，為法院基於任何法律規定享有管轄權的，即使被告不在法院轄區內或者訴訟事由未發生在轄區內，亦可向域外的被告送達訴狀。

依CPR R6.19域外送達訴狀，原告須聲明有權向域外送達訴狀的理由。對上述無需經法院許可而向域外的被告送達訴狀第一種情形，聲明的一般格式為：「茲聲明，英國和威爾斯高等法院根據1982年民事管轄和判決法規定，有審理該訴訟的權力，以及當事人之間並未因同一糾紛，正在蘇格蘭、北愛爾蘭或任何其他公約締約國（見該法第1條第3款規定）法院

---

[12] See Ian Brown, *Conflict of Laws-Cracknell'S Statutes*, London, Old Bailey Press, 2002, 2nd ed., p. 75.

[13] 係指歐盟理事會2000年12月22日（關於民商事案件管轄權及判決承認與執行規則2001/44/EC）。

[14] 係指簽署前述歐盟理事會2001/44/EC管轄規則之國家；除丹麥外與歐盟成員國同義。

進行訴訟程序。」送達訴狀未附有訴狀明細者，須一併送達第NIC號文書格式（致被告的備忘錄）。

　　本文所涉及者，乃需法院許可的域外送達規定，以下將僅略為介紹此一部分。CPR R6.20之域外送達，必須取得法院的許可。關於得適用本條之訴訟類型分別介紹如下[15]：

通則

　　(1)對英國法院轄區內之居民提起訴訟。換言之，被告住所在英國，但現在因故暫時在國外，此時得要求法院許可對該被告進行域外送達。

　　(2)請求法院發出強制命令命被告在英國境內為特定之作為或不作為。

　　(3)主張對於一個已經送達完成或即將送達完成之人，及

　　　　a.在聲請人與該受送達人之間確實有合理之理由得聲請法院審酌，及

　　　　b.聲請人要求對其他必要且適格之當事人為送達。

　　(3A) 依據民事訴訟規則第二十編（CPR Part 20）提起之反訴[16]，其必要且適格之參加人，由反訴原告要求對其送達者。

　　(4)依據1982民事管轄與判決法提起之中間之訴[17]。

　　(5)因契約有所請求，當該契約

　　　　a.於法院轄區之內簽定；

　　　　b.於法院轄區之內由代理商作成；

　　　　c.準據法為英國法；

---

[15] See John O'Hare and Kevin Browne, *Civil Litigation*, London, Sweet & Maxwell, 2003, 7th ed., p. 200.

[16] See CPR Part 20 R20.2 (1) (a) "a counterclaim by a defendant against the claimant or against the claimant and some other person;"

[17] See Civil Jurisdiction and Judgments Act 1982, Part IV Provisions relating to jurisdiction Section 24, available at: http://www.legislation.gov.uk/ukpga/1982/27/contents (last visited: 2017/10/30).

d. 包含使法院取得就該契約所生之爭執，得以聽審之管轄條款[18]。

(6)就英國法院有管轄權之契約所生之違約之訴。

(7)主張契約不存在之訴；如該契約存在則應屬於前(5)之範圍者。

(8)就侵權行為提起之訴；當

　　a. 損害實際發生於英國法院轄區內；或

　　b. 導致損害之行為作成於法院轄區之內。

(9)請求就判決或仲裁決定准予強制執行之訴。

(10) 訴訟原因涉及之財產權位於法院轄區之內。

(11) 請求就書面信託予以執行之訴；

　　a. 該信託依據英國法應予執行；且

　　b. 該受送達人係信託之受託人。

(12) 就遺產執行程序有所請求之訴；該被繼承人於英國法院轄區之內死亡者。

(13) 對遺囑認證程序有所請求之訴；該程序包含要求修正遺囑。

(14) 對於推定信託之受託人有所請求之訴；導致該受託人責任之行為作成於英國法院轄區之內。

(15) 對被告提起返還之訴；導致該被告責任之行為作成於英國法院轄區之內。

(16) 英國稅收委員會對被告提起關於稅賦之訴；該被告不居住於蘇格蘭或北愛爾蘭。

(17) 當事人請求法院依據1981年最高法院法第51節[19]作成訴訟費用負擔之決定程序，該程序中受有利或不利影響之訴外人。

(17A) 請求：

　　a. 發生於英國法院轄區內之海上救助費用性質及其一部服務費用；

---

[18] See Ian Brown, *Conflict of Laws-Textbook*, London, Old Bailey Press, 2001, 2nd ed., p. 76.

[19] See Supreme Court Act 1981, Sec. 54, Costs in civil division of Court of Appeal and High Court, available at: http://www.legislation.gov.uk/ukpga/1981/54/pdfs/ukpga_19810054_en.pdf (last visited: 2017/11/6).

　　b. 強制執行依據1995年海商法第153節、第154節及第175節所載之請求權。

(18) 依據法律及訴訟程序指引所提起之訴訟。

二、方便法院原則

　　符合CPR R6.20之規定，並不代表英國法院一定會行使管轄權。因為依據R6.20本文[20]「……得經法院之許可為域外送達……」顯然係賦予法院裁量是否送達之權力。法院得許可為域外送達；當然亦得不許可，其判斷之標準即為學說上之方便法院[21]，此係英國普通法累積百年的管轄規則，大陸法系國家並無此制度。如前所述，英國法院對人訴訟的管轄權基礎，傳統以來都是本於程序上法院訴訟的命令或通知是否可以送達給被告[22]（a writ or notice of a writ can be served on the defendant）。被告於英國境內者送達通常不成問題，但被告若於英國境外時，訴訟文書必須先經法院允許方能送達於被告，依法[23]英國法院就是否允許域外送達有裁量權（discretion），如其決定將訴訟文書送達於境外[24]，通常即構成管轄權。方便法院即如同Lord Goff所說的[25]：「辨別出案件可以兼顧所有當事人的

---

[20] R6.20: "In any proceedings to which rule 6.19 does not apply, a claim form may be served out of the jurisdiction with the permission of the court if...."

[21] Forum conveniens is a Latin term which means the convenient forum or venue. In litigation, forum conveniens is the most appropriate court for the resolution of a particular dispute. It is the state or judicial district in which a plaintiff can bring an appropriate action. Relevant questions for deciding proper forum are: where the cause of action arose, where the witnesses reside, and where the documentary evidence is located. The most convenient place, forum conveniens, is the most important factor to consider when venue is challenged. [Johns v. Fla. Farm Bureau, 693 So. 2d 109, 110 (Fla. 5th DCA 1997).

[22] 陳隆修，《國際私法管轄權評論》，五南圖書，1986年11月，初版，第27-96頁。

[23] Rules of the Supreme Court, Order 11, rule 1 (1).

[24] *Id.*, Order 11, rule 4 (2).

[25] *Spiliada Maritime Corp v. Cansulex Ltd.*, [1987]1 AC460, at 480, "to identify the forum in which the case can be suitably tried for the interests of all the parties and for the ends of justice."

利益及達到正義的目的，而由合適的法院審判之」。以下分別說明其判斷
要件[26]：

(一) 嚴重爭點

　　在決定英國法院是否為方便法院之前，原告必須先證明本案實體上嚴
重的爭點（serious issue on the merits）應被審判，而該爭點是基於書面證
據所顯現出來的重大法律、事實或兩者都有的重大問題，而原告真誠地希
望被加以審判[27]。此時於確認法院對這個案件之管轄權階段，為了證明於
實體上有嚴重之爭點，選法規則之問題可能被提出討論[28]。

(二) 合適法院

　　原告必須證明英國為合適審判之法院（appropriate forum）[29]。此時
法院會注意爭執的性質，及法律上和實際上的問題[30]，例如外國被告於英
國訴訟之費用及便利之問題[31]，及當事人與訴因跟其他外國法院之關係
等[32]。英國法如是準據法，則有利於英國法院被認定為方便法院[33]，但如
會造成同樣當事人同樣的爭點（issue）於英國與其他國家同時進行訴訟，

---

[26] See William Martin Finch, *FORUM CONVENIENS AND FORUM NON CONVENIENS — JUDICIAL DISCRETION AND THE APPROPRIATE FORUM*, QUT Law Review, [S.l.], v. 6, p. 67-95, dec. 1990. ISSN 2201-7275, available at: https://lr.law.qut.edu.au/article/view/330 (last visited: 2017/11/7).

[27] *Seaconsar Far East Ltd v. Bank Markazi Jomhouri Islami Iran*, [1994] 1 AC 438.

[28] 於*Metall and Rohstoff AG v. Donaldson Lufkin and Jenrette Inc.*, [1990] 1 QB391，為了決定原告是否於實體上能建立爭點，英國上訴院採用英國侵權法選法規則。

[29] *ISC v. Guerin*, [1992] 2 Lloyd's Rep 430.

[30] *Amin Rasheed Corpn v. Kuwait Insurance Co.*, [1984] AC 50.

[31] *Société Général de Paris v. Dreyfus Bro.*, [1885] 29 Ch. D 239.

[32] *Kroch v. Rossel et Cie*, [1937] 1 All ER 725.

[33] *Cordoba Shipping Co Ltd. v. National State Bank, Elizabeth, New Jersey, The Albaforth*, [1984] 2 Lloyd's Rep. 91.

則構成英國法院拒絕將訴訟之通知送達境外之理由[34]。

（三）公平正義判決之考量

英國法院歷來對於公平正義的判決是否得以在外國達成，一向就甚為注重，例如因政治或種族因素而無法於外國取得公平審判，即使雙方當事人為外國人且準據法為外國法，英國法院還是會允許送達至外國[35]。上訴法院甚至曾因外國法院「會被迫採取違反商人一般常識的法律」，而即使於造成被告不方便之情形下，仍將通知送達外國[36]。又曾於沙烏地阿拉伯缺乏保險業之律師及特別法院之情況下，英國法院據此而認定此即為不公平的情形會因此而發生[37]。

方便法院原則之重要案例在Eleftheria案中[38]，當事人約定海上運送契約，貨物從羅馬尼亞運到英國，船籍為希臘船。提單（bills of loading）中有規定，契約若發生糾紛應於希臘法院以希臘法為準據法。嗣提單持有人於英國對該船提起對物訴訟，而要求違反契約之損害賠償。雖然大部分之證據是於英國，但希臘法律卻與英國大不相同。影響英國法院是否停止英國訴訟之因素正反相當，但英國還是決定停止英國之訴訟程序。法院之決定基於下列兩大理由：第一，對案件之審酌，應先尊重當事人之合意；第二，其他因素正反相當，應由準據法國之法院來管轄該案較妥。此不只因為該外國法院對該外國法較英國法院為熟悉，並且若於英國上訴時，該外國法只可被視為事實（fact），而於該外國法院上訴時，該外國法即可認定為法律[39]。

---

[34] *The Hagen*, [1908] p. 189.

[35] *Oppenheimer v. Louis Rosenthal and Co AG*, [1937] 1 All ER 23.

[36] *Coast Line v. Hudig and Veder Chartering NV*, [1972] 2 QB 34 at 45.

[37] *Amin Rosheed Shipping Corpn v. Kuwait Insurance Co.*, [1984] AC 50 at 67.

[38] [1977] 3 All ER 874, [1977] WLR 597, appeal [1979] AC 685, [1979] 1 All ER 421, [1978] 3 WLR 804.

[39] 有關外國法之證明，見陳隆修，《比較國際私法》，五南圖書，1989年，初版，第157-160頁；陳隆修，《國際私法管轄權評論》，五南圖書，1986年11月，初版，第

　　*Eleftheria*案之法官Brandon明確表達法院之意見：「(1)當原告違反契約應將爭執交付外國法院之約定而於英國法院起訴，假定英國法院有管轄權，而被告要求停止訴訟時，英國法院有裁量權去決定是否停止訴訟。(2)除非有相當強的理由，否則應停止訴訟。(3)原告應負起證明此相當強的理由的責任。(4)於行使裁量權時，法院應考慮到個案中之所有情況。(5)於第(4)款之規定下應特別考慮下面情況：a.案件事實的爭點的證據在哪個國家或哪個國家較容易取得，比較英國與外國法院的便利性與訴訟之費用。b.是否該外國法院之法律會被適用，如果被適用，是否會與英國法有重大不同。c.當事人是否與這些國家有密切關聯。d.被告是否真正地希望於外國審判，或只是希望取得程序上的優勢。e.原告若於外國起訴，是否會遭受到下列的不利：(a)他們的請求會沒有擔保；(b)沒有辦法強制執行取得之判決；(c)遭受到英國所沒有的時效的限制；(d)因為政治、種族、宗教及其他的理由，而無法公平地受到審判。[40]」

　　94-95頁；蔡華凱，〈外國法的主張、適用與證明──間論國際私法選法強行性之緩和〉，《東海大學法學研究》，第24期，2006年6月，第175頁。

[40] 英國最高法院於*The Sennar* (No. 2) [1985] 1 WLR 490 at 500中確認這些原則。"The principles established by the authorities can, I think, be summarized as follows: (1)Where plaintiffs sue in England in breach of an agreement to refer disputes to a foreign court, and the defendants apply for a stay, the English court, assuming the claim to be otherwise within its jurisdiction, is not bound to grant a stay but has a discretion whether to do so or not. (2) The discretion should be exercised by granting a stay unless strong cause for not doing so is shown. (3)The burden of proving such strong cause is on the plaintiffs. (4)In exercising its discretion the court should take into account all the circumstances of the particular case. (5)In particular, but without prejudice to (4), the following matters, where they arise, may properly be regarded: (a)In what country the evidence on the issues of fact is situated, or more readily available, and the effect of that on the relative convenience and expense of trial as between the English and foreign courts. (b)Whether the law of the foreign court applies and, if so, whether it fifer from English law in any material respects. (c)With what country either party is connected, and how closely. (d)Whether the defendants genuinely desire trial in the foreign country, or are only seeking procedural advantages. (e)Whether the plaintiffs would be prejudiced by having to sue in the foreign court because they would: (i)be deprived of security for their claim; (ii)be unable to enforce any judgment obtained; (iii)be faced with a time bar not applicable in England; or (iv)for political, racial, religious or other reasons be unlikely to get fair trial." 另外於*New Hampshire Insurance Co v. Phillips Electronics North*

肆、結論

　　民事訴訟法之目的在於，提供當事人於其權利救濟程序中得到「公平、迅速、費用低廉的判決」。基此，任何一個成熟的司法制度都必須能為人民主持正義，於國際民事訴訟中，原告關心的基本問題為：「我可以在這裡對國外的被告提起訴訟嗎？勝訴判決可以拿去國外強制執行嗎？」至於被告方面，則希望能受到訴訟權利的完整保障；尤其是國際民事訴訟，外國法院的管轄是否適當、送達能否合法完成、是否充足保障被告應訴的權利，這些都是重要的環節。尤其是對於國外被告的送達，牽涉到國際民事裁判管轄權，更是影響當事人權利甚鉅。

　　綜前論述，我國關於對國外被告送達之法律規定僅及於通知送達的第一層次，而法院實務上對於外國被告之送達也只是適用民事訴訟法的規定，並不考慮送達與國際管轄權的關聯，倒是在承認與執行外國法院判決時，滿在意是否依照我國的送達方式完成送達，這顯然是為了保障我國被告的訴訟權利。如能在對外國被告為送達時，亦考慮被告的訴訟權利，如英國法院操作方便法院一般，或許將更能達成公平正義的理想。

　　方便法院原則的崛起，是因為各國之國際裁判管轄權日漸擴張之趨勢，為避免過度管轄及伴隨而來的問題，而賦予法院之裁量權，在尚未有全球一致的管轄權國際公約出現以前，面對現今國際裁判管轄權擴張之趨勢，運用方便法院原則來節制對外國之被告行使管轄權即有存在之必要。

　　但是，方便法院作為彈性規則，最為人所垢病者為欠缺預測可能性及安定性，導致當事人擔心法院本應審理而不審理，或是本不應審理而例外審理[41]，我國關於國際裁判管轄權尚未制定一致的規則，實務現況是穩

America Corpn., [1998] IL Pr. 256, CA，英國法院認為法律問題與事實問題若分屬於不同之合適法院，兩者應合併於同一法院審理較好，而應以合適處理事實問題之法院優先。見陳隆修，〈父母責任、管轄規則與實體法方法論相關議題評析〉，《東海大學法學研究》，第25期，2006年12月，第255-257頁。

[41] Robert C. Casad, Jurisdiction in Civil Actions at the End of the Twentieth Century: Forum Conveniens and Forum Non Conveniens, 7 *Tul. J. Int' & Comp. L.* 91.98 (1999) at 91.

定性不足，且最高法院亦未曾作出統一見解之裁判。於此情況下，先適用民事訴訟法的管轄規則來決定國際裁判管轄，當被告在國外時，送達時再由法官以方便法院原則來裁量是否是自然的適宜的法院，如是，則實行送達；如否，則勿為送達，相信如此的硬性管轄規則輔以彈性的方便法院更容易達成個案正義，似乎可以作為法院處理案件時之參考，並且，法院於個案中必將逐漸累積經驗，使我國的國際裁判管轄規則更趨完善。

涉外勞動契約的法律適用問題

林恩瑋*

欣逢恩師七十壽辰，回顧人生，是恩師一手提攜教導，並不斷給予我鼓勵，才讓我能在學術的道路上持續走到今天。恩師的風趣、機智與熱情，亦師亦友的情懷，在在都感染著我們弟子，並且隨時熟記對待學問的態度：誠實，並具有人性。值此良辰，謹獻拙文一篇，衷心祝福恩師身體康泰，福壽平安！

壹、前言

我國《涉外民事法律適用法》（下簡稱《涉外民法》）第20條規定：「法律行為發生債之關係者，其成立及效力，依當事人意思定其應適用之法律（第1項）。當事人無明示之意思或其明示之意思依所定應適用之法律無效時，依關係最切之法律（第2項）。法律行為所生之債務中有足為該法律行為之特徵者，負擔該債務之當事人行為時之住所地法，推定為關係最切之法律。但就不動產所為之法律行為，其所在地法推定為關係最切之法律（第3項）。」關於一般涉外契約之準據法問題，明確採用當事人意思自主原則，並兼以最重要牽連（關係最切）原則為輔，援用特徵性履行理論作為最重要牽連的推定之立法模式。

然而，關於契約準據法的適用範圍，例如契約解釋所應適用的法律，或是契約履行方式所應適用的法律，乃至於對契約不履行時得採取對應方法之準據法等，現行涉外民法並沒有更細緻的規定。此外，關於部分公益性或政策性強烈的特殊類型契約，例如消費契約、不動產契約、運

---

* 東海大學法律系教授，法國史特拉斯堡大學法學博士。

輸契約或是勞動契約的準據法適用[1]，涉外民事法律適用法也沒有進行區分，仍一律適用上開第20條的準據法適用模式（即**明示準據法＋特徵性履行＋關係最切原則**）。因此，考慮到不同案件的政策差異性，對於這種特殊類型的涉外契約如一律機械性地適用同樣的衝突法則，有時候也可能會造成一些不甚合理的判決結果，而難以兼顧個案正義的實現。以下就涉外勞動契約法律適用之相關問題，試舉三例說明：

一、我國公司A與我國人B簽訂勞動契約，約定由B派駐外國，契約並明示約定適用我國法，但就B之工作方式、加班條件、薪資發給方式與休假規定，則約定依B所派駐外國之當地法規，A、B就B之工作方式、加班條件、薪資發給方式與休假規定等問題在我國法院爭訟。

二、我國公司A與外國人B簽訂勞動契約，約定由B於我國工作，契約明示約定適用外國法，並排除我國法有關津貼、加給發給、工時、休假規定之適用，A、B就B之津貼、加給發給、工時、休假規定等問題在我國法院爭訟。

三、我國公司A與外國人B簽訂勞動契約，約定由B依A指示前往多國工作，契約未約定準據法，A、B就B之工作方式、加班條件、薪資發給方式與休假規定等問題在我國法院爭訟。

上開三例中，第一例為勞動契約準據法為法院地法（內國法），工作地點在外國，而勞動契約一部適用外國法之情形；第二例則為勞動契約準據法為外國法，工作地點在法院地國（內國），並排除勞動契約一部適用法院地法之情形；第三例則屬於勞動契約未明示約定準據法，工作地點在多國，而勞動契約履行特徵不明顯或難以確定之情形。此三例涉外民法均乏明文，如一律適用關係最切原則，亦容易使得判決因不同法官對於案件事實的認定偏好，而缺乏一致性與穩定性，因此，在法律適用的方法上，應當進行更細緻的分析與討論。

---

[1] 個人僱傭契約（individual employment contract）向來被認為具有特殊性，例如在1980年羅馬契約準據法公約（Convention on the Law Applicable to Contractual Obligations）第6條中，就被單獨劃歸類型而為不同於一般原則性的準據法適用規定（特別是當事人無明示約定之契約準據法時）。

　　由於涉外勞動契約的法律適用，往往涉及國家勞工法律政策落實的現實問題，易言之，討論涉外勞動契約的法律適用，即無法迴避此類具有強行性的勞動法令在個案中的適用原則與時機。因此，本文試將涉外勞動契約的法律適用方式，分為二類，其一為衝突法則方式，此一方式運用連繫因素設定找出涉外勞動契約之準據法，所牽涉者為相關連繫因素的合理性與關聯性問題（第貳節）；其二為直接適用方式，此一方式涉及內外國強行法規在具體涉外勞動契約個案中的適用條件，以及內外國強行法規適用範圍問題（第參節）。

貳、衝突法則方式

　　與一般涉外契約的法律適用方式相同，涉外勞動契約原則上亦受衝突法則之規範。所謂衝突法則方式，主要指的是雙面法則式，亦即「薩維尼式」（méthode savigniene）的選法規則：透過立法者預設的連繫因素模型，藉此指定涉外案件中的準據法[2]。這種方式著眼於個案法律關係的分析，也是目前大陸法系在涉外案件中普遍適用的法律選擇方式。以下進一步就涉外勞動契約之衝突法則適用原則與例外，加以說明。

一、主要原則

　　如同一般涉外契約的法律適用原則，涉外勞動契約亦適用當事人意思自主（l'autonomie de la volonté des parties）原則，作為其準據法之指引。在我國，即《涉外民法》第20條第1項規定：「法律行為發生債之關係者，其成立及效力，依當事人意思定其應適用之法律。」

　　然而，由於涉外勞動契約往往牽連到各國的勞工政策取向差異，因此，於適用當事人意思自主原則時，較常引起爭議的問題是：**是否涉外勞**

---

[2] 陳隆修、許兆慶、林恩瑋合著，《國際私法：選法理論之回顧與展望》，翰蘆，2007年，第8頁以下。

動契約的當事人在法律選擇上，可以完全自由不受限制？舉例而言，一個外國公司A得否與臺灣人B簽訂勞動契約，約定在C國工作之所有條件（包括：薪資、休假、福利待遇與職場環安條件等）均適用與此一涉外勞動關係無關的D國法？此一問題因雇主（僱用人，即資方）往往是勞動契約關係中預先主動選擇法律的一方，勞工為被動選擇法律的一方，而顯得特別重要。

關於此一問題，我國《涉外民法》第20條並無明文。在外國立法例上，大陸法系與英美法系（特別是英國法）似乎也存在不同的看法。一般而言，大陸法系法院常認為，如果不限制當事人意思自主選法的範圍，將可能造成規避法律（evasion of the law）的現象，並可能使得契約一方當事人（通常是資方），得以利用當事人意思自主原則取得自己在法律上優勢地位，造成契約不平等之結果。法國學者Batiffol提倡的「定位」（localisation）理論，多少說明了大陸法系國際私法學者在這方面的關切[3]：所謂當事人合意選法，並非只是一種事實，而是一種「當為」，這項「當為」是可以被修正的，特別是當契約當事人所選擇的準據法與契約結構不相符時，這項「當為」就應予以修正，以使契約與當事人所選擇的準據法間具備合理的連繫。換句話說，在當事人自主選法的問題上，考慮到法律與契約之間的合理性連結，放任當事人擁有不受拘束選擇法律的自由，可能會有違反契約公平原則之虞，因此，即使在涉外契約法律適用問題上採取當事人意思自主原則，當事人選擇法律的範圍仍應該加以一定的限制[4]。而英美法系國家中，則未必採取這種限制自主選法的看法。雖然《美國統一商法典》（U.C.C.）第1-301條(a)項規定：「除本節另有規定外，當交易與本州以及另一州或國家**有合理關係時**，雙方可同意本州或該他州或國家的法律管轄其權利和責任。[5]」似亦採取當事人自主選法限制

---

[3] 林恩瑋，《國際私法理論與案例研究（3）》，五南圖書，2022年，第97頁。

[4] H. Batiffol, Subjectivisme et objectivisme dans le droit international privé des contrats, Mélanges Maury, 1960, I, p. 55. 臺灣學者一般稱之為「限制說」。馬漢寶，《國際私法總論》，1990年8月，十一版，第139頁以下；林恩瑋，同前註3，第148頁。

[5] 原文：「a) Except as otherwise provided in this section, when a transaction bears a

（限於與交易有「**合理關係**」之州或國家法律）的立場；但英國法就此一問題則似乎相對較為開放。陳隆修教授指出，從1939年的*The Vita Food Products Inc. v. Unus Shipping Co. Ltd.*案以來[6]，英國法院對於當事人選擇與契約或當事人無關之法律為準據法，似乎抱持相對寬容的態度[7]，**至少在系爭涉外契約所選擇的準據法爲英國法時，即使契約或當事人與英國無甚關聯，英國法院並不會不准許當事人選定英國法作爲涉外契約之準據法。**

陳隆修教授對此問題的意見是：「在沒有違反強烈的公共政策下，尊重當事人的自由是較符合契約法的傳統原則。於當事人沒有適當的證明外國法時，法院通常是引用法院地法為依據的。」本文亦從之。是以就此問題，應理解的是內國法院對於涉外契約當事人意思自主選法的限制，應與內國法院對於外國法適用之限制問題，為相同之處理。易言之，內國法院首先應維護者為內國之國際公序，在確認當事人意思自主選法之法律適用結果沒有違反內國之國際公序之前提下，內國法院應對於當事人意思自主所選擇之法律，無論是外國法或是內國法，無論與系爭涉外契約背景或當事人間有無合理之關聯，原則上均應予以尊重。

一般而言，契約當事人意思自主選擇準據法的適用範圍包括：決定契約是否成立、契約成立後契約條款的效力及是否被履行、契約不履行的效果、契約解除或終止的法定要件，以及契約條款的解釋等[8]，此一準據法適用範圍的原則亦同樣適用於涉外勞動契約關係中。並且，通常亦允許當事人就契約條款為分割適用準據法（dépeçage）的約定。例如，雇主得與勞工約定契約準據法為中華民國法，但有關加班費用、津貼加給與休假規

---

reasonable relation to this state and also to another state or nation the parties may agree that the law either of this state or of such other state or nation shall govern their rights and duties.」網址：https://www.law.cornell.edu/ucc/1/1-301（最後瀏覽日期：2022/6/12）。

[6] *Vita Food Products Inc v. Unus Shipping Co Ltd.*, [1939] A.C. 277 (P.C.). 在該案中，契約當事人與契約履行地、訂定地均與英國無關，但管轄該案之英國法院以客觀事實推定當事人選擇英國法爲契約之準據法，最後結論適用英國法。

[7] 陳隆修，《中國思想下的全球化選法規則》，五南圖書，2012年，第135頁。

[8] 陳隆修，《國際私法契約評論》，五南圖書，1986年，第8-10頁參照。

定等適用外國法，這種分割適用準據法的約定應認為有效。

二、輔助原則

衝突法則於涉外勞動契約法律關係中，主要採取當事人意思自主原則，然而，由於涉外勞動契約關係與各國勞動政策間之關係甚為密切，由此而產生兩個問題：其一為，在當事人意思自主原則以外，特別是當涉外勞動契約當事人間並無明示之準據法約定時，法院應如何適用法律？是否以**地理性連結**（無論是單一連繫因素，或是彈性選法，例如最重要牽連原則）作為法律適用之標準較為適當且合理？其二為，依據當事人意思自主所選擇之涉外勞動契約準據法，在內容上是否應與國家之勞動政策一致？又該遵循或受何國勞動政策之拘束？

就第一個問題，《涉外民法》第20條並無規定。如果僅從法條文義上來看，似乎應以《涉外民法》第20條第3項，即涉外勞動契約關係中「有足為該法律行為之特徵者，負擔該債務之當事人行為時之住所地法」作為法律適用推定上的依據。易言之，即勞工行為時之住所地法，推定為涉外勞動契約關係中關係最切之法律，並以之作為涉外勞動契約之準據法。然而，這種法律適用的方式是有問題的，因為**在一個涉外勞動契約關係中，往往爭議的事實與勞工的住所地國無甚關係，特別是受僱勞工的工作地點，往往可能在涉外勞動契約當事人住所地國以外的國家**。例如，事務所在我國之我國公司A可能僱用住所在日本之日籍勞工B前往中國工作，A與B之間無準據法的約定，而實際工作地點所產生之爭議往往與我國或日本無甚關係，此時卻依上開涉外民法之規定，推定日本法係與系爭涉外勞動關係「關係最切」之法律，豈不異哉？

事實上，在涉外勞動契約關係中，牽連最密切者往往為勞動工作的地點，而非僱主或勞工之住所地（特別是僱主為法人時，更無「住所」可言）。外國立法例上，1980年羅馬契約之債準據法公約（下簡稱《羅馬公約》）第6條第2項即規定：「雖有第4條的規定，在沒有根據第3條選擇的情況下，僱傭契約應適用：(a)根據受僱人為履行契約而習慣性地開展工作所在國家／地區的法律，即使他在另一個國家臨時受僱；或者(b)如

果受僱人沒有習慣性地在任何一個國家開展工作，則根據其受僱地國的法律。[9]」相同的規定在以羅馬公約為基礎的歐盟593/2008號契約之債準據法規則（下簡稱《羅馬規則Ⅰ》）第8條第2項亦可見到：「當事人未選擇適用於個人僱傭契約之法律者，適用受僱人履行契約慣常工作所在國的法律。臨時在其他國家工作的，不認為其慣常工作的國家已經改變。[10]」**均以勞工「慣常工作國」作爲法律適用之連繫因素。**《羅馬規則Ⅰ》並進一步在第8條第3項規定：「依第2項不能確定適用法律的，契約適用受僱人受僱地國的法律。[11]」本文認為，上開立法例均頗值我國法院援為法理參考。

就第二個問題，主要牽涉兩個層面，**首先，是如何消極地不違反勞工基本權益保障的問題**：如果原則上允許當事人得自由選擇涉外勞動關係的準據法，要如何避免具有契約優勢地位的一方當事人（通常為雇主）利用當事人意思自主原則破壞勞動契約的平等性？在此一問題上，我國涉外民法亦無明文，立法例上參考《羅馬公約》第6條第1項規定：「雖有第3條之規定，僱傭契約雙方當事人選應適用之法律者，不得剝奪受僱人依第2項於未選擇時，所依其應適用法律之強制規定之保護。[12]」亦即，**當事人**

9　原文爲：「2. Notwithstanding the provisions of Article 4, acontract of employment shall, in the absence of choice inaccordance with Article 3, be governed: (a) by the law of the country in which the employee habitually carries out his work in performance of thecontract, even if he is temporarily employed inanother country; or (b) if the employee does not habitually carry out hiswork in any one country, by the law of the countryin which the place of business through which he wasengaged is situated.」

10　原文爲：「2. To the extent that the law applicable to the individual employment contract has not been chosen by the parties, thecontract shall be governed by the law of the country in which or, failing that, from which the employee habitually carries out hiswork in performance of the contract. The country where thework is habitually carried out shall not be deemed to havechanged if he is temporarily employed in another country.」

11　原文爲：「3. Where the law applicable cannot be determined pursuant toparagraph 2, the contract shall be governed by the law of thecountry where the place of business through which the employee was engaged is situated.」並參考J.G. Collier, CONFLICT OF LAWS, 203 (3rd ed. 2004)。

12　原文爲：「1. Notwithstanding the provisions of Article 3, in acontract of employment a choice of law made by theparties shall not have the result of depriving the employee of the

選擇法律之內容不得違反受僱人「慣常工作國」法或最密切牽連國法對於勞工之保護規定。同樣的立法在《羅馬規則 I》第8條第1項中亦可看見到:「個人僱傭契約應依當事人第3條規定所選擇之法律,但此一法律選擇不得剝奪受僱人於未選擇法律時依本條第2項、第3項、第4項所應適用法律所提供之保護。[13]」亦即,**當事人選擇法律之內容不得違反受僱人「慣常工作國」法、受僱人受僱地國法或是最密切牽連國法對於勞工之保護規定**,可資參照。

　　其次,則是**如何積極落實國家勞工權益政策的問題**,此一問題涉及勞工權益政策法規之性質,以及具有公法性之法規應如何在涉外勞動契約之私法關係中介入適用之問題,因此在法律的適用方式上,往往以即刻/直接適用的方式呈現,以下為進一步分析。

參、直接適用方式

　　一般來說,勞資間的權利義務分配,往往與一國經濟結構與勞工政策的趨向息息相關,各國常常在解釋與適用勞動法令上,會依據其國家經濟結構與勞動保護政策實際發展狀況,強行介入規範勞動契約內容為相應的調整。易言之,勞動契約關係中,國家公權力介入的情形甚多,例如,對於勞工環境安全、衛生的要求、工資給付標準、外籍勞工的工作範圍與種類、終止勞動關係的條件或童工或女工的特別保護等,都可見到國家勞動法令強行介入調整的痕跡[14]。

---

protection afforded to him by the mandatory rulesof the law which would be applicable under paragraph 2in the absence of choice.」

[13] 原文為:「1. An individual employment contract shall be governed by thelaw chosen by the parties in accordance with Article 3. Such achoice of law may not, however, have the result of depriving theemployee of the protection afforded to him by provisions thatcannot be derogated from by agreement under the law that, inthe absence of choice, would have been applicable pursuant toparagraphs 2, 3 and 4 of this Article.」

[14] 另參考吳光平,《國際私法裁判與學理(1)》,五南圖書,2021年,第217頁以下說明。

涉外勞動契約在法律適用問題上，雖然亦適用當事人意思自主原則，但基於國家勞工政策實現的需求，勢必對於勞動契約中當事人某些部分的約定條件加以限制，以期符合國家的經濟發展與勞工保護政策。這使得論及涉外勞動契約的法律適用問題時，必須正視各國勞動強行法規存在的事實，且無迴避適用這些國家勞動強行法規之可能。以下就強行法規在涉外勞動契約案件中的適用原則與例外，進一步分析。

一、強行法規與國際公序的介入

在講求當事人意思自主的契約領域中，強行法規的適用通常被認為是一種例外的情形。但所謂「強行法規」（mandatory rules）雖然在大陸法系概念上並不陌生，對於英美法系的法學者而言，卻往往不容易理解[15]。陳隆修教授稱，強行法「本身就是一個可疑的概念」[16]，認為「於所有法律之共同核心觀念下，所有被通過的法律（包含契約法）都是應被加以執行之強行規定，但其被強行之範圍及程度應視個案之情形而定。[17]」「強行法最大的問題不是它不存在，而是它到處都存在。[18]」並不贊同這種法規分類方式[19]。因此，強行法規在概念操作上，仍應該回歸探討具體契約個案所欲達成之實體法價值，才能較為明確掌握其適用的範圍與特徵。

與強行法規應加以分別的，為「公共秩序」（l'ordre public）的概念。在國際私法的學說上，又將公共秩序細分為「內國公序」與「國際公序」兩種類型[20]。《涉外民法》第8條規定：「依本法適用外國法時，

---

[15] Cheshire and North, *Private International Law*, Oxford, 2004, 13th ed., p. 575. 在強行法規的類型上，英美法系國家尚可將之分爲成文強行法規（mandatory statutory rules）與習慣強行法規（mandatory common law rules）兩種類型。前者通常會在條文中將其強行性及法規適用的要件作明文的規定，在外觀上較後者要更爲容易辨別。

[16] 陳隆修，同前註7，第242頁。

[17] 陳隆修，同前註7，第241頁。

[18] 陳隆修，同前註7，第255頁。

[19] 陳隆修教授因此主張應該專注於契約法的實體共同核心政策，例如，誠信原則、合理性要求等，以取代強行法規概念的適用。

[20] 即所謂「國際公序」理論。參考柯澤東著、吳光平增修，《國際私法》，元照，

如其適用之結果有背於中華民國公共秩序或善良風俗者，不適用之。」該條規定同樣也適用在涉外契約領域中。但向來學說均一致認為，其性質為例外條款，亦即法國學者所稱「國際公序之例外」（L'exception d'ordre public international）原則。國際公序與強行法規的概念上雖然有所區別，但「國際公序」的概念於涉外民事案件中被嚴格定義並謹慎使用，僅在極少數例外的情形，始有介入契約關係被適用的機會，而國際公序介入的結果，往往是適用內國法。

在涉外勞動契約實務上，涉及到國際公序者，有外國案例可供參考。例如，法國最高法院社會法庭2006年5月10日的 *Moukarim* 案[21]。該案為受僱勞工Moukarim女士為奈及利亞籍，於22歲（1994年）時受僱於英國籍的僱主為家庭幫傭，工作地點在奈及利亞Lagos，每月月薪為25歐元。之後Moukarim隨著僱主一起搬到法國Nice，英國籍僱主隱藏Moukarim的工作事實（即俗稱「黑工」），並要求其繼續進行家庭幫傭工作，期間Moukarim想要辭去工作，卻被僱主英國籍妻子扣留護照，Moukarim於是逃離僱主家，並在法國經由協會的幫助起訴僱主，請求拖欠之工作薪資及津貼。Aix-en-Provence法院准許Moukarim的請求，但英國籍僱主不服上訴，主張本案關於勞動契約部分因勞務慣常履行地在奈及利亞，故應適用奈及利亞法（因為主要工作地點仍是在Lagos，而非法國Nice），因此月薪25歐元的約定為合法合理，並拒絕給付拖欠之工作薪資及津貼。但此一主張被法國最高法院社會法庭所否決，認為「鑑於國際公序禁止僱主利用管轄權和法律衝突的規則來拒絕國家法院的管轄權，並在與法國有連繫且由僱員在沒有任何個人意願的情況下為其服務，並在無視其個人自由的條件下工作。[22]」認為系爭勞動契約以荒謬的報酬約定

2020年，增訂六版，第154頁以下。

[21] Soc. 20 mai 2006, *Moukarim*, Bulletin 2006 V N° 168 p. 163.

[22] 原文為：「l'ordre public international s'oppose à ce qu'un employeur puisse se prévaloir des règles de conflit de juridictions et de lois pour décliner la compétence des juridictions nationales et évincer l'application de la loi française dans un différend qui présente un rattachement avec la France et qui a été élevé par un salarié placé à son service sans

（une rémunération dérisoire），且禁止勞工返國扣留護照，已違反國際公序，故維持原判，認法國法院對本案有國際管轄權，並應適用法國法，駁回雇主之上訴[23]。

而強行法規方面，則偏重於強烈政策傾向目的，屬於必須立即、直接被法官所適用之法規範，亦即Francescakis教授所定義的「為維護國家的政治、社會或經濟組織，所必須遵守的法律」[24]。即刻適用強行法規的結果，不但可能適用內國之強行法規，亦有可能適用外國之強行法規。但無論適用何者，其適用的方式均為直接適用，而非經由衝突法則適用。

由於強行法規的適用，必須經由內國法官對於「何謂強行法規」之內容加以定性，亦即必須回歸法律自身具體內容，分析探究其適用對案件之影響效果，始得作成適用與否之決定。因此，究應以何種法律標準或概念判斷內外國強行法規之法律上效果，即成為問題。一般而言，適用「鏡象」標準是最實際也最常見的方式，也就是內國法官以內國法的法律概念標準判斷某項強行法規（特別是外國的強行法規）是否具備即刻適用的條件。就這一點而言，主要還是出於現實的考慮（因為，內國法官通常並不精通外國法），而非邏輯的必然[25]。然而，這種對於內、外國法規內容強行性的分析，在涉外勞動契約的法律直接適用的方式上，往往顯得更為重要。

二、強行法規的適用範圍

關於強行法規在契約之債法律適用問題上的影響，就不能不提羅馬

---

manifestation personnelle de sa volonté et employé dans des conditions ayant méconnu sa liberté individuelle; ...」參考法國最高法院網站資料：https://www.legifrance.gouv.fr/juri/id/JURITEXT000007051881/（最後瀏覽日期：2022/6/17）。

[23] 法國有學者認為，本案法國最高法院社會法庭適用國際公序的情形與一般國際私法上提到國際公序理論係為迴避外國法適用的情形略有不同。在本案，法國最高法院社會法庭事實上是以國際公序為由，直接適用法國法律。M-E Ancel, P. Deumier, M. Laazouzi, droit des contrats internationaux, Sirey, 2017, p. 644.

[24] 林恩瑋，同前註3，第97頁。

[25] 林恩瑋，同前註3，第106頁。

公約的相關規定。依據歐洲契約法委員會（The Commission of European Contract Law）的意見，羅馬公約將強行法規分為兩類：其一為，**「普通」強行法規**（Ordinary Mandatory Rules），主要見於《羅馬公約》第3(3)、5(2)、6(1)條；其二為，**「超越性」（Overriding）的強行法規**，或稱之為「即刻／直接適用法規」（Directly Applicable Rules）、「國際公共政策」的強行法規，主要見於《羅馬公約》第7(1)、7(2)、9(6)或16條。一般來說，「普通」強行法規只要顯示出其滿足強行法之定義即可，其效力在契約準據法（不論為當事人所明示或推定選擇之準據法）之上，關於受僱者（勞工）保護的法規，即屬於這一類型的強行法規。例如，《羅馬公約》第6(1)條規定：「儘管有第3條之規定，在僱傭契約中，當事人選擇法律之結果，不得剝奪根據同條第2項所定之準據法之強行法規所給予受僱人之保護。」而「超越性」的強行法規，則不但可超越當事人所明示或推定選擇之準據法，並可超越依公約規定所應適用之準據法[26]，必須被直接地、即刻地適用。例如，《1980年羅馬準據法公約》第7條第2項即規定：「不論契約之準據法為何，本公約的任何規定均不得限制法院地法律規則在強制性情況下的適用。[27]」Giuliano與Lagarde的報告中並舉出具體的例子，例如，內國的公平競爭法則規範、消費者保護規範，或是運輸規範，大多具有強行性質，依據羅馬公約規定，應當優先於羅馬公約所指定之契約準據法（通常為外國法）被內國法官所考慮。

《羅馬規則Ⅰ》第8(1)條（個人僱傭契約），亦有如上開《羅馬公約》第6(1)條之類似規定：「個人僱傭契約應依第3條規定當事人選擇之法律，但此一法律不得剝奪受僱人於未選擇法律時依本條第2項、第3項、第4項所定應適用法律所提供之保護。[28]」且《羅馬規則Ⅰ》第9(1)條對於

---

[26] 陳隆修，同前註7，第235頁。

[27] 英文版原文：「Nothing in this Convention shall restrict the application of the rules of the law of the forum in a situation where they are mandatory irrespective of the law otherwise applicable to the contract.」

[28] 英文版本為：「An individual employment contract shall be governed by thelaw chosen by the parties in accordance with Article 3. Such a choice of law may not, however, have the

超越性強行法規為進一步的定義：「**超越性強行法規是一個國家爲了維護其公共利益而該法規之被遵守爲重要之事情，例如有關其政治、社會及經濟制度，無論依本規則契約本應適用之準據法爲何，這些法規重要的程度爲任何情形，只要符合他們的範圍皆應被加以適用。**[29]」然而，必須指出的是，無論羅馬公約或是羅馬規則I，其所定義的強行法規內容仍是十分抽象的。易言之，強行法規具體的內涵只能從會員國各國司法實踐中勾勒出輪廓，亦即視個案情形確認強行法規的範圍及程度。

易言之，在羅馬公約或是羅馬規則I「不得剝奪對受僱人保護」的法律適用規則下，法官必須就勞動契約所可能適用的各國法律內容，是否較有利於受僱人（勞工）進行比較。且這種比較，根據法國最高法院社會庭（La chambre sociale）的看法，「確定一項法律是否具有更有利的性質，必須從對該法律具有相同目的或涉及相同原因的規定進行全面評估得出。[30]」在具體個案中，法國最高法院社會庭曾針對無正當或嚴格理由解僱勞工之問題，比較法國（勞動履行地）、奧地利（當事人勞動契約所選擇之準據法）之法律後，認為儘管奧地利法允許更高的賠償數額，但奧地利法並無提供如法國法對於無正當或嚴格理由不得解僱勞工之保障制度，因而拒絕適用勞動契約所選擇之準據法（奧地利法）[31]。此外，關於組成工會自由權利、工傷意外之雇主責任規定，亦常被認為是具有強行性的即

---

result of depriving the employee of the protection afforded to him by provisions that cannot be derogated from by agreement under the law that, in the absence of choice, would have been applicable pursuant to paragraphs 2, 3 and 4 of this Article.」

[29] 英文版本爲：「Overriding mandatory provisions are provisions the respectfor which is regarded as crucial by a country for safeguarding itspublic interests, such as its political, social or economic organization, to such an extent that they are applicable to anysituation falling within their scope, irrespective of the lawotherwise applicable to the contract under this Regulation.」

[30] Soc. 12 nov. 2002, préc., v. ss1017 (note).

[31] Soc. 12 nov. 2002, préc.轉引自M-E Ancel, P. Deumier, M. Laazouzi, droit des contrats internationaux, Sirey, 2017, p. 636. 事實上，法國法院向來認爲關於勞工解僱之法令規範爲警察法規（lois de police），具有強行性。

刻適用法規。在*Compagnie des Wagons-lits*案中[32]，法國行政法院（Conseil d'Etat）判決公司如雇用超過50名在法國工作之勞工，即使總公司設址在外國，其有關工作委員會（les comités d'entreprise）之事項（即超過員工50人之公司，必須要組成工作委員會），仍須適用法國法律。總的來說，**法國法院實務對於只要工作地點在法國，關於保障勞工權益之法令、勞工環安衛生之法令、勞工最高工時之法令，乃至於違反時之罰則規定，均會認為屬強行法規，而應即刻適用法國法**[33]，其見解頗值我國法院參考。

臺灣臺北地方法院（下簡稱「臺北地院」）曾有判決（91年度勞訴字第215號判決）認為，「涉外勞動事件之準據法，應區分為具公法性質之工資、工時及安全衛生事項等勞動條件；及受僱、解僱等私法性質的勞動契約兩部分。前者應一律適用我國法律規定，後者則依涉外民事法律適用法第6條之規定，定其準據法。」該案為一馬來西亞籍機師與我國華航公司因僱傭契約關係涉訟，機師起訴請求華航給付積欠的房屋津貼與市場津貼等薪資。就本案僱傭契約之法律適用，臺北地院認為應分為二：其一為，具公法性質的勞動條件部分，應一律適用法院地法；其二為，具私法性質的受僱與解僱部分，則依當事人意思選擇準據法。這種分類方式，似乎隱有將與勞動條件相關之法令定性為強行法規，而優先於當事人選擇之外國準據法適用之意。不過，這樣的分類問題在於，何謂「公法性質」之法規[34]？判決並未提出判斷標準，而如果法規具有公法性質，則於涉外勞動契約關係中，是否有適用範圍之限制？

易言之，如果勞動或受僱工作地點在國外，那麼關於勞動條件的爭議，如果當事人約定適用法院地法為準據法時，當依法院地法定之，自不待言；如若當事人所選擇之準據法為外國法時，則關於勞動條件的爭議，

---

[32] Conseil d'Etat, Assemblée, du 29 juin 1973, 77982, publié au recueil Lebon, available at: https://www.legifrance.gouv.fr/ceta/id/CETATEXT000007643185/ (last visited: 2022/5/31).

[33] *Supra* note 23, p. 641.

[34] 這個問題的困難程度，就像詢問什麼是法規的「強行性」一樣困難。利用事物的性質進行概念分類，多半只能取得一個模糊的情感或認知，而這種分類方式，往往無法對於事物的外觀特徵，進行完整的描述，或是難以精確地掌握事物的外觀。

是否仍一律適用法庭地法，而不論外國準據法？實不無疑問。此問題涉及一國公法或強行法規之適用範圍問題，亦即強行法規的適用例外情形。一般來說，具公法性質的法規，除了非常特殊的情形外，並無域外效力，即便是具有域外效力，通常也會明文規定其適用的要件及範圍[35]。此部分涉及立法管轄的問題，不宜由司法機關越俎代庖，而應由立法機關決定之。目前我國勞動基準法關於工資、工時及安全衛生事項等勞動條件規範，並無賦予其域外效力之明文，因此，比較合理的解釋應為當涉外勞動契約工作地點於我國領域內時，當事人所約定之外國法不得剝奪勞工在我國法下保護之權利。此時，似應認為有《涉外民法》第7條：「涉外民事之當事人規避中華民國法律之強制或禁止規定者，仍適用該強制或禁止規定。」規定之適用，就勞動契約所涉及之工資、工時及安全衛生事項等勞動條件部分，仍應直接適用我國勞動基準法或就業服務法等相關實體法規之規定[36]。

肆、結論

綜上而論，本文試就前言所提出之三個案例之法律適用問題，回答如下：

---

[35] 例如，刑法第5條至第8條之規定，即明文將中華民國人民特定類型犯罪、中華民國公務員特定類型犯罪，以及外國人在中華民國領域外對中華民國人民犯罪等，規定中華民國刑法對之亦得適用；或如行政罰法第29條第2項至第4項規定：「在中華民國領域外之中華民國船艦或航空器內違反行政法上義務者，得由船艦本籍地、航空器出發地或行爲後在中華民國領域內最初停泊地或降落地之主管機關管轄（第2項）。在中華民國領域外之外國船艦或航空器於依法得由中華民國行使管轄權之區域內違反行政法上義務者，得由行爲後其船艦或航空器在中華民國領域內最初停泊地或降落地之主管機關管轄（第3項）。在中華民國領域外依法得由中華民國行使管轄權之區域內違反行政法上義務者，不能依前三項規定定其管轄機關時，得由行爲人所在地之主管機關管轄（第4項）。」

[36] 另可參考陳榮傳，《國際私法實用：涉外民事案例研析》，五南圖書，2015年，第224-226頁意見，與本文立場略同。

一、我國公司A與我國人B簽訂勞動契約，約定由B派駐外國，契約並明示約定適用我國法，但就B之工作方式、加班條件、薪資發給方式與休假規定，則約定依B所派駐外國之當地法規，A、B就B之工作方式、加班條件、薪資發給方式與休假規定等問題在我國法院爭訟者，原則上當事人得就勞動契約各部分為不同之準據法約定；即原則上，就勞動契約的發生效力及履行義務效果等適用我國法，而就工作方式、加班條件、薪資發給方式與休假規定則適用派駐國法。

二、我國公司A與外國人B簽訂勞動契約，約定由B於我國工作，契約明示約定適用B國法，並排除我國法有關津貼、加給發給、工時、休假規定之適用，A、B就B之津貼、加給發給、工時、休假規定等問題在我國法院爭訟者，因工作地點在我國，因此，雖然系爭涉外勞動契約適用外國（B）法為準據法，但關於津貼、加給發給、工時、休假規定，因涉及我國重大勞工、經濟政策，故當我國法就上開事項對於勞工保護優於B國法時，得依據《涉外民法》第7條規定，就上開事項仍直接適用我國法，排除B國法之適用。

三、我國公司A與外國人B簽訂勞動契約，約定由B依A指示前往多國工作，契約未約定準據法，A、B就B之工作方式、加班條件、薪資發給方式與休假規定等問題在我國法院爭訟者，此時，得依《涉外民法》第1條規定，參考外國立法例法理，依勞工慣常工作國法或是勞工受僱地國法作為準據法。

內國法域外適用視域下的管轄權規則體系

孫尚鴻[*]

壹、前言

　　內國法的域外適用及其內國法域外效力衝突的解決，是傳統國際私法領域一個持續關注的命題。近年來，有關內國法的域外適用問題，已在相當程度上突破了傳統國際私法的限制，某些傳統屬於公法、行政法和刑事法律關係的範疇，也在不同程度上引發內國法的域外適用問題。從國家主權權力的行使和跨國爭議的解決角度分析，內國法域外適用的問題可區分為：立法管轄權、裁判管轄權和執行管轄權。其中，立法管轄權所主要解決的是，當局基於屬地屬人連繫和保護本國國家及屬民利益的需要，在一定的時空範圍內確立法律規則，並要求據以遵守的權利。其他諸如裁判管轄權、執行管轄權等相關權利的行使，從根本上言之，均確立在立法管轄權基礎之上。

　　所謂內國法的域外適用，實質上乃內國立法管轄權如何在域外得以確認和實現的問題；有關該問題的解決，無疑需以立法管轄權的確立釐定和效能發揮為基點。問題是各國賴以行使立法管轄權的根據不盡相同，而且即使相關根據無異，因就特定跨國法律關係而言，不同當局之屬地、屬人管轄權和各自保護利益往往競相存在的原因，有關立法管轄權的衝突和協調不可避免。毋庸置疑，此種立法管轄權層面的衝突和協調，貫穿於整個跨國法律關係的處理和爭議的解決之中，從根本上也為裁判管轄權和執行管轄權等權利的行使定下了基調。

　　考慮到立法管轄權問題本身具有極大的涵蓋性，廣義上涉及內國法

---

[*] 西北政法大學教授。

域外適用各領域，立法管轄權的確定行使，即為裁判管轄權、執行管轄權的行使定下基本基調。在某種意義上甚至可以說，裁判管轄權和執行管轄權，亦是立法管轄權在爭議解決領域的具體實現；從國際私法之狹義分析，作為與裁判管轄權和執行管轄權相並列的立法管轄權，亦是跨國法律衝突和內國法域外適用的方法與路徑所著力解決的重點內容之所在。

在此有必要指出的是，儘管裁判管轄權包括司法管轄權、仲裁管轄權和類似爭議解決方式管轄權在內，而執行管轄權也包括司法當局之涉外判決的承認與執行及其他當局司法行政權力的行使在內，出於深入分析問題的需要，也考慮到以衝突規範程序之邏輯機理與基本路徑踐行內國法域外適用，進而對立法管轄權予以甄別由來已久且相關規則較為成熟的原因，本文著力從傳統國際私法意義上狹義的司法管轄權（直接管轄權）和執行管轄權（間接管轄權）兩個方面，對中國法的域外適用問題予以剖析，以期對構建完善中國法域外適用的管轄權規則體系有所裨益。

貳、管轄權規則體系與內國法域外適用法理剖析

一、體現於不同管轄權規則之中的內國法域外適用問題

儘管作為管轄權規則體系集中體現形式的立法管轄權、司法管轄權和執行管轄權都有可能涉及內國法的域外適用問題，有關內國法域外適用問題的研究自然離不開就管轄權問題的分析探究，然就內國法域外適用問題而言，各種管轄權所發揮的效能大為不同，各國立法司法實踐及學者理論研究對彼此的關注程度也相差甚遠。

傳統各國立法司法實踐和對外關係解決，對內國法域外適用問題的關注，基本上局限於從立法管轄權效力範圍出發，藉助於衝突規範或類似規則，將有關問題的解決集中在，或適用內國法或適用外國法的域內域外效力範圍區分之中，即通常以衝突規範對有關立法管轄權效能發揮或適用衝突予以協調。此種分析解決問題的方法，不可避免地將內國法的域外適

用局限於立法管轄權的效力區分之中，而最容易協調的領域無疑首先集中在民商事交往和爭議解決領域。具體情形因有關法律關係的不同而有所區別，一般而言，普通商事合同因契約自由和私權自治觀念的深入人心而最先受到關注。至於與國家經濟利益或社會基本價值觀念密切相關的領域或所謂公法性的範疇，則較少涉及甚或直接排除在利用衝突規範予以協調的範疇之外。由此，有關內國法域外適用問題在傳統各國立法司法實踐和學者理論研究之中較少引發質疑，而且多限於方法論角度的考量。

以衝突規範為切入點，就觸及立法管轄權效力發揮的內國法域外適用問題加以研究，因為衝突規範的擬定援引首先確立在內外國法效力平等基礎之上，而且通過衝突規範所協調的法律關係，通常集中在普通民商事法律關係之中的原因，雖然衝突規範事實上乃法院地法之構成部分，其本身效能的發揮不外乎乃基於內國立法管轄權，就內外國法的域內域外適用加以協調的過程，有關該種情形下的內國法域外適用似乎並不存在什麼疑問，國際範圍內也鮮有以該種法律選擇問題為關注對象探究內國法域外適用的實踐和理論研究。

與傳統以衝突規範或類似規範為基本程式，來協調內國法域外適用與外國法域內適用之立法管轄權效力範圍較少引發爭議不同，當一國的立法管轄權過於注重自身某類規則的優先適用性，或者所調整法律關係本身關乎國家特殊經濟利益、基本市場秩序或者某種基本價值觀念，且賦予該類規則以較高程度的單邊域外效力之時，則不可避免地誘發他國較高程度的關注和質疑。關涉不正當競爭、證券交易等事項的經濟管制規則，以及關涉反對恐怖主義、稅收監管、維護國家安全、跨境資料流程通、增進人權保護等領域的相關法律規則或治理規範，即是此類往往具有較強單邊域外適用色彩的典型領域，狹義的域外管轄或內國法的域外適用也正是就此而言。

不過在此有必要強調指出的是，的確有關內國法的域外適用問題首先乃就立法管轄權直接效能發揮分析而言，但絕不能因此即認為，內國法的域外適用僅是個立法管轄權層面的問題。事實上，與立法管轄權密切相關，並從根本上受制於立法管轄權的司法管轄權、執行管轄權及有關程序

規則，也不同程度地存在內國法域外適用的問題。從系統論出發，作為立法管轄權體現形式的內國法域外適用問題並非孤立存在，而是與司法管轄權和執行管轄權等其他規則共同左右於跨國法律關係的解決與對外關係的處理。不過，我們絕不能就此得出結論認為，內國法域外適用即是個與域外管轄權相等同的概念，二者在概念、內涵外延和方法路徑上有著根本的區別。限於篇幅，本文並不就此予以分析。

從國際私法視域分析，所謂法律適用問題，應確立在受案當局管轄權的行使基礎之上[1]。從各國解決跨國爭議案件的實踐分析，受案當局管轄權的行使，除了基於屬地、屬人主權權利和關聯性考量之外，還受到禮讓互惠、公平合理、確定有效、利益分析等多因素的影響與制約。具體到司法管轄權和執行管轄權，有關管轄權的確定行使和審查依據不盡相同，對內國法域外適用的支配和制約也各有不同。從跨國爭議解決的邏輯演繹程序分析，內國受案當局司法管轄權的行使，為內國法的域外適用提供平臺和路徑，使內國法有可能適用於域外之人、物、事件和行為，可說是司法管轄權的確定和行使，構成內國法域外適用的前提；與此相反，儘管廣義的執行管轄權也涉及內國法的域外適用問題，甚至可能直接將內國法適用於域外之人、物、事件和行為，狹義的執行管轄權通常並不涉及內國法的域外適用，通常所發揮的效能反而是阻卻或防止外國法的域內適用。不過，也不排除外國當局適用內國法所作判決或相關法令，嗣後尋求內國法院予以承認與執行的可能。

在此有必要指出的是，國際私法視域下的執行管轄權，事實上涵蓋對內國判決的承認與執行，以及對外國判決的承認與執行兩個方面。只是對外國判決的承認與執行問題比較特殊，引發的關注度更高一些而已。就內國法的域外適用問題而言，如果說對外國不當判決或有關法令，可通過執行管轄權之審查予以阻止或不使其在域內外產生效力的話，對內國判決或有關法令而言，通過執行管轄權的行使，所可能產生的效果反而可能是使

---

[1] 孫尚鴻，〈國際私法的邏輯體系與立法定位〉，《法學評論》，第2期，2019年，第149頁。

有關內國法的域外適用問題，進一步得到確認和最終實現。不過，對內國執行管轄權的審查依據與有關司法管轄權的行使依據並無二致，在國際私法視域下不存在進一步予以關切的需要。由此，所謂執行管轄權的行使和審查，通常僅針對域外判決和相關法令而言。

由上述分析不難看出，為深入探討和解決內國法的域外適用問題，絕不能孤立地探究立法管轄權或內國法域外適用方法路徑、域外管轄權、治外法權，甚或往往被錯誤解讀的所謂長臂管轄權問題，相反應將有關問題的解決置於以立法管轄權為基點，以司法管轄權為切入點，以執行管轄權為相關保障的內國法域外適用體系化構建框架之下[2]。

令人遺憾的是，當前學者們對內國法域外適用的法理剖析，往往淺嘗輒止或存在這樣那樣以偏概全的問題與不足[3]；另外，不乏有學者完全混淆了內國法的域外適用和國際私法意義上的法律選擇之間的問題邊界與內涵，將外國有關當局通過衝突規範或類似方法、手段援引適用內國法的實踐，等同於內國法的域外適用[4]。的確在此種情形下，內國法有可能在域外被予以適用，但從各國司法傳統和對外國法屬性的認識等基本法理分析，此種或被作為事實、或被作為規則被予以適用的內國法，從法律適用的邏輯範式和實質效能分析，很難被適切地納入內國法域外適用的概念之下。毋庸置疑，以傳統衝突規範方法路徑來應對當下內國法域外適用問題，顯然遠遠不夠[5]。有關問題的解決必須從不同層面國際交往和爭議解

---

[2] Danielle Ireland-Piper, *Accountability in Extraterritoriality: A Comparative and International Law Perspective*, Cheltenham: Edward Elgar Publishing, 2017, pp. 1-2.

[3] Lea Brilmayer, The Extraterritorial Application of American Law: A Methodological and Constitutional Appraisal, *Law and Contemporary Problems*, vol. 50, no. 3, Summer 1987, pp. 14-24; Joanne Scott, Extraterritoriality and Territorial Extensionin EU Law, *The American Journal of Comparative Law*, vol. 62, no. 1, Winter 2014, pp. 94-96; Danielle Ireland-Piper, *Accountability in Extraterritoriality: A Comparative and International Law Perspective*, Cheltenham: Edward Elgar Publishing, 2017, pp. 1-20.

[4] Anthony J. Colangelo, What is Extraterritorial Jurisdiction, *Cornell Law Review*, vol. 99, no. 6, September 2014, pp. 1237-1352.

[5] Matthias Lehmann, New Challenges of Extraterritoriality: Superposing Laws, in Franco Ferrariand Diego P. Fernández, Arroyo eds., *Private International Law Contemporary:*

決需求出發，以更為開放包容而又不失內國權利維護之體系化視角，以管轄權規則體系的合理構建為切入點謀求問題的解決。

綜上，無論從確保內國法域外適用的需求出發，抑或從當前國內外理論研究和立法與司法實踐分析，深入研究和剖析管轄權的確定與內國法域外適用的法理基礎以及邏輯思維範式，都有著重大的理論意義與現實需求。從管轄權確定行使內在機理分析而言，此種管轄權涵蓋立法管轄權、司法管轄權和執行管轄權。由立法管轄權從根本上確定有關規則的域內、域外效力，有關該問題之解決往往外化為法律適用，而有關內國法的域外適用多根源於立法管轄權效力發揮和自身規則擬制使然；司法管轄權和執行管轄權雖不同程度地納入了跨國法律關係參與者主觀能動性的發揮，以及對不同類別法律關係自身屬性的考慮，但從根本上剖析，依然取決於立法管轄權的確立限定，可以說該種管轄權是立法管轄權在爭議解決領域的具體體現。

二、司法管轄權規則體系剖析與批評

在國際私法視域下，對司法管轄權規則體系的區分主要有三種基於不同根據的劃分（為行文方便，此處所謂「管轄權」如無特別所指，即就「司法管轄權」而言，有關「管轄權」之謂，即「司法管轄權」之謂）：

首先，從管轄權的行使根據和範圍出發，可將管轄權區分為一般管轄權和特殊管轄權。一般管轄權通常確立在被告當事人在人身上與管轄法域之間所存在的關聯性基礎之上，無論是自然人抑或是法人的住所，乃確立此種管轄權的基本依據。因法人的住所或他等存在主要通過管理行為或營業活動體現出來的原因，有關法人一般管轄權的確定相對要複雜一些。不過從整體上而言，只要受案當局可以此種根據取得管轄權，則可就被告當事人所涉所有爭議行使管轄權，此種管轄權在某種意義上言之，乃確立在主權控制與傳統的地域主權觀念之上；相反，特殊管轄權的行使，則確立

Challenges and Continuing Relevance, Cheltenham: Edward Elgar Publishing, 2019, pp. 272-290.

在有關爭議事實與受案當局之間所存在特殊連繫基礎之上，此種管轄權的行使較多考慮爭議案件本身屬性及其與受案法域之間的特殊連繫；有關管轄權的行使以當事人權利請求和案件爭議事實本身為要，具有特定的管轄範圍和顯著的針對性。與確立在傳統權力管轄理論基礎上的一般管轄權不同，特殊管轄權在很大程度上，乃確立在公平合理和實質有效等管轄要素分析基礎之上。

其次，從管轄根據相互關係和拘束程度出發，可將管轄權區分為專屬管轄、協議選擇管轄、普通法定管轄（一般管轄和特殊管轄）、保護性管轄、補充管轄等。從國際私法視域分析，司法管轄權的確定和行使，從來都不是單純地確立在主權權利的行使和某種關聯性分析基礎之上，而是往往與有關當局就特定爭議行使管轄權的管轄利益和當事人權益的維護，以及爭議的適當、合理和有效的解決密不可分，甚至就具體爭議案件管轄權的行使而言，此種有關管轄利益的分析、爭議解決需求的考慮等分析要素所發揮的效能相反可能要顯得更為重要些。就某些類型的跨國爭議解決而言，利益分析、禮讓考量、當事人主觀能動性的發揮等相關因素，在確定管轄權的考量中可能具有決定性的意義。毋庸置疑，司法管轄權的行使乃國家利益、私人利益和爭議解決需求等多元因素動態平衡的結果，唯有明白這點，才可能從根本上中肯地評價有關法域管轄權的確定行使，並確立科學有序、有效而合理的管轄權規則體系。

再次，從管轄權的行使狀況和跨國爭議合理而有效地得以解決的需求出發，可將管轄權規則體系區分為管轄權單邊確定行使、管轄衝突與協調兩個方面。事實上就跨國爭議案件而言，因為所涉爭議法律關係自然與多國有所關聯的特性，一國管轄權的確定和行使，往往即伴隨著對管轄權衝突與協調的考量，由此相比於純內國爭議案件管轄權的行使而言，跨國爭議案件管轄權的確定和行使所要求的連繫程度更強、考量因素更為複雜。否則，在觸及國際禮讓等基本價值觀念的同時，也容易給爭議參與者帶來不確定的法律後果，甚或將當事人置於互有牴觸的管轄權後果拘束之下。當然，所謂的管轄權衝突與協調規則，並非總是被動或自限性的，諸如：否定宣告、禁令、專屬管轄規範等相反可能是某種主動性極強的解決國際

管轄權衝突問題的方法、手段。就內國法的域外適用而言，此等看似協調管轄權衝突的規則，所發揮的實質效果反而可能更為積極主動些！

從理論上言之，無論哪種管轄權規則體系下之受案當局管轄權的行使，都有可能引致內國法域外適用的效果，但從傳統國際私法邏輯思維範式分析，看似受案當局將內國法適用於涉外法律關係，但其法律意義和實際效果無非是就跨國法律關係和爭議解決之法律適用問題進行選擇使然，其本身有異於單邊的內國法的域外適用。不過從廣義上而言，此種情形亦可視之為內國法域外適用的情由。由此觀之，顯然有必要著重從管轄權規則體系出發，深入研究內國法域外適用的概念、內涵及外延。考慮到國內外學者就此認識比較混亂，相關司法實踐亦不夠成熟或存在頗多爭議，有參考價值的相關研究成果甚少的原因，相關研究將具有較大難度。

分析起來，儘管上述有關管轄權規則體系互有交叉，其各對內國法域外適用所發揮的效能和制約作用依然有所不同。第一層面之一般管轄權和特殊管轄權，就內國法的域外適用而言，所發揮的效能相對來說較為抽象，往往並不具有明顯的針對性。從法的效力範圍角度分析，此種管轄權所引致的內國法的域外適用較為一般地集中在屬人、屬地效力基礎之上。

與前述第一層面管轄權規則體系之區分，對內國法域外適用的效果較為抽象不同；第二層面之專屬管轄、協議選擇管轄、普通法定管轄（一般管轄和特殊管轄）、保護性管轄權、補充管轄等規則體系區分，因有關管轄權規則的區分首先即注入了國家管轄利益、當事人權益維護、特殊跨國爭議解決需求等分析要素，有關管轄權的行使對內國法域外適用所發揮的效果較為直接，甚至具有決定性意義。相比較而言，專屬管轄權和保護性管轄權的行使，對內國法域外適用的影響效果尤甚。遺憾中國當前並無對外關係法等特殊法律專門就此予以規制，而中國民事訴訟法、刑事訴訟法等相關國內立法，以及中國所加入的司法協助條約和相關條約對國際爭議案件管轄權的立法規制，不僅缺乏宏觀的邏輯體系觀，相關具體規則的規定也頗為滯後，難以滿足中國深度參與全球治理和解決跨國爭議案件的需求。在國際範圍內，除了智慧財產權、反不正當競爭等傳統域外管轄權的行使對內國法的適用具有深遠影響之外，企業社會責任、人權保護、稅收

監管、反洗錢、跨境追逃、網路治理、資訊資料、金融安全等新興單邊立法和管轄權的行使，更直接導致內國法的域外適用[6]。美國和歐盟等國家和地區最近幾年的相關立法和司法實踐，已為中國深入開展此等管轄權的行使和內國法的域外適用問題提出了新的要求和挑戰，中國學者和相關實踐部門強化此等問題的考察研究刻不容緩。在此需強調指出，中國國內學者近兩年對國際社會此等具有較明顯域外管轄色彩和內國法域外適用問題的實踐，統一貼上長臂管轄的標籤，顯然忽視了該種管轄權規則的實質內涵和我國亦可確立該種管轄權規則的合理性。事實上，域外管轄、長臂管轄、長臂法規、治外法權、內國法的域外適用等相關概念和實踐，各有所指，並有其不同的內涵和作用空間。為科學認識並確立合理有效的中國管轄權規則體系，有關問題必須予以探究澄清。自然，有關專屬管轄、保護性管轄、域外管轄以及內國法域外適用相互關係及理據的理論探究和實證考察，應在中國當前學者研究中占有一席之地。

　　至於第三個層面的管轄權規則，即管轄權的衝突與協調，對內國法的域外適用的實現與制約亦不可忽視。跨國法律關係和跨國爭議解決自然與數國有所關聯的事實，必然決定了管轄權衝突的解決與協調重要而不可或缺。此種管轄權衝突的解決與協調規則，總體而言可區分為諸如：尊重當事人協議選擇、優先考慮專屬管轄權的行使、限制平行程序的進行、確立合理的管轄根據、援引非方便法院規則等相對比較消極的管轄權規則，與發布禁令、施行否定宣告、注重域內專屬管轄權規則的確立等較為積極的管轄權規則兩個方面。除了援引非方便法院規則放棄管轄，進而不對有關域外爭議適用內國法之外，大多用以解決和協調管轄權衝突的方法、手段，都或多或少地制約或決定著內國法的域外適用，同時在某種意義上更容易觸及國際禮讓和互惠等基本價值觀念，以禁令的發布和否定宣告的施

6　Matthias Lehmann. American vs. European Approaches to Extraterritoriality in Civil Litigation, in Andrea Bonomi and Krista N. Schefer eds., *US Litigation Today: Still a Threat for European Businesses or Just a Paper Tiger?*, Zürich: Schulthess Médias Juridiques SA, 2018, pp. 199-201.

行最為顯著[7]。此種致力於管轄權衝突之解決與協調的管轄權規則，在中國當前立法實踐中顯然極大程度上被予以忽視，僅有的相關司法解釋水準也完全適應不了跨國爭議管轄權衝突的解決與協調需要。甚至可以說，中國當前立法和司法實踐關於此等管轄權規則的實踐尚處於極低的水準，而大多既有研究成果對此等管轄權規則也缺乏較為清醒的認識。這無疑與實質性提升中國跨國爭議解決能力和水準，並確保內國法域外有序適用的現實需求格格不入，由此有關此等管轄權規則的研究，具有相當的緊迫性。

三、執行管轄權規則體系的構建與完善

與司法管轄權規則體系的效果，在某種程度上追求或放任內國法的域外適用不同，執行管轄權規則體系就內國法的域外適用而言，往往所發揮的是協作、博弈與抵制效果。

執行管轄權規則體系主要可區分為兩個方面：一方面是執行管轄權的確立和行使，即哪一國的哪一當局享有相應的執行許可權；另一方面則是執行審查所秉承之法律淵源、禮讓互惠、正當程序、管轄標準、既判力、內國法上的強制性規定及公共秩序等承認與執行依據。如前文所述，此種執行管轄權從廣義上包括：法院及類似司法當局和行政司法部門管轄權的行使，也不排除對域內判決或禁令等有關強制措施的認可執行在內；狹義的執行管轄權則通常僅指對外國判決或禁令等有關強制措施的承認與執行問題而言。在此有必要指出的是，儘管在國際私法視域下通常秉承此種狹義的執行管轄權規則體系，然從增進內國法域外適用，或相對應地審查外國法域內適用的現實需要出發，似乎不應一味地局限於傳統國際私法意義上的執行管轄權理念與規則體系。

當前中國相關立法對執行管轄權問題的規定原則而簡略，相關司法實踐也比較初步[8]。同時，中國在此領域除了若干雙邊司法協助條約對執行

---

[7] *Spiliada Maritime Corp v Cansulex Ltd* [1987] A.C. 460.

[8] 《民事訴訟法》第281條僅簡單地規定：「外國法院作出的發生法律效力的判決、裁定，需要中華人民共和國人民法院承認和執行的，可以由當事人直接向中華人民共和國有管轄權的中級人民法院申請承認和執行，也可以由外國法院依照該國與中華

管轄權或有涉及之外，尚未批准加入任何一個多邊性或全球性公約。有關
理論研究也不夠深入，基本停留在現象級的描述之上，有所見地的成果並
不多見，就執行管轄權的行使對內國法域外適用的影響有所研究的成果就
更鳳毛麟角了。當前中國之現狀，如果說對執行管轄權的確定依據，因為
有關法律規定還甚為明瞭從而較少問題之外，對執行管轄權的具體行使則
往往不無疑問。缺乏明確法律依據和成熟認知而不加克制的禁令等各種措
施，就跨國爭議的合理而有效的解決而言，絕非明智之舉。將本可在普通
爭議解決體系內解決的問題，上升到有違國際禮讓的層面，對踐行全球治
理的理念也了無助益。在此重溫美國聯邦最高法院在 *Morrison v. National
Australia Bank Ltd.* 一案中所表達的觀點不無啟發。受案法院在該案中曾正
確地指出：「當某項立法並未明確地表明域外適用意圖時，即不存在此種
規定。[9]」由此觀之，由中國商務部於2021年1月所發布實施的《阻斷外國
法律與措施不當域外適用辦法》之較為寬鬆的實施標準，有必要審慎對
待。

　　當前中國之立法和司法實踐，無論是就執行審查所涉法律淵源的考
察，抑或是就禮讓互惠、正當程序、管轄標準的認定，還是就既判力、內
國法上的強制性規定及公共秩序對執行程序的影響等相關各問題的剖析都
存在極大的不確定性，由此一方面往往難以取得令人信服的執行後果，另
一方面也難以從執行層面有效應對內國法的域外適用和外國法的域內適用
審核需要。特別是難以合理有效地從管轄權規則體系的角度，適宜地阻卻
外國法域內適用的不利後果。從智慧財產權權益維護、人權價值伸張、公
司社會責任承擔、競爭秩序維護、跨境稅收、打擊特殊國際犯罪、反洗
錢、維護金融安全、網路治理、增進電子資訊跨境傳輸治理等容易誘發管
轄衝突的領域，通過執行管轄權規則的合理構建來維護本國切身利益，增
進跨國法律關係的有序運行，確保跨國爭議案件的合理而有效之解決，無
疑是種較為理想的方法路徑。有關此等問題的考察探究，在一定時期內會

　　人民共和國締結或者參加的國際條約的規定，或者按照互惠原則，請求人民法院承
　　認和執行。」

[9]　*Morrison v National Australia Bank Ltd.*, 130 S.Ct 2869, 2878 (US 2010).

成為中國立法司法實踐和理論研究中一個值得持續予以關注的課題。

參、中國法域外適用制度構建需求下的管轄權規則現狀與體系重構

　　從根本上言之，中國法域外適用體系的構建，當以合理有效的管轄權規則體系的構建為基礎。考察國際管轄權與內國法域外適用的理論，特別是中國立法和司法實踐現狀不難注意到，就中國法域外適用制度構建需求和管轄權規則體系的確立完善而言，在系統研究前述相關內容的同時，如下幾個方面特別值得重點予以剖析探究。

一、管轄權視角下的內國法域外適用之法律與邏輯基礎

　　從主權屬性和管轄權的功能分析，管轄權是國家主權權利行使和國際法律關係利益分析相互左右的結果。一方面國家作為主權者，可以基於屬地、屬人和保護特殊利益的需要，確立法律規則並採取相應措施使相關規則得以遵守；另一方面，因管轄權作用對象和範圍，往往並不局限於某一地域管轄範圍或關涉他國管轄之人、物、事件和行為，不可避免地引發管轄權層面的衝突與協調。由此從根本上言之，國際視角下管轄權的確立和行使，從來都不是某一主權國家孤立的單邊行為，而是天然存在協調與自我限制的需要。就內國法的域外適用而言，此種單方面的管轄需求和對外管轄限制與協調，首先集中體現在立法管轄權的確定行使之中，而此種源自於立法管轄權內在機理的管轄權確定行使和管轄權衝突協調，在實踐中則往往外化為司法管轄權、執行管轄權的確定行使、法律適用問題及程序性事項之中[10]。

　　探究起來，立法管轄權的確定行使乃內國法域外適用之法理基礎與邏

---

[10] 李慶明，〈論美國域外管轄：概念、實踐及中國因應〉，《國際法研究》，第3期，2019年，第21頁。

輯起點，而裁判管轄權或曰司法管轄權、執行管轄權的確定行使，則為內
國法域外適用之實踐基點與規則保障。此外，域外送達、域外取證、具有
涉外關聯因素的禁令及臨時保全措施、集團訴訟等程序性事項，也直接或
間接關涉內國法的域外適用及相關問題的解決。對任何當局而言，無論是
立法管轄權的確定行使，抑或是司法管轄權和執行管轄權的確定行使，都
首先受制於所屬法域及法律體系的選擇確定[11]，而在具體實踐中，此一選
擇過程無疑確立在司法管轄權確定行使基礎之上。爭議解決方式和受案當
局的選擇確定，即將有關法律關係和爭議解決置於有關法律淵源或有關法
域的體系化選擇基礎之上。而此種司法管轄權的確定，一方面取決於有關
法域和爭議解決方式之立法管轄權和法律淵源的規制；另一方面也是法律
關係參與者和爭議解決方，主動或被動選擇使然。

　　司法管轄權確定的效果，不僅在於為有關法律關係參與者提供爭議解
決平臺，更重要的是，有關爭議解決當局會基於自身所處法域或所受制規
範選擇，依循不同的法律規則，所謂內國法的域外適用或外國法的域內適
用以及內國法的域內適用，即是此種管轄權確定的必然後果。就國際法律
關係調整和跨國爭議的解決而言，此種法律域內域外效力的區分，顯然並
非片面的單邊行為完全可予以解決，相反會受到關聯各國立法與司法管轄
衝突，所涉法律關係自身屬性，爭議解決參與者利益取捨等多元因素的左
右。所謂域外管轄、內國法域外適用、治外法權、長臂管轄、禮讓互惠等
有關管轄權規則和實踐，也正是在此種邏輯思維認識下應運而生，或被貼
上或正當或過度的標籤。

　　由上述分析不難得出，由立法管轄權之效力範圍區分及司法管轄權確
定行使出發，深入探究內國法域外適用之法律與邏輯基礎，同時以管轄權
為基點就域外管轄、內國法域外適用，以及禮讓互惠等基本制度予以剖析
研究，藉此尋求內國法域外適用的合理根據與有效基礎，並增進國家權益
的維護和應對新時期對外交往秩序挑戰的能力，將對豐富中國當前立法和

---

[11] Duncan Fairgrieve and Eva Lein, *Extraterritoriality and Collective Redress*, Croydon: Oxford University Press, 2012, p. 121.

司法實踐及提升理論研究水準，具有重要的理論價值與實踐意義。

二、管轄權規則體系的構建對內國法域外適用的制約與協調

從管轄權權力效能的發揮和作用方式之不同，可將管轄權區分為立法管轄權、司法管轄權、執行管轄權，其各自對內國法域外適用的意義和影響不盡相同：

其中，立法管轄權明示或默示地決定著有關法律規則域內域外效力的屬性。儘管此種管轄權規則通常以單邊方式加以確認，全球治理背景下的當代各國立法管轄權規則的制定運行，免不了通過條約、禮讓或利益分析等方式予以自我限制或協調。就內國法域外適用問題而言，此種立法管轄權層面的規則，因法律的強制性或任意性之區分，而有所不同。無論是從立法管轄權之法律擬制角度而言，抑或是從司法管轄權行使及法律選擇角度而言，內國法律的強制性規定，從立法意旨和立法利益特殊考量出發，對內國法的域外適用，往往具有特殊甚或決定性意義；相反大多數民商事法律規則以及某些領域的公法性規則，則更加注重規則的協調和衝突規範的應用，通常並不涉及嚴格意義上的內國法域外適用的問題。分析起來，作為內國法域外適用典範的智慧財產權、反壟斷、反洗錢、證券交易、稅收監管、網路治理、貿易投資管制等特殊領域，之所以與其他法律關係不同，更容易涉及內國法域外適用問題，在很大程度上，乃基於立法管轄權所涉特殊立法利益及法律屬性使然。不可否認的是，在內國立法當局主張內國法的強制屬性，並謀求內國法域外適用的領域，往往也是容易觸及他國利益，而由他國頗為關注，甚或亦主張該內國法強制適用的領域。由此，無論從立法管轄權角度而言，抑或從司法管轄權的確定行使而言，通過考察國際社會各國或地區之立法創制對內國法域外適用的影響制約，挖掘其中隱含的法理依據和利益需求，構建體系化的管轄權規則制度，當為切實解決內國法域外適用問題的必經之路[12]。從司法管轄權角度而言，健

---

[12] Steve Coughlan, Robert J. Currie, Hugh M. Kindred, and Teresa Scassa, *Law Beyond Borders: Extraterritorial Jurisdiction in an Age of Globalization*, Toronto: Irwin Law Inc., 2014, pp. 135-155.

全的司法管轄權規則體系當由專屬管轄權、協議管轄權、普通法定管轄權（一般管轄權和特殊管轄權）、管轄權衝突與協調等幾種管轄類別構成。不同管轄權類別的確定根據不同，對內國法域外適用之影響亦有所不同，在各種管轄類別中，專屬管轄權無疑對內國法域外適用的影響更大一些。問題是該就哪些法律關係或爭議類型確立專屬管轄權，就哪些爭議類型認可協議選擇管轄和效果管轄等，以及哪些爭議可以被告之所在，而哪些爭議甚或可以原告之利益中心為根據確立管轄權，在中國立法和司法實踐及理論研究領域遠沒有取得令人信服的研究成果。特別是中國當前管轄權規則體系，就管轄權衝突之解決與協調，雖不能說完全不存在此類規則之立法和司法實踐，然根本不成邏輯體系的相關零散規則，已遠遠不能適應中國對外交往和跨國爭議解決需求。就中國法域外適用法律制度的建構而言，通過專門立法或相關立法以專章專篇式就此系統地予以規制，迫切而重要。

與立法管轄權和司法管轄權不同，狹義的執行管轄權通常並不直接關涉內國法的域外適用，但在很大程度上制約著外國法的域內適用。有關條約、禮讓互惠、公共秩序、專屬管轄、內國法強制性規定等審查因素的考察應用，發揮著重要的阻卻、熔斷外國法的不當域內適用效果。在涉及外國法域外適用的特殊領域，此種相關因素的考量，往往在各有關利害關係國之間影響深遠，相關規則之適當而有效的考量應用，對於新型國際關係的維持和國家切身權益的維護現實而必要。有必要指出的是，從內國法域外適用制度構建需求出發，有關執行管轄權切不可秉承狹義的僅限於外國判決承認與執行意義上的執行管轄權，相反還應包括諸如：公共安全、海關、移民衛生、反腐追逃、金融秩序維護、資料流程通、證券監管、投資審查、智慧財產權許可轉讓等相關司法行政部門職權的行使和法律適用在內。

三、管轄利益與內國法域外適用價值目標的實現

從根本上言之，無論是立法管轄權的確立、司法管轄權的確定行使，抑或是執行管轄權能的實現，都是對國家利益與相關法律關係及當事

人利益維護等多元因素予以動態平衡的結果，在國際法律關係及跨國爭議解決中，各種管轄權的確定行使，事實上皆確立在對相關利益需求予以平衡取捨基礎之上。而在內國法域外適用制度構建分析框架之下，有關內國法域外適用價值的實現，更為相關管轄權的確定行使，注入了某種特殊的考量因素，在某些實踐領域，此種有關內國法域外適用價值的實現，甚至具有決定性的意義。

此種考量在傳統管轄權規則體系之下往往無足輕重，甚或被予以忽略，而代之以衝突規範之法律選擇；但自上個世紀80年代以來，隨著國家經濟管制效能的發揮和某些國家或地區域外管轄權的行使，不斷受到質疑和批評，特別是在當前全球化趨向，進一步加強和某些國家和地區單邊主義規則日漸抬頭，增進並維護我國海外合法利益日漸迫切的當前背景下，深入探究與內國法域外適用價值目標之實現密切相關的管轄利益，無疑具有重大的理論與實踐意義。

整體而言，內國法的域外適用應有所節制或被確立在合理基礎之上，體現於立法管轄權、司法管轄權和執行管轄權之中的外國法適用問題，自然地應予嚴肅對待[13]。因有關法律關係不同，蘊含於其中的管轄利益也有所不同，就某些一般民商事跨國法律關係而言，有關立法管轄規定較為中性，有關司法管轄權的行使，多取決於當事人主觀能動性的發揮，有關法律適用問題的解決，通常藉助衝突規範即可得以解決；相反那些明顯關涉國家經濟安全、移民監管、公共衛生、科技進步、經濟管制等特殊領域，有關立法管轄權的規定較為嚴格或具有較強的單邊主義色彩，有關司法管轄權的限制較多或強調專屬管轄權的行使，在法律適用上或直接規定內國強制規則的適用，或奉行內國法優先適用的利益分析方法路徑；相應地基於不同立法管轄權規則和司法管轄，依據所產生域內、域外判決的承認與執行問題，因主權利益考量、條約關係存在、禮讓互惠、公共秩序

---

[13] William S. Dodge, the Presumption Against Extraterritoriality in the U.S. Supreme Court Today, in Andrea Bonomi and Krista N. Schefer eds., *US Litigation Today: Still a Threat for European Businesses or Just a Paper Tiger?*, Zürich: Schulthess Médias Juridiques SA, 2018, pp. 195-196.

審查、對外交往需求促進和當事人正當權益維護等因素左右，有關執行管轄權的行使中內國法的域內、域外適用問題也會有所不同。同時在有關利益分析中，還存在對外國利益和特殊法律規定予以考慮的需要；而且，此種有關考慮因所涉傳統被視為私法規範、行政規範和刑事規範的不同屬性，而有所不同[14]。這些都需要在未來立法和司法實踐中予以明確。

四、管轄權規則體系的重構

綜合前述內容剖析，我們不難注意到，中國法域外適用法律制度的構建，當以合理而有效的管轄權規則體系確立和完善為基準。從內國法域外適用規則的完善而言，中國當前的管轄權規則，一方面缺乏體系化的邏輯架構；另一方面有關理論支撐也乏善可陳，甚至存在諸多謬誤。由此，存在重構中國管轄權規則體系的迫切需要。

筆者以為，中國法域外適用制度構建下的管轄權規則體系，當主要涵蓋但不限於如下核心內容：

(一) 管轄權理念與管轄利益要素

內國法域外適用視域下的管轄權是國家利益、私人權益、國際利益需求交互作用的結果。無論是立法管轄權的確定、司法管轄權的行使，抑或是執行管轄權的實現，在邏輯演繹和實踐證成中，都是內國主權權益維護和對外交往需求，在特定領域所體現出來的多元價值需求共同左右的結果。考察起來，以地域主權為邏輯起點的自然法色彩較為濃厚的傳統管轄權規則，隨著經貿往來、技術革新、資訊流動等跨國交往程度的加深，在各國日益關切的不正當競爭、證券交易、金融安全、稅收監管、智慧財產權許可轉讓、跨境資料流通治理、環境治理、反對恐怖主義、國家安全維護、海外資產保全利用、公共衛生安全合作、增進人權保護等領域，越來

---

[14] Hannah L. Buxbaum, Extraterritoriality in the Public and Private Enforcement of U.S. Regulatory Law, in Franco Ferrari and Diego P. Fernández, Arroyo eds., *Private International Law Contemporary: Challenges and Continuing Relevance*, Cheltenham: Edward Elgar Publishing, 2019, pp. 237, 248-256.

越受到那些基於實證分析需求，而確立之單邊主義管轄權規則的衝擊與挑戰[15]。毋庸諱言，此種具有某種單邊主義色彩的管轄權規則，雖然有時容易招致來自於多邊主義分析考量的批評質疑與反制，並進而引發某一層面的矛盾與衝突，但在當前時代背景下，那種顧及國際秩序維持、平等互惠和禮讓，以及國家切身權益和特定領域交往需求等基本價值理念和管轄利益要素的新型管轄權規則，顯然有其值得肯定之處。

就增進內國法域外適用的合理性、有效性和說服力而言，通過對外關係法等類似法律，結合特定領域法律關係自身需求，明確上述有關管轄理念和管轄要素，無疑是構建一國科學而合理的內國法域外適用體系不可或缺的。

(二)立法管轄權與司法管轄權、執行管轄權邏輯框架體系構建

前文述及，立法管轄權是內國法域外適用的根本，司法管轄權是內國法域外適用的切入點和邏輯起點，而執行管轄權則通常是對內國法域外適用效力的維持或對外國法不當適用效力的反制。從管轄權效能的發揮和特定跨國法律關係的調整需求，以及構建科學而合理的管轄權規則體系而言，上述幾種管轄權規則相互制約，缺一不可。雖然，當前中國制定一部更為理想的對外關係法的時機和條件尚不夠成熟，但在可能的立法和司法實踐中，亦應儘量避免頭疼醫頭，腳疼醫腳，片面施治。至少可通過國際私法典的制定或類似國際私法典制定的方式，就內國法域外適用所涉之立法管轄權、司法管轄權、執行管轄權問題，結合不同法律關係治理需求，確立系統化的管轄權規則，即使是那些公法性色彩極強，傳統不屬於國際私法調整領域的法律關係，亦應基於任何內國法的域外適用都不可能是純粹內國利益的維護和內國法的適用問題，相反均應顧及國際利益和內國法域外適用之域外管轄後果的分析[16]。

---

[15] Cedric Ryngaert, *Unilateral Jurisdiction and Global Values*, Hague: Eleven International Publishing, 2015, pp. 27-45.

[16] David McClean, *InternationalCo-operation in Civiland Criminal Matters*, 3rd ed., Oxford: Oxford University Press, 2012, pp. 149-150.

(三) 司法管轄權之專屬管轄權、協議管轄權、普通法定管轄權（一般管轄權和特殊管轄權）、管轄權衝突與協調等具體管轄權規則的確立

可以斷言，司法管轄權從來都不是某種規則的靜態存在，或管轄權規則自我調整效能的發揮；相反是爭議法律關係的參與者，就特定法律關係屬性和切身權益需求，與裁判當局共同左右的結果。因之，此類規則體系的構建，更應注重相關規則在適用方法路徑上的指引性，不同管轄權規則之間的相互關係與拘束力強弱區分，以及爭議解決程序參與者主觀能動性的發揮在相應管轄權行使中的地位。考察起來，中國當前立法雖然對司法管轄權之專屬管轄權、協議管轄權、普通法定管轄權（一般管轄權和特殊管轄權）等管轄權類型均有所規定，但整體偏重於靜態管轄根據的確定，對於管轄權條款競合、專屬管轄權對一般管轄權的制約、協議選擇管轄條款的排他，抑或非排他效力等管轄權規則，在實踐中的具體應用等關鍵性問題，顯然還存在很大的可提升空間。

此外，那些有可能助成內國法域外適用的司法管轄權的行使，將不可避免地觸及他國立法管轄權和司法管轄權的作用領域，引致跨國立法管轄權衝突或司法管轄權衝突，而健全的司法管轄權規則體系，當包含協調和解決管轄權衝突的規範在內。此等關乎司法管轄權衝突與協調的規則，在中國當前國際和國內立法和司法實踐中，顯然頗為滯後，甚或屬於空白狀態。

(四) 執行管轄權的行使根據、執行方式、審查標準、禮讓互惠、即決效力

執行管轄權效能的發揮，不僅在一定條件下制約著內國或外國司法管轄權裁判拘束力的最終實現，而且還直接決定著某些特殊管制規則和反制措施等相關立法管轄權之管轄效能和管轄利益的最終實現。與立法管轄權和司法管轄權相一致，內國法域外適用視域下的執行管轄權規則體系的確立，以及執行管轄權的行使，亦需確立在顧及內國管轄權利益和國際協調

等管轄權分析要素基礎之上。此外，因執行管轄權作用對象，不僅包括特殊內國立法管轄權規則的直接實施，以及確保內國法域外適用之司法管轄權利益的最終實現，而且還包括特殊情況之下的反制和對抗措施。由此，在實踐中更容易成為問題的焦點和爭議之所在，因此更需明確行使根據、執行方式，嚴格審查標準，審慎對待禮讓和對等規則，合理區別有關立法規定和裁判結果的普及抑或相對效力。有關此等問題，雖然中國當前有關立法和司法實踐或有所涉及，但遠未形成體系化的理論和規則，在未來立法中，有關此等執行管轄權規則體系的構建，絕不容有所偏廢。

最後需強調指出的是，儘管內國法域外適用視域下的管轄權規則分析，所涉領域不限於傳統國際私法範疇，在相關法律規則創制和方法路徑上，依然完全可承繼揚棄傳統發軔於國際私法理論研究和立法司法實踐中的有益內核[17]。無論何種管轄權規則的確立，均需確立在對主權權利行使、特定法律關係屬性、跨國爭議解決需求、公共秩序考量、利益分析、禮讓互惠、合理有效等多元管轄要素分析基礎之上。藉此，以為中國法域外適用制度的構建，及至符合中國對外交往需求之對外關係法的制定或相關規則的完善，切實有所裨益。

肆、結論

當前，對內國法域外適用問題之研究，應立足於構建中國法域外適用科學體系的需要，從國際私法視域出發，但不限於衝突規範方法路徑，以歷史分析法、比較分析法、實證分析法、邏輯演繹法、功能分析法等多種研究方法和手段，考察剖析中國當前管轄權規則之現狀與不足，以構建科學有序的管轄權規則體系為研究目標，深入探究管轄權理念下的內國法域外適用法理依據與邏輯基礎，以立法管轄權的合理擬制為基點，以司法管

---

[17] William S. Dodge, Extraterritoriality and Conflict-of-Laws Theory: An Argument for Judicial Unilateralism, *Harvard International Law Journal*, vol. 39, no. 1, Winter 1998, pp. 102-106.

轄權和執行管轄權規則體系考察為切入點，釐清立法管轄權、司法管轄權和執行管轄權與內國法域外適用之間的邏輯架構，從理論剖析和法條指引兩個維度，揚棄繼受現有立法、司法和對外關係實踐成就，提出構建科學有序的中國涉外管轄權規則體系之哲理基礎與立法建議案，以為未來中國對外關係法之制定或類似立法創新與完善提供智庫成果或立法指引，藉此以切實有助於中國法域外適用體系的構建和中國國內國際法律治理目標的實現。

被承認之外國判決效力研究——
以禁反言原則爲視域

張絲路[*]

2019年11月本人應陳隆修教授邀請赴東海大學訪學，聆聽陳隆修教授講授國際私法課程。陳隆修教授於國際私法課程中論及禁反言原則，言此原則或爲當下國際私法學發展中有待研究之問題。此後，拜讀陳隆修教授在《國際私法：國際程序法新視界》一書中有關禁反言原則之論述，遂對此原則不僅形成了框架性的認識，亦有進一步研究之興趣。陳隆修教授是我一直仰慕的國際私法學大家，其學術水準之高、思想境界之深，爲吾輩只可仰望而不可及也。2022年得林恩瑋教授邀請爲陳隆修教授七秩華誕論文集撰文。故借此機會，通過比較海牙國際私法會議2019年通過的《承認與執行外國民商事判決公約》（以下簡稱《海牙判決公約》）、歐盟議會及理事會2012年12月12日《關於民商事管轄權及判決的承認與執行的第1215/2012號條例（重訂本）》（以下簡稱《布魯塞爾條例Ⅰ（重訂本）》）、美國法學會《第四次對外關係法重述》、英國判例法，將本人對禁反言原則的淺顯研究與思考，以外國判決承認與執行程序爲背景，撰文以記之，以爲陳隆修教授賀。

壹、被承認之外國判決效力的準據法

禁反言原則是判決效力的一種，該原則是由英國判例法逐步發展起來的，該原則包括了訴因禁反言（cause of action estoppel）以及爭點禁反言（issue estoppel）。在外國判決承認和執行程序中，禁反言原則所產生

---

[*] 西北政法大學國際法學院講師，法學博士，博士後。

的一事不再理效果能夠充分地實現國際民事訴訟的終局性,固有研究之必要。由於《海牙判決公約》是判決承認與執行領域最新的全球性成果,而《布魯塞爾條例Ⅰ（重訂本）》則需要兼顧大陸法系與英美法系,故研究此二公約,有助於理解禁反言原則是否被其他國家接受;如果沒有接受,各國又是如何在判決承認與執行程序中實現一事不再理效果;此種實現的方式與禁反言原則是否有一致的發展趨勢;如有此種趨勢,這種趨勢的具體內容為何。外國判決[1]非由承認國法院作出,在具體討論禁反言原則之前,需要首先明確應依據哪國法律決定外國判決的效力,進而根據該國法律的規定,適用或不適用禁反言原則。

一、被承認之外國判決效力準據法的理論考察

有三種不同的方式決定外國判決的效力:其一,依據承認國法律決定外國判決的效力;其二,依據判決國法律決定外國判決的效力;其三,由承認國為外國判決設定專門的效力規則。

對第一種方式的理論提煉是同等說。按照這種做法,應同等對待外國判決與承認國法院作出的判決[2]。從避免浪費司法資源的角度,同等說較為可取。依據承認國法律決定外國判決的效力使得承認國法院不需要查明外國法律,減少了司法資源的浪費,加快了承認與執行外國判決程序的進行速度。然而,在判決國法律與承認國法律針對判決效力之規定不同的情況下,採用同等說決定外國判決的效力,必然有損於勝訴方的合理期待。不管是原告勝訴,還是被告勝訴,在訴訟期間,原告及被告僅只能依據判決國訴訟程序合理期待判決所具有的效力。因而,依據承認國法律決定外國判決的效力,是以嗣後發生的事實決定外國判決的效力,這有損於判決勝訴方的合理期待。

第二種方式在理論上被概括為效力延伸說。依此說,外國判決在承認

---

[1] 如無特別說明,本文以下所稱外國判決是已被承認國法院承認的判決國法院所作判決。

[2] 參見陳啓垂,〈承認外國判決的效力及程序〉,《月旦法學雜誌》,總第235期,2014年,第221頁。

國不能擁有比在判決國更大的效力範圍，或者更多的效力種類[3]。如果採用效力延伸說，則不管在哪一國，外國判決都能獲得相同的效力，這是該說最大的優點。同時，該說也能夠有效地保護被告的合法權益。如果依據承認國法律決定外國判決的效力，考慮到各國訴訟規則的差異，或使得被告受到外國判決不具有的效力的約束，這損害了被告的合法權益。然而，效力延伸說最大的問題在於，可能有損於承認國的司法主權，特別是在判決國法律與承認國法律針對判決效力的規定不同的情況下。

　　體現第三種方式的學說認爲，應根據訴訟程序的差異、準據法、管轄權基礎、當事人的合理期待、承認國的司法主權等考量因素，確定外國判決的效力[4]。然而，從理論上講，或是由承認國法院在承認國管轄範圍內給予外國判決效力，或是由承認國法院通過特定程序，將外國判決轉化爲承認國法院作出的判決，進而使得外國判決具有與承認國法院作出的判決相同的效力，並不存在第三種方式得以成立的效力狀態。

　　由於效力延伸說更契合承認外國判決的理論出發點，即認可外國判決的效力。因此，也有學者提出陌生效力排除說以及累積說，以圖調和同等說和效力延伸說之間的矛盾。陌生效力排除說認爲，承認起到篩檢程序的作用，排除承認國法律不認可的判決效力，該說事實上只認可承認國法律和判決國法律均認可的判決效力。累積說認爲，應以效力延伸說作爲外國判決效力的出發點，而以同等說作爲外國判決效力的上限[5]。

二、被承認之外國判決效力準據法的比較法觀察

　　儘管《海牙判決公約》最終文本沒有就被承認的締約國判決之效力作出規定，但2017年2月公約草案第9條[6]卻有針對該問題的規定。前述規定

---

[3] 同前註2，第220頁。

[4] See Arthur T. von Mehren, Donald T. Trautman, "Recognition of Foreign Adjudications: A Survey and Suggested Approach," *Harvard Law Review* 81, 1968, pp. 1677-1682.

[5] 參見陳啓垂，〈承認外國判決的效力及程式〉，《月旦法學雜誌》，總第235期，2014年，第222頁。

[6] February 2017 Draft Convention, Article 9 Equivalent effects: "A judgment recognised or

同樣基於效力延伸說。但該條還指出，對於被承認的締約國判決具有而承認國法律未規定的救濟（relief），公約草案第9條要求承認國法院調整前述救濟，以便最大程度上實現效力的一致性，但需要以該救濟在判決國之效力為上限。根據《海牙判決公約》解釋報告，審議公約的第三次特別委員會（Special Commission）會議刪除前述規定，主要是因為2005年《選擇法院協議公約》並無前述規定。同時，一些代表也表達針對公約草案第9條實際效果的擔憂，特別是在判決國法律規定的效力非常廣泛的情況下。在此基礎上，《海牙判決公約》解釋報告明確指出，公約並沒有要求按照承認國法律賦予被承認的締約國判決以效力，只是針對效力問題未規定而已，進而需要根據公約自身之目的做統一解釋[7]。

《布魯塞爾條例I（重訂本）》沒有就被承認的歐盟成員國判決之效力作出規定。歐盟法院通過兩個案例，從正反兩個方面，明確了如何決定被承認的歐盟成員國判決之效力。一方面，歐盟法院指出，由於1968年《關於民商事管轄權及判決的承認與執行公約》（以下簡稱《布魯塞爾公約》）[8]之目標是盡可能促進判決的自由流通，基於此，承認應當意味著按照判決國法律，給予判決權威與效力[9]；另一方面，歐盟法院還認為，將判決國法律未規定的效力，或者承認國法院作出的判決並不具備的效力

---

enforceable under this Convention shall be given the same effect it has in the State of origin. If the judgment provides for relief that is not available under the law of the requested State, that relief shall, to the extent possible, be adapted to relief with effects equivalent to, but not going beyond, its effects under the law of the State of origin."

[7]　See Francisco Garcimartín, and Geneviève Saumier, *Explanatory Report on the Convention of 2 July 2019 on the Recognition and Enforcement of Foreign Judgments in Civil or Commercial Matters*, Hague Conference on Private International Law, 2020, para. 115.

[8]　由於《布魯塞爾條例I（重訂本）》序言34明確指出："Continuity between the 1968 Brussels Convention, Regulation (EC) No 44/2001 and this Regulation should be ensured, and transitional provisions should be laid down to that end. The same need for continuity applies as regards the interpretation by the Court of Justice of the European Union of the 1968 Brussels Convention and of the Regulations replacing it"，故而，歐盟法院通過判決對《布魯塞爾公約》《關於民商事管轄權及判決的承認與執行的第44/2001號條例》的解釋，同樣可以適用於《布魯塞爾條例I（重訂本）》的相同條款。

[9]　Horst Ludwig Martin Hoffmann v Adelheid Krieg, Case 145/86, para. 10.

賦予被承認的歐盟成員國判決，並沒有適當的理由[10]。

　　從英國判例法實踐來看，英國法院通常依據英國法律決定外國判決的效力，除非當事人能舉證證明判決國針對判決效力的規定與英國有關判決效力的規定存在差異[11]。美國法院的做法與英國法院的做法相同。根據《第四次對外關係法重述》，在美國法院，外國判決的效力應以判決國法律規定之效力為上限[12]；而如果當事人不能提供判決國關於判決效力之規定的充足資訊，則美國法院推定外國判決的效力與法院自身判決的效力是一致的[13]。

　　綜上，應以承認國法律決定外國判決的效力；同時，也應允許原告或被告舉證證明判決國法律，並依據判決國法律適當擴張或者限縮外國判決在承認國的效力。一方面，從實踐的角度，查明並準確適用外國法律需要消耗大量的司法資源；同時，承認國法院給予外國判決效力，從根本上講，應按照承認國法律進行。因此，以承認國法律決定外國判決的效力應是一般規則。另一方面，由於民商事判決涉及原告和被告的民事權益，並且考慮到各國訴訟規則的差異，應允許原告或者被告舉證證明判決國法律，以便保證勝訴方的合理期待並保護被告的合法權益；同時，在個案中依據判決國法律決定外國判決的效力，而不是將這種方式設定為決定外國判決效力的一般規則，也不會嚴重損害承認國的司法主權。

---

[10] Meletis Apostolides v David Charles Orams and Linda Elizabeth Orams, Case 420/07, para. 66.

[11] See Sirko Harder, "The Effects of Recognized Foreign Judgments in Civil and Commercial Matters," *International and Comparative Law Quarterly* 62, 2013, pp. 443-445.

[12] 《第四次對外關係法重述》§ 487, Comment d。

[13] 《第四次對外關係法重述》§ 487, Reporters' Notes, 4。

貳、被承認之外國判決對後訴的效力

一、英國判例法關於訴因禁反言的規定

按照英國判例法，外國判決的勝訴方可以在英國法院以外國判決所裁決的義務作為訴因而重新起訴，獲得英國判決後，執行該英國判決；勝訴方也可以選擇在已經進行的英國訴訟程序中，申請承認外國判決，以請求英國法院適用訴因禁反言或爭點禁反言[14]。

1982年《民事管轄權和判決法案》（Civil Jurisdiction and Judgments Act）第34條出臺前，由於判例法中的合併規則（Rule of Merger）並不適用於外國判決，因而，外國判決並不能阻止原告根據同一訴因（Cause of Action）在英國法院重新起訴[15]。為解決前述明顯不合理的判例法規則，《民事管轄權和判決法案》第34條明確規定[16]，勝訴方針對相同當事人或其利害關係人，不能針對外國判決所基於的訴因再行起訴，除非該判決在英國不能被承認或執行。需要特別說明的是，根據英國上議院的判例，《民事管轄權和判決法案》第34條不是成文法的合併規則，也即該法案第34條並非使得原訴因不復存在[17]。因此，前述法案第34條只能阻止原告起訴，而並不是限制英國法院的管轄權。如果原告與被告之間存在分別訴訟的協議、被告棄權、禁反言等情況，原告仍可以在英國法院提起訴訟[18]。

---

[14] See Paul Torremans ed., *Cheshire, North & Fawcett on Private International Law*, Oxford University Press, 2017, 15th ed., p. 1086.

[15] Republic of India v. India Steamship Co. Ltd., [1993] A.C. 410, 417.

[16] 1982年《民事管轄權和判決法案》第34條："No proceedings may be brought by a person in England and Wales or Northern Ireland on a cause of action in respect of which a judgment has been given in his favour in proceedings between the same parties, or their privies, in a court in another part of the United Kingdom or in a court of an overseas country, unless that judgment is not enforceable or entitled to recognition in England and Wales or, as the case may be, in Northern Ireland."

[17] Republic of India v. India Steamship Co. Ltd., [1993] A.C. 410, 423-424.

[18] Republic of India v. India Steamship Co. Ltd. (No. 2) [1998] A.C. 878, 905.

英國上議院在印度船公司案（*Republic of India v India Steamship Co Ltd.*）中考察如何認定訴因相同。該案涉及從瑞典到印度的國際海上貨物運輸，由於運輸過程中起火，承運人拋棄部分貨物。貨物所有人在印度以短交為由針對承運人提起索賠，並獲得賠償，但在獲得印度法院判決之賠償前，貨物所有人又在英國針對貨物全損、針對運輸船舶提起對物訴訟。英國上議院通過兩次判決認可承運人依據《民事管轄權和判決法案》第34條阻止貨物所有人起訴的請求。英國上議院在第二次審理中認為，對物訴訟本質上是針對船舶所有人的[19]。因此，程序法中的不同訴訟程序並不足以使得第34條不適用[20]。而對於前述兩個訴訟之訴因是否相同，英國上議院在第一次審理中認為，兩個不同訴訟程序中涉及的受損貨物是依據規定承托雙方各自權利義務的貨物運輸合同而進行的。同時，兩個訴訟程序涉及同一導致貨損的事件。因此，沒有必要區分兩種不同的違約，因為原告所援用形成其在兩個不同訴訟程序中，分別請求違約的事實基礎是一致的，而該事實基礎，就是原告在印度法院所提出的承運人過失[21]。

還需要指出的是，英國判例法中有一條特別的規則，根據該規則在後續訴訟中，當事人不能再次向英國法院提起可以並應該在先前訴訟中提出的訴因以及爭點。然而，如果判決國程序規則不允許原告提出多項訴訟請求，則前述規則並不適用[22]。

二、《海牙判決公約》關於被承認的締約國判決，對後訴效力的規定

《海牙判決公約》解釋報告認為，需要根據公約自身之目的統一解釋被承認的締約國判決的效力。基於此，《海牙判決公約》解釋報告就被

---

[19] Republic of India v. India Steamship Co. Ltd. (No. 2) [1998] A.C. 878, 910.

[20] See Lawrence Collins ed., *Dicey, Morris & Collins on the Conflict of laws*, Sweet & Maxwell, 2012, 15th ed., p. 685.

[21] Republic of India v. India Steamship Co. Ltd., [1993] A.C. 410, 420-421.

[22] See Paul Torremans ed., *Cheshire, North & Fawcett on Private International Law*, Oxford University Press, 2017, 15th ed., pp. 1121-1122.

承認的締約國判決之效力給出指導意見。《海牙判決公約》解釋報告指出，《海牙判決公約》所要求的承認締約國判決之義務，意味著同一訴訟（claim）或同一訴因（cause of action）不能在其他締約國被重複起訴。因此，如果被承認之締約國判決已經裁決訴訟中主張的權利或義務，則前述權利或義務不應在承認國法院再行爭議[23]。

需要說明的是，《海牙判決公約》本身並沒有使用訴因這一措辭。然而，針對《海牙判決公約》第7條第1款第6項[24]，公約解釋報告指出，使用同一主題（subject matter），而非《選擇法院協議公約》第9條第7項[25]使用的同一訴因，原因在於不同締約國有不同訴因，使用訴因的措辭會限制《海牙判決公約》的範圍。而判斷同一主題的關鍵因素是衝突判決的核心爭點（issues）或本質爭點必須是相同的[26]。

考慮到《海牙判決公約》和《選擇法院協議公約》之間的密切關係，同一主題和同一訴因在兩部公約下應是同一概念。如果照此認識，則《海牙判決公約》形式上採納了訴因禁反言。但《海牙判決公約》畢竟不是英國判例法，而是一部國際公約，需要進一步考察公約是否實質上接受了訴因禁反言。結合《海牙判決公約》解釋報告，當事人在訴訟中主張的

---

[23] See Francisco Garcimartín, Geneviève Saumier, *Explanatory Report on the Convention of 2 July 2019 on the Recognition and Enforcement of Foreign Judgments in Civil or Commercial Matters*, Hague Conference on Private International Law, 2020, para. 115.

[24] Convention on the Recognition and Enforcement of Foreign Judgments in Civil or Commercial Matters, Article 7, 1. Recognition or enforcement may be refused if: "...(f) the judgment is inconsistent with an earlier judgment given by a court of another State between the same parties on the same subject matter, provided that the earlier judgment fulfils the conditions necessary for its recognition in the requested State."

[25] Convention on Choice of Court Agreements, Article 9 Refusal of Recognition or Enforcement, Recognition or enforcement may be refused if: "...(f) the judgment is inconsistent with an earlier judgment given in another State between the same parties on the same cause of action, provided that the earlier judgment fulfils the conditions necessary for its recognition in the requested State."

[26] See Francisco Garcimartín, Geneviève Saumier, *Explanatory Report on the Convention of 2 July 2019 on the Recognition and Enforcement of Foreign Judgments in Civil or Commercial Matters*, Hague Conference on Private International Law, 2020, para. 272.

權利或義務當然需要特定的事實基礎與法律依據。同時，訴訟中主張而請求法院裁決的權利或義務顯然是判決的核心爭點。不難看出，《海牙判決公約》解釋報告並沒有實質上接受訴因禁反言，其立場更接近於新訴訟標的理論[27]，通過訴訟請求與請求所基於的事實決定依據公約而被承認的締約國判決的效力。

三、《布魯塞爾條例Ⅰ（重訂本）》關於被承認的歐盟成員國判決，對後訴效力的規定

如果按照歐盟法院的認定，被承認的歐盟成員國判決效力應由判決國法律決定。然而，歐盟法院卻通過個案實際背離前述認定。在一則涉及《布魯塞爾公約》第31條[28]關於執行締約國判決的案件中，歐盟法院認為，如果締約國判決可以根據公約第31條在其他締約國被執行，公約條文阻止勝訴方在締約國針對敗訴方就該判決的同一主題重新起訴[29]。同一主題之概念，源於歐盟法院針對調整平行訴訟的《布魯塞爾公約》第21條[30]所作之判決[31]。而根據歐盟法院後續判決針對主題這一概念的解釋，所謂

---

[27] 大陸法系舊訴訟標的理論將訴訟標的等同於實體法中的法律關係，特別是實體法中的請求權。舊訴訟標的理論無法妥善解決請求權競合問題，而逐漸被新訴訟標的理論所取代。新訴訟標的理論使得訴訟標的脫離實體法請求權的束縛，而根據訴訟請求，確定訴訟標的之概念。新訴訟標的理論通說採用二分支說，由訴訟請求與請求所基於之事實共同決定訴訟標的。參見姜世明，《民事訴訟法基礎論》，元照，2015年，第91-93頁。

[28] 《布魯塞爾公約》第31條第1款："A judgment given in a Contracting State and enforceable in that State shall be enforced in another Contracting State when, on the application of any interested party, it has been declared enforceable there."

[29] Jozef de Wolf v Harry Cox BV, Case 42/76, para. 10 and para. 11.

[30] 《布魯塞爾公約》第21條第1款："Where proceedings involving the same cause of action and between the same parties are brought in the courts of different Contracting States, any court other than the court first seised shall of its own motion stay its proceedings until such time as the jurisdiction of the court first seised is established."

[31] Gubisch Maschinenfabrik KG v Giulio Palumbo, Case 144/86, para. 14.

主題應等同於訴訟目標，或者說訴訟之目的[32]。

由於歐盟法院是從平行訴訟的規定衍生出同一主題的概念，因此，當事人在平行訴訟中提出的訴訟請求，必然不能成為判斷訴訟目標的核心標準。而不同訴訟之間如有相同的訴訟目標，則應有基於同一案件事實而產生的類似或一致的法律爭議。如果將這一標準放置在判決承認與執行領域，則可以認為《布魯塞爾條例Ⅰ（重訂本）》不是以訴訟請求，而是以不同訴訟請求所基於的案件事實和法律爭議的一致性，認定被承認的歐盟成員國判決對後訴的效力。

在此基礎上，我們需要進一步考察，歐盟法院闡發的被承認之歐盟成員國判決對後訴的效力，是不是與英國判例法中的訴因禁反言，有著異曲同工之效。訴因是英美法系的一個特別概念，布萊克法律詞典將之界定為：一組關鍵的事實，導致一個或多個訴訟的基礎[33]。英國上訴法院將訴因界定為：一個事實的情況，使某人有權在法院向另一人取得救濟[34]。歐盟法院認為，《布魯塞爾公約》第21條下，訴因包含作為訴訟基礎的事實以及訴訟所依據的規則[35]，很明顯歐盟法院所理解的訴因，顯然不能等同於英美法中的訴因。因此，歐盟法院不僅沒有從形式上，也沒有從實質上接受訴因禁反言。

---

[32] Gantner Electronic GmbH v Basch Exploitatie Maatschappij BV, Case 111/01, para. 25. 需要說明的是，在該案中歐盟法院參照 *The owners of the cargo lately laden on board the ship "Tatry" v the owners of the ship "Maciej Rataj"* 案第41段認定主題之概念。然而，在 *Tatry* 案中，歐盟法院第41段實際解決的是，前訴與後訴是否具有相同的目標（Same Object）。而同樣在 *Tatry* 案中，歐盟法院將訴訟之目標（Object of the Action）等同於訴訟之目的（The End the Action Has）。因此，同一主題，根據歐盟法院的理解，應等同於訴訟之目的。

[33] See Bryan Garner eds., *Black's Law Dictionary*, Thomson Reuters, 2009, 9th ed., p. 251.

[34] Letang v. Cooper, [1965] 1 Q. B. 232, 243.

[35] The owners of the cargo lately laden on board the ship "Tatry" v the owners of the ship "Maciej Rataj," Case C-406/92, para. 38.

四、《第四次對外關係法重述》關於被承認之外國判決，對後訴效力的規定

　　根據美國法學會《第四次對外關係法重述》，經過公正審判，且互相抗辯後獲得之最後、終局且可執行的外國判決，在當事人以及訴訟一致時，可以產生訴訟排除效果（claim preclusion）[36]。訴訟排除效果是指，一方當事人在前訴法院提起訴訟，並已獲得針對主體（on the merits）且可被承認的判決，則不能在後訴法院針對同一當事人提起同一訴訟[37]。

　　《第四次對外關係法重述》指出，應透過交易標準界定訴訟，包括原告針對被告提出救濟的全部權利，這些權利與訴訟所源於的特定交易或者一系列關聯交易相關[38]。根據美國法學會《第二次判決重述》，需要結合多種因素判斷「交易」或「一系列」[39]；而判斷交易標準的基礎是，被告的利益和法院息訟的利益與原告公正審判的利益之間巧妙平衡之必要[40]。更為重要的是，《第二次判決重述》認為，美國目前訴訟法的趨勢是，將訴訟視為事實上的概念，並使其與交易相關聯，而不考慮原告可用之實體法理論的數量或者源於這些實體法理論之救濟的不同形式；也不考慮可能被侵犯的實體權利之數量，以及支持前述理論或權利所需證據之不同形式[41]。

---

[36] 《第四次對外關係法重述》 § 487, Comment b。

[37] 《第四次對外關係法重述》 § 487, Comment a。

[38] 《第四次對外關係法重述》 § 487, Reporters' Notes 2。

[39] 《第二次判決重述》§ 24: "(2) What factual grouping constitutes a "transaction", and what groupings constitute a "series", are to be determined pragmatically, giving weight to such considerations as whether the facts are related in time, space, origin, or motivation, whether they form a convenient trial unit, and whether their treatment as a unit conforms to the parties' expectations or business understanding or usage."

[40] 《第二次判決重述》§ 24, Comment b。

[41] 《第二次判決重述》§ 24, Comment a。

五、被承認之外國判決，對後訴效力的普遍趨勢

顯然，《海牙判決公約》、《布魯塞爾條例Ⅰ（重訂本）》關於外國判決效力的規定，以及美國法院所採用的訴訟排除效果，與英國判例法形成的訴因禁反言都有不同之處。然而，從上述比較分析可以看出，關於外國判決對後訴效力的普遍趨勢是，同一爭議事實所產生的所有訴訟請求應一次提出。

第一，從各國的普遍做法而言，基於同一事實產生的所有訴訟請求，應在一個訴訟程序中被一併提出。從普遍趨勢來看，應從訴爭法律關係的角度，或者說從訴訟程序中，當事人提出的訴訟請求的角度理解外國判決的效力。原因在於，一方面，任何訴訟都應有終點，故而，為使得生效判決所裁決的法律關係不再變動，也即確保判決的終局性，不應針對同一爭議事實再行審理；另一方面，訴訟當事人不應就同一爭議事實而被多次審理，這是濫用訴訟程序的表現。

第二，為避免司法資源的浪費，基於同一爭議事實所產生的所有訴訟請求應一併提出。當外國法院已經審查當事人之間爭議的法律關係，以及該法律關係所依賴的事實，且該判決已被承認國法院承認時，考慮到當事人以及證據可能發生在承認國法院管轄領域之外，為避免域外取證或者域外送達對司法資源的浪費，承認國法院沒有必要再次審查當事人之間爭議的法律關係，以及該法律關係所依賴的事實。

第三，為保證勝訴方合理期待並保護被告合法權益，基於同一爭議事實所產生的所有訴訟請求應一併提出。一方面，在外國判決已被承認國法院承認的前提下，如果原告勝訴，為維護法律關係的穩定性，保證勝訴方的合理期待，不應允許被告重新提起訴訟；而如果被告勝訴，為防止原告濫用訴訟程序使得被告因同一爭議事實受到多次審理，也不應允許原告重新起訴。另一方面，為保證勝訴方的合理期待並保護被告的合法權益，應確保終局判決的有效性。因此，即便當事人可能存在實體法中的多項請求權，但如果爭議都是圍繞著同一爭議事實而發生，則不應當允許當事人根據不同的實體法請求權在承認國法院提起新的訴訟。

　　第四，爲尊重判決國的司法主權，基於同一爭議事實所產生的所有訴訟請求應一併提出。如果承認國法院重新審理原告或者被告針對同一爭議事實提出的不同訴訟請求，則必然需要對外國判決進行實體審查。故而，爲尊重判決國主權，承認國法院也不應審理外國判決當事人針對同一爭議事實提出的其他訴訟請求。

　　然而，由於各國訴訟規則的差異，在請求權競合或者請求權並存時，原告在一些國家並不一定能夠對不同的請求權進行選擇或者同時提起。因而，爲維護原告合法的訴權，如其能證明在承認國法院能夠提起的訴訟請求爲判決國程序規則所禁止，且承認國法院對於被告具有管轄權，承認國法院可以考慮受理該案。

參、被承認之外國判決對後訴爭議事項的效力

一、英國判例法關於爭點禁反言的規定

　　爭點禁反言阻止外國判決裁決的必要事實或者法律，在英國法院被重新爭訴[42]。根據英國上議院的判例，外國判決如欲產生爭點禁反言效果，需要滿足三個條件：其一，判決國法院具有管轄權，判決必須是最後與終局的，且判決必須是針對主體的；其二，當事人或者利害關係人應是相同的；其三，爭點必須相同[43]。

　　在蔡司案（*Carl Zeiss Stiftung v Rayner & Keeler Ltd.*）中，除格斯特大法官（Lord Guest）外，另外四位大法官多數意見認爲，外國判決也能產生英國法院判決所具有的爭點禁反言效果。然而，四位大法官也都強調，賦予外國判決爭點禁反言效果必須特別謹慎。裡德大法官（Lord Reid）特別強調，由於英國法院並不熟悉判決國程序規則，基於此，一方

---

[42] See Lawrence Collins ed., *Dicey, Morris & Collins on the Conflict of laws*, Sweet & Maxwell, 2012, 15th ed., p. 679.

[43] The Sennar (No. 2) [1985] 1 WLR 490, 499.

面，特定問題是否已被判決國法院裁決，或者前述裁決是否構成外國判決之基礎，抑或僅僅只是附帶說明並不明確；另一方面，如果被申請人由於判決國訴訟程序所限，並沒有提出相應的抗辯，則在英國法院適用針對被申請人的爭點禁反言，則是不公平的。因此，賦予外國判決爭點禁反言效果需要特別謹慎[44]。基於前述謹慎性要求，外國判決如欲產生爭點禁反言效果，還需滿足一個條件，也即外國判決有關爭點之決定，對於外國判決所作之裁決而言應是必要的[45]。

由於外國判決產生爭點禁反言效果，需要滿足的條件較為苛刻，同時也取決於法官對於案件事實的理解，還需要查明判決國訴訟程序規則。因此，上述標準如何適用需要根據個案事實判斷。在蔡司案中，即便是英國上議院的五位大法官也對於該案事實不符合爭點禁反言的哪一條件產生了分歧。四位大法官認為，蔡司案與前案當事人並不一致，但威爾伯福斯大法官（Lord Wilberforce）卻認為，兩案當事人是一致的；裡德大法官認為，蔡司案與前案爭點不同，但厄普約翰大法官（Lord Upjohn）和威爾伯福斯大法官認為，兩案基於同樣的事實、背景和論據。此外，厄普約翰大法官、威爾伯福斯大法官還認為，前案判決不是最後與終局的，格斯特大法官也持有同樣觀點。

就英國上議院審理的涉及外國判決爭點禁反言效果的案件而言，比較明確的認定是森納爾第二案〔The Sennar（No. 2）〕。由布蘭頓大法官（Lord Brandon of Oakbrook）主筆的上議院一致意見認為，從否定的角度看，程序裁定自身並不是針對主體的判決。然而，從肯定的角度看，針對主體的判決應被理解為，確定特定事實不再爭議或已被證實的決定；說明了適用於爭議事實的相關法律原則；還表達了適用前述法律原則於相關事實之效果的結論。因此，程序裁定也構成針對主體的判決[46]。

---

[44] Carl Zeiss Stiftung v Rayner & Keeler Ltd, [1967] 1 A.C. 853, 919.

[45] See Lawrence Collins ed., *Dicey, Morris & Collins on the Conflict of laws*, Sweet & Maxwell, 2012, 15th ed., p. 680.

[46] The Sennar (No. 2) [1985] 1 WLR 490, 499.

二、《海牙判決公約》關於被承認的締約國判決，對後訴爭議事項效力的規定

《海牙判決公約》沒有關於被承認的締約國判決效力的規定；解釋報告也僅就被承認之締約國判決，對後訴的效力作了簡要說明。我們需要從《海牙判決公約》其他條款中，探索公約關於被承認的締約國判決，對後訴爭議事項效力的基本立場。

從理論層面而言，拒絕承認衝突判決與被承認的締約國判決，對後訴爭議事項效力有密切關係。針對《海牙判決公約》第7條第1款第5項衝突的（inconsistent）措辭[47]，公約解釋報告指出，兩份判決衝突意味著執行一份判決，可能全部或者部分地違反另一份判決[48]。特別需要說明的是，提交給海牙國際私法會議第22屆外交大會以供審議《海牙判決公約》的公約解釋報告草案關於衝突的理解是，當作爲同一爭點之基礎的法律認定或者事實認定是相互排斥時，兩份判決應被認爲是衝突的[49]。最終出臺的解釋報告，沒有說明爲何改變有關衝突的解釋。由於解釋報告草案有關衝突的解釋，顯然要比最終解釋報告關於衝突的解釋更爲精確，因此，適用解釋報告草案有關衝突的解釋有助於《海牙判決公約》的統一適用。

儘管《海牙判決公約》解釋報告明確指出，公約並沒有要求按照承認國法律賦予被承認的締約國判決效力，但解釋報告討論生效判決既判力時，引用了《法院選擇協議公約》解釋報告針對該公約第10條先決問題的評論[50]；該評論指出，《法院選擇協議公約》並沒有要求承認國法院認可

---

[47] Convention on the Recognition and Enforcement of Foreign Judgments in Civil or Commercial Matters, Article 7, 1. Recognition or enforcement may be refused if: "... (e) the judgment is inconsistent with a judgment given by a court of the requested State in a dispute between the same parties; or..."

[48] See Francisco Garcimartín, Geneviève Saumier, *Explanatory Report on the Convention of 2 July 2019 on the Recognition and Enforcement of Foreign Judgments in Civil or Commercial Matters*, Hague Conference on Private International Law, 2020, para. 271.

[49] See Francisco Garcimartín, Geneviève Saumier, *Judgments Convention: Revised Draft Explanatory Report*, Hague Conference on Private International Law, 2018, para. 301.

[50] See Francisco Garcimartín, Geneviève Saumier, Explanatory Report on the Convention of 2

或執行爭點禁反言或類似效果，但承認國法院可以根據承認國法律，賦予針對先決問題的締約國判決前述效力[51]。因此，在《海牙判決公約》下，承認國法律對於被承認的締約國判決的效力，並非沒有適用的空間。

據此，在《海牙判決公約》未規定的前提下，被承認的締約國判決是否可以對後訴爭議事項產生效力，應取決於承認國法律的規定；而就條件來說，為求得公約適用之最大程度的統一，可以採納解釋報告草案關於衝突的解釋，以作為前訴與後訴相同爭議問題之基礎的法律認定或者事實認定，作為被承認的締約國判決對後訴爭議事項產生效力的條件。

三、《布魯塞爾條例 I（重訂本）》關於被承認的歐盟成員國判決，對後訴爭議事項效力的規定

在一件針對歐盟理事會2000年12月22日《關於民商事管轄權及判決的承認與執行的第44/2001號條例》（以下簡稱《布魯塞爾條例 I》）第32條[52]的判決中，歐盟法院更進一步闡明歐盟法律下被承認的歐盟成員國判決之效力。歐盟法院在該案中指出，歐盟法律下既判力（Res Judicata）之概念，不僅僅涉及判決的主文，而且涉及判決理由，亦即為判決主文提供必要基礎且與主文不可分割之部分[53]。至於，如何理解為判決主文提供必要基礎且與主文不可分割之部分，歐盟法院沒有進一步解釋。這顯然遺留了解釋空間，並且需要根據個案情況，分別判斷。

需要指出的是，其一，歐盟法院認為，由於上述案件的判決是根據

July 2019 on the Recognition and Enforcement of Foreign Judgments in Civil or Commercial Matters, Hague Conference on Private International Law, 2020, para. 115.

[51] See Trevor Hartley, Masato Dogauchi, *Explanatory Report of Convention of 30 June 2005 on Choice of Court Agreements*, Hague Conference on Private International Law, 2005, para. 195.

[52] 《布魯塞爾條例 I》第32條："For the purposes of this Regulation, judgment, means any judgment given by a court or tribunal of a Member State, whatever the judgment may be called, including a decree, order, decision or writ of execution, as well as the determination of costs or expenses by an officer of the court."

[53] Gothaer Allgemeine Versicherung AG and Others v Samskip GmbH, Case 456/11 para. 40.

歐盟法律下共同的管轄權規則——《布魯塞爾條例Ⅰ》作出的，考慮到歐盟成員國適用歐盟法律之判決應得到互相信賴，因此，判斷根據歐盟法律作出之判決的效力，需要適用其自身的特別體系，亦即歐盟法律下既判力的概念[54]。顯然，歐盟法院試圖根據判決所依據法律的不同，區分依據成員國法律所作之判決與根據歐盟法律所作之判決，對於前者仍以判決國法律決定其效力，而後者則需要適用歐盟法院通過判決創立的歐盟既判力規則；其二，結合歐盟法院針對被承認的歐盟成員國判決，對後訴之效力所使用的訴訟目標或訴訟之目等措辭，歐盟法院對被承認的歐盟成員國判決效力的理解，顯然是以大陸法系判決理論闡明的既判力規則為出發點。

四、《第四次對外關係法重述》關於被承認之外國判決，對後訴爭議事項效力的規定

　　根據美國法學會《第四次對外關係法重述》如果針對法律或事實的爭點已被判決國法院審理，並被最後、終局且可執行的外國判決裁斷，且針對爭點的裁斷對外國判決而言是必要的，則可以產生爭點排除效果（issue preclusion）[55]。爭點排除效果或稱為附隨禁反言（collateral estoppel），是指，在相同當事人之間提起的後訴中，經過前訴抗辯而對爭點的裁斷可被認為是終局的，即便後訴與前訴不同[56]。

　　除需要前訴實際審理並被生效地判決裁斷外，根據《第四次對外關係法重述》判斷外國判決是否產生爭點排除效果，還有兩個關鍵的判斷標準：一是前訴和後訴爭點相同；二是爭點對外國判決的裁斷是必要的。由於何謂前訴實際審理並被生效地判決裁斷，涉及美國民事訴訟有關審理以及判決的專門規則[57]，需要根據個案情況討論。而根據《第二次判決重述》判斷爭點是否相同，需要平衡兩方面利益，一方面，不能剝奪訴訟

---

[54] Id., para. 42.

[55] 《第四次對外關係法律重述》§ 487, Comment c。

[56] 《第四次對外關係法律重述》§ 487, Comment a。

[57] 詳參《第二次判決重述》針對第27條的評論，d, e, f, g, k。

當事人適當的應訴答辯權；另一方面，需要避免重複審理本質上相同的爭議[58]。在此基礎上，如果前訴與後訴爭議之問題缺乏完全的一致性，《第二次判決重述》還給出判斷是否仍構成同一爭點的多項考量因素[59]。而就如何認定爭點對裁斷是必要的，《第二次判決重述》指出，後訴法院需要考察的適當問題是，爭點是否實際上被當事人認為是重要的，並被適當勤勉的人視為對前訴判決而言是必要的[60]。

五、被承認之外國判決對後訴爭議事項效力的普遍趨勢

從以上比較分析可以看出，外國判決對後訴爭議事項能夠產生一定的拘束力，這是一事不再理原則的必然要求；而對於勝訴方而言，如果沒有前述拘束力，為贏得外國判決付出的代價將沒有任何意義，這顯然有違公平正義原則。相對於英美法系通過判例衍生出的外國判決，對後訴爭議事項產生拘束力的條件，《海牙判決公約》未對此問題作出規定，不得不說是個遺憾；而歐盟法院顯然需要更多的案例，才能逐步發展出歐盟法律下既判力的概念。就外國判決對後訴爭議事項產生約束力的範圍和條件，筆者認為：

（一）外國判決能對後訴爭議事項產生效力的範圍，應以判決主文之必要基礎為限。判決的終局性與禁止濫用訴訟程序的基本考量，決定了外國判決的哪些內容能對後訴爭議事項產生效力。因此，生效判決裁斷的請求權以及請求權基礎，除非存在特殊情況，比如出現新的事實或新的證據，不應再次被審理。基於此，判決主文應是外國判

---

[58] 《第二次判決重述》§ 27, Comment, c。

[59] 《第二次判決重述》§ 27, Comment, c: "... Is there a substantial overlap between the evidence or argument to be advanced in the second proceeding and that advanced in the first? Does the new evidence or argument involve application of the same rule of law as that involved in the prior proceeding? Could pretrial preparation and discovery relating to the matter presented in the first action reasonably be expected to have embraced the matter sought to be presented in the second? How closely related are the claims involved in the two proceedings?..."

[60] 《第二次判決重述》§ 27, Comment, j。

決能對後訴爭議事項產生效力之範圍的應然選擇，而判決理由包含的事實認定或法律認定，如構成請求權基礎或者說成為判決主文之必要基礎，則必然成為外國判決能對後訴爭議事項產生效力之範圍的必要限度。需要指出的是，如何區分判決主文與判決理由，以及判決理由中哪些事實認定或法律認定構成判決主文的必要基礎，需要根據判決國法律認定。因而，從權利義務一致性的角度，應由援用外國判決效力的當事人舉證證明，其所援用的對後訴有效的部分是外國判決主文之必要基礎。

（二）外國判決能對後訴爭議事項產生效力的條件，應以保障被告合法權益與敗訴方正當訴權為基本考量。為保證被告的正當程序權，只有經過原、被告充分攻防的事實認定或者法律認定，才能對後訴中相同的事實問題或法律問題具有拘束力。與之相對，為保證敗訴方合法的訴權，即便經過充分攻防的事實認定或法律認定，如果與後訴爭議之問題不具有關聯性，也應當允許敗訴方重新起訴。因此，對於外國判決而言，應當允許當事人舉證證明構成判決主文之必要基礎的事實認定或法律認定，未經過充分的法庭辯論，或者前述認定與後訴爭議的事實問題或法律問題之間不具有一致性，以否定外國判決對後訴爭議事項能夠產生約束力。

　　本文簡要概述了禁反言原則，不及陳隆修教授在《國際私法：國際程序法新視界》一書中，有關禁反言原則論述之萬一。所幸狗尾續貂之處在於，《海牙判決公約》、《布魯塞爾條例I（重訂本）》關於外國判決效力的簡要討論。筆者關於外國判決效力一般趨勢的分析僅屬個人理解，貽笑大方之家，疏漏之處，懇請指正。

從信託之共同價值談涉外信託之準據法[*]

許兆慶[**]

　　2019年4月間受邀前往天津南開大學參加「國際信託法前沿論壇」發表演講，會中聆聽負責起草大陸信託法的江平教授一席話，心中澎湃萬千！當時年約90歲的江教授說：**在法律許可的範圍內應盡可能使委託人創設信託的意願能夠實現**；江教授所說的這個信託法「共同價值」，與筆者2002年發表在《中正法學集刊》的論文〈從信託之共同價值談涉外信託之準據法〉主軸正相符合。與江平教授素昧平生，此前也沒有機會拜讀江教授大作，第一次在國際信託法研討會上交流就有千里知音的感受，能不感動乎！

　　國際私法實體化、立法與選法應以各該案型之共同價值為核心，乃恩師陳隆修教授所倡議，恩師留學英、美期間，親身見證並經歷波濤洶湧的美國國際私法革命，在1980年代所提出的實體化理論（中文本以《美國國際私法新理論》在臺出版）獲得當時英、美主流國際私法學者高度肯定；有幸自1992年起拜恩師門下，站在巨人肩膀上研習國際私法、品味國際私法，並悟出本篇論文寫作的脈絡。今值恩師七秩華誕，憶起三年前江平教授的發言，與恩師1980年代倡議的實體化理論正相呼應，油然而生的意念，藉由本篇論文，串起兩個世紀、三代人間的一個共同價值，祝福恩師闔家安康喜樂，萬事吉祥如意！

---

[*]　本文原文曾發表於《國立中正大學法學集刊》，第6期，2002年1月。

[**]　眾博法律事務所主持律師，國立中正大學法學博士，柏克萊加州大學法學碩士，東海大學法學碩士。

壹、前言

隨著國際交流之日益頻仍，一人於數國境內擁有財產，已甚平常，抑且隨著國際間有形資產證券化之趨勢，一人之資產散於各國間之情形將更為普遍。為有效管理資產，將資產之總體利益極大化，並使特定受益人能保有該利益，信託無疑是最值得運用之制度之一。

但由於信託係源自英國法之一種為他人利益管理財產之制度[1]，從比較法之觀點而言，在大陸法系國家傳統民事法律體系中，尚無完全相對應之制度[2]，甚且，信託之概念，與傳統大陸法系國家之基本法律理念正相矛盾[3]。是若某一法律事件牽涉存在信託制度與不存在信託制度之國家，或牽涉二以上存在信託制度之國家，但所牽涉之各國間信託法律設計與規定不同時，法律衝突問題於焉產生。

本文首先說明信託法律衝突發生之原因，亦即涉外信託之意涵，並闡述涉外信託之法律適用程序；其次回歸信託法律關係，並嘗試藉由實例歸納信託制度之共同價值；再其次以「美國國際私法第二整編」（Restatement of Conflict of Laws, Second）[4]信託章及海牙國際私法會議於1985年所通過之「信託準據法及承認公約」（下稱《海牙信託公約》）[5]

---

[1] 謝哲勝，〈信託之起源與發展〉，《國立中正大學法學集刊》，第3期，第147-161頁，於第148頁。

[2] Adair Dyer, International Recognition and Adaptation of Trusts: The Influence of the Hague Convention, 32 *Vand. J. Transnat'l L.* 989 (Oct. 1999); Henry Hansmann and Ugo Mattei, *The Function of Trust Law: A Comparative Legal and Economic Analysis*, 73 *N.Y.U.L. Rev.* 434 (1998).

[3] 王文宇，〈信託法原理與商業信託法制〉，《臺大法學論叢》，第29卷第2期，（總頁）第309-415頁，第311頁；Hansmann & Mattei, *id*, at 441 ("In particular, trust doctrine runs counter to the so called unitary theory of property rights.")

[4] A.L.I., Restatement of the Law, Second-Conflict of Laws (1971).中文翻譯，請參看劉鐵錚譯，《美國法律整編—國際私法》，司法院印行，1986年4月。

[5] Convention on the Law Applicable to Trusts and on their Recognition (hereinafter "Hague Trust Convention"), in *Proceedings of the Fifteenth Session, Tome II, Trusts-Applicable Law*

為例，簡析涉外信託選法規範（Trusts Conflicts Laws），最後提出拙見「以信託之共同價值為根本之選法模式」。

貳、涉外信託之意涵與法律適用

一、涉外信託之意義

凡案件法律事實包含「涉外因素」（foreign elements），亦即案件牽涉外國[6]主體、客體、行為或外國地者，均為涉外案件之意涵所包攝。就信託關係而言，舉凡委託人、受託人或受益人一方為外國人，或信託財產一部或全部位於外國地，抑或信託契約之簽訂跨連二以上法域者，甚或信託爭議之解決牽涉外國者，均可稱之為涉外信託。

二、涉外案件法律適用之步驟

向來，法院處理涉外案件之程序，於確認法院地就系爭案件具有管轄權後，均係將該案件加以定性（classification; characterization），之後，根據所定性之法律類型（如契約、侵權行為等）所抽象預設（predetermined）之連繫因素（如訂約地、侵權行為地等）的引致，而指向某國（法域）之法律[7]。

---

and Recognition (Permanent Bureau of Hague Conference on Private International Law ed. 1985); also available at: http://hcch.e-vision.nl/index_en.php?act=conventions.text&cid=59 (last visited: 2022/6/4).

[6] 本文所稱涉外案件，泛指牽涉法院地以外之法域之民商事案件，換言之，包括國際私法學理上所分類之「國際法律衝突」及「區際法律衝突」。

[7] Bruce Posnak, Choice of Law: Interest Analysis and Its "New Crits," 36 *Am. J. Comp. L.* 682 (1988). ("For several generations, all courts...purported to follow the rigid, jurisdiction-selecting rules. Under that approach, a connecting factor is designated for each area of substantive law, and the court determines which of those areas the case 'sounded in.' Next, the court locates the state where the predetermined connecting factor is found. Finally, the forum applies the laws of that state to all the substantive issues in the case.")

然而，忽略涉外案件之實體法律關係，僅抽象地、程序地擇定準據法之選法理論已為近世通說所不採，加州大學Davis校區Juenger教授即曾指出：「忽略涉案相關法域之法律內涵，僅嘗試藉由一套硬性既定法則解決法律衝突問題，其結果註定令人失望」[8]。因此，法院就涉外案件擇定準據法，同時，必須考量準據法之於該涉外案件之實際影響，亦即考慮該準據法是否能符合個案公正具體妥當之要求，已然成為晚近國際私法法學思潮之主流與法規範修訂之指導方針。

三、涉外信託之法律適用

法律關係原屬活潑多變，法律規範本已有時而窮，特別信託關係複雜多樣[9]，若以單一法律適用標準處理所有涉外信託爭議，顯非妥適；因此，法院處理涉外信託案件時，應考慮信託制度之目的、各該信託關係之類型、其信託本旨，以及相關法域信託法律適用之結果等相關因素，以決定應適用之準據法。

參、信託制度之共同價值

一、序說

如同每一部法律的制定，均有其立法目的一般，每一法律制度的設計、每一法律關係的成立與存在，均有其隱含之政策與價值；舉例言之，在審酌「因被詐欺或被脅迫所為意思表示」之法律效力時，相信不論是否

---

[8] See Friedrich K. Juenger, Babcock v. Jackson Revisited: Judge Fuld's Contribution to American Conflicts Law, 56 *Albany L. Rev.* 750 (1993). ("Any attempt to resolve conflicts problems by means of a set of fixed rules that fail to take into account the quality of competing state laws is bound to disappoint.")

[9] 以意定信託為例，美國Scott教授曾言：「創設信託的目的，猶如律師的想像力一般，毫無限制。」(The purposes for which trusts can be created are as unlimited as the imagination of lawyers). See William F. Fratcher, *Scott on Trust 2*, 4th ed., 1987.

受過法律訓練，多數人均能同意被詐欺之人或被脅迫之人，其權利應受合法保障[10]；又關於保險契約所生之疑義，其法律關係應作有利被保險人之解釋；再者，關於定型化契約關係，與定型化契約之擬定者從事交易之相對人，解釋上應受較高之保護[11]；又關於家事案件，結婚、離婚之自由不應受不合理之限制，離婚婦女之財產權利應受保障；監護爭議中，子女之利益應為最優先之考量……等，相信任何執法者承辦前開案件時，均能明確而容易地找出妥適之裁判基礎為何，此即法律關係共同價值（prevailing value）之所在。本節以下試就美國信託法律衝突案例加以觀察，歸納隱含其間之價值，進而說明信託制度之共同價值。

二、案例選析

（一）*Hutchson v. Ross*[12]

原、被告均係加拿大魁北克省（Quebec）的居民，1902年兩人結婚之前，Ross與其未婚妻Hutchson協議，承諾將以書面或以遺囑設立之方式，成立一總額125,000元之信託基金，並以其未婚妻為受益人。及至1916年，Ross自其父親繼承一筆總額10,000,000元之遺產後，乃決定以其妻及子女為受益人，設立一本金總額為1,000,000元之信託基金，並指定以其當時所擁有在紐約市的股票作為信託財產。本件信託契據（trust instrument）[13]由設立於紐約州的平等信託公司（Equitable Trust Company）所擬具，於魁北克省由本件兩造共同簽署後，嗣即寄回紐約由平等信託公司簽署後生效，Ross隨即將前開其所有於紐約市的股票交付於平等信託公司，作為信託財產之原本（corpus），信託契據中有一條款，系爭信託取代首開總額為125,000元之信託承諾。嗣於1926年，當Ross不

---

[10] 德國民法第123條；日本民法第96條；我國民法第92條等參照。

[11] 林益山，《消費者保護法》，五南圖書，1994年10月，初版，第382-410頁。

[12] 262 N.Y. 381, 187 N.E. 65, 89 A.L.R. 1007 (N.Y. 1933).

[13] 「trust instrument」意指信託之書面契約，大陸地區翻譯為「信託文據」；緣以信託傳統上係歸類為財產法領域，故本文翻譯為契據，用以與契約相區別。

幸瀕臨破產之際，其發現依據魁北克法律，婚前協議不得以任何方式變更之，依該省法律規定，變更後之協議為無效，從而Ross以其妻及子女為受益人所設立總額為1,000,000元之信託（因變更婚前總額為125,000元之信託承諾）而為無效；基於此一重大發現，Ross在洽談一項紓困融資案時便承諾融資債權人，其將採取相關法律措施，將信託財產取回作為貸款之擔保，於是Ross提起本件訴訟。事實審法院認為，有關變更婚前協議之爭議事項，應以夫妻婚姻住所地法（即魁北克法律）為準據法，因此認定系爭信託為無效，Ross得取回信託財產；上訴審改判Ross敗訴，Ross提起上訴[14]後，紐約州終審法院（Court of Appeals）維持上訴法院Ross敗訴之判決，其主要理由在於該院判認：當一外州（國）委託人本於其意願，將其個人財產在本（紐約）州成立為信託財產，設立信託當時並意使其信託關係受紐約州法律規範，本院實無忽視委託人之意願而適用其他（法域）法律之充分理由；析言之，Ross設立系爭信託關係時，信託財產位於紐約州內，受託人為紐約州公司，信託關係各當事人並欲使系爭信託事務在紐約州內處理，則系爭信託之效力（validity），即應依紐約州法決定之[15]。

(二) *Shannon v. Irving Trust Co.*[16]

本案委託人Joseph Shannon係紐澤西州居民，在紐約州與受託人即被告Irving Trust Co.成立一個不可撤銷之信託關係（irrevocable trust），系爭信託之受益人包括住所均在紐澤西州之委託人之妻Goeway Shannon及其子John Shannon二人，信託利益之內容為：受託人應將委託人所預先設定

---

[14] 本件訴訟進行中，Ross終究破產，由其破產管理人承受本件訴訟成為訴訟當事人，然為敘述方便，內文中之原告仍列Ross，附此敘明。

[15] See *Hutchison v. Ross, supra* note 12; Willis L. M. Reese et al., *Conflict of Laws-cases and Materials* 660, 9th ed., 1990。本案判決文中尚討論及另一爭點，亦即生前信託（*inter vivos* trusts）與遺囑信託（testamentary trust）準據法是否相同之問題，本判決隱喻遺囑信託法律關係，主要應受立遺囑人生前住所地法（屬人法）規範；相對於此，生前信託之主要價值則在於尊重委託人設立信託關係之合法意願（justified intention），並實現符合信託本旨之內容。

[16] 275 N.Y. 95, 9 N.E.2d 792 (N.Y. 1937).

信託財產收益之特定金額部分，在Goeway生存期間，應給付予Goeway，超過該特定金額之部分，應歸入信託財產（principal）；Goeway死亡後，上開信託財產之收益，在John滿25歲以前，每年給付伊3,000元，並按月分期比例給付，在John滿30歲以前，給付金額提高為每年5,000元，35歲以前每年給付額再提高為10,000元，此後所有信託之收益即全數給付予John，直到John死亡為止。在此之前，所有超過委託人預先指定金額之信託收益部分，應歸入信託財產本身，John在死亡之前並得享有信託財產及收益之指定權，如其死亡之前未及指定，則信託財產應全數移轉予賓州之Hill School of Pottstown。委託人與受託人並於系爭信託契據中約定，系爭信託包括報酬請求權、支出費用償還請求權在內之受託人權利[17]事項部分，應適用紐約州法律，有關系爭信託之效力、信託契據之解釋等事項，則應適用紐澤西州法律。

　　本件係John Shannon對受託人Irving Trust Co.提起之訴訟。原告主張系爭信託之效力應依紐約州法，而依紐約州Personal Property Law第16條之規定，累積信託收益（在本案意指將超過指定金額之信託收益歸入信託財產）之約定為無效，從而主張被告應將所有累積之信託收益部分給付予伊云云；被告則以系爭信託效力事項應依紐澤西州法，而依紐澤西州法，累積信託收益之約定為有效等語資為抗辯。紐約州終審法院判認：當信託當事人、信託財產及信託之管理涉及不同法域時，有關信託闡釋、解釋、信託之效力，以及因信託所生之權利義務關係所應適用之法律，應視個案之具體情況而定。就此而言，委託人明示或顯可推知之意思（express or clear implied intent），無疑具有支配性之地位；就本案而言，委託人已明示系爭信託法律關係，除與受託人報酬相關之事項（remuneration of the trustee）外，應適用紐澤西州法，職是之故，除非委託人所選定之準據法（紐澤西法），其適用之結果明顯違背紐約州之公共政策（public policy）外，委託人之意思，理應受到尊重[18]。

---

[17] 有關信託關係中受託人權利義務及責任之具體內容與說明，詳見謝哲勝，〈受託人權利義務及責任〉，《月旦法學雜誌》，第65期，2000年10月，第114-136頁。

[18] See *Shannon v. Irving Trust Co.*, *supra* note 16; Reese et al., *supra* note 15, at 661.

(三) *Farmer and Merchants Bank v. Woolf* [19]

　　位於新墨西哥州之受託人即原告提起本件訴訟，訴請確認系爭信託財產之權利歸屬。本案緣起亞利桑那州委託人即立遺囑人Mabel Evelyn Jones將其剩餘遺產（residuary estate）[20]，以遺囑信託之方式移轉予原告；依信託本旨，原告應於委託人之弟Gordon Vance Jones死亡之時，將信託原本（corpus）[21]移轉予德州之受益人Alcohoics Foundation of San Antonio。因此，當Gordon死亡時，原告即以Gordon之遺產管理人Woolf為被告，訴請確認財產之歸屬。事實審法院判認：信託原本權益應歸屬受益人；Woolf不服提起上訴，主張依委託人死亡時之住所地亞利桑那州法，本件委託人指定受託人將信託原本移歸受益人部分為無效，並指摘原審未適用委託人死亡時之住所地法亞利桑那州法，卻依德州法判決信託原本之權益歸屬受益人，顯有法律適用錯誤之違法，因而提起上訴。新墨西哥州終審法院（Supreme Court of New Mexico）判認：通常有關遺囑中就動產之處分及以遺囑信託方式處分動產者，其法律效力，適用立遺囑人或委託人死亡時之住所地法；然而當信託管理涉及住所地以外之他州時，除非該州就信託財產之管理顯有困難或將違反住所地之（公共）政策外，信託中關於信託財產之處分，應認有效[22]。

---

[19] 86 N.M. 320, 523 P. 2d 1346 (N.M.1974).

[20] 剩餘遺產（residuary estate），係指扣除債務、費用、稅捐、遺贈等而剩餘之積極遺產。See Black's Law Dictionary 569, 7th ed., 1999.

[21] 「Corpus」一詞，在信託法上可有二意，其一即指受託人負責處理之財產，亦即信託財產，與res、trust estate、trust fund、trust property、trust res等同義；其二係指與信託收益相區別之信託原本。See Black's Law Dictionary, *id*, at 345. 就本案而言，收益部分歸於委託人之弟，故此處直接翻譯為信託原本。

[22] See *Farmers and Merchants Bank v. Woolf*, *supra* note 19; Reese et al., *supra* note 15, at 664.

(四) *Portnoy*[23] & *Brooks*[24]

*Portnoy*及*Brooks*二案，其案件事實均係有關委託人為規避債權人之追償而設定之自益禁止揮霍（節省）信託關係（self-settled spendthrift trust）[25]，將財產移轉於受託人，約定受託人應將信託利益歸於委託人，意圖藉由此信託之設計而保有其財產，乃分別約定信託關係之準據法為Bermuda法及Jersey Channel Islands法。依Bermuda法及Jersey Channel Islands法，上開自益信託為有效，惟依法庭地法，此類型之自益信託為無效。上開二案件之承審法院，均以委託人為規避債權人追償而設立之自益信託不應被尊重，系爭信託所約定之準據法，其適用之結果違反法庭地之公共政策，應認其約定為無效[26]。

三、信託之共同價值

由上述案例說明，吾人不難發現，（意定）信託關係中，委託人設立信託關係之合法意願與期待（justified intent and expectation），應受尊重與執行。詳言之，除委託人成立信託之主要目的係在詐害債權、規避債權人之追償，該信託之有效性與對世性應受限制外，信託當事人就信託關係之合意或委託人藉由遺囑成立信託之意願，理當成為解釋信託關係疑義、處理信託關係爭議之最重要考量。

---

[23] *Marine Midland Bank v. Portnoy*, 201.R. 685 [citing Daniel S. Rubin and Jonathan G. Blattmachr, Self-Settled Spendthrift Trusts: Should a Few Bad Apples Spoil the Bunch?, 32 *Vand. J. Transnat'l L.* 763 (1999)].

[24] *Sattin v. Brooks*, 217 B.R. 98 (citing *id.*)

[25] 「self-settled trust」一詞係指委託人同時為受益人之信託；「spendthrift trust」一詞則係禁止債權人就信託利益追償信託。See Black's Law Dictionary, *supra* note 20, at 1518.

[26] Rubin and Blattmachr, *supra* note 23.

肆、涉外信託準據法

一、信託之定性疑義

　　關於信託之定性，論者間有以《海牙信託公約》第3條關於信託準據法係以當事人意思自主原則為首要連繫因素，因認信託關係在我國即應定性為契約[27]。姑不論信託法律關係定性為契約關係是否妥適[28]，其以信託關係適用「當事人意思自主原則」（party autonomy）為選擇準據法之連繫因素，進而推論信託關係即為契約關係，顯有理論推演失當之處；良以契約關係準據法之擇定，固依當事人意思自主原則為之，然非謂所有依當事人意思自主原則選定準據法者，均為契約關係（若A則B，非謂若B則A）。以1989年1月1日生效之瑞士聯邦國際私法[29]第132條侵權行為準據法之規定為例，該法即允許當事人就涉外侵權行為爭議，合意選定準據法[30]；益加明顯者，德國1999年新修國際私法[31]第42條明定：「關於非契約之債，當事人得於債務所由生之事件發生後，合意選擇準據法。但第三人之權利不受影響。[32]」職是，吾人尚不宜僅因《海牙信託公約》採用當

---

[27] 伍偉華，〈海牙國際私法公約之研究〉，國立政治大學法律研究所碩士論文，1999年6月發表，第180-184頁。

[28] 詳後述。

[29] 詳見劉鐵錚等譯，《瑞士新國際私法之研究》，三民，1991年10月，初版。

[30] 許兆慶，〈涉外侵權行為新選法規範之研析——兼論國際私法連繫因素實體化〉，東海大學碩士論文，1995年6月發表，第210頁。

[31] 德國國會於1999年5月21日通過關於非契約之權與物權關係之國際私法立法（Gesetz zum internationalen Privatrecht fuer ausservertragliche Schuldverhaeltnisse und fuer Sachen vom 21.5.1999）。參看賴來焜，〈德國1999年新國際私法〉，《法令月刊》，第51卷第4期，2000年4月，第43-55頁，於第48頁。

[32] Peter Hay, From Rule-Orientation to "Approach" in German Conflicts Law the Effect of the 1986 and 1999 Codification, 47 *Am. J. Comp. L.* 633, 652 (1999). Article 42 (Party Autonomy) reads: "After the event giving rise to a non-contractual obligation has occurred, the parties may choose the law that shall apply to the obligation; rights of third parties remain unaffected." 條文德文原文，參看賴來焜，前揭文，第50頁。

事人意思自主原則，即認信託關係為契約關係。

　按信託係源自英美法之法律制度，傳統大陸法系國家民事法律體系，尚無完全相對應之法律制度，是關於信託之法律性質，在大陸法系與英美法系國家間容有差異，不難理解。即使在於信託法發展最為蓬勃之美國地區，信託之法律性質，學者間仍非無不同見解。大體而言，英美學者多數將信託定性為「財產法」（property law）之一支[33]，間有學者仍試圖自契約法之觀點與特性詮釋信託關係，並指出信託關係，就委託人與受託人對信託之設計而言，其功能與現代利益第三人契約（third-party beneficiary contracts）相去不遠[34]。然事實上，主張信託不失為契約之學者，其用意在於希望藉由強調信託之契約性質以柔化信託法律關係，俾使委託人能更富彈性地運用信託制度以完成其信託目的，換言之，斯等學者並非全然否認信託之效力具有類似財產法之對世效力[35]。論者間因此評論該見解：「過度強調信託法中契約性質的層面，而刻意隱化信託法中最具貢獻的部分，亦即類似財產性質（物權效力）的層面」[36]。本文以為，信託制度之所以被譽為「英美法制中最卓越的貢獻」（the most distinctive achievement of the Anglo-American legal tradition）[37]，在於其能區分所有權之法律上利益（legal interest）與衡平利益（equitable interest），信託制度具有莫大彈性之特質，使得原本法律上利益所無法完成之目的得以

---

[33] See e.g., Austin W. Scott & William F. Fratcher, *the Law of Trusts* 2.3-2.6, at 40-48, 4th ed. 1987-1989; Hansmann and Mattei, *supra* note 2, at 470. 王文宇，〈信託法原理與信託業法制〉，《月旦法學雜誌》，第65期，2000年10月，第24-35頁，於第25頁。

[34] John H. Langbein, The Contractarian Basis of the Law Trusts, 105 *Yale L. J.* 625, 627 (1995). ("[T] he deal between settlor and trustee is functionally indistinguishable from the modern third-party-beneficiary contracts. Trusts are contracts...")

[35] Langbein, *id*, at 671.

[36] Hansmann and Mattei, *supra* note 2, at 471. ("Langbein has engaged in a bit of rhetorical exaggeration, overemphasizing the contractual aspects of trust law and minimizing what is in fact the most critical contribution of the law trusts, which is its property-like aspects.")

[37] 此乃法學者Maitland所言，轉引自Langbein, *supra* note 34, at 671; Hansmann and Mattei, *supra* note 2, at 469.

實現，包括：家產之管理、遺產之處分，以及日新月異之多種商事交易等[38]。是就信託性質之觀察，與其著重其為契約或財產之爭議，毋寧自其功能面而立論；析言之，信託關係自不同面向觀察，無疑兼具契約法與財產法之性質，在遺囑信託，甚且具有身分法之性質，是關於信託之定性，允宜就具體訟爭個案為之，其為有關信託之管理事項，性質偏重於契約關係，其為有關信託財產之歸屬事項，性質偏重於財產，惟個案處理時，尤應本於信託之本質為之，始不至與信託之目的相悖。

二、準據法之統一適用與分割適用

承前所述，法院審理涉外案件，於確定法院地為有管轄權之法院後，次一步驟即為定性程序，緣以一涉外案件若為不同之定性，應適用之選法規範即有差異，所選定之準據法自亦不同。以我國涉外民事法律適用法（涉民法）為例，信託究係定性為契約關係而應適用涉民法第6條之規定？或應定性為物權關係而應適用涉民法第10條第1項之規定？或者在遺囑信託應定性為遺囑而適用涉民法第24條之規定？其結論自大相逕庭。

信託關係既有如上各種定性之可能，自難以單一之選法規範而涵蓋所有之涉外信託爭議，特別是意定信託，因其內容主要取決於委託人與受託人對信託關係之設計，若謂此等極富彈性的信託關係均應適用單一選法規定，其適用結果將難免與信託本旨有違；是針對不同信託爭議，容將有不同之定性，亦即信託關係中，準據法分割適用之情形，在特定情形之下恐難避免，甚至可謂實現信託本旨所必須；前開*Shannon v. Irving Trust Co.*一案，委託人就信託之管理與信託之效力分別約定以紐約州法與紐澤西州法為準據法即為適例。以下本文將分別就美國國際私法第二整編信託章（下稱涉外信託整編）以及《海牙信託公約》關於信託準據法之內容簡析之，最後再提出本文關於信託準據法之意見。

---

[38] 賴源河教授譯，《美國法律整編——信託法》，司法院印行，1987年6月，第419頁。

三、涉外信託整編部分

(一) 規範簡述

1. 區分動產與不動產而為不同之編定

　　涉外信託整編就動產上之利益（interest in movable）與土地上之利益（interest in land）所涉選法規範而為不同之編定，前者編定為第一節，其規定內容分見於國際私法第二整編第267條至第275條；後者編定為第二節，其規定內容分見於國際私法第二整編第276條至第282條[39]。

2. 就生前信託與遺囑信託分別定其應適用之法律

　　涉外信託整編引言中指出本整編之規定，適用於明示信託，包括：信託法整編第2條所定義[40]之信託關係，及信託法整編第348條所定義之「公益信託」[41]及第404條所定義之「結果信託」[42]，但不包括「法定信託」（construction trust）及商業信託[43]。換言之，凡商業信託以外之意定信託內容，均可以生前信託（*inter vivos* trust）或遺囑信託（testamentary trust）之方式，明示設定之。

---

[39] 劉鐵錚，前揭書，第423-437頁。

[40] A.L.I., Restatement (second) of Trust, § 2 Definition of Trust
A trust, as the term is used in the Restatement of the Subject, when not qualified by the word "charitable," "resulting" or "constructive," is a fiduciary relationship with respect to property, subjecting the person by whom the title to the property is held to equitable duties to deal with the property for the benefit of another person, which arises as a result of a manifestation of an intention to create it.

[41] A.L.I., Restatement (second) of Trust, § 348 Definition of Charitable Trust
A charitable trust is a fiduciary relationship with respect to property arising as a result of a manifestation of an intention to create it, and subjecting the person by whom the property is held to equitable duties to deal with the property for a charitable purpose.

[42] A.L.I., Restatement (second) of Trust, § 404 Where Resulting Trust Arises
A resulting trust arises where a person makes or cause to be made a disposition of property under circumstances which raise an inference that he does not intend that the person taking or holding the property should have the beneficial interest therein, unless the inference is rebutted or the beneficiary interest is otherwise effectively disposed of.

[43] 劉鐵錚，前揭書，第423頁參照。

3. 分別自信託契據之解釋、信託之效力、管理、信託利益得否轉讓與債權人能否追償等而為編定

如前所述，信託關係複雜多樣，信託爭議產生之原因，亦未盡相同，是涉外信託整編，在動產信託及不動產信託，均分別就信託契據之解釋（第268、277條）、信託之效力（第269、270、278條）、管理（第271、272、279條）、信託利益得否讓與（第273、280條）與受益權之指定（第274、275、281、282條）等而為編定，此即前述準據法得分割適用之情形。

4. 以信託當事人意思為主，以最重要關聯原則為輔之準據法選法模式

涉外信託整編關於信託效力、管理、信託利益之讓與等信託法律關係之核心部分，其選法規範，均以當事人意思自主原則為主，欠缺當事人明示或可推知之意思時，則以最重要關聯原則（the most significant relationship test）決定準據法。

涉外信託整編以最重要關聯原則作為當事人意思自主原則以外之選法輔助規範，其緣由在於最重要關聯原則乃國際私法第二整編之核心理論，涉外信託整編列於國際私法第二整編之一部，其援引最重要關聯原則作為選法輔助規範，自屬當然。

（二）評析

1. 積極面

(1) 肯定信託當事人選法之自由——委託人合法意願（信託之共同價值）受尊重

正如涉外信託整編引言所述，決定信託準據法之主旨，在於實現委託人處置財產之意願。除非法院地之公共政策對於拒絕適用信託當事人所選定之準據法具有利益（legitimate interest），委託人之意願在可得確定之範圍內，盡可能使其有效而獲得實現是非常重要的[44]。涉外信託整編關於準據法之選定，將當事人意思作為最主要之選法連繫因素，符合信託法之

---

[44] 同前註。

精神，實現信託之共同價值，誠值肯定。

(2) 分別動產與不動產而爲規定——符合實際法律適用準則

　　無論大陸法系國家民事法律體系或英美法制，規範動產與不動產之法律設計，均有差異，關於權利之得、喪、變更，動產與不動產，亦異其規範。就信託關係而言，信託財產之爲動產或不動產，其法律規範及其在信託當事人間之法律效果，自亦有別；爲此，涉外信託整編乃因應而分別動產與不動產爲相異之編定，自值肯定。

(3) 準據法分割適用——符合所需並尊重委託人意願

　　關於涉外案件選法規範（conflicts law）之理論進展，在20世紀之初，歐美兩地均採取機械式選法規則（rigid rules），及至20世紀中葉，以美國爲主要發源地之選法方法論（approaches）代之興起，歐洲各國繼受選法方法論後並與大陸法系既有立法模式相互激盪之下，近世「特徵性履行」（characteristic performance）[45]模式隨之興盛；準據法分割適用或已成爲當今選法規範制定之趨勢，期使不同法律關係得以擇定最妥適的準據法。涉外信託整編分別就信託之解釋、效力、管理等事項之準據法而爲規定，符合選法規範之趨勢，同時提供委託人就不同信託財產，而爲不同準據法之選擇，增加信託之彈性，藉以符合委託人設定信託之意願。

2. 消極面——最重要關聯標準未臻明確

　　涉外信託整編就信託法律關係採用當事人意思自主原則爲選法之連繫因素固值贊同，惟於欠缺當事人明示或可推知之選法意思時，涉外信託整編之選法核心，與國際私法第二整編其他法律關係同，均置重「最重要關聯原則」。然而「最重要關聯理論」最大之爭議在於「最重要」標準之模糊與抽象；形而上地宣揚準據法必須與系爭案件具有最重要之關聯關係，

---

[45] 「特徵性履行」，其意概指：就某一法律領域（如契約），分別該法律領域內特定法律關係（如大眾消費、僱傭……等）之性質而適用不同選法規範，同時預設特定連繫因素（如共同慣居地、履行地……等）作爲選法之準據。國際間關於「特徵性履行」模式較具代表性者，首推1980年簽訂於羅馬之《歐體契約債務準據法公約》（EC Convention on the Law Applicable to Contractual Obligations, 1980）亦即通稱之《羅馬公約》。該公約全文請參：http://www.jus.uio.no/lm/ec.applicable.law.contrracts.1980/doc.html。

相信吾人均可贊同，但面對具體個案時，根據何等標準或觀念或價值，始足以決定最重要關聯關係之存在，國際私法第二整編臚列第6條[46]之準據法標準，卻未能進一步指示如何對該條所列之考慮因素做評斷，究應計考慮因素之「量」或計其「質」？重要次序孰先孰後？⋯⋯國際私法整編留下一個個大問號，從而賦予承審具體個案的法官幾乎毫無限制的裁量權，在此情況下，每一個法院、每一個法官心中的「最重要」標準未必一致[47]，也因此，國際私法整編的支持者始終引以為豪的「判決穩定性」與

---

[46] Restatement (second) of Conflict of Laws § 6 Choice-of-Law Principles

　(1) A court, subject to constitutional restrictions, will follow a statutory directive of its own state on choice of law.

　(2) When there is no such directive, the factors relevant to the choice of the applicable rule of law include:

　　(a) the need of the interstate and international systems,

　　(b) the relevant policies of the forum,

　　(c) the relevant policies of other interested states and the relative interests of those states in the determination of the particular issue,

　　(d) the protection of the justified expectations,

　　(e) the basic policies underlying the particular field of law,

　　(f) certainty, predictability and uniformity of result, and

　　(g) ease in the determination and application of the law to be applied.

[47] 以1996年美國聯邦第六巡迴上訴法院 *International Ins. Co. v. Stonewall Ins. Co. and Crown Equipment Corporation* 一案為例，被告Crown公司為堆高機製造商，原告與被告Stonewall公司分別承保Crown公司因產品瑕疵所生對第三人之（侵權行為）賠償責任；本案緣起Crown公司於路易斯安那州，因產品瑕疵對Hopper所致侵權行為被訴，遭一審法院判決敗訴，Crown公司乃向原告及被告Stonewall公司告知訴訟，原告為確定其保險責任與範圍而向Crown公司所在地俄亥俄州提起本件訴訟。本案如適用俄亥俄州法，被告Stonewall公司亦應負保險責任而應分擔部分Crown公司應賠償Hopper之金額，惟若依路易斯安那州法，僅原告應負擔保險責任。兩造律師於訴訟進行中均分別援引第二整編第6條之選法標準為攻防，並分別得出對己方有利之結果，此情形於訴訟實務上固不足為奇；而俄亥俄州地區法院與上訴法院亦均採用第二整編之方法論，但關於系爭案件究應以第二整編第6條中何項標準判定最重要關聯之法律，地區法院與上訴法院之詮釋即有差異；甚且關於同一考量因素「合法期待的保護」（the protection of justified expectations），地區法院與上訴法院之操作亦有不同。因此，如何使當事人於訴訟進行前能合理預測法院選法之結果，最重要關聯理論顯然未提供明確可期之標準。86 F.3d 601; 1996 U.S. App. LEXIS 14766; 1996 FED App. 0173P (6th Cir.)

「預見可能性」之優點，是否果真存在，誠值懷疑[48]。涉外信託整編之情形亦然；涉外信託整編建議法官在運用最重要關聯理論時，應以第二整編第6條之選擇準據法之原則為依歸[49]，然而實務運作上，法官往往忽略第6條之原則[50]，而任憑其各自心中之正義，主宰準據法之選擇。

四、海牙信託公約

(一)規範說明

1. 序說

　　《海牙信託公約》將信託定義為：「在本公約中，當資產為受益人之利益或為特定目的而移置受託人支配之下時，信託係指委託人所設定之生前信託或遺囑信託關係（第1項）。信託具有下列特性：一、信託財產為獨立之資金，非受託人個人財產之一部；二、以受託人名義或以代表受託人之另一人名義握有信託財產；三、受託人有依據信託本旨管理、使用、或處分財產之權利與義務（第2項）。委託人保留特定權利與權力或受託人同時擁有作為受益人之權利者，與信託之理念均不相違背（第3項）。」該公約關於準據法部分，主要規定在公約第6條、第7條部分。

2. 採用當事人意思自主原則

　　《海牙信託公約》關於信託準據法亦以當事人意思自主為主要選法標準[51]，該公約第6條規定：「信託應依委託人所選定之法律為準據法。前開準據法之選擇以應明示之意思表示或自信託契約或書面證據可得推知之意思為之，必要時，應就具體個案解釋之（第1項）。依前項規定所選定

---

[48] Larry Kramer, *Choice of Law in the American Courts in 1990: Trends and Development*, 39 AM. J. Comp. L. 465, 487 (1991). ("Judges try to make sense of the factors listed in § 6 but the analysis is predictably question-begging and confusion.... § 6 seems to have had ...the...effect-encouraging courts to forgo systematic analysis in favor of *ad hoc* intuition.")

[49] A.L.I., Restatement (Second) of Conflict of Laws (1971), § 270, comment c.

[50] Kramer, *supra* note 48, at 487. ("...little or no attention is paid to § 6....")

[51] Maurizio Lupoi, The Recognition of Common Law Trusts and Their Adoptions in Civil Law Societies: The Civil Law Trust, 32 *Vand. J. Transna'l L.* 967 (1999).

之準據法無信託法律之規定，或該準據法無相對應之信託類型者，該選法為無效，此時應適用第7條之選法規定（第2項）。[52]」

3. 以最重要關聯原則為補充選法標準

　　在當事人未選定準據法之情形，《海牙信託公約》採納最重要關聯原則作為補充之選法規範[53]，該公約第7條規定：「當事人未選定準據法者，應適用與信託具有最密切牽連之法律（第1項）。欲確定與信託有最密切牽連之法律，特別應考慮：一、委託人指定之信託管理地；二、信託財產所在地；三、受託人之居住地或營業地；四、信託本旨與信託本旨實現地（第2項）。[54]」

（二）準據法適用之範圍

1. 關於信託之成立（有效性）、解釋、效力及其管理

　　《海牙信託公約》非但未如美國涉外信託整編，就信託財產分別動產與不動產而為規定，尚且就信託之成立、解釋、效力及其管理，規定原則上應一體適用同一之準據法。該公約第8條規定：「依第6條、第7條所擇

---

[52] Hague Trusts Convention, *supra* note 5. Article 6

A trust shall be governed by the law chosen by the settlor. The choice must be express or be implied in the terms of the instrument creating or the writing evidencing the trust, interpreted, if necessary, in the light of the circumstances of the case.

Where the law chosen under the previous paragraph does not provide for trusts or the category of trust involved, the choice shall not be effective and the law specified in Article 7 shall apply. 另見余先予主編，《衝突法資料選編》，法律出版社，1990年5月，初版，第432頁。

[53] *Supra* note 51.

[54] Hague Trusts Convention, *supra* note 5. Article 7

Where no applicable law has been chosen, a trust shall be governed by the law with which it is most closely connected.

In ascertaining the law with which a trust is most closely connected reference shall be made in particular to-

(a) the place of administration of the trust designated by the settlor;

(b) the situs of the assets of the trust;

(c) the place of residence or business of the trustee;

(d) the objects of the trust and the places where they are to be fulfilled.

定之準據法，應規範信託之有效性、解釋、效力及其管理。[55]」

2. 允許分割適用

　　《海牙信託公約》第9條，允許同一信託關係中之不同事項，得適用二以上準據法，換言之，該公約亦允許準據法之分割適用，其規定內容為：「適用本章時，信託關係中部分可分割之事項，特別是管理事項，得適用不同之準據法。[56]」

(三) 準據法適用之限制

　　《海牙信託公約》除類同於美國涉外信託整編，以公共政策作為法院地拒卻準據法適用之依據外[57]，較為特殊之規定厥為歐陸法系晚近發展出之「即刻適用法則」（lois de police）[58]；該公約第16條第1項規定：「本公約無礙法院地適用，即使於涉外案件仍應適用之內國特定實體法，此時毋庸考慮選法規範。[59]」依該條規定之意涵，法院地內國如有特定領域之法律，要求該領域之涉外案件一律適用法院地該領域之實體法者，承審法院即可毋庸顧慮涉外案件選法程序，直接適用法院地該領域之實體法[60]。

---

[55] Hague Trusts Convention, *supra* note 5. Article 8

The law specified by Article 6 or 7 shall govern the validity of the trust, its construction, its effects, and the administration of the trust.

[56] Hague Trusts Convention, *supra* note 5. Article 9

In applying this Chapter a severable aspect of the trust, particularly matters of administration, may be governed by a different law.

[57] Hague Trusts Convention, *supra* note 5. Article 18

The provisions of the Convention may be disregarded when their application would be manifestly incompatible with public policy (ordre public).

[58] 關於即刻適用法則之說明，見許兆慶，〈國際私法上「即刻適用法則」簡析〉，《軍法專刊》，第42卷第3期，1996年3月，第16-23頁。

[59] Hague Trusts Convention, *supra* note 5. Article 16

The Convention does not prevent the application of those provisions of the law of the forum which must be applied even to international situations, irrespective of rules of conflict of laws.

[60] Dyer, *supra* note 2, II F. Public Policy and Mandatory Rules of the Forum.

(四) 評析

1. 積極面

(1) 肯認信託當事人選法之自由——尊重信託之共同價值

　　與美國涉外信託整編同，《海牙信託公約》肯認當事人選定準據法之自由，並以之為最首要之選法連繫因素；該公約將信託制度共同價值明文化，有助信託之發展，特別使海牙國際私法會議大部分大陸法系成員在移植信託法制時，能將符合信託法共同價值之精神國內法化[61]。

(2) 準據法分割適用——符合所需並尊重委託人意願

　　《海牙信託公約》與美國涉外信託整編同，亦允許準據法之分割適用，該公約並例示信託之「管理事項」得適用不同之法律，緣以信託關係中，與信託管理事項有關之法律爭議，多屬契約法（債權）性質，較適宜定性為契約關係，相對應於諸如信託之效力、信託財產之移轉、處分等法律爭議，多屬財產法（物權）性質，較適宜定性為財產關係，兩者適用法律之基礎不同，是以該公約特別例示管理事項得適用不同之法律，良有以也。惟依前開條文意旨，得分割適用者，尚不限於管理事項一端，蓋為尊重信託當事人設立信託之意願，就信託關係之不同部分，適用不同之準據法，解釋上均為所許。

2. 消極面

(1) 最重要關聯標準未臻明確

　　近半世紀以來，藉由海牙國際私法會議之折衝，大陸、英美兩大法系在國際私法領域有甚為顯著之激盪與合流[62]，就大陸法系繼受英美法系之

---

[61] 隨著《海牙信託公約》簽署會員國的增加，信託此一英美法制下發展之法律制度，已漸受大陸法系國家接納與肯定，隨之而起者，乃各國將信託國內法化之趨勢；雖各國所移植或接納之信託法制與傳統源自英國之信託法概念未必全然相同，但信託漸受大陸法系國家承認與採用，則屬不容忽視之事實。See, e.g., Dyer, *supra* note 2; Lupoi, *supra* note 51.

[62] 李後政，〈國際私法上選法理論之新趨勢〉，國立臺灣大學法律研究所博士論文，1994年6月發表，第2頁參照。

部分而言，最重要關聯理論的採納，無疑是最顯著的指標[63]。

　　然而繼受最重要關聯理論同時，美國法上最重要關聯理論存在之缺憾，亦即所謂「最重要」之標準為何，似仍未見諸明文；雖《海牙信託公約》就如何擇定最密切牽連法律之標準臚列委託人指定之信託管理地、信託財產所在地、受託人之居住地或營業地及信託本旨與信託本旨實現地等四項屬地因素加以限縮，期藉「特徵性履行」[64]模式，制約原始最重要關聯理論幾乎毫無客觀標準之政策與利益分析[65]。但就上開四者如何評量？孰輕孰重？計量或計質？先後順序為何？……等等，均欠明確，實際適用情形，恐仍需藉由判例加以補充。就信託關係言，委託人成立信託關係之合法意願此一信託之共同價值，與信託本身關係最為密切（重要），實際運用上若能於裁判中肯認此一價值，則覓得真正最密切牽連關係之法律，方能可期。

(2) 屬地主義之根本問題

　　《海牙信託公約》第7條提示，選定與信託最密切牽連關係之法律時，特別應考慮之因素，似仍未跳脫屬地主義之窠臼；析言之，地域之區隔，固然是法律衝突之主要因素，然非謂所有法律衝突之解決，均需以屬地之考量為選法之準據，屬地主義之過度堅持而忽略信託之共同價值者，其選法終究難免與信託本旨相齟齬。處理涉外信託爭議之共同價值，既在於尊重委託人成立信託關係之合法意願，以此共同價值取代屬地因素而

---

[63] 最重要關聯理論為大陸法系國家採納，非僅見於國際公約，尚且在眾多內國立法，均可見將該理論納入其中，例如1979年奧地利國際私法、1989年瑞士國際私法、1999年德國國際私法等。在亞洲地區，大陸涉外關係成文法典幾乎毫無例外地採納最重要關聯理論，例如涉外經濟合同法、國際私法示範法等；臺灣地區在兩岸條例及港澳條例，亦均相當程度採納最重要關聯理論。

[64] 同前註45。

[65] 一般而言，大陸法系國家司法制度與實務運作模式，對美國國際私法第二整編第6條偏重政策與利益分析之準據法選擇標準，操作上較有困難，因此，近世國際公約與大陸法系國家內國立法逐漸發展成形之特徵性履行模式，相較於美國法上最重要關聯選法標準，在預測可能性、穩定性方面，相當程度有制約作用。Hay, *supra* note 32, at 637.

為選法規範之連繫因素,則穩定性與妥當性兩大國際私法之目標,方能併存。

(3) 保護色彩仍濃

國際私法領域,向來存在公共政策條款,俾供承審法院作為準據法適用之結果違背內國公共政策時之脫避條款(escape clause),藉此達到保護內國政策之目的。即刻適用法則與公共政策條款不盡相同[66],其存在固有內國實體法政策之考量,法院地為實現其內國某一法律政策,以強制規範之型態達成該實體法之即刻適用之目的,本無可厚非,但運用之界限,至今仍顯未定,若擴大適用之結果,則國際私法之基礎以及國際睦誼,難免受到戕害。

就信託而言,選擇準據法之最主要考量,當係以其準據法適用之結果最能符合信託本旨之法律為要,若一味強調法院地內國特定相異於信託內含之實體法律政策,信託制度之功能將受動搖,充其量僅凸顯法院地保護主義之色彩耳!

伍、以信託之共同價值為根本之選法模式 ——代結論

綜觀目前國際間有關涉外信託之選法規範,多數均能尊重信託當事人選法之意願,誠值肯定;至若欠缺當事人明示或顯可推知之選法意思時,前文所述之美國法制與《海牙信託公約》,亦可謂均以「最重要關聯原則」作為補充之選法連繫因素。至於如何確定「最重要」關聯(或牽連)之法律,美國涉外信託整編強調國際私法整編第6條之選法要項,《海牙信託公約》則臚列四種與信託有關之屬地連繫供具體個案之運用。

然而,忽略涉訟案件之實體法律內涵,僅依假設為關係密切之連繫因素的引致而選擇準據法之選法模式,已為晚近國際私法思潮所不採,取而

---

[66] 許兆慶,前揭〈國際私法上「即刻適用法則」簡析〉,第18頁參照。

代之者，法院承審涉外案件時，理應考量涉訟案件之實體事實，並具體考量準據法適用之結果是否符合正義。就信託關係而言，信託當事人成立信託時之合法意願與期待應受尊重，無疑是信託制度存在之核心理念。換言之，信託之共同價值，在於尊重信託設立人成立信託關係之合法意願，是除委託人成立信託之主要目的出於不法（例如詐害債權）外，信託爭議之處理，於內國案件或涉外案件，均應以實現信託之共同價值——尊重委託人之合法意願——為指導原則。

現行通例以當事人意思自主原則為主，以最重要關聯理論為輔之信託準據法選法模式，自形式上、表象上而言，似無不妥，惟如何決定「最重要」牽連之法律，毋寧始為重心。本文以為，擇定最重要牽連之法律，不宜僅自屬地連繫而為考量，妥切之方式，應自信託制度之目的、信託之共同價值著眼。具體建議內容，就美國涉外信託整編之選法模式而言，日後涉外信託再開整編工程時，若能明確指示法官在運用第6條選法考慮因素擇定與信託關係具有「最重要」關聯之法律時，其主要考量者為信託設立人之合法期待（justified expectation），抑或逕於涉外信託專章訂明，涉外信託關係，依當事人意思定其準據法，當事人未為選定或當事人意思不明時，以最符合信託本旨之法律為準據法。就《海牙信託公約》之選法模式而言，若能區分動產、不動產而為不同規定，並適切引入準據法分割適用模式，就信託之解釋、效力、管理等分別定其準據法，將更增加涉外信託選法之彈性並提高其妥當性；最重要者，就當事人未為選法或選法不明時，擇定「最重要」牽連之法律，應避免以屬地因素為主要考量，妥切之方式，應自信託制度之目的、信託之共同價值著眼；簡言之，所謂與信託關係有最密切牽連之法律，即為最足以彰顯委託人合法意願之法律，信託關係，應以最符合信託本旨之法律為準據法，此與文首提及江平教授分享集一生研究、起草信託法所得的深刻體悟「在法律許可的範圍內應盡可能使委託人創設信託的意願能夠實現」正相呼應，更是領悟自恩師陳隆修教授所倡議（選法理論）實體化理論之所得。

美國長臂管轄權的多維檢視及我國因應之策[*]

許慶坤[**]

　　近年來，由美國單方面挑起的中美貿易摩擦不斷上演，其對中國中興通訊和華為等公司的經濟制裁引發舉世關注。在此背景下，美國長臂管轄成為熱門議題，中國官方《關於中美經貿摩擦的事實與中方立場》檔列專題對其批判[1]，學者亦紛紛撰文對其剖析，並提出應對之策[2]。

　　然而，喧囂的研討背後諸多難題待解，甚至基本的學術概念也已迷霧重重。一些早期成果由於缺乏美國普通法和聯邦制視角，導致將長臂管轄混淆於一般管轄等，此領域的研究先天不足。最近的研究時常將美國聯邦法院的事物管轄權，誤讀為一般意義上的美國法域外適用[3]。雖然，美國聯邦法院在個別領域通過解釋國會立法的適用範圍確立司法管轄權，但聯邦法院和州法院在大部分領域明確區分立法管轄權和司法管轄權。簡單將兩者混為一談，令長臂管轄領域的深入研討再增歧途，概念不清，制度不明，相應的對策難免凌虛蹈空。

　　學界提出的應對之策，大多局限於被動應對的「以牙還牙」思維，此種「隨對方起舞」的策略，其實在一定程度上認可了對方制度。但從比較

---

[*]　本文爲作者主持的中國2019年國家社會科學基金一般項目「我國國際商事法庭重大制度革新研究」（19BFX204）的階段性研究成果。

[**]　上海政法學院國際法學院教授，中國—上合法律服務委員會合作基地研究諮詢中心主任。

[1]　參見中國國務院新聞辦公室：《關於中美經貿摩擦的事實與中方立場》第四部分之三〈以國內法「長臂管轄」制裁他國〉，人民出版社，2018年，第67-68頁。

[2]　例如：肖永平，〈「長臂管轄權」的法理分析與對策研究〉，《中國法學》，第6期，2019年，第39頁以下；霍政欣、金博恒，〈美國長臂管轄權研究——兼論中國的因應與借鑑〉，《安徽大學學報（哲社版）》，第2期，2020年，第81頁以下。

[3]　例如：韓永紅，〈美國法域外適用的司法實踐及中國應對〉，《環球法律評論》，第4期，2020年，第166-167頁。國內法域外適用顯然是立法管轄權問題，但該文首個注釋卻聲明該文重點討論的是司法管轄權問題。

法視角檢視，根植於普通法土壤的美國長臂管轄權聚焦於法院與當事人的內部關係，較為漠視其他法域管轄權，其規則的複雜、模糊與多變，即便在美國國內也飽受詬病。相對而言，歐盟的國際民事管轄權制度更多關照他國的主權，呈現出鮮明的多邊主義特色。如今，「推動構建人類命運共同體」已正式載入中國《憲法》，並在外交舞臺屢經莊嚴宣告[4]，其包含的多邊主義思維可為應對美國長臂管轄權提供有益指導。在人類命運共同體理念之下，中國更應借鑑歐陸制度之長，主動推進相關國內法治和國際法治的完善。

　　唯有明晰問題的癥結，方能理智地對症下藥。我國學界多將長臂管轄權之「長臂」簡單理解為「最低限度連繫」，其實最低限度連繫原則出自聯邦最高法院的判例，這是作為成文法的長臂管轄權法之邏輯起點和立法依據，但其真實意蘊和實踐相當複雜和多變。下文將從三個維度檢視美國長臂管轄權制度的原委和真相。普通法視角的檢視可揭示該制度的根源和流變，以及制定法與判例法互動的圖景；聯邦法視角的檢視將展現聯邦和各州不同層面長臂管轄權制度的關係，尤其是聯邦最高法院判例法對州立法內涵與外延的調適；比較法視角的檢視將闡明美國長臂管轄權制度與歐洲類似制度的異同，以及制度差異背後的理念分歧。在多維度檢視美國制度之後，筆者將基於人類命運共同體理念，分別針對美國經濟制裁長臂管轄權、美國經濟管理長臂管轄權、州法長臂管轄權提出中國的因應之策。

壹、美國長臂管轄權的普通法之維

　　美國長臂管轄權制度發軔於聯邦最高法院的判例法，但其主要載體卻是各州立法機關制定的長臂管轄權法，不過其解釋和適用又回到法院手中，在司法實踐中形成新的判例。待判例法發展到一定程度，立法機關通

---

[4]　例如：〈習近平在聯合國成立75周年紀念峰會上發表重要講話〉，《人民日報》，2020年9月22日，第1版。

常適時修訂長臂管轄權法。長臂管轄權制度的演進歷程，可謂立法權和司
法權交互作用的動態圖景，因此，單從立法或司法角度理解該制度均有失
偏頗。下文將從制度的原委、內涵和實踐，展示立法機關與司法機關的互
動。由於後文專論長臂管轄權的聯邦法之維，因此本部分將側重州法層面
的長臂管轄權。

一、長臂管轄權立法的原委

　　長臂管轄權立法出臺的歷史背景是傳統普通法管轄權的嚴格屬地
性。在普通法發展的早期，英國普通法法院由於採用陪審制，陪審員必須
是來自爭議事實發生地的國民，因而對於發生於國外的案件無從選拔陪審
員，這是英國不得不長期拒絕管轄涉外案件的重要緣由[5]。曾為英國殖民
地的美國，繼受了英國的管轄制度。被譽為美國國際私法之父的聯邦最高
法院法官斯托雷在其名著《衝突法評論》中宣告：「每個國家在它自己的
領土內享有一種專屬的主權和管轄權。[6]」斯托雷的權威觀點影響廣泛，
長期為美國法院所普遍遵循。在1887年「彭諾耶訴內夫案」（下文簡稱
「彭諾耶案」）判例中，聯邦最高法院系統總結了三種管轄依據：被告出
庭，在當地被送達或者擁有住所、財產，並重申了斯托雷嚴格屬地性的管
轄主張[7]。此後的數十年，跨境民商事交往日益頻繁。尤其是汽車和飛機
運輸的普及，使得踏入一州實施侵權或違約，但在被送達訴訟文書前離去
變得輕而易舉。因此，「彭諾耶案」判例中的管轄權嚴格屬地性，漸趨脫
離現實和不合情理[8]。

　　長臂管轄權立法的直接推手是1945年聯邦最高法院的「國際鞋業公司

---

[5]　See Friedrich K. Juenger, *Choice of Law and Multistate Justice*, Special ed., Transnational Publishers, 2005, p. 22.

[6]　See Mattew J. Story, *Commentaries on the Conflict of Laws*, 3rd ed., Charles C. Little and James Brown, 1846, §18, p. 28.

[7]　See Pennoyer v. Neff, 95 U.S. 714, 720, 722 (1877).

[8]　參見〔美〕理查‧D.弗里爾著，《美國民事訴訟法》，張利民等譯，商務印書館，2013年，第73頁。

訴華盛頓州案」（下文簡稱「國際鞋業公司案」）經典判例。面對「彭諾耶案」判例與現實的脫節，聯邦最高法院在20世紀上半葉通過法律擬制或推定等途徑，在一系列判例中已嘗試掙脫管轄屬地性的枷鎖。1945年，聯邦最高法院在判決「國際鞋業公司案」時邁出關鍵一步，大膽拋棄司法技巧的面紗，徑直依據《聯邦憲法》第十四修正案中的正當程序條款，宣告了新的管轄規則：只要被告與該地「存在某些最低限度的連繫，以至於訴訟之進行不違反『公平訟爭和實質正義的傳統理念』」，法院即可行使對人管轄權[9]。在該判例的鼓舞下，各州立法機關制定了長臂管轄權法，賦予本州法院對非居民的管轄權。

　　需要指出的是，長臂管轄權僅為美國諸多類型民事司法管轄權之一。聯邦法院和州法院之間劃分事物管轄權，前者僅對《聯邦憲法》和國會立法明確規定的有限事物享有管轄權，其餘大部分事物歸州法院管轄。在所轄事物範圍內，州法院的對人管轄權分為一般管轄權和特別管轄權，前者關注法院地與被告之間的連繫，不論何種糾紛，自然人住所、法人的成立地或主要營業地為常見管轄依據，備受爭議的「過境管轄權」亦在此列；後者關注的是法院地與特定爭議之間的連繫，明示管轄協議或默示同意、財產所在地、長臂管轄權法等均可為管轄依據[10]。

二、長臂管轄權立法的內涵

　　按照普通法，被告在法院地無住所，法院又無從對被告在境內送達，儘管爭議與法院地存在一定連繫，但法院除非受理的是當地財產爭議，或被告同意管轄的案件，對其他被告為域外居民的案件，通常難以行使管轄權。但是，英美法系中，除了「普通法」之「法」，尚有「成文法」之「法」。法院便轉而求助成文法賦予管轄權。雖然，1945年「國際鞋業公司案」判例解決了合憲問題，但是各州法院對域外居民行使管轄

---

[9] See International Shoe Co. v. State of Washington, 326 U.S. 310, 316 (1945).

[10] See Symeon C. Symeonides, *American Private International Law*, Kluwer Law International, 2008, pp. 26-32.

權，尚需成文法上的具體依據[11]。長臂管轄權立法為此應運而生。

　　由於1945年判例規則中，「最低限度連繫」、「公平訟爭和實質正義」之類概念並不清晰，直至1955年，伊利諾州才率先制定長臂管轄權法。該法採用了清單式立法模式，羅列了法院可對非本州居民行使管轄權的訴因依據：（一）州內的商事交易；（二）州內實施的侵權行為；（三）占有、使用、擁有州內的任何不動產；（四）在簽約之時作為保險對象的人、財產或風險位於本州[12]。此種立法模式簡單明確，意指具備所列訴因依據之一，法院便可考慮行使特別管轄權，因而為大多數州和美國統一州法委員會所效仿。但該模式缺陷亦顯而易見，所羅列的管轄依據有限，無法充分利用聯邦判例的授權。於是，一些州的立法，在羅列管轄依據之外，另加兜底條款，即只要不違反聯邦憲法和州憲法，法院還是可受理其他案件[13]。此謂清單加兜底的混合立法模式。還有些州索性直接將聯邦授權發揮到極致，簡單規定法院可在憲法許可範圍內行使管轄權。例如：加利福尼亞州（下文簡稱加州）的長臂管轄權法規定：「本州法院可基於任何不違反聯邦或州之憲法的理由行使管轄權。[14]」相較於前兩類模式，此可謂簡式立法模式。據美國學者統計，如今有30個州採用了清單式立法模式，11個州採用混合立法模式，9個州採用簡式立法模式[15]。

　　比較而言，採用清單式立法模式的州對法院的賦權相對克制，其羅列的管轄依據主要來自以往的判例法[16]。由於清單中管轄依據數量有限，

---

[11] 參見〔美〕彼得・海著，《美國法概論（第四版）》，許慶坤譯，北京大學出版社，2020年，第64頁。

[12] Civil Practice Act, 1955 Ill. Laws 2238, 2245-46, Ill Rev. Statc. 110, § 17 (1956).

[13] See e.g. Or. R.C.P. 4(L) (2020).

[14] Cal. Civ. Proc. Code § 410.10 (2020).

[15] 這僅是學者的粗略計算，其實由於各州立法表述多樣，精確計算立法類型難度很大，不同學者統計結果差距甚大。See Douglas D. McFarland, Dictum Run Wild: How Long-Arm Statutes Extended to the Limitsof Due Process, 84 *Boston University Law Review* 491(2004), pp. 525-531.

[16] 例如：1968年麻塞諸塞州長臂管轄權法規定的六項管轄依據均為州內的活動，且已由判例確認符合正當程序原則。See James P. Rooney, Rethinking the Long-Arm Statute, 100 *Massachusetts Law Review* 57 (2019), p. 59.

此類立法的指引功能和可預期性顯著高於其他兩類立法模式，因而廣為採用。不過，此類立法著眼於過去的判例，而非將來的實踐，實質上限縮了州法院對州外居民的對人管轄權。伴隨實踐發展，擴權衝動不斷拉長管轄權清單。例如，麻塞諸塞州1968年的立法僅羅列了6項管轄依據[17]，而如今已擴展到8項[18]；最先採用這種立法的伊利諾州，不僅將管轄依據從4項擴展到如今的14項，而且增加了兜底條款[19]；早期的管轄依據主要局限在合同和侵權行為，後來逐漸擴展至婚姻家庭等事項[20]。多州立法的擴權，使得僅羅列6項管轄依據的1962年「統一法」與現實脫節，被統一州法全國委員會於1977年撤回[21]。

即便清單式立法僅羅列數量有限的管轄依據，但由於其措辭廣泛而模糊，若法院擴大解釋，其賦予的管轄權也相當廣泛。比如常見的「在本州從事任何交易」之規定，由於現代交易涉及談判、簽約、發貨、運輸、交貨和付款等多個環節，若相關各州均將某環節在本州視為在本州從事交易，則管轄權的衝突將普遍而激烈，但司法實踐並非如此。此外，即便清單式立法羅列了有限的管轄依據，有些法院也可能置之不理，直奔正當程序原則分析管轄妥當與否。因此，要明晰長臂管轄權法的真實面目，我們必須將目光投向司法實踐。

三、長臂管轄權法的司法實踐

美國獨特的法律發展歷程，造就了美國法官在法治王國中的獨特地

---

[17] See James P. Rooney, Rethinking the Long-Arm Statute, 100 *Massachusetts Law Review* 57 (2019), pp. 57, 58-59.

[18] See M.G.L.A. 223A ＄ 3, MA ST 223A ＄ 3 (2020).

[19] See 735 ILCS 5/2-209 (2016).

[20] 例如，麻塞諸塞州的立法，便是如此。See M.G.L.A. 223A ＄ 3, MA ST 223A ＄ 3 (2020).

[21] 該統一法全稱為《統一州際和國際訴訟法》，性質為示範法。See Douglas D. McFarland, Dictum Run Wild: How Long-Arm Statutes Extended to the Limitsof Due Process, 84 *Boston University Law Review* 491(2004), p. 509, Note 82.

位，其對立法的影響和作用甚至讓英國同行豔羨[22]。在長臂管轄權法誕生之時，法官的判例提供了立法基石；在立法之後，法官塑造了各州獨特的法律樣態並決定了其走向。

在採用清單式立法的州，長臂管轄權法列明了對州外居民的管轄依據，似乎法官直接援引該法裁斷即符合憲法中的正當程序原則。其實，法官並非如此輕鬆處理，而是依然遵循慣常思路行使其違憲審查權。通常做法是，法官先審查案件是否具有清單中的管轄依據，然後判斷該管轄依據是否符合正當程序原則[23]，此謂「兩步分析法」。這種方法意味著，立法中的管轄依據，在個案中要接受合憲性審查。例如，在2019年「塔吉特智慧控股公司案」中，麻塞諸塞州聯邦地區法院認為，雖然被告在麻塞諸塞州的合同談判和簽訂行為構成了長臂管轄權法中的州內交易，但僅僅符合該法並不足以使法院獲得管轄權；由於爭議與該州連繫微弱，被告並未有意利用在該州交易的便利和特權，管轄該案合理性不足，有違正當程序原則，因此該院拒絕管轄此案[24]。

更有甚者，在一些採用清單式立法的州，儘管立法明列了管轄依據，但法院卻視若無睹或一筆帶過，徑直依據判例分析管轄案件是否符合正當程序原則，此謂「一步分析法」。例如，德克薩斯州長臂管轄權法規定了對州外居民的三項管轄依據[25]，但在「比利時BMC軟體公司案」判決中，該州最高法院認為，由於該法廣泛的措辭表明，其將對人管轄權擴及於聯邦憲法中正當程序原則所允許的最大限度。因此，該院將直接依據聯邦最高法院和其他聯邦法院的先例以及該州的判決，決定對該案是否行使

---

[22] See Michael Martin, *Legal Realism: American and Scandinavian*, Peter Lang Publishing, Inc., 1997, p. 10.

[23] See Symeon C. Symeonides, *American Private International Law*, Kluwer Law International, 2008, pp. 26-32.

[24] See Target Smart Holdings, LLC v. GHP Advisors, LLC, 366 F. Supp. 3d 195, 209-213 (2019).

[25] See Tex. Civ. Prac. & Rem. Code § 17.042 (Vernon, 2019).

管轄權[26]。「一步分析法」其實改變了清單式立法的本意，擴大了法官自由裁量權。面對司法擴權，有9個州的立法機關不僅未予以制止，反而順從了司法實踐，將清單式立法修改為簡式立法，或在清單後加上兜底條款[27]。在目前採用清單式立法的30個州中，多達12個州的法院在運用「一步分析法」[28]。

在採用混合立法模式的各州，由於立法中含有兜底條款，法官可名正言順地直接依據正當程序原則裁斷管轄權，相較於清單式立法下的法官更少羈絆[29]。而在採用簡式立法的各州，由於立法僅簡單授權法官依據正當程序原則行使管轄權，案件管轄與否其實成了憲法問題，法官主要依據聯邦最高法院的判例找尋答案[30]。概言之，無論何種立法模式，聯邦最高法院有關正當程序原則的判例，均至關重要。因此，探究長臂管轄權法的實質意蘊和外延，聯邦法之維必不可少。

貳、美國長臂管轄權的聯邦法之維

聯邦法在兩方面參與塑造了美國長臂管轄權制度。一方面，由於大部分州的長臂管轄權法將管轄權擴及於正當程序原則所允許的最大限度，立法者將問題拋給了聯邦法院；聯邦法院，尤其是聯邦最高法院對正當程序原則的解讀，其實在相當程度上決定了州長臂管轄權法的實質意蘊和外延。另一方面，聯邦成文法及其判例法，建構了聯邦層面的長臂管轄權制

---

[26] See BMC Software Belg., N.V. v. Marchand, 83 S.W.3d 789, 795 (Tex.) (2002).

[27] See Douglas D. McFarland, Dictum Run Wild: How Long-Arm Statutes Extended to the Limitsof Due Process, 84 *Boston University Law Review* 491 (2004), pp. 529-530.

[28] See Douglas D. McFarland, Dictum Run Wild: How Long-Arm Statutes Extended to the Limitsof Due Process, 84 *Boston University Law Review* 491 (2004), pp. 526-527.

[29] See e.g. Oswald v. Shehadeh, 108 N.E.3d 911, 916-918 (2018).

[30] See Symeon C. Symeonides, *American Private International Law*, Kluwer Law International, 2008, p. 32.

度。聯邦長臂管轄權不僅包括聯邦法院透過借用州長臂管轄權法而享有的管轄權，而且涵蓋聯邦立法賦予的管轄權，以及聯邦法院對於特定案件所享有的補充管轄權。

一、聯邦最高法院關於正當程序原則的判例法

　　州長臂管轄權法的立法基點是聯邦最高法院1945年「國際鞋業公司案」判例。該案是有關華盛頓州對一家特拉華州公司徵收失業稅的糾紛。該公司主要營業地在密蘇里州，而且為避免華盛頓州管轄，僅在當地展銷一隻鞋子，訂單也直接寄往密蘇里州。但聯邦最高法院認定，該公司多年在華盛頓州聘任推銷員，時常展銷產品，享用了當地法律提供的特權和保護，構成在該州從事營業活動，該州法院管轄此案不僅達至「最低限度連繫」標準，而且未違反「『公平訟爭和實質正義』的傳統理念」，因而符合第十四修正案中的正當程序原則[31]。該判例推理縝密，結論令人信服。但判決理由中，其實包含異質的成分：一是弱化的舊屬地管轄標準，「最低限度連繫」使該公司其實「身」在華盛頓州[32]；二是新的主觀標準，即「公平訟爭和實質正義」。換言之，該判例並非澈底拋棄「彭諾耶案」判例中管轄權屬地性，而只是弱化了屬地要求的嚴格性[33]。新舊標準在該案中恰好有機統一，但若二者發生歧異，何者為準，便成為問題。此外，「公平」、「正義」標準抽象模糊、飄忽難定。此等斑駁色彩，預示了後續判例的曲折發展歷程。

　　「最低限度連繫」標準令人遐想，似乎意指只要有連繫，即便微弱，法院也可行使管轄權。不過，儘管歷經立場搖擺，聯邦最高法院還是在1958年「漢森訴鄧可勒案」判例中更加嚴格限定了連繫的內涵。在該案中，賓夕法尼亞州居民唐納夫人在特拉華州信託公司設立信託，後移居佛羅里達州（下文簡稱佛州），並在佛州定期獲得收益，偶爾向信託公司發

---

[31] See International Shoe Co. v. State of Washington, 326 U.S. 310, 313-316. 319 (1945).

[32] See International Shoe Co. v. State of Washington, 326 U.S.310, 317 (1945).

[33] See Gary B. Born and Peter B. Rutledge, *International Litigation in United States Courts*, Wolters Kluwer, 2018, pp. 84-85.

出指示。唐納夫人去世後，其信託財產歸屬問題引發糾紛。對於佛州法院可否對特拉華州信託公司行使管轄權，聯邦最高法院的答案是否定的。該判例重點發展了「國際鞋業公司案」判例中並不起眼的一個依據，即被告是否「有意利用了在法院地州從事活動的特權，因而援用了當地法律給予的助益和保護」[34]，此謂「有意利用」準則。這意味著，在原本客觀的最低限度連繫標準中，加入了對被告主觀狀態的考量。

「公平」的主觀標準同樣亟待釐清。1980年「環球大眾汽車公司訴伍德森案」（下文簡稱「環球大眾公司案」）經典判例，終於對此予以闡釋，提出了判斷「公平」與否應考慮的五點因素，並明晰了其與最低限度連繫要求之間的關係。紐約州居民魯賓遜一家乘坐在紐約州購買的一輛奧迪車移居他州，在途經俄克拉荷馬州（下文簡稱俄州）時，汽車被撞起火。對於俄州法院可否管轄這起產品責任糾紛，聯邦最高法院重點從兩方面予以分析。該院指出，正當程序原則中的「公平」標準包含被告的負擔、法院地對糾紛解決的利益、對原告救濟的便利和有效性、州際層面如何最有效解決爭議，以及各州在促進基本社會政策上的共同利益。但公平與否的前提，是糾紛與法院存在最低限度連繫。由於被告並未在俄州從事任何行銷活動，未利用該州法律提供的特權和保護，因此對被告的管轄有違正當程序原則[35]。

對於「最低限度連繫」，「環球大眾公司案」判例在「有意利用」準則外，還斟酌了「可預見性」的考量因素，並從嚴予以解釋。詳言之，唯有被告不僅預見到其行為後果可能發生在法院地，而且預見到其可能在法院地州被訴，才能達到最低限度連繫的要求[36]。可預見性分析在1987年「朝日金屬工業公司訴加州高等法院案」（下文簡稱「朝日案」）判例中，成為裁判主導因素，並引發了商業流通管轄權之爭，聯邦最高法院因此撕裂成針鋒相對的兩個陣營。

---

[34] See Hanson v. Denckla, 357 U.S.235, 253 (1958)（援引了「國際鞋業公司案」判決中第319頁的論述）。

[35] See World-Wide Volkswagen Corp. v. Woodson, 444 U.S.286, 292-295 (1980).

[36] See World-Wide Volkswagen Corp. v. Woodson, 444 U.S. 286, 295-297 (1980).

　　「朝日案」事關產品責任追償糾紛。日本朝日公司為臺灣正新公司的輪胎提供氣門配件，美國加州一起摩托車交通事故，據稱源自輪胎缺陷，正新公司賠償後向朝日公司追償。對於加州法院可否管轄此案，以奧康納為首的四位大法官主張，儘管朝日公司預見到其配件進入商業流通管道後，伴隨輪胎銷售到包括加州在內的世界各地，但其並無任何其他特別針對加州的商業行為，因此不足以構成其與加州之間的最低限度連繫。但是，以布倫南為首的四位大法官認為，朝日公司意識到其產品進入加州並從中獲益，就應預見到可能因產品缺陷而在當地被訴，將產品投入商業流通本身構成最低限度連繫。雖然，對於商業流通管轄權兩派觀點尖銳對立，但所有大法官均認同，對朝日公司行使管轄權將有違公平，因此，應否決加州法院的對人管轄權[37]。該案是聯邦最高法院以公平標準否定對人管轄權的罕見判例[38]。

　　聯邦最高法院法官們的立場對立，導致下級法院對商業流通管轄權判決不一，但在2011年「麥金太爾機械公司案」判決中，以甘迺迪為首的四位大法官依然否定了此類管轄權。他們認為，該英國公司儘管有美國獨家經銷商，並數次參加美國多地的展銷會，但從未在新澤西州（下文簡稱新州）從事商業活動，其行為針對的是美國市場，而非特別針對新州；是被告在法院地的實際行為，而非預見到其產品可賣到法院地，決定司法管轄權[39]。不過，該案判決暴露了聯邦最高法院內部更為嚴重的立場分裂，有兩位法官僅贊同判決結果，而反對四位主導法官的判決理由；以金斯伯格為首的三位大法官則長篇大論地主張新州法院享有管轄權，認為英國公司既然針對美國的商業活動沒有特別排除新州，就應對該地的人身傷害承擔

---

[37] See Asahi Metal Industry Co., Ltd. v. Superior Court of California., 480 U.S. 102, 103-104, 112-113, 121 (1987).

[38] 參見〔美〕理查‧D.弗里爾著，《美國民事訴訟法》，張利民等譯，商務印書館，2013年，第103頁。

[39] See J. McIntyre Machinery, Ltd. v. Nicastro, 564 U.S. 873, 883, 886 (2011). 該案的簡要案情為：麥金太爾機械公司為一家英國公司，其銷售到美國新澤西州的一台機器因產品缺陷導致一名工人嚴重受傷。

責任[40]。由於否定商業流通管轄權缺乏多數法官的支持,該案判決並未形成權威判例[41]。最近的判例對此類管轄權認定標準有鬆動跡象,例如汽車公司雖未在法院地直接將存在缺陷的汽車出售給受害人,但其在該地有市場推廣和售後服務活動,法院就可行使管轄權;不過,聯邦最高法院依然未明確肯定商業流通管轄權[42]。

概言之,聯邦最高法院對正當程序原則的解釋,既考慮屬地性質的最低限度連繫客觀標準,也斟酌「公平訟爭和實質正義」的主觀標準。不過,「有意利用」準則,使前者蒙上了主觀色彩。可預見性因素以及相關的商業流通管轄權問題,更加彰顯長臂管轄權的普通法特色,但因其標準模糊導致法官之間分歧嚴重。

二、聯邦長臂管轄權成文法及其相關判例

(一)有關長臂管轄權的聯邦成文法

聯邦層面並無專門的長臂管轄權法,但聯邦法院同樣可對法院地之外的居民行使管轄權,這是一種廣義的長臂管轄權。它既包括對法院所在州的州外美國居民的管轄,也涵蓋對美國以外的外國自然人和法人的管轄。

聯邦法院行使長臂管轄權的前提是其擁有事物管轄權。在聯邦體制下,聯邦法院僅對諸如:海商、破產、反壟斷等少數事物專屬管轄。此外,聯邦法院尚有異籍管轄權和聯邦問題案件管轄權。前者的條件是:當事人具有不同的州籍或國籍,爭議金額超過7.5萬美元,爭議不在州法院專屬管轄範圍[43]。聯邦問題案件,意指當事人依據聯邦法提出訴訟請求的爭議。饒有趣味的是,即便對於依據聯邦法提出請求的爭議,州法院也與

---

[40] See J. McIntyre Machinery, Ltd. v. Nicastro, 564 U.S. 887-914 (2011).

[41] 例如:佐治亞州南區聯邦地區法院2020年對「科利特案」的判決,肯定了商業流通管轄權。See Collett v. Olympus Medical Systems Corp. , 437 F. Supp. 3d 1272 (2020).

[42] See e.g. Ford Motor Company v. Montana Eighth Judicial District Court, 141 S. Ct. 1017, 1026-1030 (2021).

[43] 州法院對家庭、繼承、本地不動產所有權之類爭議具有專屬管轄權。

聯邦法院共用管轄權，只不過此時需要遵循聯邦司法先例[44]。

聯邦法院行使長臂管轄權主要依據《聯邦民事訴訟規則》第4條第11款。該款主要規定了三種長臂管轄的情形：借用聯邦地區法院所在州的長臂管轄權法；聯邦成文法（federal statute）授權；州法院無權管轄時的補充長臂管轄權[45]。

聯邦法院借用州的長臂管轄權法所享有的管轄權，不得超出相應州法院對同類案件所享有的權力[46]。這意味著聯邦法院要採用相應州法院，針對最低限度連繫的兩步或一步分析法，並接受州憲法和聯邦憲法中正當程序原則的限制。這種對州法院管轄的亦步亦趨，充分彰顯了聯邦對各州權力的謙讓。但此種謙讓在一些案件上顯得過度和有失情理，對於聯邦問題案件，尤其如此。聯邦問題案件的訴訟請求依據的是聯邦法，聯邦將此類案件管轄權交予各州法院共用，本已顯示對各州的「大度」，而聯邦法院尚需受到各州管轄權法的限制。若有被告與相關州的連繫達不到該州長臂管轄「最低限度連繫」的要求，即便其與美國整體具有足夠的連繫，聯邦法院也無法行使對人管轄權。1987年「歐姆尼案」凸顯了該問題，被告英國人雖與美國連繫密切，但其與路易斯安那州的連繫達不到當地長臂管轄權法的要求，聯邦法院拒絕新創普通法而行使管轄權[47]。針對這一問題以及該案法官的修法建議，《聯邦民事訴訟規則》1993年修正案增加了第4條第11款第2項，賦予聯邦法院對聯邦問題案件可在州法院無權管轄時行使管轄權，由此彌補了州長臂管轄權法的不足，此可謂補充長臂管轄權。行使該管轄權應符合三項條件：1.訴訟請求依據的是聯邦法；2.任何州法

---

[44] 參見〔美〕彼得·海著，《美國法概論（第四版）》，許慶坤譯，北京大學出版社，2020年，第54-57頁。

[45] See Fed.R.Civ. P. 4(k).該款第1項第2目還規定了因追加第三人而產生的管轄權，要求是可在法院大樓外100英里美國司法轄區內送達第三人。此謂「膨脹規則」（bulge rule），適用情況有限。參見〔美〕理查·D.弗里爾著，《美國民事訴訟法》，張利民等譯，商務印書館，2013年，第137頁。

[46] 參見〔美〕理查·D.弗里爾著，《美國民事訴訟法》，張利民等譯，商務印書館，2013年，第137頁。

[47] See Omni Capital Intern., Ltd. v. Rudolf Wolff & Co., Ltd., 484 U.S. 97, 108, 111 (1987).

院均無法對被告行使對人管轄權；3.管轄權的行使符合正當程序原則[48]。不過，儘管補充長臂管轄權相當適合外國人為被告的案件，但在實踐中卻「罕有適用」[49]。

依據聯邦成文法授權行使管轄權，聯邦法院其實是借用國會立法。在美國聯邦制下，除了個別領域，絕大部分私法屬於州法[50]，涉及長臂管轄權的國會立法主要是公法。國會在聯邦憲法許可權內[51]，不僅制定了大量經濟管理法，諸如：反托拉斯法、證券法、反詐騙及賄賂組織法（RICO）等[52]，而且將對外政策法律化，推出了諸如《赫爾姆斯－伯頓法》之類的對外經濟制裁法等。這類立法通常一方面賦予行政機關執法權；另一方面賦予私人民事救濟途徑，以私人訴權實現公共政策目標。

經濟制裁法通常有明確的制裁對象，凡屬適用範圍內的外國自然人和法人，聯邦法院均可行使長臂管轄權。不過，此類法律政治色彩濃厚，不時與美國的國際義務相悖，其實施往往受到多方掣肘。例如：旨在制裁古巴的《赫爾姆斯－伯頓法》，自其本應生效的1996年3月12日，美國多屆總統基於政治考量，一直持續推遲該法第三編的實施，直至川普政府於2019年5月2日宣布對其全面重啟[53]。

經濟管理法本質為公法，理應僅具有域內效力，但國會時常將一些立法的適用範圍擴及於國外的行為，賦予法院域外管轄權。例如：美國《證

---

[48] See Touchcom, Inc. v. Bereskin & Parr, 574 F. 3d 1403, 1412-1418 (2009). 該案判決意見詳盡分析了第4條第11款第2項三項條件的具體涵義。

[49] 參見〔美〕理查·D.弗里爾著，《美國民事訴訟法》，張利民等譯，商務印書館，2013年，第138頁。

[50] 參見〔美〕彼得·海著，《美國法概論》，許慶坤譯，北京大學出版社，2020年，四版，「2020年中文版序言」。

[51] 聯邦立法權主要體現在《合眾國憲法》第1條第8款。

[52] See Gary B. Born and Peter B. Rutledge, *International Litigation in United States Courts*, Wolters Kluwer, 2018, p. 192. 此外，《外國主權豁免法》、《愛國者法》等聯邦立法中也含有長臂管轄權的規定。See 28 U.S.C.A. § 1330 (b), 18 U.S.C.A. § 1956 (b).

[53] See https://cl.usembassy.gov/secretary-of-state-michael-r-pompeos-remarks/ (last visited: 2021/1/1).

券法》和《證券交易法》規定，即便當事人均為外國人，其在境外的證券
交易行為構成促使違法的重要步驟，或者境外的行為，在美國產生可預見
的實質性效果，聯邦法院均可對其行使管轄權[54]。有些立法雖未明確規定
域外效力，但通過法院解釋也可適用於域外行為[55]。無論何種立法，聯邦
法院一旦據此認定可行使司法管轄權，便適用美國國會立法，而不會考慮
外國法適用，於是司法管轄權與立法管轄權發生混同[56]。值得注意的是，
此處在聯邦立法案件中的「混同」現象與中國學者泛泛而論地將美國法立
法管轄權與司法管轄權混為一談，存在細微而重大的區別：1.基於司法管
轄權而適用美國法，體現了法律適用中的「法院地法」主義，中國學者提
到的國會立法，通常有對司法管轄權的規定，這些規定並非立法管轄權
（法律適用）的規則；2.「混同」現象的範圍限於聯邦立法案件，在借用
各州長臂管轄權法的案件中，聯邦法院依然適用各州的衝突法解決立法管
轄權問題。

　　借用上述國會立法行使長臂管轄權，聯邦法院依然適用正當程序原則
對其個案審查。不過，相對於借用州長臂管轄權法，此時聯邦法院適用的
是《聯邦憲法》第五修正案而非第十四修正案中的正當程序原則[57]；運用
最低限度連繫標準，考慮的是被告與美國全境而非與某州之間的連繫[58]。
正當程序原則的適用，輔以對國會立法的解釋，司法對立法的限制顯而易
見，對於授權不明的國會立法，尤其如此。因而，理解國會立法長臂管轄
權，不可忽視相關判例。

---

[54] See 15 U.S.C. §77v (Securities Act, §22), §78aa (Securities Exchange Act, §27).

[55] 自1945年「美國鋁公司案判決」，聯邦法院曾長期採用「效果原則」將反托拉斯法
適用於域外行為。參見〔美〕彼得‧海著，《美國法概論（第四版）》，許慶坤
譯，北京大學出版社，2020年，第279頁。

[56] 就該問題筆者與彼得‧海教授多次郵件交流，他認同筆者的這一結論。

[57] 第十四修正案中的正當程序原則約束州法院管轄權；而第五修正案中的正當程
序原則約束聯邦法院管轄權。See Peter Hay, Patrick Borchers, Symeon Symeonides,
Christopher Whytock, *Conflict of Laws*, West Academic, 2018, 6th ed., p. 446.

[58] See Gary B. Born and Peter B. Rutledge, *International Litigation in United States Courts*,
Wolters Kluwer, 2018, pp. 191-192.

(二) 聯邦長臂管轄權立法的相關判例

　　若國會立法明定了長臂管轄權，則法院應當遵從，但有些國會立法措辭模糊，僅簡單規定「行為地」法院享有管轄權[59]。「行為地」的內涵和外延取決於法院所界定的立法地域效力，行為在立法調整範圍之列則受法院管轄，國會立法長臂所及則為司法管轄的邊界。但對於如何理解「行為地」中的「行為」，是否涵蓋「域外行為」，不同時期的聯邦法院給出了不同解答。

　　深受斯托雷法律屬地性理念及其相關判例的影響，排斥國會立法的域外效力曾長期為聯邦法院的基本立場。在1909年「美國香蕉公司案」經典判例中，法院認為：「行為合法與否，必須完全取決於行為地國家的法律，此乃幾乎普遍適用的一般規則。」國外的行為不屬於美國法調整範圍[60]。但1927年「劍麻銷售公司案」判例開始衝破法律嚴格屬地性的束縛，法院判定，儘管壟斷劍麻貿易的行為主要在國外實施，但由於共謀行為和壟斷效果發生在美國，因此法院有權管轄此案[61]。1945年「美國鋁公司案」（Alcoa）判例更是明確指出，只要被告故意從事了違反美國反托拉斯法的行為，且行為的效果發生在美國境內，儘管行為地在國外，該行為也受美國法約束[62]，此謂「效果標準」。在1968年「舍恩鮑姆案」判決中，聯邦第二巡迴區上訴法院將該標準引入證券法領域，認為只要案涉在美註冊上市的股票，並損害了美國投資者利益，則即便被告是外國

---

[59] See, e.g., 15 U.S.C. § 22 (Clayton Act, "Any suit, action, ... may be brought not only in the judicial district ...wherein it may be found or transacts business; ..."); 18 U.S.C. § 1965 (RICO, Any civil action or proceeding ... may be instituted in the district court of the United States for any district in which such person ... transacts his affairs.). 除了行為地法院的管轄權，此類法律也規定了其他類型管轄權，但因其與長臂管轄關係微弱，故僅論行為地這一種管轄依據。

[60] See American Banana Co. v. United Fruit Co., 213 U.S. 347, 356-357 (1909).

[61] See U.S. v. Sisal Sales Corp., 274 U.S. 268, 276 (1927).

[62] See U.S. v. Aluminum Co. of America, 148 F. 2d 416, 443-444 (1945).

公司，違反美國法的交易發生在國外，美國法院也享有管轄權[63]。該院在1972年「利斯科案」判決中進一步拓展管轄的邊界，主張只要欺詐行為的關鍵環節發生在美國，即便其他環節和因素在他國，美國法院即可行使管轄權[64]，此謂「行為標準」。在該院系列判例的引領下，「行為—效果標準」一度成為美國法院證券欺詐案件管轄權的司法指南[65]。

不過，將國會立法的效力解釋得如此廣泛，不僅招致學者紛紛批判，而且引發相關國家甚至國際組織的反對。聯邦最高法院終於在2010年「莫里森案」判例中果斷剎車，重新將司法解釋導入法律屬地性軌道。該院認識到，眾多法院遵循的「行為—效果標準」涵義模糊，實踐不一，學界的強烈批評不無道理；英、法等國和國際商會等組織，以法庭之友提交的反對意見，值得重視。針對該案中外國投資者指控被告於外國上市的證券交易中存在欺詐行為，該院宣告：「『國會立法，除非表明相反意圖，應被理解為僅在美國境內適用』，這是一貫的『美國法原則』。」不僅如此，即便在美國的行為，若不在國會立法的「焦距」（focus）之內，也不適用美國法。

值得注意的是，聯邦最高法院一再強調，法律屬地性僅是司法解釋遵循的原則，並非旨在限制國會立法權[66]。其實，在「莫里森案」判決後不到24小時，美國國會便通過了《多德—弗蘭克華爾街改革和消費者保護法》，明確採用「行為—效果標準」，授權聯邦法院受理聯邦證券委員會和美國政府對域外證券欺詐行為的起訴[67]。不過，該法並未涉及私人之間的證券欺詐行為訴訟，因此有關此類行為的管轄權仍應遵循「莫里森案」判例規則。

---

[63] See Schoenbaum v. Firstbrook, 405 F. 2d 200, 208 (1968).

[64] See Leasco Data Processing Equipment Corp. v. Maxwell, 468F. 2d 1326, 1335 (1972).

[65] See Morrison v. National Australia Bank Ltd., 561U.S. 247, 275 (2010).

[66] See Morrison v. National Australia Bank Ltd., 561 U.S. 247, 255 (2010).

[67] See Dodd-Frank WallStreet Reformand Consumer Protection Act, 12 USC 5301 (2020).

參、美國長臂管轄權的比較法之維

　　長臂管轄權，意指對非居民的特別對人管轄權，根源於普通法土壤，是深具美國特色的概念。但從功能比較的視角觀察，此類管轄權其實也普遍存在於其他國家，甚至一些國家個別領域的管轄廣度超越美國「長臂」。由於美國長臂管轄權制度具有聯邦法、州法、成文法、判例法等多個層面，比較分析不宜一概而論。

　　聯邦長臂管轄權雖主要有三種，但由於補充長臂管轄權在實踐中罕有適用，因此，主要體現為借用兩種立法——國會立法和州長臂管轄權法——而產生的管轄權。聯邦法院借用州長臂管轄權法，享有與州法院同樣的權力。因此，美國長臂管轄權可大致分為國會立法賦予的長臂管轄權（下文簡稱國會立法長臂管轄權）和州立法賦予的長臂管轄權（州法長臂管轄權）。下文的比較法分析，據此展開。

一、國會立法長臂管轄權的比較法分析

　　涉及長臂管轄權的國會立法，令世人矚目者當屬經濟制裁法，以及諸如反壟斷法和證券法之類的經濟管理法。兩類立法長臂管轄的旨意、對象、形式和實施，均有顯著差異，與境外類似立法的比較，不宜一概而論。

（一）經濟制裁法中的長臂管轄權

　　作為烈度僅次於戰爭的國際政治工具，經濟制裁通常出現於公法，而罕見與國際民事訴訟相關。但美國作為當今唯一超級大國，不僅採取的單邊制裁措施數量居世界之首，而且在一些制裁中賦予美國人對外國人民事索賠的訴權。此類典型立法當屬1996年《赫爾姆斯－伯頓法》，其第三編「保護美國國民的財產權」，規定被古巴政府1959年1月1日後徵收的美國人的財產，無論外國人還是美國人，只要其直接或間接從事了與該財產有關的交易活動，作為原物主的美國人均可在美國法院對其索賠所遭受的全

部損失[68]。此類通過私人訴訟實施經濟制裁的方式，有學者形象地稱其為發動經濟制裁的「人民戰爭」[69]。與之對比鮮明的是，作為世界政治角力重要一級的歐盟，現今雖維繫四十餘項對外制裁措施，但其僅約束歐盟境內之人，而非境外居民；制裁方式限於武器禁運、旅行禁令、資產凍結和進出口限制等公法措施，而非賦予境內之人民事索賠權[70]。

　　歐盟雖然在實施經濟制裁上相對克制，甚至在稱謂上傾向於將「制裁」（sanctions）命名為「限制措施」（restrictive measures），但為應對美國經濟制裁，同樣針鋒相對地賦予了個人「追回損失請求權」（clawback claims）。在1996年美國通過《赫爾姆斯－伯頓法》的當年，歐盟通過了第2271/96號條例，規定凡遭受美國經濟制裁的歐盟境內自然人和法人，均可在任一歐盟成員國法院，依據《布魯塞爾公約》對導致其損失的自然人、法人或其他實體提起索賠之訴，索賠額可包含法律費用，法院為此可扣押和出售責任人位於歐盟的資產，包括其在歐盟公司持有的股份[71]。與歐盟立法遙相呼應，墨西哥1996年制定了《反制違反國際法之外國規範的貿易和投資保護法》[72]，加拿大1996年專門修訂了《反外國域外措施法》[73]，兩者均針對美國立法，賦予本國人追回損失請求權。不過，此類立法與其說旨在保護本地私人權益，不如說旨在增加一種國際政治角力工具，實踐中罕見私人索賠成功案例。背後原因主要有二：一是受

---

[68] See Cuban Liberty and Democratic Solidarity (Libertad) Actof 1996, 22 USCA Ch. 69A, Title III--Protectionof PropertyRightsof United States Nationals.

[69] 參見杜濤，《國際經濟制裁法律問題研究》，法律出版社，2015年，第244頁。

[70] See https://ec.europa.eu/info/business-economy-euro/banking-and-finance/international-relations/restrictive-measures-sanctions_en#tool (last visited: 2021/6/11).

[71] See Art. 6, Council Regulation (EC) No. 2271/96 of 22 November 1996 protecting against theeffects of the extra-territorial application of legislation adopted by a third country, and actions based thereon or resulting therefrom, OJ No L 309/2-3 (1996).

[72] See Art. 5, Act to Protect Trade and Investment from Foreign Norms that Contravene International Law, 36 *International Legal Materials* 145 (1997).

[73] See S. 9, Foreign Extraterritorial Measures Act (as amended by Bill C-54passed by the House of Commons on 9 October, 1996), 36 *International Legal Materials* 117-124 (1997).

制裁影響的私人為維護其在世界規模最大的美國市場上的份額，通常主動謹守美國制裁規定；二是此類阻斷立法往往措辭模糊，法律確定性不足，當事人難有勝訴的預期[74]。

(二) 經濟管理法中的長臂管轄權

不同於經濟制裁法明確的對外政策指向，諸如反壟斷法和證券法之類的經濟管理法，其重心在維護國內的經濟秩序。經濟管理法具有嚴格屬地性，長期以來這幾乎是各國共識，因此美國自1945年在「美國鋁公司案」判例中明確採用「效果原則」，頻繁行使經濟管理法中的長臂管轄權，伴之以允許「撒網式取證」的證據開示制度，打破了這一共識，在西方各國引起軒然大波，多國通過阻斷法抵制美國的擴權[75]。比較而言，作為普通法起源地的英國，長期謹守競爭法等經濟管理法的屬地性[76]，其他普通法國家也大致如此，美國的過度域外管轄可謂普通法國家的異類[77]。因此，衝在抵制美國立法前列的國家反而是英國、加拿大等普通法國家[78]。

在抵制美國長臂管轄權的同時，諸多歐洲國家也漸趨在反壟斷法中明確引入了「效果原則」或類似方法。英國的實踐可謂典型，1978年英國曾強烈反對美國立法域外適用，認為其違反國際法，而到了1998年，就在其《競爭法》中採用了幾乎同樣的法律原則[79]。歐洲法院在其1988年「木漿案」（*Wood Pulp*）判決中採用實施地原則（implementation principle），

---

[74] See Jürgen Basedow, *The Law of Open Societies: Private Ordering and Public Regulation in the Conflict of Laws*, Brill/Nijhoff, 2015, pp. 394-395.

[75] See M. J. Hoda, The Aerospatiale Dilemma: Why U.S. Courts Ignore Blocking Statutes and What Foreign States Can Do about It, 106 *California Law Review* 231 (2018), pp. 236-237.

[76] See A. Vaughan Lowe, Extraterritorial Jurisdiction: The British Practice, 52Rabels Z159 (1988).

[77] See Currie, Robert J. et al., *Law Beyond Borders: Extraterritorial Jurisdiction in an Age of Globalization*, Irwin Law Inc., 2014, p. 76.

[78] See ALI, Rest. Third, Foreign Relations Law, § 442, Reporters' note No. 4.

[79] See, Jürgen Basedow, *The Law of Open Societies: Private Ordering and Public Regulation in the Conflict of Laws*, Brill/Nijhoff, 2015, p. 77.

認定：只要非成員國境內的生產商在歐共體領域內實施其定價協議，歐共體即可行使管轄權，適用其反壟斷法[80]。這是歐盟對域外壟斷行為行使管轄權的標誌性案件。不僅如此，歐盟還在2014年發布了反壟斷法私人實施的指令，旨在通過證據開示、充分賠償、訴訟時效等制度的完善增強私人索賠訴訟的實效性[81]。

　　饒有趣味的是，儘管在美國最高法院2010年「莫里森案」判例已經限縮美國經濟法長臂管轄權的背景下，歐盟依然在增強其域外管轄權的實效性，但歐盟的立法並未引起他國的強烈抵制。與管轄權相關的兩種制度可能是重要原因。一方面，歐盟考慮外國反壟斷法適用的可能性，並不單純適用法院地法，這與美國僅適用法院地法形成強烈反差[82]。另一方面，歐盟堅持反壟斷法公共實施為主，私人實施為輔，而且明確排斥美國的勝訴取酬制和《克萊頓法》中三倍賠償金的懲罰性賠償制度[83]。

二、州法長臂管轄權的比較法分析

　　各州的長臂管轄權法不僅為本州法院所遵循，也頻繁為駐當地的聯邦法院所「借用」。相對於國會立法中的長臂管轄權，州法長臂管轄權不僅適用更為廣泛，而且更能體現美國訴訟制度特色。由於此類管轄權針對的爭議事項眾多，為便於比較，下文分析側重常見的合同和侵權領域的管轄權。

---

[80] See ECJ, 27 September 1988, Case 89/85 (WoodPulp), [1988] ECR 5243.

[81] See DIRECTIVE 2014/104/EU OF THE EUROPEAN PARLIAMENT AND OF THE COUNCIL of 26 November 2014 on certain rules governing actions for damages under national law for infringements of the competition law provisions of the Member States and of the European Union, OJ L 349/1 (2014).

[82] See Jürgen Basedow, *The Law of Open Societies: Private Ordering and Public Regulation in the Conflict of Laws*, Brill/Nijhoff, 2015, pp. 499-503.

[83] 參見綦書緯，〈歐盟競爭法私人實施一體化：夢想照進現實？〉，《歐洲研究》，第2期，2016年，第77頁。

(一) 制度型態與內涵

　　國際民事管轄權立法體例大致可分為，國內管轄與國際管轄合二為一的一元制與區分二者的二元制兩種[84]。在一元制下，國內地域管轄分配規則推導適用於涉外案件；而在二元制下，則為國際管轄另行立法。無論何種體例，美國之外的立法通常相對簡單而穩定。一元制的典型如德國立法，規定合同案件管轄地為債務履行地，侵權案件的則為侵權行為地[85]。二元制的典型如瑞士立法，規定與之類似[86]。比較而言，美國長臂管轄權規則複雜而多變。各州長臂管轄權法有三種不同立法模式：清單式立法和混合立法模式中「從事交易」、「州內發生的侵權行為」等關鍵術語概念模糊，其具體內涵需要結合各州判例和聯邦判例確定，而判例法中的「公平訟爭和實質正義」、「有意利用」、「可預見性」等表述的主觀色彩濃厚，不同法院理解有別，同一法院在不同時期解釋不一。對此，有美國學者評價道：複雜的長臂管轄權法，措辭艱澀，而簡短的立法，指向的是美國最高法院搖擺不定的判例；此類立法，「令各州成文法立法蒙羞」[87]。

　　雖然美國的長臂管轄權、最低限度連繫之類術語看似涵義寬泛，但在實際內涵上，歐洲立法中管轄「手臂」之長，相比之下並不遜色，甚至超過前者。例如對於侵權糾紛，紐約州的長臂管轄權法雖規定了侵權行為實施地或結果發生地兩種管轄依據，但對於僅侵權結果地發生在紐約的情形，還要求被告在紐約州長期從事經營活動或其他行為，或從該州的商品、服務交易中獲得可觀收益，或者他預料到或理應預料到侵權結果發生在該州並從州際、國際貿易中獲得可觀收益[88]。德國立法雖簡單規定侵

---

[84] 參見向在勝，〈中國國際民事管轄權的立法體例研究〉，《法律科學》，第4期，2019年，第183頁。

[85] 參見《德國民事訴訟法》，丁啓明譯，廈門大學出版社，2016年，第5-6頁。

[86] 參見《外國國際私法立法選譯》，鄒國勇譯注，武漢大學出版社，2017年，第400頁、第404頁。

[87] See Friedrich K. Juenger, American Jurisdiction: A Story of Comparative Neglect, 65 *University of Colorado Law Review* 1 (1993-1994), p. 2.

[88] See N.Y. C.P.L.R., §302 (McKinney 2021).

權行為地管轄權，但侵權行為地涵蓋了侵權行為實施地和結果地，且並無其他限制條件[89]。英國民事訴訟法和歐盟2012年《布魯塞爾條例Ⅰ（修訂本）》的規定與之類似[90]。

歐美管轄權「手臂」之長短，在前文所述美國最高法院2011年「麥金太爾機械公司案」判決中，對比鮮明。英國公司的機器在美國新澤西州因產品缺陷導致人身傷害，但因該公司未在該州從事經營活動，美國最高法院多數意見基於正當程序原則認定無權管轄。但三位大法官對此強烈反對，認為按照歐盟2001年《布魯塞爾條例Ⅰ》和歐洲法院的相應解釋，新澤西州法院作為侵權結果發生地完全有權管轄此案；美國過分克制行使管轄權，將使美國受害人相對於國外同樣的當事人，顯然處於不利地位[91]。

(二) 規範視角與意旨

美國與歐盟管轄權制度，表面差異的背後是其深刻的理念分歧。美國長臂管轄權的制度設計，著眼於被告與法院的內部關係；長臂管轄權的涵義，即指法院對作為非法院地居民的「被告」的管轄權[92]。長臂管轄權法中羅列的管轄依據，均指向「被告」與法院地的連繫因素，而正當程序原則及其最低限度連繫、公平訟爭和實質正義、可預見性等因素主要針對「被告」而言。這一制度設計的宏大背景是美國採用對抗式的訴訟體系，法院是兩造公平訟爭的平臺[93]；原告擇地而訴行使了其起訴權，長臂管轄權法便轉而關注被告權利的保障。比較而言，歐洲管轄權制度設計著眼於不同法院之間的管轄權分配，是法院之外的視角，而特別管轄權確立的依

---

[89] 參見〔德〕羅森貝克、施瓦布、戈特瓦爾德著，《德國民事訴訟法》（上），李大雪譯，中國法制出版社，2007年，第219頁。

[90] See Adrian Briggs, *Civil Jurisdiction and Judgments*, Informa Law, 2015, 6th ed., pp. 251, 483.

[91] See J. McIntyre Machinery, Ltd. v. Nicastro, 564 U.S. 873, 909 (2011).

[92] See Bryan Garner (ed.), *Black's Law Dictionary*, Thomson Reuters, 2019, 11th ed., p. 1019.

[93] 參見〔美〕理查・D.弗里爾著，《美國民事訴訟法》，張利民等譯，商務印書館，2013年，第5-6頁。

據是案件與法院地的合理連繫，諸如合同履行地和侵權行為地。這一制度設計的歷史根基，是歐洲國際民事管轄權制度源自國內民事管轄權制度。國內管轄制度關注的是，國內不同法院之間管轄權劃分，國際民事管轄權制度不過是將這一理念的適用範圍進一步拓展[94]。對於美歐管轄權制度的本質差異，邁克爾斯（R. Michaels）教授系統地歸納為：前者為縱向的、單邊的、域內的、政治性的管轄權範式；後者為橫向的、多邊的、國際的、非政治性的管轄權範式[95]。

　　美歐管轄權規範視角的不同，導致立法意旨相異成趣。美國長臂管轄權法，主要追求對被告的公平。最低限度連繫、可預見性、合理利用等諸多考慮因素，均圍繞是否公平對待被告而展開，聯邦最高法院甚至在1987年「朝日案」中以公平標準否定對被告的管轄權。公平意旨的主觀色彩濃厚，因而使美國長臂管轄權規則整體上靈活性有餘而確定性不足。哈佛法學院馮邁倫（A. von Mehren）教授甚至對此感嘆：「如何確定對人管轄權，依然更像一門藝術而非科學。[96]」比較而言，歐洲管轄權立法更多地追求管轄的確定性和可預見性，2012年《布魯塞爾條例Ⅰ（修訂本）》甚至要求「管轄權規則應具有高度可預見性」[97]。在歐洲立法者眼中，如同薩維尼為每一個法律關係，確定法律適用的唯一「本座」，每個案件最好也與其管轄地一一對應，並且這種管轄確定性本身就構成公平的重要因

---

[94] See Ralf Michaels, Two Paradigms of Jurisdiction, 27 *The Michigan Journal of International Law* 1003 (2006), p. 1041. 歐盟逐步將成員國立法中國際民事管轄權規則統一化，凸顯了歐洲管轄權橫向分配的特色，與美國聯邦制下的管轄權縱向規制的對比更加鮮明。

[95] See Ralf Michaels, Two Paradigms of Jurisdiction, 27 *The Michigan Journal of International Law* 1003 (2006), pp. 1030, 1045.

[96] See Arthur von Mehren, *Adjudicatory Authority in Private International Law: A Comparative Study*, Martinus Nihoff Publishers, 2007, p. 117.

[97] REGULATION (EU) No 1215/2012 OF THE EUROPEAN PARLIAMENT AND OF THE COUNCIL of 12 December 2012 on jurisdiction and the recognition and enforcement of judgments in civil and commercial matters (recast), OJ, L 351/3, Recital (15).

素[98]。

（三）管轄衝突與解決

　　美歐解決管轄衝突的不同方案，可凸顯兩類管轄權立法範式的體系差異。美國各州長臂管轄權法的演進呈擴權之勢，或拉長管轄依據的清單，或簡單擴權至憲法所允許的最大限度，這勢必時常導致管轄衝突。對此，美國方案依然主要依賴體系內解決途徑。原告對於平行訴訟可申請法院發布禁訴令，以保持先訴法院管轄權的排他性；被告可針對原告擇地起訴的不當，以不方便法院原則為由抗辯，以支持另一法院的管轄權[99]。對於州際管轄衝突，美國國會一直未在聯邦層面立法應對，統一州法全國委員會以1962年「統一法」協調州際管轄衝突的努力於1977年宣告失敗[100]。美國向來難與他國達成管轄權衝突的多邊解決方案，迄今未參加任何專門針對司法管轄權的公約[101]。

　　對比鮮明的是，歐洲國家積極採取管轄權衝突的多邊解決之道。早在1968年，歐共體成員國便達成《民商事管轄權及判決執行公約》，1988年歐共體和歐洲自由貿易聯盟的成員國達成類似的《盧加諾公約》，歐盟成立後於2000年將《布魯塞爾公約》轉化為《布魯塞爾條例Ⅰ》，並於2012年將其進一步完善[102]。即便強調高度可預見性，力求管轄地簡單明確，《布魯塞爾條例Ⅰ》中諸如：合同履行地、侵權行為地之類管轄地，依然可能分布於兩國甚至多國，從而導致平行訴訟。對此，歐盟採用時間順序

---

[98] See Ralf Michaels, Two Paradigms of Jurisdiction, 27 *The Michigan Journal of International Law* 1003 (2006), pp. 1047, 1049.

[99] 參見〔美〕彼得・海著，《美國法概論（第四版）》，許慶坤譯，北京大學出版社，2020年，第67-68頁。

[100] See Douglas D. McFarland, Dictum Run Wild: How Long-Arm Statutes Extended to the Limits of Due Process, 84 *Boston University Law Review* 491 (2004), p. 509, Note 82.

[101] See ALI, *Restatement of the Law, Fourth, The Foreign Relations Law of the United States*, American Law Institute Publishers, 2018, p. 219.

[102] 參見葉斌，〈「海牙公約」的制定背景〉，載肖永平、朱磊主編，《批准〈選擇法院協議公約〉之考量》，法律出版社，2017年，第8-9頁。

在成員國之間分配管轄權,即先受理法院管轄權優先。但在美國,「起訴在先規則」的效果卻差強人意[103]。

肆、美國長臂管轄權的我國因應之策

美國長臂管轄權,其實存在不同的類型。聯邦長臂管轄權和各州長臂管轄權的內涵有別,而聯邦長臂管轄權又在經濟制裁法和經濟管理法中表現不同。泛泛而言,美國長臂管轄權的應對之道,難以對症下藥,針對不同類型和不同領域的長臂管轄權,理應分別採取因應之策。

比較法分析表明,美國各州長臂管轄權是對傳統普通法管轄權過分屬地性的突破,實際的管轄範圍相對於歐洲國際民事管轄權並非全然過度,但其過分靈活性即便在美國國內也飽受非議,並不值得中國立法效仿,不應以盲目擴大我國對外管轄權或法律域外適用針鋒相對。我國眾多學者熱議的其實主要為美國國會立法中的聯邦長臂管轄權,對此歐盟和其他國家已有一些應對的經驗和教訓,值得我國借鑑和吸取。長遠而言,被動防禦不如主動建構,我國應盡快完善涉外管轄制度和相關的程序法、衝突法,提升司法的國際公信力,同時恪守多邊主義和人類命運共同體理念,積極參與管轄權制度的國際構建。

一、因應美國經濟制裁長臂管轄權宜多管齊下

美國實施對外經濟制裁,旨在實現對外政策目標。制裁與反制裁是國際政治鬥爭的表現形式,有學者甚至稱之為「法律戰」[104]。國際政治問題適宜透過多種政治途徑解決。1982年6月22日,針對蘇聯向歐洲輸送天然氣管道項目,美國採取制裁措施,限制美國所有或控制的外國企業向

---

[103] 參見2012年《布魯塞爾條例Ⅰ(修訂本)》第29條。

[104] See Mahir A. Banna, The Long Arm of US Jurisdiction and International Law: Extraterritoriality against Sovereignty, 60 *Journal of Law, Policy and Globalization* 59 (2017).

蘇聯出口與油氣開發、生產、輸送和提煉相關的產品，引發歐洲國家廣泛抗議，最後通過最高級別的政治磋商，不到5個月，美國於當年11月廢除了制裁措施[105]。針對美國1996年《赫爾姆斯—伯頓法》，墨西哥的反擊策略也可圈可點。在國內，其立法機關快速推出阻斷法；在雙邊層面，其外交部長向美國提出抗議，申明利害關係；在區域層面，其與加拿大攜手推動美洲國家組織發表意見，認定美國《赫爾姆斯—伯頓法》不符合國際法；在全球層面，其與歐盟合作促成聯合國大會以138：3的壓倒性多數通過決議，督促美國結束對古巴的制裁[106]。正是在墨西哥、歐盟等多方壓力下，美國數屆總統一再推遲了《赫爾姆斯—伯頓法》第三編的實施。值得注意的是，美國法院通常不予考慮外國當事人提出的本國阻斷法抗辯理由，導致此類立法形同「紙老虎」[107]。制定阻斷法的歐盟和多國通常也是將此類立法作為國際政治較量的一種砝碼，但其實際成效不彰[108]。

　　鑑於國外反制措施的利弊得失，中國應以人類命運共同體理念為指導，針對美國經濟制裁措施多管齊下。（一）在真正的多邊主義理念下，推動反制美國單邊制裁措施的國際法治合作。聯合國大會已通過多項決議，反對會員國採取單邊經濟制裁措施[109]，開展反制措施的國際法治合作具有了道義基石。中國可攜手美國制裁的受害國和經濟體，力爭達成反制措施的國際協議，以集體之力對抗單邊的經濟霸凌行為；（二）針對

---

[105] See Jürgen Basedow, *The Law of Open Societies: Private Ordering and Public Regulation in the Conflict of Laws*, Brill/Nijhoff, 2015, pp. 376-378. 另見李慶明，〈論美國域外管轄：概念、實踐及中國因應〉，《國際法研究》，第3期，2019年，第15頁。

[106] See Jorge A. Vargas, Introductory Note, 36 International Legal Materials 133 (1997). 值得注意的是，聯合國大會決議原則上對會員國不具有法律拘束力，但不可否認其可產生一定的法律效果。參見蔣聖力，〈聯合國大會決議法律效力問題重探：以外太空國際法實踐為例〉，《國際法研究》，第5期，2020年，第56-57頁。

[107] See M. J. Hoda, The Aerospatiale Dilemma: Why U.S. Courts Ignore Blocking Statutes and What Foreign States Can Do about It, 106 *California Law Review* 231, 240 (2018).

[108] See Jürgen Basedow, *The Law of Open Societies: Private Ordering and Public Regulation in the Conflict of Laws*, Brill/Nijhoff, 2015, pp. 394-395.

[109] 參見張虎，〈美國單邊經濟制裁的法理檢視及應對〉，《政法論叢》，第2期，2020年，第94頁。

一項美國制裁措施，中國應主動開展對美外交磋商，力爭以對話解決爭端。美國法院基於分權原則，行使管轄權時會尊重政府的外交政策[110]；（三）完善國內法治，增強反制措施的有效性。中國已出臺了《反外國制裁法》、《阻斷外國法律與措施不當域外適用辦法》等法律和部門規章，但現行法僅為制度框架，尚需外國主權豁免法、域外管轄法等配套規則，予以充實；（四）建立個案諮詢制度。針對美國經濟制裁的反制措施是一把「雙刃劍」，不僅可能「殺敵一千，自損八百」，甚至得不償失，而且也可能破壞國際產業鏈和中國對外經貿軟環境。為了增強國際經貿業者的可預見性，中國可在反外國制裁工作協調機制下設立諮詢辦公室，針對大額的個案，綜合國內外情勢，提供指導意見。

二、因應美國經濟管理長臂管轄權宜多措並舉

對於經濟管理法中的長臂管轄權，美國國內出現了嚴重分歧。聯邦法院與國會立場有別，前者遵循反域外適用推定原則，後者依然不時制定擴張域外管轄的立法；聯邦最高法院大法官之間立場對立凸顯。比較而言，歐盟對經濟管理法的域外適用和相關管轄問題的處理，可謂棋高一著。歐盟首先通過法院判例，審慎確立實施地原則，避免過度域外管轄；其次，區分了經濟管理法中的私法和公法的異質成分，對於侵權賠償的私法問題，採用多邊方法制定衝突法規則；而對於外國經濟管理的公法規則，授權法院作為事實個案斟酌適用，從法律適用方面減緩了域外管轄的負面影響[111]。此外，在反壟斷方面頒行了有關私人實施的指令，協調成員國訴訟法和實體法的規定。

修訂後的中國《反壟斷法》和《證券法》均引入了效果原則，最高人民法院為反壟斷法私人實施制定了司法解釋，從而為中國抗衡美國長臂管轄權奠定了制度框架。但中國的制度和實踐仍有值得改進之處：（一）應針對經濟管理法中的侵權賠償問題，制定專門衝突法規則，同時授權法

---

[110] See Ralf Michaels, Two Paradigms of Jurisdiction, 27 *The Michigan Journal of International Law* 1003, 1037 (2006).

[111] See Arts. 6, 17, Rome II Regulation.

院適當考慮國外經濟管理公法部分的合理規定，以彰顯中國向來堅持的多邊主義；（二）構建審慎管轄制度，一方面與法律適用上的效果原則相匹配；另一方面避免過度管轄；（三）建立重大涉外案件管轄報核制度，由最高人民法院統一掌控尺度，防範涉外經濟管理案件的不良溢出效應；（四）加強案例指導，最高人民法院應盡快推出一批法律適用正確、說理透澈的優秀案例，增強中國司法的國際公信力；（五）與歐盟和東盟等國際組織以及經濟交往密切的外國，進一步加強經濟管理法的溝通協調，通過雙邊和多邊管道共同應對美國不合理的域外管轄，同時推進國際立法，力爭減少或避免管轄權的衝突。

三、因應美國州法長臂管轄權宜多方共治

美國州法賦予的長臂管轄權，是聯邦法院和州法院行使的長臂管轄權主要類型。因應此類長臂管轄權，從短期看，主要依靠當事人主動防禦或積極應訴，必要時政府部門和行業組織等協同參與；從長期看，中國應盡快完善涉外法治，提升中國司法的國際公信力，增進選擇中國法院的可能性，同時積極推進管轄權的國際協調，從國際層面減少甚至消除管轄權衝突。

（一）個案應對策略

在美國，對於長臂管轄權涵蓋的爭議，若當事人已達成排他性選擇法院協定，除個別情形，則此類協議通常可得到聯邦法院和州法院的尊重[112]。因此，當事人可通過有效的協議管轄及早排除長臂管轄權法的適用可能。中國當事人若與對方當事人達不成管轄協議，而不得不面對美國法院的長臂管轄，則應積極應訴。在美國對抗制訴訟體系下，「訴訟是爭鬥」[113]一方當事人不應訴，在很大程度上猶如主動繳械投降。此外，中

---

[112] See Symeon C. Symeonides, *American Private International Law*, Kluwer Law International, 2008, pp. 37-39.

[113] 參見〔美〕理查·D. 弗里爾著，《美國民事訴訟法》，張利民等譯，商務印書館，2013年，第6頁。

國主管部門和行業組織等應充分利用美國「法庭之友」制度，發表對中方當事人有利的法律意見，說理透澈的意見，可在一定程度上影響法院的裁判[114]。

(二)完善中國涉外法治

進一步完善中國涉外法治，使其贏得外國當事人信任，可促成中外當事人更多地達成選擇中國法院的協議，從而減少美國長臂管轄權法適用的空間。在該領域，中國至少可在三方面，大有作為：1.涉外管轄制度的完善：20世紀80年代後，為中國國內民事管轄與國際民事管轄分別立法的二元論立法體例強勢崛起[115]，這種體例顯然更切合國際民事管轄的特殊性。中國現行對國際民事管轄的簡陋規定，飽受學界批評，亟待改進[116]；2.衝突法的完善：中國2010年《涉外民事關係法律適用法》雖有不少可圈可點之處，但整體上「得於宏旨，失於細節」[117]。在《民法典》已頒行的當下，制定與之配套的一部新衝突法勢在必行；3.涉外民事巡迴法庭制度的構建：中國現行的涉外民事司法體制面臨多重困境，為此可構建與集中管轄制度相適配的涉外巡迴法庭制度，以聚合優質司法資源，提升中國涉外司法的國際公信力[118]。

---

[114] 參見李慶明，〈論美國域外管轄：概念、實踐及中國因應〉，《國際法研究》，第3期，2019年，第20頁。另見於秀豔，〈美國的法庭之友〉，《法律適用》，第4期，2005年，第95-96頁。

[115] 參見向在勝，〈中國國際民事管轄權的立法體例研究〉，《法律科學》，第4期，2019年，第186頁。

[116] 例如：參見李旺，《國際民事裁判管轄權制度析——兼論2012年修改的「民事訴訟法」關於涉外民事案件管轄權的規定〉，《國際法研究》，第1期，2014年，第89頁以下。

[117] 參見許慶坤，〈得於宏旨，失於細節——評「涉外民事關係法律適用法」中的侵權衝突法〉，《中國國際私法與比較法年刊》，第14卷，北京大學出版社，2012年，第1頁以下。

[118] 參見許慶坤，〈論我國涉外民事巡迴法庭制度的構建〉，《環球法律評論》，第1期，2020年，第162頁以下。

（三）推進管轄權的國際協調

　　囿於主權約束，各國僅能單邊規定本國法院管轄權；對於域外管轄權，唯有通過雙邊或多邊途徑，方能從根本上減少甚至消除管轄權的積極衝突和消極衝突。促成管轄權國際規則的合理構建，也是人類命運共同體理念下推進國際法治建設的重要內容。目前中國至少可借用海牙國際私法會議的平臺，為其「管轄權項目」提供中國方案。自1992年美國代表團倡議制定管轄權公約，該專案曾一波三折，但2005年《選擇法院協議公約》和2019年《外國民商事判決承認與執行公約》通過後，如今又重新啟動[119]。中國可充分利用這一契機，選派飽學睿智之士，針對美國長臂管轄權不合理之處，以及其他國家的不當管轄權，提出高水準的中國協調方案，力促該專案早日結出碩果。

---

[119] See https://www.hcch.net/en/projects/legislative-projects/jurisdiction-project (last visited: 2021/6/11).

論國際私法與生命倫理法之互動：
以跨境代孕爲中心

許耀明[*]

謹以拙文，祝賀陳老師壽誕，也感謝陳老師一直以來的提攜與照顧。

壹、前言

生命倫理法之發展在近數十年來有長足之發展，其中相關基礎原則之建立，尤以學者Beauchamp與Childress所著之《生醫倫理原則》[1]乙書爲其經典。該書中提出生命倫理四大原則：自主（autonomy）、行善（beneficence）、不危害（non-maleficence）與正義（justice），迄今仍爲各國生物醫學與生命倫理各相關法制與實踐所遵循。而聯合國教科文組織，亦曾於2005年發布「關於生命倫理與人權之普遍宣言」（Universal Declaration on Bioethics and Human Rights 2005）[2]，討論關於醫藥、生命科學與適用於人體之相關科技之社會、法律與環境面向[3]。

近年來，各國具體法制上，尤以法國從1994年起推動之生命倫理相關具體法制爲代表，而以2004年之生命倫理包裹立法爲集大成者[4]，該法經

---

[*] 政治大學法律系教授。

[1] Tom L. Beauchamp, James F. Childress, Principles of biomedical ethics, 1979, 2012, 7th ed.

[2] See http://www.unesco.org/new/en/social-and-human-sciences/themes/bioethics/bioethics-and-human-rights/ (last visited: 2016/11/17).

[3] 詳細說明參見：Michael Kirby, Health care and global justice, 7(3) *International Journal of Law in Context* 273, 277 (2011).

[4] 許耀明，〈法國生物倫理法制之發展與關於基因特徵之法制：以2004年生物倫理法

於2011年為修正[5]後，並於2021年為第四次最新修正而擴大其適用範圍[6]。從該法之規範對象，可知生命倫理法制包括：基因科技與神經科學、器官與細胞之醫療應用、人工生殖、胚胎相關研究等等議題，而學理上，則以從出生到死亡之人，包括從生殖細胞到屍體之法律地位，均為相關生命倫理法制之研究議題[7]。

　為中心〉，收於洪德欽主編，《歐美生物科技法律與政策》，2011年11月，第329-398頁。

[5]　Jean Binet, La réforme de la loi bioéthique: commentaire et analyse de la loi du 7 juillet 2011, 2012.

[6]　Loin° 2021-1017 du 2 août 2021 relative à la bioéthique. 此次修正重點主要為將人工生殖擴大適用範圍，單身女性亦可尋求醫療協助；經人工生殖之子女享有基因上尋求其匿名親源基本資料之權利，以及放寬無醫療理由即得為配子之保存等等。

[7]　國際間有以法語學界為主所發起之「國際大學生命倫理網路」（Réseauuniversitaire international de bioéthique）之非正式學會（由法國Rennes大學教授Brigitte Feuillet發起），自2006年起，迄今每年召開會議，討論各項不同議題，例如以筆者近年參與者，包括：女性之身體與法律、各國生命倫理法制基本原則、生命科技對於親子關係之影響、人性尊嚴、人體之不可財產性等等議題。相關會後，每年出版為專書論文集。筆者曾貢獻之章節，包括：Yao-Ming Hsu, Le cadre juridique de la biomédecine: procréation et chirurgie esthétique en Chine et à Taïwan, in Brigitte Feuillet-Liger & Amel Aouij-Mrad (eds.), *Corps de la femme et Biomédecine: approche internationale*, Bruylant, Brussels, Belgium, 2013, pp. 269-291; Yao-Ming Hsu, Les incidences de la procréation médicalement assistée sur la parenté: réflexions chinoises et taïwanaises, in Brigitte Feuillet-Liger & Maria-Claudia Crespo-Brauner (eds.), *Les incidences de la biomédecine sur la parenté: approche internationale*, Bruylant, Brussels, Belgium, 2014, pp. 287-302; Yao-Ming HSU, La dignité humaine à Taiwan: Perspectives du droit positif et de la doctrine, in Brigitte Feuillet et Kristina Orfali (dir.), *La dignité de la personne : quelles réalités?* 2016, pp. 379-387; Yao-Ming HSU, Le principe de Non-Patrimonialité du corps humain à Taiwan: Entre insuffisances du régime juridique et exigences bioéthiques, in Brigitte Feuillet et Saïbe Oktay-Özdemir (dir.), *Le non-patrimonialité du corps humains: du principe à la realité*, 2017, pp. 339-347; Yao-Ming HSU, La dignité humaine et la sécurité alimentaire: réflexions fondamentales, in Bénédicte Bévière-Boyer (dir.), *La dignité humaine en santé: France-Chine*, LEH Édition, Bordeaux, France, 2017, pp. 267-273; Yao-Ming Hsu, Le droit taiwanais peu interpellé par les questions religieuses, in Brigitte Feuillet and Aurélien Rissel (eds.), *Corps et Religions: panorama international*, 2021, pp. 261-266; Yao-Ming Hsu, Le consentement à l'acte médical à Taiwan: L'autonomie effective in A. Aouij-Mrad, B. Feuillet-Liger, A. Rissel (dir.), *Le Consentement à l'acte médical, autonomie réelle ou*

　　然而，國際私法與生命倫理，究竟有何等關係？實則，由於生命倫理所研究之對象為「人」之全部，則私法法制上，攸關於屬人法之部分，均可能因為生命科技之發展與各國具體生命倫理法制之差異，形成法律衝突；此外，人體與其產物之法律性質，亦可能因此被定性為「物」與否，而有可能有物權法上法律衝突；此外，相關對於前述「人」與「物」之法律行為，則有契約法上是否容許此等契約之法律衝突問題；甚至，在例如對於胚胎之毀壞，是否可能有有侵權行為之發生？亦有法律衝突問題[8]；而對於相關生命科技之發展，是否可能提供智慧財產法制上之保障？亦有法律衝突問題。由此可見，生命倫理法制，亦有諸多可能產生之法律衝突與法律選擇問題。此外，相關案件之直接管轄，理應如何決定[9]？相關準據法之適用，是否可以以公序良俗條款一筆簡單排除帶過？相關他國承認之生命倫理法制，甚至相關判決，法庭地國是否可以承認與執行？這些都是新興生命科技發展後，所需面對之廣義國際私法問題。

　　例如，在2014年《海牙國際法學院演講集》中，即收錄法國學者Mathias Audit以〈生命倫理與國際私法〉為題所發表之長篇論文[10]，其討論之方向，包括：人（生命、死亡與性別）、人體（對於人體之研究與醫療、人體之產物與成分、基因資訊）、生殖（人工生殖、親子關係之確定與自願終止妊娠）等等議題。因此，有所謂法與時俱進，在生物與生命科技日新月異之今日，此等發展對於國際私法所帶來之衝擊，當須進行全面性之檢視。

　　限於時間與能力，本文以下，暫以各國爭議頻仍之人工生殖中之代理孕母（la gestaion pour l'autrui/ la maternité de substitution; surrogacy）[11]為

---

fictive? Panorama international, 2022（即將出版）。

[8] 是否該當刑法上之殺「人」罪？則屬刑法之討論範疇，本文此處不予討論。

[9] See Ashley Hope Elder, Wombs to rent: examining the jurisdiction of international surrogacy, 16 *Oregon Review of International Law* 347 (2014).

[10] Mathias Audit, Bioéthique et droit international privé, *Recueil des cours* 373, 2014, pp. 217-417.

[11] 引發最多爭議的，乃代理孕母提供之服務，涉及人性尊嚴、人體之不可財產性（如

中心，討論在目前各國對於代理孕母之承認與否在實體法制上迥異[12]之當下，則所謂代孕旅遊（voyages procréatifs;[13] surrogacy tourism）所引發之諸項法律衝突問題[14]，尤其是貳、代孕契約，以及參、代孕子女之親子關係，究應如何解決衝突與調和？此為本文關切之焦點。

有受報酬）等等，參見：Claire Fenton-Glynn, Human Rights and Private International Law: Regulating International Surrogacy, 10(1) Journal of Private International Law 157, 163, 2014. 從人權（生殖權）之角度討論者，例子可參見：Sonja van Wichelen, Changing Rights to Family Life: Biolegalities in the Globalization of Reproduction, 12(1) Socio-Legal Review 26 (2016); John Tobin, To Prohibit of Permit: What is the (Human) rights response to the practice of international commercial surrogacy? 63 (2) *International & Comparative Law Quarterly* 317 (2014); Yasmine Ergas, Babies without Borders: Human Rights, Huna Dignity, and the Regulaiton on International Commercila Surrogacy, 27 *Emory International Law Review* 117 (2013); Babara Starck, Transnational Surrogacy and International Human Rights Law, 18(2) ILSA Journal of International & Comparative Law 369 (2011-2012). 從子女之角度出發者，參見：David M. Smolin, Surrogacy as the Sale of Children: Applying Lessons Learned from Adoption to the Regulation of the Surrogacy Industry's Global Marketing of Children, 43 *Pepperdine Law Review* 265 (2016). 各國之概況，例如對於代理孕母契約開放之烏克蘭與印度，參見：Shany Noy Kirshner, Selling a Miracle? Surrogacy through International Borders: Exploration of Ukrainian Surrogacy, 14 *The Journal of International Business & Law* 77 (2015); Susan Finnerty, Who profits from International Surrogacy? The Legal and Bioethical Ramifications of International Surrogacy, 21(2) *Medico-Legal Journal of Ireland* 83 (2015); Izabela Jargilo, Regulating the Trade of Commercial Surrogacy in India, 15 *The Journal of International Business & Law* 337 (2016).

[12] 基本上僅少數允准，多數國家未有任何規範，學者已進行過25個國家比較，參見：Katarina Trimmings and Paul Beaumont, *International Surrogacy Arrangements: Legal Regulation at International Level*, 2013; 歐盟各國間之比較，參見：Ljubica Petkovska, Problems of Harmonization of EU Law in terms of Surrogacy, 2013 Harmonius J. Legal & Soc. Stud. Se. Eur. 184, 2013. 中文文獻，可以參照：小林貴典，〈論涉外代孕案件中外國裁判之承認〉，《臺北大學法學論叢》，第103期，2017年9月，第199頁以下。陳鋕雄，〈世界各國代孕生殖政策探討結案報告〉，「行政院衛生署國民健康局研究計畫」，2010年9月27日。

[13] Audit, *supra* note 10, p. 388.

[14] 概論性文章，可以參見例如：Susan Finnerty, Who profits from international surrogacy? The legal and bioethical ramifications of international surrogacy, 21(2) *Medico-Legal Journal of Ireland* 83 (2015); Sonia van Wichelen, Changing rights to family life: biolegalities in the globalization of reproduction, 12 *Social-Legal Review* 26 (2016).

貳、代孕契約之法律衝突與法律適用

　　由於目前世界上允許爲代孕行爲之國家仍屬少數，因此許多有此需求之委託者「意向雙親」（intended patrents），往往尋求與允許代孕之國家的國民簽訂代孕契約。此等契約中，包括：親權之行使約定、相關醫療之提供條件，甚至對於代孕者之生活習慣之約定、相關保密條款等等[15]。然而，直到契約完整履行交付代孕子女前，相關法律與事實上之風險，對於委託者與代孕者而言，均有一定之壓力；也因爲此等契約常常是涉外契約，關於其準據法之選擇與適用，在國際私法上實需釐清。

一、代孕契約準據法之選擇

　　一般而言，代孕契約中往往同時包括兩個法律關係約定，亦即委託者與代孕者間的契約關係（往往爲有償契約），以及代孕子女之親子關係決定。關於代孕契約準據法，在委託者與代孕者契約部分，雖然可以以當事人意思自主決定其準據法；但在身分關係上，由於各國有不同之實體法制，各國往往認爲此非契約可約定之事項[16]，因此，縱使在一個代孕契約中約定好親子關係，也往往無法得到委託者本國之承認（詳見後述）。

　　以下，先就純契約部分，分項討論之：

（一）**當事人之締約能力**：締約能力之問題，原本應屬於屬人法所規範。然而，由於迄今多數國家法律上對於代理孕母契約乃禁止，或須獲得一定之許可，法國學者Audit認爲，此時應當忽略屬人法之限制[17]。然而，其見解或有混淆當事人之締約能力與強行法規之嫌，因各國國內法上，不管是代理孕母或委託人（可能是不孕夫妻或同性戀者）之國內法，其國內法是否准許該等契約，或是否需要一定

---

[15] Sharon Shakargy, Choice of law for surrogacy agreements: in thein-between of status and contract, 16 (1) *Journal of Private International Law*, 138, 138-141 (2020).

[16] *Id.*, at 144.

[17] Audit, *supra* note 10, p. 393.

之事先許可，均屬該契約之實體要件問題，而應非締約當事人之締約能力問題。

（二）**準據法之決定**：由於僅有少數國家允許代孕契約，因此，在代孕契約準據法之選擇，基本上所謂當事人意思自治得行使之對象範圍，實有所限制，多半均選擇為允許代孕國家之法律。然在實際運作上，明示選擇以允許代孕行為之該國法為準據法者其實亦不多，而多半沒有明示選擇。

（三）**代孕準據法之政策面與未來發展**：目前有不少國際討論或草案正在進行中，包括海牙國際私法會議之研究計畫，詳見下述。然而，比較保守之看法也認為，在國際共識尚未形成之前，每一國家都有權決定其是否要允許或不允許代孕契約，這也包括了在尚未允許之情形下，每一國家也有權決定是否要承認他國之代孕契約之效力，包括親子關係之決定與相關契約履行之爭議[18]。

二、代孕契約準據法之適用

　　在前述代孕契約之準據法之適用上，如在其他法域為主張，即可能遭遇不承認該等契約效力之法域以公序良俗為由，否決該契約之效力。甚至，例如英國雖承認代孕契約之可能（Human Fertilization and Embryology Act 1990），但禁止為有償行為。因此，縱非否決了該契約之效力，但如果委託夫妻拒絕為營養費與必要費用之外報酬之支付，亦不得請求[19]。

參、代孕親子關係認定之法律衝突與法律適用

一、代孕親子關係準據法之選擇

　　關於代孕契約於代理孕母生產後，親子關係將如何認定？將有以傳統

---

[18] Shakargy, *supra* note 15, p. 143.

[19] Audit, *supra* note 10, p. 401.

之生產者爲母，或以基因提供者爲母之法律衝突疑義[20]。傳統上，許多國家，尤其是不承認代理孕母契約者，均以生產者爲法律上之母。然而，在允許代孕契約之國家，例如英國先以生產者爲母，但透過法院之親權命令（parental order），使委託者取得親權。而加州之規定，則直接以契約之目的（intent），認定委託者具有親權；亦即，加州其實並非透過準據法選擇之衝突法則，而直接以具有管轄權之法院地法，直接加以適用；或者從州之利益來說，既然該代孕發生在加州，則適用與該代孕具有公共利益之加州法[21]。

　　然而，實際上之情況，時常發生疑義者爲：在允許代理孕母契約之國家爲代孕之約定，但委託者之本國卻禁止代孕契約時，此時如何認定親子關係？依舊以生產者爲母？抑或可以例外承認以基因提供者爲母？例如，在法國曾發生不孕之法國夫妻，至美國加州爲代孕之約定，並取得美國核發其爲父母之出生證明。然而，其於法國申請核發出生證明時即發生爭議，法官最後認爲應以生產者爲母[22]。

　　甚至，如在代理孕母與委託者本國法均對於國籍之取得採取血統主義時，極可能產生子女變成無國籍人之窘境：依代孕行爲地法，出生之子女無法取得代理孕母之國籍（因爲國籍之取得基礎爲親子關係，而依行爲地法，委託者爲具有親子關係者），但依委託者本國法，其亦無法取得委託者之國籍（因其認定代理孕母方具有親子關係）。2007年日本人到印度進行代孕契約之 *Manji* 案[23]，即爲適例，最後係由印度地方政府給予身分證明，據以辦理護照，該代孕子女方得回到日本。實則，關於國籍之取得，應得以委託之夫之基因證明父子關係而爲取得爲宜，蓋血統主義之想法，

---

[20] 另有從家庭法之角度，討論因應科技發展與社會變遷，是否允許以契約約定親子關係之討論，參見：Yehezkel Margakit, Bridging the Gap between Intent and Status: a New Framework for Modern Parentage, 15(1) *Whitter Journal of Child and Family Advocacy* 1, 19 (2016).

[21] Shakargy, *supra* note 15, p. 145.

[22] Audit, *supra* note 10, p. 407.

[23] Audit, *supra* note 10, p. 409.

本以父母一方為該國人即得取得國籍，而基因恰為血統之精準體現。日本法在2008年後即為此一修正。

　　然而，如在完全禁止代理孕母契約之國家，此一方式，可能依舊有困難；例如，德國亦曾發生拒絕核發護照給透過代孕契約在印度生產之子女，而由於德國民法與國籍法，對於依基因上之生父取得國籍，均規定為依「其母之夫」，而該委託夫與印度孕母間，並無婚姻關係，因此亦無法依基因之證明，取得德國國籍。但在類似之案件，法國最高行政機關認為，基於子女最佳利益之考量，縱無從核發護照，但亦得發給「通行證」（laissez-passer），以利該等子女返回法國[24]。

　　此外，在關於代孕子女與其「父」之親子關係建立上，由於多數國家均以「其母之夫」為「父」，因此在代孕契約下，例如英國2008年*X&Y*案[25]曾認為英國夫妻至烏克蘭委託一女子（已婚）為代孕，依烏克蘭法，該等契約為有效，且該代孕母與其夫，與代孕子女並無親子關係；然而，依英國法，則以其生母之夫為父，於此發生該烏克蘭夫，為代孕子女之父之詭異認定。

二、代孕親子關係準據法之適用

　　從傳統國際私法之選法理論來看，相關準據法之選法規則決定，實則繫於該法域對於特定法律關係在實體法上之評價。也因此，關於透過代孕契約所生產之子女，其親子關係之決定，實繫於委託者之本國法律規範。論者或從另一角度思考：如果依代孕契約之行為地法，該契約為合法，並核發以基因父母為親權者之出生證明，是否可以透過對於外國核發之出生證明為承認而解決此一問題[26]？然而，實際上將發生者，除有公序良俗之

---

[24] Audit, *supra* note 10, pp. 413-414.

[25] X & Y (*foreign surrogacy*) [2008] EWHC 3030.

[26] 汪金蘭，〈跨國代孕兒童身分權的保障：以親子關係確立為中心〉，《中國青年社會科學》，第40卷第5期，總第216期，2021年，第122-131頁，參見第126頁。

考量而不予承認[27]外，甚至可能被認為有法律詐欺之行為[28]。

（一）爲保障代孕子女之權利

若吾人從實體法之角度觀察，如果因此在涉外法制上不承認該等親子關係，對於該等代孕子女之權利保障，從國際間廣泛承認保障兒童權利之趨勢觀察，實有疑慮。

目前國際間開始有呼聲主張，對於代孕契約之有效性與代孕子女之親子關係認定，應該由國際條約來規範[29]，例如，參照跨國收養之例而為規範[30]。學者認為，此等公約理應僅規範最低標準，而留給締約國相當之裁量空間[31]；但子女之最佳利益與生物連繫原則，應該是基本之立法原則[32]。海牙國際私法會議從2010年起，已經有相關研究規劃（The Parentage/ Surrogacy Project）[33]。2012年3月，第一份初步研究報告出爐，對於各國代孕法制進行比較。2015年，海牙國際私法會議成立代孕專家小組，2016年2月最新之小組委員會討論報告指出[34]，認為由於問題過於複雜，無法達成共識。2020年10月，專家小組就未來可能之「跨國代孕親子

---

[27] 例如2014年瑞士之相關案件，參見：Andrea Büchler and Luca Maranta, Surrogacy and International Private Law in Switzerland, 2015 *The International Survey of Family Law* 327, 334 (2015).

[28] Audit, *supra* note 10, p. 425.

[29] Katarina Trimmings and Paul Beaumont, International surrogacy arrangements: an urgent need for legal regulation at the international level, 7(3) *Journal of Private International Law* 627 (2011).

[30] Seema Mohapatra, Adopting an International Convention on Surrogacy- a Lesson from Intercountry Adoption, 13 *Loy. U. Chi. Int'l L. Rev* 25 (2016).

[31] Katarina Trimmings and Paul Beaumont, *supra* note 29, p. 635.

[32] *Id.*, at 640.

[33] See https://www.hcch.net/en/projects/legislative-projects/parentage-surrogacy (last visited: 2016/11/20).

[34] REPORT OF THE FEBRUARY 2016 MEETING OF THE EXPERTS' GROUP ON PARENTAGE / SURROGACY, para. 16, Conclusion, available at: https://assets.hcch.net/docs/f92c95b5-4364-4461-bb04-2382e3c0d50d.pdf (last visited: 2016/11/20).

關係議定書」草案進行討論，該等議定書，預計就承認跨國代孕之親子關係作出規範，建立以兒童慣居地法為準據法，以及承認與拒絕承認該等親子關係之基礎[35]。迄今最新的一份報告於2022年4月1日提出[36]，但僅為工作進度報告，無實質內容；專家小組預計在2022年10月召開最後一次會議，完成最後專家小組報告。

（二）為保障代孕委託者（意向雙親）之權利

迄今發生的涉外代孕親子關係認定爭議，不僅與其述代孕子女之權利相關，也與委託者（意向雙親）之身分關係息息相關。於2018年10月5日，法國最高法院針對此類案件，向歐洲人權法院提請給予諮詢意見[37]；2019年4月10日，歐洲人權法院於作出諮詢意見書[38]。該案之基本事實如下：關於法國法院如何適用先前歐洲人權法院2014年*Mennesson*案[39]之見解，法國最高法院仍有疑義：「在承認基因父與代孕子女間之出生登記

---

[35] Mayela Celis, Work on possible future Private International Law instruments on legal parentage (incl. legal parentage established as a result of an international surrogacy arrangement) is making progress (November 17, 2019), in the Website of "Conflict of Laws. Net," available at: https://conflictoflaws.net/2019/work-on-possible-future-hcch-instruments-on-the-recognition-of-foreign-judicial-decisions-on-legal-parentage-incl-those-resulting-from-an-international-surrogacy-arrangement-is-making-progress/(last visited: 2022/5/12).

[36] HCCH, Report of the Experts' Group on the Parentage / Surrogacy Project (meeting from 28 March to 1 April 2022, available at: https://www.hcch.net/en/projects/legislative-projects/parentage-surrogacy (last visited: 2022/5/12).

[37] Cour de Cassation, Ass. plén. 5 octobre 2018, n°10-19053.

[38] 10 April 2019, ECHR, ADVISORY OPINIONconcerning the recognition in domestic law of a legal parent-child relationship between a child born through a gestational surrogacy arrangement abroad and the intended mother, Requested bythe French Court of Cassation *(Request no. P16-2018-001)*.

[39] CEDH, 26 juin 2014, MENNESSON c. France *(Requête no 65192/11)*本案乃關於涉及法國夫妻在美國通過代孕契約出生的子女，法國法院拒絕承認美國加州和明尼蘇達州法院所作的關於該子女身分的判決。歐洲人權法院認為法國法院的行為違反了《歐洲人權條約》第8條的規定。

後，關於基因母之部分，是否需承認？[40]」法國最高法院對於歐洲人權法院提請諮詢之問題，細分如下：首先，在承認基因父之出生登記後，關於基因母，甚至代孕委託者中使用第三人卵子之意向母，是否也需要有關於其歐洲人權公約第8條私人與家庭生活之保障[41]？是否需要有關於平等權之考量？還是，此爲歐洲人權公約締約國之各自裁量權限？

其次，法國最高法院詢問：如果不承認基因母或意向母之出生登記部分，而採用收養之方式，以建立基因母或意向母與代孕子女間之親子關係，是否符合歐洲人權公約第8條關於私人與家庭生活之權利保護？歐洲人權法院於2019年之諮詢意見書中表示，兒童在歐洲人權公約第8條下的私人與家庭生活權利需受到保障，因此公約成員國應致力於其國內法體系中，藉由出生證明，提供意向母與代孕子女間建立親子關係之可能性。然而，歐洲人權法院指出，各國具體落實前述第8條權利之方式，亦即如何看待依據代孕契約核發之出生證明，或者是採取傳統收養之方式以建立親子關係，乃各國國內法立法權限，只要能確保兒童最佳利益，則各種即時有效之方式均可。

對於前述歐洲人權法院見解，實則仍有值得討論之空間。因爲，縱使認爲收養制度也足以保障基因母之權利與代孕子女之權利；然而，如果代孕契約之意向母，並未提供卵子，則是否還有爲不同規範之必要？而基因關係是否爲保障兒童權利之必要要件？甚至，前此歐洲人權法院在2015年*Paradiso Campanelli v. Italy*[42]案中，已經承認「社會學意義之家庭」（sociological family），而承認無基因關係之委託父與代孕子女間之親子關係，則於2019年諮詢意見，依舊不願意正面對於代孕契約之基因母，如

---

[40] 相關評論可以參見：AsmaAlouane, Legal parentage of children born of a surrogate mother: what about the intended mother? (October 19, 2018), in the Website of "Conflict of Laws. Net," available at: http://conflictoflaws.net/2018/legal-parentage-of-children-born-of-a-surrogate-mother-what-about-the-intended-mother/ (last visited: 2022/5/12).

[41] ECHR, Article 8.1, "Everyone has the right to respect for his *private and family life*, his home and his correspondence."

[42] ECHR, GC, 24 Jan. 2017, Application no. 25358/12, Paradiso and Campanelli v. Italy.

何與代孕子女建立親子關係之難題，而仍留給各成員國立法裁量，此是否妥適？不無疑義。

肆、結論

代孕之需求，在全球各國已經逐漸浮現；已經存在的各種涉外代孕契約，於國際私法上引發的代孕契約準據法與相關涉外親子關係之認定與承認議題，已經在各國延燒。但是，不管是委託者意向雙親之權利、代孕子女之權利，甚至代孕者之權利，其實都與人權議題息息相關。

於本文完成之2022年5月中時，俄烏衝突依舊持續中。在關切相關軍事衝突之外，許多讀者未必意識到，烏克蘭是歐洲主要代孕契約提供國。於軍事衝突發生之始，新聞報導中即已注意到：基於代孕契約於近日生產之代孕嬰兒，因軍事衝突，遲遲等不到意向雙親來接回並辦理相關手續[43]。

然而，最根本性的問題是：吾人是否要承認代孕契約之合法性？反對者多以人體商品化、對代孕婦女構成剝削，甚至婦女可能因而因自己不想經歷懷孕生產過程而利用此制度等理由，認為不應合法化；贊成者則以為，此一制度將帶給不孕夫妻或同性戀者一線希望，滿足其生殖權利與組成家庭權，而代理孕母也因此獲得一定之經濟利益[44]。此等論證之兩端，如何獲致平衡？仍有待各國社會共識之形成。

---

[43] 中央社／基輔綜合外電報導，2022年3月15日，〈俄侵烏悲歌防空洞百名代孕嬰兒等不到親生父母〉，https://udn.com/news/story/122663/6166281（最後瀏覽日期：2022/5/13）。

[44] Mrinal Vijay, Commercial Surrogacy Arrangements: the Unsolved Dilemmas, 3 *UCL Journal of Law and Jurisprudence* 200, 202-206 (2014); Kristiana Brugger, International Law in the Gestational Surrogacy Debate, 35 *Fordham International Law Journal* 665, 669 (2011-2012).

仲裁判斷之司法審查與當事人自主之交錯
—— 以美國聯邦最高法院*Hall Street Assocs. v. Mattel, Inc.*案為中心

游悦晨[*]

壹、前言

　　美國聯邦最高法院於2008年3月25日公布影響美國仲裁法制甚鉅之
*Hall Street Associates, L.L.C.v. Mattel, Inc.*案[1]（下稱*Hall Street*案）之判決
結果。本件事涉聯邦仲裁法（Federal Arbitration Act, FAA）[2]所規範之法
定撤銷仲裁判斷事由[3]得否由當事人基於合意擴充之爭點；本件判決結果

---

[*]　臺灣高等法院法官，中正大學法學博士，美國柏克萊加州大學法學碩士。

[1]　552 U.S. 576, 128 S.Ct. 1396, 170 L.Ed.2d 254 (2008). 美國聯邦法院藉由本件判決揭
　　示：聯邦仲裁法所列舉之法定撤銷仲裁判斷事由不得本於當事人意思加以擴張。
　　關於仲裁協議與仲裁判斷之範圍，以及相關司法審查問題之討論，可參見張曼隆，
　　〈仲裁協議與仲裁判斷之司法審查〉，《仲裁季刊》，第84期，2007年12月，第
　　59-78頁。

[2]　See https://www.law.cornell.edu/uscode/text/9 (last visited: 2022/6/4).

[3]　9 U.S.C. § 10. Same; vacation; grounds; rehearing

　　(a) In any of the following cases the United States court in and for the district wherein the
　　award was made may make an order vacating the award upon the application of any party
　　to the arbitration--

　　(1) where the award was procured by corruption, fraud, or undue means;

　　(2) where there was evident partiality or corruption in the arbitrators, or either of them;

　　(3) where the arbitrators were guilty of misconduct in refusing to postpone the hearing,
　　upon sufficient cause shown, or in refusing to hear evidence pertinent and material
　　to the controversy; or of any other misbehavior by which the rights of any party have
　　been prejudiced; or

　　(4) where the arbitrators exceeded their powers, or so imperfectly executed them that a

明確指出，除聯邦仲裁法所列舉之法定撤銷仲裁判斷事由外，當事人不得以合意擴張撤銷仲裁判斷之事由。本件判決之結論，似乎與另一個聯邦最高法院向來所支持之仲裁法制核心價值或趨勢相衝突。易言之，晚近司法實務傾向認定，當事人意思自主原則得凌駕關於限制當事人意思自治運用之法律規範，而本判決則是趨向限制當事人自主之範圍。當然，基於三權分立的憲法思考，聯邦最高法院再次重申，某些商業事件中當事人意思的落實，應藉由立法或修法處理之，該院允宜避免擴大法律適用與解釋之範圍，以免侵犯立法權。

　　本判決牽涉仲裁法制中仲裁判斷之司法審查與當事人意思自主原則兩項根本問題之交錯。本文藉由觀察美國聯邦最高法院所作成的判決，探討仲裁判斷之司法審查與當事人意思自主之議題。本文第壹部分為前言，第貳部分闡述當事人自主與司法審查兩項仲裁制度中之根本核心價值，第參部分簡介美國聯邦最高法院*Hall Street*案之事實、爭點與裁判要旨，第肆部分針對美國聯邦最高法院*Hall Street*案之內容加以評析，第伍部分則為本文之結論。

貳、當事人自主與司法審查之核心價值

一、序說

　　仲裁（Arbitration）制度為法律上處理民事糾紛的重要方式之一，早

---

mutual, final, and definite award upon the subject matter submitted was not made.

[(5)Redesignated (b)]

(b) If an award is vacated and the time within which the agreement required the award to be made has not expired, the court may, in its discretion, direct a rehearing by the arbitrators.

(c) The United States district court for the district wherein an award was made that was issued pursuant to section 580 of title 5 may make an order vacating the award upon the application of a person, other than a party to the arbitration, who is adversely affected or aggrieved by the award, if the use of arbitration or the award is clearly inconsistent with the factors set forth in section 572 of title 5.

已為世界各國所採用並重視。由於國際貿易的發達，仲裁制度亦趨國際化，因其具有專業、快速、確定、經濟、祕密等優點，並兼顧和諧性，且於仲裁期間，當事人雙方關於各種商業活動可繼續維繫，使得仲裁成為國際貿易實務中，最被廣泛採用為解決爭端之方式。

我國仲裁法第1條即規定：「有關現在或將來之爭議，當事人得訂立仲裁協議，約定由仲裁人一人或單數之數人成立仲裁庭仲裁之。前項爭議，以依法得和解者為限。仲裁協議，應以書面為之。當事人間之文書、證券、信函、電傳、電報或其他類似方式之通訊，足認有仲裁合意者，視為仲裁協議成立。」簡言之，仲裁為當事人以約定之方式，將其已發生或將來的爭議，於發生爭議時，提交仲裁人，由仲裁人依一定之程序來解決之制度。基此可知，仲裁制度之本質為當事人之合意，並以當事人自主為其最大之特色，而仲裁庭之仲裁判斷具終局性，與法院之確定判決有同一效力，對當事人有拘束力。再者，仲裁制度是以信賴第三者所作之判斷為基礎，即信賴第三者之公正、誠信，並具有遵守仲裁程序為妥善判斷之能力，進而賦予仲裁終局判斷之法律效果，於聲請法院為執行裁定後，即得為強制執行[4]，因此，仲裁判斷效力之確定性與安定性，亦為仲裁制度存在之重要核心價值。

二、當事人自主原則與程序選擇權

(一)當事人自主原則

徵諸前述「仲裁」之定義與說明可知，仲裁制度最大之特色與基礎，即在於「當事人自主」原則。是以，當事人即有權選擇將單一或多數之爭議交由第三人即仲裁人加以判斷，並得選定仲裁人或依預定選任之方式加以選定，而仲裁人之權限則來自當事人仲裁協議之授權，仲裁人並應給予雙方當事人公平陳述意見之機會，且仔細衡量雙方所提出之證據，藉由當事人所賦予之權力與義務，作成具有拘束性之仲裁判斷[5]。

---

[4]　參見尹章華，《仲裁與海商仲裁》，文笙書局，2003年7月，初版，第1-3頁。

[5]　參見尹章華，同前註書，第4-5頁。

實務上，即因仲裁契約具有此一特色，由雙方當事人將其紛爭交付第三人，即仲裁人為判斷之合致意思表示，仲裁人基於其得為仲裁判斷之法律上地位，於解決當事人間之實體法律爭議事項，判斷其法律上效果時，即有適用法律之職權，而不受當事人法律見解之拘束，因此，商務爭議藉由仲裁程序以為救濟程序，當然較為經濟便利[6]。然當事人依其自主意思約定之仲裁條款，是否即毫無限制或仍須視仲裁法就相關法律規範之性質，是否有公益性、強制性或僅為任意性規範而有不同，此即為本文所引案例及本文論述欲加以討論之中心議題。

(二) 程序選擇權

當事人採用訂立仲裁協議之方式，合意選用仲裁程序，於此過程中，實已先衡量仲裁程序與訴訟程序所涉實體利益及程序利益，有所取捨後始為決定。此種合意，係兼以程序選擇、處分為對象，而含有處分程序性質、作用，並非僅以系爭標的財產權為其處分對象，在民事訴訟法採處分權主義及就程序之開始承認當事人進行主義等前提下，實為法之所許，亦可保障並強化當事人之程序主體地位，使當事人之程序選擇權獲得實踐[7]。

此外，依仲裁法第19條規定：「當事人就仲裁程序未約定者，適用本法之規定；本法未規定者，仲裁庭得準用民事訴訟法或依其認為適當之程序進行。」此條文主要即係參考聯合國國際商務仲裁模範法第19條，允許當事人約定仲裁程序而訂，旨在確立當事人程序自主原則，亦即賦予當事人程序選擇權，使仲裁制度符合國際化與自由化。如當事人就仲裁程序有所約定，仲裁庭自應遵照當事人此項約定進行仲裁，在當事人未有約定時，則適用仲裁法之規定，仲裁法未規定時，仲裁庭即得準用民事訴訟法或其他認為適當之程序進行。然約定之範圍為何，法無明文，依上述仲裁程序仍以貫徹當事人自治原則之法理，解釋上，仲裁法所未規定之程序事

---

[6]　參見吳光明，《仲裁法理論與判決研究》，翰蘆，2004年，第30頁。

[7]　吳光明，同前註書，第285-287頁。

項，仍得由當人合意約定，但如係涉及仲裁程序之正當原則、公序良俗，或法所不許之行為等影響仲裁判斷效力者，即不在此限[8]。

三、仲裁判斷之司法審查

(一) 司法審查之必然性

　　仲裁既係賦予當事人就依法得和解之法律上爭議，不進行訴訟，而選擇以仲裁方式加以解決之權限，並由仲裁人就經提付仲裁之爭議，作成一具有法律上拘束力之決定。當事人訂立仲裁契約即賦予仲裁人作成上述判斷之權限，司法機關理論上就仲裁判斷即不得再為實體上之審查。然因仲裁程序之進行，仍可能出現仲裁庭之組成或仲裁程序上有重大瑕疵發生，致影響當事人權益之情事，前者如仲裁庭之組成或仲裁程序，違反仲裁協議或法律規定者；後者則如仲裁協議不成立、無效、仲裁庭於詢問終結前未使當事人陳述等，仲裁人仍作成仲裁判斷。此時，仲裁即喪失公正解決當事人爭議之基本功能。是以，各國仲裁法莫不在承認仲裁判斷具有與法院裁判相同之效力外，多設有由當事人就具瑕疵仲裁判斷請求救濟之途徑，例如，允許當事人提起上訴或再審，而由法院對仲裁判斷之程序正當與否或實體之妥當性為審查；或由當事人向上一級之仲裁庭表示不服前仲裁庭判斷之結果；或如我國法制，當事人得提起撤銷仲裁判斷之訴，請求法院予以撤銷之[9]，而上述各種救濟途徑，即為司法審查必然性之具體展現。

　　由上可知，有限而適度的司法審查保障的是程序公正，倘若仲裁判斷存在實體錯誤而又無法藉由司法審查獲得救濟時，對於法律制度之正義理念，以及對於追求實體公正之當事人而言，均難謂妥適。為克服司法審查範圍之有限性，若干仲裁當事人乃預先藉由仲裁協議明確約定擴大對仲裁判斷之司法審查範圍，亦即授權法院審查仲裁判斷之實體問題，以達到糾

---

[8]　參見張迺良，〈仲裁程序〉，收於《仲裁法新論》，中華民國仲裁協會，2008年3月，三版，第193-195頁。

[9]　參見李念祖，〈仲裁判斷之撤銷〉，收於《仲裁法新論》，中華民國仲裁協會，2008年3月，三版，第310-312頁。

正仲裁判斷實體錯誤之目的。然而，上開擴大司法審查範圍之協議本身是否有效，非無疑義，尤其是在美國，學者間針對此問題持續爭論[10]，聯邦法院司法實務就此亦形成兩相對立的判決結果。此即本文所引案例，以及本文論述主要探討之議題。

(二) 司法審查之適度性

由於仲裁係以尊重當事人自治為原則，且具國際化與自由化之趨勢，仲裁法更是以此為修正之指標；是以，法院雖如前述具有審查監督仲裁判斷之功能，然司法對仲裁應係盡協助之責，而非干預，僅於必要時，得依當事人之起訴而撤銷不合法或非有效作成之仲裁判斷，此亦為世界各國之立法潮流[11]。

仲裁制度係一次性的爭端解決機制，其裁決一經作出就具有法律效力，亦即所謂的「一裁終局」，這已在國際商務仲裁立法與司法實務運作中獲得普遍認可[12]。從紐約公約[13]第5條第2項第b款規定[14]意旨亦可得知，除非仲裁判斷有程序瑕疵或基於公序良俗之事由外，法院不得另行審查仲裁判斷實體認定內容之妥當性。紐約公約之所以嚴格限制法院介入審查仲裁判斷，其目的就在於藉由便利締約國間仲裁判斷之承認及執行，以鼓勵

---

[10] Karan A. Lorang, Mitigating Arbitration's Externalities: A Call for tailored Judicial Review, 59 *UCLA L. Rev.* 218 (2011); Jeffrey W. Stempel, Asymmetric Dynamism and Acceptable Judicial Review of Arbitration Awards, 5 *Y.B. on Arb. & Mediation* 1, 56-7 (2013).

[11] 參見陳煥文，《仲裁法逐條釋義》，崗華傳播事業有限公司，2002年10月，二版，第301-302頁。

[12] *United Paperworkers Int'l Union v. Misco, Inc.*, 484 U.S.29, 38 (1987); *Burchell v. Marsh*, 58U.S. 344, 349 (1855).

[13] Convention on the Recognition and Enforcement of Foreign Arbitral Awards 1958, available at: https://uncitral.un.org/sites/uncitral.un.org/files/media-documents/uncitral/en/new-york-convention-e.pdf (last visited: 2022/6/4).

[14] Article 5 (2)(b), *id.* ("2. Recognition and enforcement of an arbitral award may also be refused if the competent authority in the country where recognition and enforcement is sought finds that: (b) The recognition or enforcement of the award would be contrary to the public policy of that country.")

及促進仲裁制度之使用[15]。

為確保仲裁的一裁終局性，通常各國立法或司法實務對仲裁判斷並不審查實體判斷結果，一般的事實認定，甚至法律適用錯誤，並不構成撤銷仲裁判斷之事由。換言之，仲裁制度之一裁終局性乃仲裁之所以能成為國際商務紛爭解決機制之一項關鍵根本原因，亦為仲裁制度廣獲採納、賴以存在之根基所在。因此，國際間多數仲裁立法及司法實務，多係透過謙抑、有限度的司法審查，避免司法對仲裁判斷之實體內容加以審查，以確保仲裁判斷之終局效力，從而落實仲裁之效率與終局價值。我國仲裁法第五章所設撤銷仲裁判斷之訴等相關規定，亦本此精神而立法。

爰以撤銷仲裁判斷制度是否妥當，攸關人民對仲裁制度之信賴，同時也是仲裁制度是否能廣為人民所接受與利用的關鍵；因此，一國之仲裁法制有關撤銷仲裁判斷制度之建構，包括實定法之規定以及司法裁判之見解，均須特別慎重；法院在審理撤銷仲裁判斷案件時，亦應就仲裁制度及撤銷仲裁判斷事由之立法背景加以瞭解，期能在提供當事人就瑕疵仲裁判斷之救濟途徑時，不至因濫用此撤銷訴訟而傷害仲裁制度，促成當事人循訴訟外自治性機制解決紛爭之本質[16]。

參、美國聯邦最高法院 *Hall Street* 案簡介

一、爭議背景[17]

美國聯邦仲裁法第10條明確列舉當事人得聲請法院撤銷仲裁判斷之

---

[15] *Scherk v. Alberto-Culver Co.*, 417 U.S. 506, 520 n15 (1974). ("The goal of the Convention, and the principal purpose underlying American adoption and implementation of it, was to encourage the recognition and enforcement of commercial arbitration agreements in international contracts and to unify the standards by which agreements to arbitrate are observed and arbitral awards are enforced in the signatory countries.")

[16] 參見張迺良，同前註8，第313頁。

[17] 李鳳琴，〈仲裁當事人協議擴大司法審查範圍的效力〉，《雲南大學學報》法學版，第25卷第4期，2012年，第115頁以下。

四項事由[18]，同法第11條亦規定法院得針對仲裁判斷進行修正或更改之三項事由。依上開條文規定，美國法院對仲裁判斷之審查許可權與範圍，僅限於程序事項，並不包括實體事項。然而，由於聯邦仲裁法並未明確規定當事人是否可以在仲裁協議中約定擴大對仲裁判斷之司法審查範圍，導致司法實務上美國各聯邦地區法院及巡迴法院間產生歧異見解（circuit split）。針對當事人得否以合意擴張司法審查之事由，聯邦巡迴法院大體上形成肯否兩種見解：

（一）肯定說[19]

聯邦第一、第三、第四、第五和第六巡迴法院，支持當事人得以合意擴張仲裁判斷之司法審查範圍。上開巡迴法院之見解大致認為，聯邦仲裁法所規定之司法審查範圍，原則上僅係例示性／補充性規範（default rule）。換言之，若當事人透過仲裁協議擴大司法審查之範圍時，允應尊重當事人之合意約定，若無特別約定，自應回歸聯邦仲裁法所定之審查事由。

在Gateway Technologies, Inc. v. MCI Telecommunications Corp案（下稱Gateway案）[20]中，當事人在仲裁協議中約定，仲裁判斷具有終局效力並對雙方當事人均具約束力，惟若仲裁判斷中法律適用錯誤，當事人得向法院提起救濟，此一協議獲得第五巡迴法院之認同。在此之後，第四巡迴法院亦肯認Gateway案之見解與合理性，並認當事人得以合意授權聯邦地區

---

[18] 聯邦仲裁法第10條之撤銷仲裁判斷事由，包括仲裁判斷之作成涉及貪瀆、詐欺或不正影響力、仲裁人偏頗、仲裁人逾越其權限、仲裁程序違背當事人聽審權等。詳參見藍瀛芳，〈仲裁判斷的積極救濟途徑（上）〉，《仲裁季刊》，第90期，2010年4月，第40-43頁。

[19] Tom Cullinan, Contracting for an Expanded Scope of Judicial Review in Arbitration Agreements, 51 *Vand. L. Rev.* 395 (1998); Stephen Younger, Agreements to Expand the Scope of Judicial Review of Arbitration Awards, 63 *Alb. L. Rev.* 241, 262 (1999); Alan Scott Rau, Contracting Out of the Arbitration Act, 8 *Am. Rev. Int'l Arb.* 531 (2000); Karon A. Sasser, Freedom to Contract for Expanded Judicial Review in Arbitration Agreements, 31 *Cumb. L. Rev.* 337 (2001).

[20] 64 F. 3d 993 (5th Cir. 1995).

法院對仲裁判斷進行全面審查[21]。此外，第五巡迴法院亦在判決中支持當事人得以合意授權法院審查仲裁判斷法律適用之錯誤，該院認爲：「正如美國聯邦最高法院先例所揭示，仲裁之基礎源自當事人之合意而非強迫，倘若忽視當事人之真意，聯邦仲裁法中支持仲裁制度之政策將無法落實。即使擴大司法審查將損及仲裁之程序利益，法院仍應如此爲之，蓋當事人自主乃仲裁制度中之首要考量，聯邦仲裁法之仲裁政策亦要求法院應依當事人之仲裁協議所約定之條件扮演監督及協力之角色。[22]」

　　在*Roadway Packages Sys., Inc. v. Kayser*案[23]中，第三巡迴法院判認：「聯邦仲裁法允許當事人選擇仲裁程序、仲裁規則等，法院應屬行當事人之仲裁協議。因此，法院應肯認當事人享有透過仲裁協議授權法院擴大司法審查之權力。[24]」而在*Puerto Rico Telephone Co. v. U.S. Phone Manufacturing Corp.* 案[25]中，第一巡迴法院判決理由指出，聯邦仲裁法之首要目的乃屬行當事人之仲裁協議[26]。雖然，法院充分瞭解允許當事人合意擴大司法審查範圍，將有損仲裁效率，但法院仍認：「快速有效率地解決糾紛不應成爲聯邦仲裁法之首要目的；有效執行當事人之仲裁協定之政策目的，理應優先於快速有效率解決紛爭之法律政策。爲更妥適地履行當事人合意擴大司法審查範圍的權力，同時又不損及到仲裁人的自主裁量權，法院認爲，聯邦仲裁法所規定司法審查之範圍乃例示性及補充性規範，若當事人沒有明確在協議中擴大司法審查範圍，自應適用聯邦仲裁法所規定之司法審查範圍。[27]」

---

[21] Joshua K. Norton, Having Your Cake and Eating It Too? Contractually Expanding Judicial Review of Arbitration Decisions, 86 *Neb. L. Rev.*192 (2007).

[22] *Supra* note 20, at 997.

[23] 257 F. 3d 287, 293 (3d Cir. 2001).

[24] *Id.*, at 292-293.

[25] 427 F. 3d 21(1st Cir. 2005).

[26] *Id.*, at 31.

[27] *Id.*

(二) 否定說[28]

相對於前述肯定說，聯邦第七、第八、第十巡迴法院，針對仲裁當事人是否得以合意擴大司法審查之範圍乙節，則採否定見解[29]。

在*Bowen v. Amoco Pipeline Co.*案[30]中，當事人在仲裁協議中約定，倘若仲裁判斷欠缺足夠之證據支持，當事人得提起上訴救濟之。第十巡迴法院針對上開當事人間擴大司法審查範圍之約定不予贊同，法院判認：「聯邦仲裁法所隱含之立法政策，以及聯邦最高法院判決先例所確定之原則，均不支援當事人透過私人間協定改變司法程序。倘若允許當事人擴大司法審查，對聯邦仲裁法之基本政策將帶來潛在危害，包括將淡化仲裁判斷之終局性，降低仲裁之獨立性，損害仲裁效率與仲裁之便利性等，而且擴大的司法審查範圍，不免將置法院於必須審查其不熟悉之規則與程序之境地。[31]」

在*Compare Kyocera Corp. v. Prudential-Bache Trade Services*案（下稱*Kyocera*案）[32]中，聯邦第九巡迴法院判認，聯邦仲裁法規定之審查標準具有排他效力，因此，當事人無權要求法院履行其間所約定更為寬泛之司法審查標準。法院進一步指出：「倘若允許擴大司法審查範圍，將減損仲裁帶給當事人之益處，而且不免使得仲裁成為訴訟之前置程序。[33]」值得玩味的是，聯邦第九巡迴法院原本在*Lapine Technology Corp. v. Kyocera*

---

[28] Hans Smit, Contractual Modification of the Scope of Judicial Review of Arbitral Awards, 8 *Am. Rev. Int'l Arb.* 147 (1997); Kenneth M. Curtin, An Examination of Contractual Expansion and Limitation of Judicial Review of Arbitral Awards, 15 *Ohio St. J. on Disp. Resol.* 337 (2000); Katherine A. Helm, The Expanding Scope of judicial Review of Arbitration Awards: Where Does the Buck Stop?, 1 *Disp. Resol. J. 16* (2006-2007).

[29] Robert O. Sheridan, Note, All Almost Quiet on the Expanded Review Front: Supreme Court Rejects Expansion of Judicial Review of Arbitration Awards, 13 *Suffolk J. Trial & App. Advoc* 93, 98 (2008)

[30] 254 F. 3d 925 (10th Cir. 2001).

[31] *Id.*, at 935-936.

[32] 341 F. 3d 987 (9th Cir. 2003).

[33] *Id.*, at 998.

*Corp*案[34]（下稱*Lapine*案）中係採肯定說之見解，而在前述*Kyocera*案方始改變見解。*Lapine*案法院認定，當事人擴大司法審查之協議為有效，緣以當事人在確定仲裁事項以及仲裁人遵循之程序方面擁有相當寬廣之自主權，基此，法院認為：「與當事人本於自由意願簽訂之其他協議相比，似無顯而易見之道理，足以使法院忽視當事人間擴大司法審查之約定。因此，倘若當事人合意選擇比聯邦仲裁法規定之審查標準更為嚴格之審查事由，法院允應尊重當事人之合意。[35]」

　　歸納上述巡迴法院採取否定見解之理由，大致包括下列各端[36]：1.擴大司法審查範圍將有損仲裁效率，而且將改變仲裁之整體進程；2.允許合意擴大司法審查範圍，違背聯邦仲裁法關於法院應避免干預仲裁判斷之基本政策；3.聯邦仲裁法中所列舉的司法審查理由係強制性、排他性規範，不允許當事人約定聯邦仲裁法規定之外之審查事由；4.允許當事人合意擴大司法審查範圍，無異授予當事人得創設司法管轄權之權力。

　　在相隔六年之後，第九巡迴法院一改過去肯定說之見解改採否定說，推翻原本在*Lapine*案中支持當事人擴大司法審查範圍之觀點，也間接促成日後聯邦最高法院藉由*Hall Street*案統一各聯邦巡迴法院間之判決歧異。聯邦最高法院於2008年對*Hall Street*案進行審理，以6：3之結果作出了判決，認定契約當事人不能協議擴大司法審查範圍的判決。該案可謂一波三折，以下擬分別摘要介紹該案事實、爭點及主要判決理由。

二、案例事實

　　Hall Street Associate, LLC（下稱Hall Street）與Mattel, Inc.（下稱Mattel）簽訂土地租賃契約，同意出租一塊位於奧勒岡州之工業用地給Mattel；由於系爭土地在Mattel承租前曾出租他人使用，雙方並於租賃契

---

[34] 130 F.3d 884 (9th Cir. 1997).

[35] *Id.*, at 890.

[36] *Supra* note 28.

約中約定，Mattel承租期間，倘有因Mattel本身或前承租人[37]使用系爭土地而違反環境法所造成之損失，Mattel均必須負責賠償。嗣於1998年間，一項檢驗報告顯示，系爭土地地下水層含有由Mattel之前承租人因工業製造所排放出之高含量污染物，因而違反奧勒岡州飲水品質法。在與奧勒岡環境品質部門達成清理環境之和解協議後，Mattel即通知Hall Street其欲於2001年終止兩造間之租約。Hall Street即爭執Mattel並無終止系爭租約之權利，並要求Mattel必須為上述因環境補救措施所造成之損失負損害賠償之責，遂對Mattel提起民事訴訟。

在Mattel針對終止土地使用契約之爭點獲得勝訴判決[38]之後，兩造協議針對損害賠償之爭點提付仲裁。法院同意兩造將損害賠償爭點提付仲裁之協議，爰裁定將兩造有關損害賠償之爭點交付仲裁。雙方仲裁協議之內容為，本件仲裁判斷如有：（一）仲裁人認定事實未依據證據；或（二）仲裁人適用法律之結果顯屬錯誤等情，奧勒岡州之美國聯邦地區法院得為維持、撤銷、修改或更正該仲裁判斷之判決。

嗣該案提付仲裁後，仲裁庭就前述損害賠償部分為Mattel勝訴之仲裁判斷，因其認Mattel須在違反兩造租約所定之環境法規，始對Hall Street負損害賠償責任，而奧勒岡州飲水品質法係屬保護人類健康之法律，因此Mattel並無賠償之責。基於上述二種法律係屬不同範疇之規範，仲裁庭因認本件係屬違反奧勒岡州飲水品質法，與兩造於租賃契約中所定Mattel應負賠償責任之環境法規不同，Mattel自毋庸負兩造於租賃契約所定之損害賠償責任。

Hall Street於接獲此敗訴之仲裁判斷後，即詳加審究兩造之仲裁協議，並決定以仲裁庭有未將奧勒岡州飲水品質法認屬環境法規之適用法律錯誤為由，就上開仲裁判斷提起撤銷仲裁判斷訴訟。奧勒岡州聯邦地區法院審理後亦同此認定，而將此仲裁判斷撤銷，發回仲裁庭再為仲裁。而此次仲裁結果，即依據法院發回所指摘之上述法律適用錯誤之意旨，認

---

[37] 前承租人自1951年起使用系爭土地。

[38] 本件民事訴訟雙方並未適用陪審團審理程序，而係協議由法官逕為審判（bench trial）之程序。

Mattel應依兩造租賃契約所定，對Hall Street負損害賠償責任。Mattel不服
此第二次仲裁判斷，旋上訴至美國聯邦第九巡迴上訴法院，該院認為撤銷
仲裁判斷事由僅限於聯邦仲裁法第10條所列舉之各項法定事由，而認兩造
以合意約定「仲裁人適用法律之結果顯屬錯誤」為撤銷仲裁判斷事由並非
適法，係無強制履行之效力，故認Mattel之上訴有理由，而將案件發回地
區法院更審，嗣此案第二次上訴至聯邦第九巡迴上訴法院，並維持先前之
判決結果後，美國聯邦最高法院為統一各聯邦上訴法院間針對同一爭點之
不同判決結果[39]，遂就此案核發移審令（*writ of certiorari*），針對當事人
合意增列聯邦仲裁法所列舉之撤銷仲裁判斷事由以外之原因，作為其等間
仲裁判斷之得撤銷事由是否有效之爭議部分，表示意見。

三、本件爭點及判例要旨

(一) 本案爭點

　　由上述案例事實可知，其所涉爭點在於：仲裁當事人得否以協議增加
聯邦仲裁法第10條所明定之撤銷仲裁判斷事由以外之事由，作為法院得撤
銷仲裁判斷之根據？

(二) 判例要旨

1. 多數意見

　　Hall Street於所提給最高法院之法律意見中，就聯邦仲裁法所規定之

---

[39] 各聯邦上訴法院間判決歧異之情形，前述有關肯定說與否定說之論述部分已有針對
部分案例加以說明，茲再彙整如下：否定當事人得以合意擴充聯邦仲裁法第10條所
明定之撤銷仲裁判斷事由之案例有*Compare Kyocera Corp. v. Prudential-Bache Trade
Servs., Inc.*, 341 F.3d 987, 1000 (9th Cir. 2003), *Bowen v. Amoco Pipeline Co.*, 254 F.3d 925,
935 (10th Cir. 2001)；而肯定當事人得以合意擴充聯邦仲裁法第10條所明定之撤銷仲
裁判斷事由之案例有*Puerto Rico Tel. Co. v. U.S. Phone Mfg. Corp.*, 427 F.3d 21, 31 (1st
Cir. 2005), *Jacada (Europe), Ltd. v. International Mktg. Strategies, Inc.*, 401 F.3d 701, 710
(6th Cir. 2005), *Roadway Package Sys., Inc. v. Kayser*, 257 F.3d 287, 288 (3d Cir. 2001),
Gateway Tech., Inc. v. MCI Telecom. Corp., 64 F.3d 993, 997 (5th Cir. 1995)，形成聯邦上
訴法院間見解歧異之現象，聯邦最高法院因認有統一見解之必要。

撤銷仲裁判斷事由，應非屬排他性規範之主張，提出兩個主要理由：(1)在*Wilko v. Swan*案（下稱*Wilko*案）[40]中，聯邦最高法院曾提及「仲裁判斷明顯不適用法律」得作為撤銷仲裁判斷事由之可能性。換言之，自*Wilko*案後，法院應已接受當事人仲裁協議所定之非法定撤銷仲裁判斷事由係可存在；(2)聯邦仲裁法所揭示之聯邦立法政策意旨，即係著重於當事人意思自主原則，故仲裁協議之屬行方式，亦應尊重兩造間所定之方式為之。

　　為6位多數意見判決書執筆之聯邦最高法院大法官Souter首先指出，在*Wilko*案中固然有某些對Hall Street有利之論述，部分上訴巡迴法院則亦有認仲裁人明顯適用法律違誤得援為撤銷仲裁判斷之事由者，然而，縱使採認法官可以創設有限度之非法定撤銷仲裁判斷事由，此亦不意味Hall Street所提出有關當事人得以合意擴充撤銷仲裁判斷事由之論點為可採；相反地，在*Wilko*案相關之段落文字中，已明示拒絕准許法院就仲裁判斷於法律適用是否錯誤可為一般性之審查。Souter大法官更進一步指出，事實上，聯邦最高法院從未有意將仲裁人明顯不適用法律之原因作為得提起撤銷仲裁判斷之事由；*Wilko*案判決文中，所謂仲裁判斷明顯不適用法則（得援為撤銷仲裁判斷根據之可能）等語，最高法院當時意思或為描述聯邦仲裁法所規定之法定撤銷仲裁判斷事由之整體概念，亦可能針對某一個特定法定事由而敘述[41]。Souter大法官指出，無論如何詮釋，均不得將*Wilko*案之判決意旨理解為支持當事人得以合意約定非聯邦仲裁法所明定之撤銷仲裁判斷事由之先例。

　　至於當事人意思自治原則之論題，Souter大法官認為，聯邦仲裁法通常偏向承認並屬行兩造間合意訂定之仲裁協議效力。因此，法條明文准許當事人得合意決定仲裁人之資格、選擇之方法、仲裁事件之範圍、程序規則和實體法。儘管一般原則上均傾向尊重當事人意思自主原則，惟Souter大法官仍明確指出，某些法律文字所具有之特徵以及所建立之法律架構，使聯邦仲裁法無從承認當事人合意所定之非法定撤銷仲裁判斷事由協議之

---

[40] 346 U.S. 427 (1953).

[41] Souter大法官在本件判決中係舉聯邦仲裁法第10 a (4)條仲裁人越權仲裁得為撤銷仲裁判斷之依據為例。

效力。據Souter大法官之看法，這樣的合意違反聯邦仲裁法第9條所定：地區法院必須承認仲裁判斷之效力，除非該仲裁判斷具有與同法第10條和第11條所定之撤銷、修改、更正等規範內容之事由[42]。在與聯邦仲裁法准許當事人選定仲裁人之規定相較之下，Souter大法官認為該法第9條、第10條之規範內容係不得由當事人以合意更改的；Souter大法官更指出，假設第10條留有可為當事人合意補充之餘地，則當事人合意之事由，亦必須符合該條所定各項規範之意旨，因為法條已將得撤銷仲裁判斷事由限於幾種越權行為，解釋法律之結果，則不容許得擴張至法院亦可審查仲裁判斷之法律適用錯誤。

除了法律之文義解釋，Souter大法官認應將上述法律規範視為國家應限縮對仲裁判斷之司法審查，使仲裁判斷具快速和最後決定性之原則。任何擴張解釋均會使仲裁判斷成為冗長和昂貴訴訟程序之前置程序，實非一明智之舉。

2. 少數意見

在Kennedy大法官亦協同參與之不同意見書中，Stevens大法官即指出，於1925年尚未制定聯邦仲裁法前，係可透過當事人合意由司法審查仲裁判斷之適用法律錯誤，而美國國會採用聯邦仲裁法，即係為了提升仲裁協議就其約定條款的執行力，所以Stevens大法官相信會制定如此之法律規範，是為了提高當事人協商關於適用法律錯誤之司法審查協議之公平性。在此前提下，聯邦仲裁法第10條雖係強制性規定，亦即該條項下所規定之撤銷仲裁判斷事由係法定應撤銷事由，但並未限制當事人不得合意該法條所定以外之撤銷仲裁判斷事由。最後，Stevens大法官更指出，縱然本件確有司法審查限縮性與當事人意思自主原則兩項價值的衝突，亦應以當事人意思自主原則為優先考量，他稱此概念為仲裁法制之「至上重要性（至上價值）」（presumption of overriding importance）[43]。

---

[42] See http://www4.law.cornell.edu/uscode/html/uscode09/usc_sec_09_00000009----000-.html (last visited: 2022/6/4).

[43] 552 U.S. 576, 128 S.Ct. 1396, 170 L.Ed.2d 254 (2008); Stevens, J., dissenting, available at: https://supreme.justia.com/cases/federal/us/552/06-989/dissent.pdf (last visited: 2022/6/4).

此外，Breyer大法官亦提出不同意見書，在其簡短的不同意見書中，Breyer大法官指出，法院應承認當事人就司法審查範圍的合意，就此而言，並未違反聯邦仲裁法的任何規定，以及任何相關的公共政策。

肆、美國聯邦最高法院 *Hall Street* 案評析

一、*Hall Street*案之重要性

雖然*Hall Street*案牽涉的是美國國內交易和適用美國內國法，聯邦最高法院的判決對於在美國境內審理之國際商務仲裁案仍可能有歧見。在一般原則下，針對國際商務仲裁事件之仲裁判斷，法庭地法院得以法庭地法所定之撤銷仲裁判斷事由，加以撤銷該仲裁判斷[44]。在紐約公約[45]與巴拿馬公約[46]之規範下，當法庭地法院行使此一權力，撤銷仲裁判斷事由，即成為第三國拒絕執行該仲裁判斷之理由。於此狀況下，限縮與明確界定之撤銷仲裁判斷事由，將可提高他國承認仲裁條款之意願，並可提升仲裁判斷的國際流通性。相反地，空泛和定義不清的撤銷仲裁判斷事由，即適得其反。因此，大部分現代仲裁法或以明定撤銷仲裁判斷事由方式[47]，或僅

---

[44] See e.g., Andrew Tweeddale and Keren Tweeddale, *Arbitrationof Commercial Disputes*, 2005, p. 372; Alan Redfern and Martin Hunter, *Lawand Practiceof International Commercial Arbitration*, 2003, 4th ed., pp. 409-421; Julian D.M. Lew et al., *Comparative International Commercial Arbitration*, 2003, pp. 664-668.

[45] *Supra* note 13.

[46] 美洲國家國際商務仲裁公約（Inter-American Convention on International Commercial Arbitration, 1975）available at: https://www.law.cornell.edu/uscode/text/9/chapter-3 (last visited: 2022/6/4).

[47] See Model Law on International Commercial Arbitration of the U.N. Commission on International Trade Law, art. 34(2), G.A. Res. 40/72, U.N. GAOR 40th Sess., Supp. No. 53 at 308, U.N. Doc. A/40/53, adopted Dec. 11, 1985.

容許在明確定義限制內變更撤銷事由[48]，即於此範圍內允許變更，並許可
兩造當事人可以限縮法定之撤銷仲裁判斷事由。

聯邦最高法院判認聯邦仲裁法所定之撤銷仲裁判斷事由爲專屬性
（列舉式）[49]，以及拒絕承認當事人可合意擴張上開事由之可能性，因此
所爲之前述判決，固然具有爭議性，但聯邦最高法院確實藉由此判決之意
旨維繫聯邦仲裁法之權威性，同時維繫美國作爲國際商務仲裁主要仲裁中
心之吸引力。

二、價值衝突與利弊分析[50]

（一）當事人自主優先

本件判決牽涉尊重當事人自主與限縮司法審查兩大仲裁法制的根本價
值，業如前述。支持因當事人自主而應適度擴張司法審查基礎之理論大致
如下：

1. 尊重當事人意思自治之價值，應優先於促進仲裁效率與安定之價值

仲裁源於當事人之意思自治，既然當事人有權選擇仲裁程序、仲裁地
點、提付仲裁之事項，有權選擇仲裁人、選定仲裁規則，以及仲裁準據法
等，支持契約自由之論者因此認爲，司法審查之範圍，亦屬仲裁制度上不
可或缺之重要組成部分，自得由當事人合意協定，否則支持仲裁之政策將
無法體現。

針對反對論者有關允許仲裁當事人擴大司法審查範圍，將可能導致仲

---

[48] See English Arbitration Act of 1996, § 69(1), 36 I.L.M. 155 (1997) (providing for appeals of awards on questions of law, but permitting exclusion of the court's jurisdiction by agreement); Swiss Private International Law Act of 1987, art. 192(1), 27 I.L.M. 37 (1988) (allowing the disputing parties to exclude some or all grounds for annulment of awards, provided that none of the parties have their domicile, habitual place of residence, or business establishment in Switzerland).

[49] 民國94年3月4日公布之大法官釋字第591號解釋理由書意旨亦明確闡示，仲裁法第40條所列撤銷仲裁判斷之事由，乃採列舉主義，即當事人欲提起撤銷仲裁判斷之訴，請求法院撤銷仲裁判斷，必須具有該條所定之事由，始得爲之。

[50] 李鳳琴，同前註17。

裁缺乏效率之指謫，契約自由論者認為，尊重當事人之仲裁協議理應優先於仲裁效率。固然，快速有效率地解決糾紛向來是仲裁制度的最大優點，即使支持當事人得以協定擴大司法審查範圍之論者亦不諱言，允許當事人協議擴大司法審查範圍將可能損及仲裁之效率；然而，契約自由論者認為，聯邦仲裁法之根本政策目的並非僅為迅速地解決糾紛，更重要的是確保當事人間仲裁協議得以獲得屨行。因此，縱使必須相當程度犧牲仲裁效率作為代價，當事人擴大司法審查之協議仍應獲得屨行[51]。

2. 擴大司法審查是否有損仲裁效率之風險，當事人將自行評估、承擔

　　商務交易實務上，當事人對於交易風險，通常會事前加以評估；倘有紛爭發生，以仲裁方式處理爭端之利弊，當事人亦已事前衡量；同理，針對是否擴大司法審查仲裁判斷之範圍，當事人亦必在權衡利弊之後，方始於仲裁協議中加以確定。析言之，擴大司法審查範圍或許有其弊端，例如損及仲裁之效率與終局安定性等，然而，當事人對於自己將要承擔之權利義務，通常會仔細斟酌，並據以在仲裁協議明定。於此情況下，是否擴大對仲裁判斷之司法審查，必然經過當事人審慎之評估後加以決定。倘若當事人追求的是仲裁之效率與終局確定性，自不會選擇擴大司法審查之範圍；反之，若當事人追求仲裁判斷之公平正義，自得基於合意選擇擴大司法審查之範圍。要之，是否擴大司法審查範圍乙節，合應由當事人自行決定，而非由法院代替當事人行使[52]。

(二) 仲裁判斷安定性優先

　　倘若法院依據當事人之協議而擴大司法審查之範圍，恐將破壞仲裁程序之完整性，間接損及仲裁制度之優勢，具體理由包括：

1. 當事人自治不應擴及司法審查領域

　　固然，仲裁當事人得以協議選擇仲裁程序、仲裁事項、仲裁地或仲裁

---

[51] Norton, *supra* note 21, at 199.

[52] Margaret M. Maggio and Richard A. Bales, Contracting Around the FAA: The Enforceability of Private Agreements to Expand Judicial Review of Arbitration Awards, 18 *Ohio St. J. on Disp. Resol.* 192 (2002).

規則等，然非謂當事人得以協議擴大司法對仲裁判斷之審查範圍。當事人
意思自主應限於仲裁階段，一旦仲裁判斷作出後，當事人意思自治即告終
止，因此，擴大的司法審查協議，顯已超出當事人關於仲裁程序和範圍的
意思決定，而屬於司法權管轄範疇，這屬於公共政策問題，應當由法律加
以強制性規定[53]。仲裁法設計上，藉由有限的司法審查，以保障仲裁之終
局性和獨立性，而擴大審查範圍無疑將會破壞此一政策目的。仲裁法限制
司法審查範圍的規定是強制性的，允許仲裁當事人協議擴大司法審查權，
無異私人協議對司法之干涉，並將導致仲裁與訴訟混合之兩步驟程序，浪
費私人資源和公共資源，更將破壞仲裁程序之完整性。

2. 有違仲裁制度隱含之基本政策

　　各國仲裁法及國際公約關於仲裁判斷之司法審查，向來均是嚴格限
制，倘若允許當事人以協議擴大司法審查之範圍，將與仲裁制度向來所建
立有限度之司法審查之政策相悖離，其結果將導致仲裁判斷效力之不確定
性，進而損害仲裁判斷在國際間執行之可預見性。尚且，倘若因擴大司法
審查而使國際仲裁判斷因法律或事實錯誤而被撤銷，但因該仲裁判斷依
《紐約公約》仍具有執行力，仲裁勝訴一方很可能早已執該仲裁判斷並依
據《紐約公約》在他國獲得執行，如此結果將會導致判決之國際衝突，直
接影響當事人對仲裁制度之正當期待，也有違長久以來法律制度支持仲裁
之公共政策[54]。

3. 減損仲裁制度之優勢

　　仲裁制度在國際間之所以能蓬勃發展，主要係因仲裁足以提供比訴訟
更加私密、更有效率與靈活之程序；上開特性，有賴法院儘可能避免對仲
裁判斷進行實質審查，以確保仲裁程序之獨立性，如此維繫訴訟外紛爭解
決機制之效力，一方面不僅可減少司法訴訟上之負擔，另一方面也持續藉
由仲裁程序之靈活性，以及司法審查之有限性確保仲裁之高效率。此外，
仲裁所處理之糾紛類型，往往有別於法院所承審之一般民商糾紛，蓋因仲

---

[53] Laurence Franc, Contractual Modification of Judicial Review of Arbitral Award: The French
Position, 10 *Am. Rev. Int'l Arb.* 220 (1999).

[54] Curtin, *supra* note 28, at 356.

裁適合於解決特殊專業之糾紛類型，各專業領域之仲裁人得本於公平原則
作為仲裁判斷之基礎，毋庸受限於嚴格之法律規則。就此而言，倘若因為
司法審查範圍擴大導致仲裁與訴訟之間的界限變得模糊，仲裁人將不免犧
牲仲裁之效率，並且花費更多之時間、精神去作出並完成類似法院判決之
仲裁判斷，以避免無法通過司法之實質審查，如此結果，必然有害於仲裁
之優勢，減損仲裁作為訴訟外紛爭解決機制之價值，仲裁制度甚至將難以
為繼[55]。

(三) 小結

聯邦仲裁法重要立法政策與目的之一，在於確保仲裁之效率與仲裁程
序之獨立性，限制司法對仲裁判斷進行審查之範圍，以落實支持仲裁之基
本政策。換言之，仲裁判斷安定性優先，其政策目的就是要維護仲裁程序
之獨立性和終局性，減少司法對仲裁的干涉，因此，制度設計上有必要透
過立法，以確保仲裁獨立於訴訟的體制，維繫仲裁判斷之終局性效力[56]。

三、*Hall Street*案未決之法理爭議

聯邦最高法院在*Hall Street*案中，除了明確地認定當事人不得以合意
擴張聯邦仲裁法之撤銷仲裁判斷事由外，至少仍留有四個懸而未決的問
題。第一，固然聯邦最高法院強調，該院無意將仲裁人明顯不適用法則
作為得撤銷仲裁判斷之事由，但針對法院得否有限地擴充解釋以增加非
法定撤銷仲裁判斷事由，以及其範圍為何，最高法院在本件判決中並未明
確表明立場；第二，在聯邦最高法院的本件判決中，並未就在州仲裁法下
合意擴張之撤銷仲裁判斷事由是否有效表示意見[57]。然而，因美國各州之
仲裁法與聯邦仲裁法的規定有諸多相同的文字特徵，並具有相關聯之立法

---

[55] 李鳳琴，同前註17。

[56] Amy J. Schmitz, Ending a Mud Bowl: Defining Arbitration's finality Through Functional Analysis, 37 *Ga.L. Rev.* 158 (2002).

[57] Henry Weisburg and Christopher Ryan, *Hall Street v. Mattel*, Nat'l. L.J. 12 (May 12, 2008).

沿革[58]，當類似爭議發生時，恐難得出州法應與聯邦法採取不同立場之結論；第三，本件並未敘及當事人雙方得否合意擴張如《紐約公約》與《巴拿馬公約》等條約之拒絕承認仲裁判斷事由。雖然在技術上而言，該等條約亦與聯邦仲裁法有著相同的文字特徵，因此，當類似爭議發生時，恐亦難得出關於拒絕承認外國（州）仲裁判斷部分應與撤銷仲裁判斷部分，採取不同立場之結論；第四，本案並未指出，在聯邦仲裁法下所產生的爭議，如係涉及國際商務仲裁紛爭，是否應得出相同的結論。雖尚未有何先例就國際商務仲裁方面之爭議加以討論，但因聯邦最高法院關於國際商務仲裁事件之態度，亦係傾向承認並屬行合意選法與仲裁協議之效力，且美國實務上向來肯認國內與國際商務事件仍具傳統上之區別，在此前提下是否意味，當涉及國際商務仲裁糾紛時，法院應採取與本件判決結論不同之立場？此一議題，有待日後觀察。

伍、結論

美國不同聯邦法院間過去針對仲裁當事人是否得以協議擴大司法審查範圍所呈現之不同見解，適巧呼應法學界針對如何看待當事人自治原則與支持仲裁結果安定性之政策間的不同態度。主張契約自由、當事人自治優先之論者認為，當事人有權放棄仲裁之部分效率，並藉由協定擴大司法審查範圍，以追求更妥適之公平正義；相對於此，支持仲裁結果安定性之論者極力維護仲裁之獨立性和終局效力，以充分發揮仲裁制度的價值和功能[59]。

固然，聯邦最高法院在*Hall Street*案揭示明確之立場，但現階段即肯

---

[58] 許兆慶，〈美國2000年修訂統一仲裁法簡析〉，《仲裁季刊》，第65、66期，2002年6月、10月，收錄於許氏著《國際私法與比較法研究》，翰蘆，2005年9月，第289-291頁。

[59] 丁穎，〈論當事人對仲裁裁決司法審查範圍的合意變更〉，《法學評論》，第5期，2006年，第42頁。

定預測聯邦最高法院與下級法院往後審理國際商務仲裁爭議時，將會採取如同本件判決之相同論點，恐仍言之過早。然若果真採取同一見解，則是否會與美國司法實務近來所採取有關「當事人自治原則係足以超越案例實務上就仲裁所設之限制[60]，甚至超越美國國會制定之強制法規範效力[61]」之立場相背離？仍值深思！未來發展尚待觀察。無論如何，*Hall Street*案似可視為聯邦最高法院針對國際商務仲裁爭議事件中，高度屬行當事人自治原則之反思，同時對於國際商務仲裁程序穩定性與仲裁效力終局性之尊重。

最後，在*Hall Street*案中所清楚呈現的一點即是，聯邦最高法院已明確表示不願以太過簡化之判決用語，直接形成須以法律明確規範之商業條件。換言之，聯邦最高法院隱含當事人以協議擴大司法審查範圍之當否，應由國會立法決之。此外，法院亦表示擴張法定撤銷仲裁判斷事由，將使得仲裁程序成為可能必須續行冗長、昂貴司法程序之前置程序，因此，如何能夠適度容許法院針對仲裁判斷適用法律之違誤進行司法審查，而又能儘可能避免因訴訟所造成之延滯，確屬重要課題。就此而言，1996年英國仲裁法之立法例或可參照，該法規定唯有在當事人合意或法院決定下，就適用英國法而非外國法有疑義，及僅在案件所涉及之法律問題具有原則重要性下，始得由法院決定是否得上訴[62]等方式，來避免仲裁判斷因事實而涉訟時之延滯訴訟問題。換言之，如何就仲裁事件，透過立法程序制定一個可行之救濟方式，實優於以司法裁判之方式來形成法律依據，且更具其特定及明確性。

---

[60] See *Mitsubishi Motors Corp. v. Soler Chrysler-Plymouth, Inc.*, 473 U.S. 614, 628-639 (1985).

[61] See e.g., *Bonny v. Society of Lloyd's*, 3 F.3d 156, 159-162 (7th Cir. 1993); *Roby v. Corporation of Lloyd's*, 996 F.2d 1353, 1361-1366 (2d Cir. 1993); *Riley v. Kingsley Underwriting Agencies*, 969 F.3d 953, 958-960 (10th Cir. 1992). See also *Lipcon v. Underwriters at Lloyd's, London*, 148 F.3d 1285, 1291-1295 (11th Cir. 1998); *Richards v. Lloyd's of London*, 135 F.3d 1289, 1293-1296 (9th Cir. 1998); *Haynsworth v. The Corporation*, 121 F. 3d 956, 965-970 (5th Cir. 1997).

[62] See English Arbitration Act of 1996, § § 69(1)-(2), (8), 82(1), 36 I.L.M. 155 (1997).

《選擇法院協議公約》之「重大利益」聲明條款探究

馮霞*、劉流**

壹、前言

　　海牙國際私法會議第20次外交大會於2005年6月30日通過了海牙《選擇法院協議公約》（以下簡稱「該公約」）[1]，該公約旨在推動國際範圍內各國法院對於商事判決的相互承認與執行。作為公共秩序這項國際私法的基本原則已經出現在公約相關法律條文中後，該公約在第四章一般條款中又規定了「重大利益」事項的聲明，即第21條規定特定事項。根據該規定，當一個國家在某些事項上存在「重大利益」，如果適用該公約的規定將損害該國的「重大利益」，那麼該國就可以通過聲明排除該條約對某些特定事項的適用。但是對於什麼是「重大利益」，什麼事項才能構成「重大利益」，該公約並沒有作出定義。該條文的出發點是賦予該公約的締約國一定的自主權，通過採用「重大利益」聲明這樣的保留機制，將那些無法採用公共秩序保留的事項排除在《選擇法院協議公約》適用範圍之外。我們觀察到，2014年12月4日歐盟委員會正式通過《關於以歐盟名義批准

---

* 中國政法大學國際法學院教授，博士生導師。

** 中國政法大學國際法學院博士研究生。

[1] 2014年12月4日，歐盟委員會正式通過《關於以歐盟名義批准2005年6月30日〈海牙選擇法院協議公約〉的決定》，2015年6月11日，歐盟代表正式向荷蘭外交部交存了批准書。由於此前墨西哥已經批准了該公約，根據公約第31條的規定，公約自第二份批准書交存後3個月期間屆滿後的第一個月的第一天起生效，因此，公約於2015年10月1日起正式生效。中國大陸作為海牙國際私法會議成員國，全程參與了本公約的談判，且2017年9月12日簽署了《選擇法院協議公約》，目前尚未完成國內批准程序。

2005年6月30日〈海牙選擇法院協議公約〉的決定》，根據該決定，歐盟以地區性經濟一體化組織的身分加入海牙《選擇法院協議公約》。2015年6月11日，歐盟代表正式向荷蘭外交部交存了批准書。2015年10月1日，該公約開始對歐盟各國生效，同時由於歐盟通過該公約第21條「重大利益」條款作出的聲明是在批准加入時一起作出的，根據該公約第32條聲明條款的時間規定，該聲明也一併開始生效。歐盟作出的「重大利益」聲明是在保險合同上，為了保護投保人、被保險人和受益人的利益，歐盟決定採用正面清單的模式，將適用該公約的保險合同進行了詳細列明，對於沒有列出的其他保險合同類型則排除該公約的適用，即歐盟在保險合同上不適用本公約。因此，深入分析「重大利益」的內涵，同時清晰區分其與公共秩序的不同，將有助於中國大陸在批准該公約時，對涉及「重大利益」的事項作出明確的聲明，以此來保護中國的商事主體和司法管轄權。

貳、「重大利益」基本內涵與外延之考察

一、「重大利益」基本語義

　　「利益」對於人們來說是很容易理解的兩個字，但卻很少有人知道利益的本質到底是什麼，因此，馬克思和恩格斯把「利益」作為其研究對象，「利益」也因此成為了馬克思主義唯物史觀的重要理論範疇之一，他們認為「利益是激勵人們為滿足自身生存和發展的需要而進行的改造客觀世界的、有意識活動的客觀動因」[2]。「重大利益」是一個組合詞，無論在中國的漢語還是西方的各類語言中，「重大」都是一個表示程度的副詞，用來修飾「利益」二字，意在突出其重要作用或影響力大。然而，對於「利益」二字的內涵分析，中西方卻經歷了不同的發展歷程。

　　在中國，「利益」二字的由來已久，屬於中國倫理思想的範疇之一，無論是墨家「興天下之利」的行為價值取向，或是道家推崇追求的

---

[2] 《馬克思恩格斯選集》第4卷，人民出版社，1995年，第248頁。

「絕巧棄利」理念，還是儒家提出「雖堯舜不能去民之欲利」的利益主張[3]。儘管各家對「利益」所持的態度不同，但同時也表明各家越來越重視對於「利益」的理解，這種不同觀點的表達更加促進了人們對於其內涵的探究。根據《中華法學大辭典》對「利益」給出的定義，「利益是反映人民對其周圍世界的積極關係，是社會主體同周圍現實中那些能夠幫助他們作為社會成員生產和發展的現象和對象的客觀關係的表現，是人民各種行為和行動的內在推動力」[4]。對於「利益」概念的理解，大體有主觀說、客觀說、主客觀統一說和關係說四種觀點：第一種觀點即主觀說，認為利益是人的主觀情欲所需，是人們對於滿足一定需要的意志方向，具有意識屬性；第二種觀點即客觀說，認為涉及利益的內容和表現形式都是客觀的；第三種觀點即主客觀統一說，認為利益的內容是客觀的，但以主觀的形式表現出來，是主客觀相統一的產物；第四種觀點即關係說，認為利益是一種主體與客體之間的關係，表現為客體為了滿足主體的需求進行分配，從而形成各種不同的社會關係[5]。在中國，後兩種觀點占據了主流地位。筆者認為，在上述四種觀點中，關係說更能揭示出「利益」這個概念的本質特徵，以主觀需求為前提，需要藉助客體的分配來最終實現主體的滿足。但是，由於受到社會物質條件的限制，不同社會主體的利益有相同一致的一面，同時也存在著不同，甚至衝突的一面。

在西方，人們對「利益」二字起初並沒有明確的認知，直到資產階級的文藝復興運動爆發，才引發了思想家們對「利益」的探討。17世紀英國唯物論者霍布斯認為：「對於每一人，其目的都是為著他自己的利益的」[6]。雖然，此觀點強調的是一己私利，認為人是利己的存在，但卻讓「利益」二字出現在了人們的視野中。隨後，18世紀法國啟蒙思想家霍爾巴赫通過其《自然的體系》一書，將愛與利益連繫在一起，認為

3　朱貽庭主編，《倫理學大辭典》，上海辭書出版社，2002年，第310頁。

4　孫國華主編，《中華法學大辭典》（法理學卷），中國檢察出版社，1997年，第283頁。

5　參見王偉光，《利益論》，中國社會科學出版社，2010年，第73-74頁。

6　霍布斯，《利維坦》，黎思複、黎廷弼譯，商務印書館，2017年，第667頁。

「利益」是人愛什麼、恨什麼的動機[7]。最終，資產階級理論家們將「利益」等同於人的需要，認為人的需要形成了利益。此外，在英語中一般採用「interest」、「benefit」這兩個詞來表示「利益」，根據字典給出的解釋，他們對於「利益」的理解是表示一個組織或者團體對某一具體的事項，具有共同的擔憂或者顧慮，尤其是在政治和商業方面[8]。同樣地，「重大」二字在英文中也有多個不同的單詞表達，但他們表達的意思非常接近，即作為形容詞來修飾後面的名詞，意在表明其重要性，因此在「重大利益」中強調的就是，「利益」的重要性。

通過上述分析可以得出，中國強調「重大利益」，針對的一定是某一類社會主體，那些對這類主體的社會關係產生強烈巨大影響的事項，即侵犯了這類主體的「重大利益」。而國外對「利益」的認知，更加強調主觀方面即主體的需求或滿足，其中主體可以是一個人，也可以是一個團體組織；而「重大利益」則是對主體具有重要意義，或者能對主體形成巨大刺激的那些需要。

二、「重大利益」在國際文件中的內涵與外延考察

(一)「重大利益」在WTO官方文件中的內涵與外延

作為一個世界性的貿易組織，WTO在爭端解決方面會將爭端方之外的其他各方利益考慮在內，從而確保各個裁決能對世界各國，無論是成員方還是非成員都帶來積極的影響，促進世界貿易的發展。因此，為了能更大程度地保護有「重大利益」的第三方，WTO的官方文件中特意保留了一些條款來保護他們的利益[9]，如《關於爭端解決規則與程序的諒解》中，根據第4.11條規定，如果第三方認為某一爭端涉及其「重大利益」，

7　參見霍爾巴赫，《自然的體系》，管士濱譯，商務印書館，2009年，第535頁。

8　參見Judy Pearsall，《The New Oxford Dictionary of English》，上海外語教育出版社，2001年，第951頁。參見Della Thompson，《The Concise Oxford Dictionary》，外語教學與研究出版社，2000年，九版，第710頁。

9　參見楊國華，《中國與WTO爭端解決機制專題研究》，中國商務出版社，2005年，第201-203頁。

可以通過闡明其理由申請加入磋商階段；根據第10.2條規定，在專家組審議過程中，給予存在「重大利益」的第三方提交書面報告的機會[10]。至於上述條款中何為「重大利益」，WTO官方文件中並沒有給出明確的定義，而是交由各國在提交的申請文件中闡述自己的理由，證明自己在爭端案件中存在「重大利益」。

　　非常有典型意義的案件應該是《煙草平裝法案》（以下簡稱「煙草法案」）[11]。2012年，古巴、印尼、洪都拉斯以及多明尼加向WTO就澳大利亞的「煙草法案」提出磋商，先後共計有24個國家作為第三方，向WTO提交了書面或者口頭報告，聲明自己在此案中所存在的「重大利益」。儘管各方的報告有些基於保密性要求不予公開，但根據官方公布的總結文件，依然可以清晰地歸納出各個第三方對各自「重大利益」的闡述。我們看到，作為申請成為第三方的24個國家對於澳大利亞煙草相關法案形成反對和支持兩種意見。作為反對方，津巴布韋在其申請報告中開篇就闡明了自己申請作為第三方加入此爭端的「重大利益」所在。報告指出，煙草是津巴布韋的主要農業，很多的農民是靠種植煙草為生，同時煙草也是其國家最大的出口品，本國的經濟和民生都依賴於煙草行業，而該案所涉澳大利亞的煙草法案對津巴布韋的經濟會造成致命的影響，煙草價格下降，全球需求減少，出口額下降，同時會影響國內依靠煙草這個行業生存的人們，導致大量人口失業，最終影響社會的穩定[12]。另外一個較為典型的反對方日本，則主要關注的是知識產權保護方面的問題，其闡述作為第三方在該案中的「重大利益」時，認為澳大利亞借用公共健康的名義出臺了「煙草法案」，實則是通過立法將澳大利亞國內侵犯知識產權的行為合法

---

[10] WTO官方文件：Understanding on Rules and Procedures Governing the Settlement of Disputes, available at: https://www.wto.org/english/docs_e/legal_e/28-dsu_e.htm#4, Article 4, Article 10 (last visited: 2022/2/7)。

[11] *Tobacco Plain Packaging Act 2011*, C2021C00466, available at: https://www.legislation.gov. au/Details/C2021C00466 (last visited: 2022/2/7).

[12] 18-4060, Annex C-24 Executive summary of the arguments of Zimbabwe C-79, WT/DS435/ R/Add.1・WT/DS441/R/Add.1・WT/DS458/R/Add.1・WT/DS467/R/Add.1.

化，尤其是商標方面的知識產權侵權行為，這與日本國內的知識產權相關法律是衝突的，同時也與日本主張的國際範圍內的知識產權保護理念相違背[13]。而作為支持方，中國大陸在申請成為第三方的報告中闡述自己的「重大利益」時表明，認同澳大利亞對於煙草危害公共健康的觀點，同時中國大陸也一直在致力於通過各種手段控制煙草的使用，因此，中國大陸期望通過WTO對本案的最終裁定，認可政府為了人類健康對煙草這個行業進行有效抑制的行為，同時也獲得世界範圍內對中國現有法規政策的支持[14]。烏拉圭在申請成為第三方的報告中，結尾處特意使用了「重大利益」四個字表明其態度。烏拉圭在報告中指出，該國目前也正在考慮在國內通過一系列的規則來控制煙草，所以希望通過此次爭端的裁定，來再次確認每個國家為了本國的公共利益，可以在其國內通過立法或者行政等手段來控制以煙草為代表的這類危害公眾健康的行業，為烏拉圭政府日後採取的手段而尋求WTO的支持[15]。

綜上，通過分析上述四個國家作為第三方的闡述，可以試圖概括出在WTO的相關文件中列明的「重大利益」的基本內涵強調：1.他國某一事項能夠對本國整體的經濟產生重大影響；或者2.對本國現有關於相關事項的政策法規帶來很大挑戰；或者3.對本國未來計畫制定實施的相關事項的政策法規產生風向標式的影響。如果任何一個第三方能夠詳細闡明正在進行的爭端案件對其自身的影響達到了上述三種情況之一，則存在了WTO官方文件中所稱的「重大利益」，就此，WTO理應接受其成為爭端第三方的要求。

---

[13] 18-4060, Annex C-7 Executive summary of the arguments of Japan C-28, WT/DS435/R/Add.1・WT/DS441/R/Add.1・WT/DS458/R/Add.1・WT/DS467/R/Add.1.

[14] 18-4060, Annex C-4 Executive summary of the arguments of China C-14, WT/DS435/R/Add.1・WT/DS441/R/Add.1・WT/DS458/R/Add.1・WT/DS467/R/Add.1.

[15] 18-4060, Annex C-22 Executive summary of the arguments of Uruguay C-75, WT/DS435/R/Add.1・WT/DS441/R/Add.1・WT/DS458/R/Add.1・WT/DS467/R/Add.1.

（二）「重大利益」在《美國衝突法重述（第二次）》中的內涵與外延

美國現有的司法體系中，聯邦各州擁有獨立的司法權，一州的法院判決並不會在其他州獲得當然的承認和執行，在美國憲法及修正案條款的協調下，《美國衝突法重述》指導解決州際之間法院判決的統一性問題成為可行的方式之一。

1971年《美國衝突法重述（第二次）》第五章專門規定了判決，其中第4項是對承認和執行的抗辯，列明19種抗辯的事由[16]。根據抗辯事由第1

---

[16] 《美國衝突法重述（第二次）》第五章判決四、對承認和執行的抗辯

第103條：如果承認和執行在美國一州中作成的判決，將使其姊妹州的重大利益受到不應有的干涉，因而不符合完全誠意與信任這一國家政策的要求，則該姊妹州無須承認和執行該判決。

第104條：無司法管轄權或者未予適當通知或適當申辯機會情況下作成的判決，其他州應不予承認和執行。

第105條：由非主管法院作出的，因缺乏主管而可能在其作成地受到間接異議的判決，將不爲其他州所承認和執行。

第106條：除第105條的規定外，在判決前的訴訟程序中發生事實性或法律性錯誤的判決，其他州仍應予以承認和執行。

第107條：依據作成地州本地法非爲最終決定的判決，其他州應不予承認和執行。

第108條：除非依據作成地州的本地法，有關支付金額的判決數額已經最終確定，否則判決將不爲其他州所執行。

第109條：法院可以自由地承認和執行依據作成地州本地法可做修改的判決。

第110條：非有關訴因實質的判決，僅在其實際決定的問題範圍內，其他州應予承認。

第111條：因受未履行條件的限制而不能在其作成地州執行的判決，其他州應不予執行。

第112條：在其作成地州失效的判決，其他州應不予執行。

第113條：如果判決的持有人被永久地禁止執行該判決，則該判決不爲其他州執行。

第114條：如果與前一判決不一致但有效的判決，在該當事人之間後來的另一訴訟中作成，而且依據後一判決作成地州的本地法，後一判決在效力上優於前一判決，則在美國一州中作成的前一判決應不爲其他姊妹州所承認或執行。

第115條：如果根據向法院證明的事實，在判決作成地州可以就該判決獲得衡平法上的救濟，則該判決將不爲其他州所承認和執行。

第116條：如果依據其作成地州的本地法，一項判決已以支付或其他方式得到執行，則該判決將不爲其他州所執行。

第117條：即使由於美國一州強有力的公共政策，原始訴訟請求在該州法院中本無

條即第103條規定，「如果承認和執行在美國一州中作成的判決，將使其姊妹州的重大利益受到不應有的干涉，因而不符合完全誠意與信任這一國家政策的要求，則該姊妹州無須承認和執行該判決。」也就是說，儘管「完全誠意與信任」條款源於美國的憲法[17]，但是該條款的效力並不是絕對的，當某項判決涉及一個州的「重大利益」時，該條款將會被排除適用[18]。抗辯事由中的第117條是關於公共秩序的規定，即如果一項判決與被請求州法院所在地的公共秩序相違背，那麼該判決也會被拒絕承認和執行[19]。由此可見，美國衝突法重述將「重大利益」區別於公共秩序，雖然整部重述中並沒有專門條文來解釋「重大利益」的涵義，但是卻強調了其獨特的地位，甚至有些情況下，聯邦政府出臺的一些政策的效力都需要讓位於一州自己的「重大利益」[20]。

考察發現，美國強調各個州所擁有的「重大利益」由來已久，如1933年的亞伯勒夫婦的離婚訴訟案件[21]。該案發生在1927年，喬治亞州法院判決亞伯勒夫婦離婚，同時判決亞伯勒先生共計支付1,750美元的子女撫養費，女兒成年以前的生活和教育費用全部包含在內。後來女兒搬到南加利

法勝訴，但在姊妹州中就同一請求作成的有效判決得為前一州所承認和執行。http://www.pkulaw.com/eagn/ac09b2aa5bed819a8926f279277b635fbdfb.html（最後瀏覽日期：2022/2/7）。

[17] 《美國聯邦憲法》第4條第1款：各州對其他各州的公共法案、紀錄和司法程序，應給予完全的信賴和尊重。國會得制定一般法律，用以規定這種法案、紀錄和司法程序，如何證明以及具有何等效力。https://max.book118.com/html/2017/0803/125742147.shtm（最後瀏覽日期：2022/2/7）。

[18] 參見孫勁，《美國的外國法院判決承認與執行制度研究》，中國人民公安大學出版社，2003年，第102頁。

[19] 《美國衝突法重述（第二次）》第117條：即使由於美國一州強有力的公共政策，原始訴訟請求在該州法院中本無法勝訴，但在姊妹州中就同一請求作成的有效判決得為前一州所承認和執行。http://www.pkulaw.com/eagn/ac09b2aa5bed819a8926f279277b635fbdfb.html（最後瀏覽日期：2022/2/7）。

[20] Reese and Johnson, The Scope of Full Faith and Credit to Judgments, 49 *Colum.L.Rev.* 153, 164, 171 (1949).

[21] Herma H. Kay, Larry Kramer, and Kermit Roosevelt, *Conflict of Laws Cases-Comments-Questions*, West Academic Publishing, 2013, 9th ed., p. 483.

福尼亞州與祖父一起生活，1930年也就是女兒16歲的那年，由於父親給付的撫養費不夠支付大學的費用，於是女兒向南加利福尼亞州的法院起訴父親亞伯勒先生，要求其支付大學的學費。父親向法院抗辯稱，喬治亞州已經對其應該承擔的撫養費作出了判決，南加利福尼亞州的法院應該根據「完全誠意與信任」的要求承認這一判決。最終南加利福尼亞州的法院沒有完全承認和執行喬治亞州之前的判決，而是作出要求亞伯勒現在支付女兒大學的學費的判決，理由是女兒的訴訟要求涉及本州的「重大利益」，就此斯通法官詳細闡明了原因，指出喬治亞州法院對撫養費的判決是基於其州的法律和政策，但是南加利福尼亞州也有自己保護未成年子女的相關法規，這些規定是為了給生活在本州的未成年人提供支持，保證他們基本的正常生活和學習，這同時也是本州政府的責任。未成年子女的撫養費問題涉及本州的「重大利益」，若承認姊妹州的先前判決將會大大犧牲本州的利益，對本州的司法權造成了不應有的干涉，因此，不予支持姊妹州的判決，而是根據本州現有的法律規定重新作出了判決[22]。

　　通過上述案例分析，可以試圖概括出「重大利益」在《美國衝突法重述（第二次）》中的內涵，即：1.若爭議事項涉及美國某一個州特定群體的生活問題；2.對本州能夠產生巨大的影響；3.同時對本州的司法管轄權造成不應有的干涉。那麼，這個州就可以聲稱自己在這個事項上存在「重大利益」。

三、「重大利益」在《選擇法院協議公約》中的內涵與外延

（一）「重大利益」與公共秩序的關係

　　綜觀《選擇法院協議公約》的條文，其中不僅有涉及公共秩序的規定，同時也有專門對於「重大利益」的說明，意在強調二者概念上的差異和適用過程中的不同。因此，清晰界定公共秩序與「重大利益」在該公約中的各自內涵，顯得尤為重要。

　　公共秩序起源於義大利法學家巴托魯斯提出的一個概念，即「令人厭

---

[22] *Id*., at 481-487.

惡的法則」。他認為，這類法則不具有域外效力，可在域內排除其適用，以達到公正的目的[23]。此後，隨著社會的發展，國際私法學者也在不斷對公共秩序的理論進行一步步深入的闡述，如英國的戴西、德國的薩維尼等法學家們，使其異彩紛呈。1804年《法國民法典》第一次通過法律條文的形式，明確規定了公正秩序的適用，義大利和德國也緊隨其後在各自的國內法律中作出了規定。時至今日，公共秩序成為制定國際私法的國家中，一個必不可少的法律制度[24]。

　　就像不同的法系對公共秩序有著不同的理解一樣，不同的國家對公共秩序有著不同的法律用語表述。根據泰特雷在《國際衝突法》中的觀點，在大陸法系國家，公共秩序是由高標準的道德準則和社會行為所組成；在普通法系國家，「公共秩序是由體現在國家憲法、權利法院、法律、法規、判例以及公認的習慣法中自然公正的基本原則所組成」[25]。公共秩序在英國和美國被稱為「公共政策」，在德國被稱為「排除條款、保留條款」，在韓國被稱為「善良風俗或其他社會秩序」。國際私法中的公共秩序更多的是強調在國際民商事糾紛中的法律適用問題，通常是經衝突規範指引適用的外國法律，因違背法院地國的公共秩序被排除適用[26]。雖然，各國對公共秩序作出了立法規定，但是由於存在傳統文化、風俗習慣、社會發展程度等方面的不同，各國在司法實踐中對於公共秩序的適用範圍和條件都有各自的標準，世界範圍內統一的標準並不存在。因此，德國的學者薩維尼認為，公共秩序的適用除了依照內國的道德、內國法的精神及目的來解釋外，沒有其他的辦法[27]。

　　關於公共秩序於重大利益的關係問題，我們先考察公共秩序的涵

---

[23] 參見李雙元，《國際私法（衝突法篇）》，武漢大學出版社，2016年，第76頁。

[24] 參見金彭年，〈國際私法上的公共秩序研究〉，《法學研究》，第4期，1999年，第113-114頁。

[25] 參見威廉·泰特雷，《國際衝突法——普通法、大陸法及海事法》，劉興莉譯，法律出版社，2003年，第65-66頁。

[26] 參見盧峻，《國際私法之理論與實際》，中國政法大學出版社，2004年，第75頁。

[27] 參見黃進主編，《國際私法》，法律出版社，2005年，二版，第77頁。

義。從國際私法的通用教材上對「公共秩序保留」作出的定義上看，公共秩序保留是指當一個國家的法院審理涉外民商事糾紛時，依據本國法律規定的衝突規範應該適用其他國家的法規，但是如果該外國法律的適用造成與本國的重大利益、基本政策、道德的基本觀念或法律的基本原則相矛盾，那麼此時該外國法規將被排除適用，法院取而代之地運用本國法律進行審判[28]。那麼從這個定義中可以看出，法院地國的重大利益是被公共秩序所包含的，但是從與重大利益並列的「基本政策、道德的基本觀念或法律的基本原則」可以看出，此處更強調的是抽象的「基本」二字，無論是社會方面的，還是道德方面的，或者法律方面的。而在本文的前文中，從不同角度對於重大利益內涵的分析來看，可以發現各國提出「重大利益」時，總是針對具體的事件，既包括嚴重影響某類主體享有的權利和生活，也包括對一國針對特定問題的立法規劃和社會治理產生巨大影響等事件的集合，各國通過解釋說明這些具體事件對本國的重要性來得到外界的認同和支持，從而實現維護本國「重大利益」的目的。由於公共秩序保留涵義中的「重大利益」更加強調的也同樣是法院地國的一些基本利益，儘管有些「重大利益」等同於基本利益，但是並不是囊括了法院地國全部的「重大利益」。也就是說，違背一國公共秩序，必然涉及到對該國某些「重大利益」的違背；但是侵犯一國的「重大利益」，並不一定會侵犯該國的公共秩序。因此，當分別單獨討論「重大利益」的內涵和公共秩序保留中的法院地國的重大利益時，顯然前者的範圍要更加的廣。

　　通過上述分析可以看出，雖然各國對於公共秩序的內容和外延具有模糊性，但卻都是在強調基本性利益，而「重大利益」強調的是重要性利益，二者雖然有交叉，但是側重點不同。除此之外，公共秩序的抽象性決定了在適用的過程中需要通過解釋的手段來實現，無形之中賦予了決定適用該原則的主體法院更大的自由裁量權，但是「重大利益」往往需要藉助某一類主體或者某些具體事項去體現，清晰明確，可以直接適用而不會產生歧異。最後，由於公共秩序會因為適用主體或者地點的不同，而產生不

---

[28] 同前註，第210頁。

同的結果。所以,各國都採取慎用這一原則的態度;但是「重大利益」剛好相反,由於其自身體現出的清晰指引性,相關法律一旦確定,在遇到此類糾紛時即可適用,且沒有其他限制。

(二)「重大利益」與公共秩序在《選擇法院協議公約》中的關係

公共秩序作為國際私法中的一項重要制度,無論是在一國的涉外法律法規中,還是在國際性的條約中,均會被明確提及,目的是維護一國或者法院地國的基本社會制度,《選擇法院協議公約》(以下簡稱「該公約」)也不例外。在該公約第二章管轄權第6條的規定中,詳細描述了未被選擇的法院在處理排他性選擇法院協議時的義務共五項[29],其中第3項列明,未被選擇的法院如果承認爭議雙方簽署的排他性選擇法院協議的有效性與受理該案件的國家關於公共秩序的規定相矛盾,那麼該協議應該被未被選擇的法院認定為無效。除此之外,在該公約的第三章承認和執行中,第9條共列明七項不予承認或執行法院判決的情況[30],其中,第5項是

---

[29] 《選擇法院協議公約》第二章管轄權,第6條:被選擇法院以外的締約國法院應當中止或者放棄排他性選擇法院協議適用的訴訟程序,除非:
1. 根據被選擇法院所在地國家的法律,該協議是無效的;
2. 根據受理案件的法院所在地國家的法律,一方當事人缺乏締結該協議的能力;
3. 承認該協議有效將導致明顯的不公正或者明顯違背受理案件法院所在地國家的公共政策;
4. 基於當事人不可控制的例外原因,該協議不能合理得到履行;
5. 被選擇法院已決定不審理該案。

[30] 《選擇法院協議公約》第三章承認和執行,第9條:承認或者執行可以被拒絕,如果:
1. 該協議根據被選擇法院國法律是無效的,除非被選擇法院已確定該協議是有效的;
2. 根據被請求國法律,一方當事人缺乏締結該協議的能力;
3. 提起訴訟的文書或者同等文件,包括請求的基本要素:
   (1) 沒有在足夠的時間內以一定方式通知被告使其能夠安排答辯,除非被告在原審法院出庭並答辯,且在原審國法律允許就通知提出異議的條件下,被告未就原審法庭的通知問題提出異議;
   (2) 在被請求國通知被告的方式與被請求國有關文書送達的基本原則不符;
4. 該判決是通過與程序事項有關的欺詐獲得的;

若一法院判決與被請求承認或執行國家的公眾秩序相違背，該請求將會被拒絕。

此外，該公約同時也對「重大利益」作出了明確規定，即在該公約第四章一般條款的第21條規定：若一國在某特定事項上存在「重大利益」時，可以提前聲明在該事項上不適應該公約的規定，在此事項上產生爭議的雙方不能通過簽署排他性選擇法院協議來確定管轄的法院，涉及該事項的法院判決也無法通過該公約得到被請求國法院的承認和執行。根據海牙國際私法會議對該公約發布的解釋報告中關於第21條「重大利益」作了如下聲明：1.儘管該公約的第2條已經詳細列明排除適用的範圍，但是考慮到各締約國不同的國情，通過「重大利益」聲明條款可以再次擴大排除適用該公約的事項；2.由於該公約並沒有對「重大利益」作出清晰的概念界定，因此為了防止一國濫用此項權利，該公約要求各國對於「重大利益」聲明的事項必須具體明確，且不能超過必要的範圍；除此之外，3.各國在作出聲明時必須詳細闡述其存在「重大利益」的原因，得到海牙國際私法會議以及其他締約國的支持；同時4.要求作出聲明的國家採用明確不被誤解的語言，對具體事項進行清晰界定，且不能對該事項附加任何類似事件發生的時間、地點等特殊限定要素[31]。

由此可見，《選擇法院協議公約》對於公共秩序和「重大利益」分別用兩個條款作出規定，並特別對「重大利益」作出具體聲明解釋事項，表明兩者並不存在包含關係和等同關係是顯而易見的。

綜觀各國的立法與實踐，由於在國際私法中「重大利益」並沒有像公共秩序一樣成為國際私法的一項基本原則，同時各國對於公共秩序原則

---

5. 承認或者執行將會與被請求國的公共政策明顯相悖，包括導致該判決的具體訴訟程序不符合被請求國程序公正基本原則的情形；

6. 該判決與被請求國就相同當事人間爭議作出的判決相衝突；

7. 該判決與較早前第三國就相同當事人間就相同訴因所作出的判決相衝突，且該較早判決滿足在被請求國得到承認所必須的條件。

[31] Trevor Hartley and Masato Dogauchi, Explanatory Report of the Convention of 30 June 2005 on Choice of Court Agreements, p. 843, available at: https://assets.hcch.net/docs/0de60e2f-e002-408e-98a7-5638e1ebac65.pdf (last visited: 2022/2/7).

的運用標準不一，所以導致有些國家認為「重大利益」屬於公共秩序的一種，對於「重大利益」的侵犯可以通過引用侵犯公共秩序來規範；但是該公約所持的觀點與本文第一部分所論述的WTO官方文件和《美國衝突法重述（第二次）》一致，即「重大利益」區別於公共秩序，應當通過不同條文的規定體現二者同等重要的地位，而非完全的包含與被包含的關係，即侵犯了一國的「重大利益」，並不代表侵犯了一國的公共秩序。除此之外，《選擇法院協議公約》通過「重大利益」聲明條款可以清晰列明不予適用該公約的事項，相比較公共秩序的模糊性和抽象性，對於當事國而言，這種對「重大利益」的聲明更加的公開透明具有明確的意義，能夠更加清楚地獲悉爭議事項是否可以適用該公約的協議管轄[32]。

參、歐盟批准《選擇法院協議公約》關於第21條「重大利益」特定事項聲明條款的評析

一、「保險合同」作為歐盟「重大利益」聲明條款事項的必要性

眾所周知，在沒有《選擇法院協議公約》之前，歐盟有自己內部的《關於民商事案件管轄權和判決的承認與執行的規定》（以下簡稱《布魯塞爾條例Ⅰ》）[33]。《選擇法院協議公約》在2005年6月30日的海牙國際私法會議第20次外交大會上獲得了通過後，歐盟各國對於加入該公約的熱議從未中斷過，因此，考慮到未來加入該公約的可能性，2015年歐盟委員會在對《布魯塞爾條例Ⅰ》進行修訂時也參考了該公約。其目的在於，一方面使《布魯塞爾條例Ⅰ》修訂後的版本能更加反映出該公約在國際範圍內的民商事案件判決承認與執行方面所達到的成就；另一方面也盡可能避

---

[32] Koju Takahashi, Cases and Issues in Japanese Private International Law, *Japanese Yearbook of International Law* Vol. 58, 2015, p. 395.

[33] 《關於民商事案件管轄權和判決的承認與執行的規定》，2000年通過，2002年3月1日生效。後來在2012年底重新對其進行了修訂，並於2015年1月10日生效。

免日後加入該公約對歐盟內部法律帶來的衝突[34]。

儘管如此，在涉及到保護弱者的訴訟管轄權規則中，歐盟並沒有作出任何的讓步。在商事案件中所謂的弱者，就商事合同而言，筆者認為，是指締約合同的雙方，一方相對另一方而言在談判能力、知識水準，尤其是對法律方面的認知，以及發生糾紛後應對訴訟的能力等方面處於相對弱勢的位置。根據修訂後的《布魯塞爾條例Ⅰ》，規定涉及保險合同糾紛、消費者爭議，以及勞動合同爭議等三類合同中存在處於弱勢的一方，將只能在其本國被訴的情形作為特殊的強制性規定。以保險合同糾紛為例，保險人不僅可以在其住所地的成員國的法院被訴，而且也可以在產生爭議的營業活動所在地的成員國法院被訴，或者在原告住所地法院被訴。但是，保險人只能在被告住所地成員國對保單持有人、被保險人或者保險受益人提起訴訟，這在最大程度地保護弱者的權利，避免其需要面對跨國訴訟帶來的高成本訴訟費用，甚至出現語言障礙[35]。由於《選擇法院協議公約》已經將消費者協議和勞動合同排除其適用範圍，因此，歐盟在加入該公約時通過「重大利益」條款，對保險合同作出了有條件的聲明。

值得注意的是，歐盟是以一個政府間國際組織的身分批准加入了《選擇法院協議公約》，該公約生效後，歐盟成員國內部會有兩部關於各國民商事案件判決承認與執行的規定，即《選擇法院協議公約》與《布魯塞爾條例Ⅰ》同時並行。歐盟加入該公約的目的，是解決目前歐盟成員國與歐盟外的國家在法院判決的承認與執行上的難題，但也會考慮到兩個規定同時在歐盟內部成員國之間適用產生的衝突問題，以及如何通過聲明條款來克服這些衝突[36]。儘管如此，歐盟並沒有對所有的不一致事項都作出聲明，而是根據該公約的規定，只對涉及自身「重大利益」的具體事項進

---

[34] Matthias Weller, Choice of court agreements under Brussels la and under the Hague convention: coherences and clashes, *Journal of Private International Law*, Vol. 14, No. 1, pp. 92-93.

[35] REGULATION (EU) No 1215/2012 OF THE EUROPEAN PARLIAMENT AND OF THE COUNCIL of 12 December 2012, SECTION 3 Jurisdiction in matters relating to insurance.

[36] 參見杜濤，〈歐盟跨國民事訴訟制度的新發展——評歐盟「布魯塞爾第一條例」之修訂〉，《德國研究》，第29卷第1期，總第109期，2014年，第103-104頁。

行了聲明，而其中對弱者保護是歐盟一直非常重視的事項。無論是從歐盟成立的公約，還是到現在歐盟的法律規定，都對弱者的保護作出了強制性規定，因為從社會經濟學角度來說，在合同中處於弱勢一方的利益不僅需要實體法的保護，更加需要程序法通過規定特殊的管轄規則來維護[37]。因此，為了保證歐盟內部現有關於弱者保護相關規定的實施，保險合同糾紛存在「重大利益」的聲明，顯得勢在必行。

二、「保險合同」作為歐盟「重大利益」聲明條款事項的可行性

不同於傳統的政府間國際組織，為了真正實現歐盟內部人員、貨物、服務和資本的自由流動，促進經濟和社會發展，歐盟從成立起就將統一法制化建設納入其規劃，其中，實現歐盟內部各國法院判決的相互承認和執行是歐盟一直在積極追求的目標。雖然，《建立歐洲共同體條約》本身沒有直接規定歐盟成員國之間應該彼此承認和執行相互的法院判決，但是，在《歐洲經濟共同體條約》中卻明確規定了各個成員國有義務彼此進行法院判決方面的手續談判，保證各成員國內的公民利益。因此，《布魯塞爾條約Ⅰ》，即《關於民商事管轄權和判決執行條約》應運而生，其詳細規定了各成員國對法院判決的相互承認和執行的問題，《布魯塞爾條約Ⅰ》也是《布魯塞爾條例Ⅰ》的前身[38]。

儘管歐盟在實現內部統一的實體私法方面困難重重，但是在合同法領域卻取得了較大成就。早在1980年，歐盟成員國簽署了《關於合同之債適用法律的公約》（以下簡稱《羅馬公約》），統一了合同方面的法律適用。為了解決公約在適用上需要國家批准的程序問題，歐盟議會和理事會於2008年通過了《歐盟關於合同之債適用法律的規定》（以下簡稱《羅馬規定Ⅰ》），作為歐盟直接立法的結果，具有在各成員國直接適用的效力，進一步實現了歐盟整體在合同法方面的統一[39]。

---

[37] Aleš Gali, Jurisdiction over Consumer, Employment, and Insurance Contracts under the Brussels I Regulation Recast, ALJ 2/2016, p. 122.

[38] 參見徐國建，《國際統一私法總論》，法律出版社，2011年，第788-790頁。

[39] 同前註，第821-823頁。

　　無論是程序法方面的《布魯塞爾條例Ⅰ》[40]，還是實體法方面的《羅馬規定Ⅰ》[41]，都對保險合同進行了專門的規定，規範統一了保險合同本身的法律適用，更重要的是，對於保險合同糾紛案件判決的相互承認與執行的程序，也有了明確的指引。因此，歐盟加入《選擇法院協議公約》時作出的「重大利益」聲明，排除該公約的適用後，在保護歐盟成員國自身利益的同時，依然可以依照歐盟現有的完善規定解決保險合同糾紛判決的承認與執行。

三、歐盟對「保險合同」方面存在「重大利益」的原因

(一)關於「保險合同」糾紛管轄權的確認

　　歐盟對於「保險合同」的管轄權方面，最早的規定是出現在《布魯塞爾公約》第二章管轄權的第三部分，通過七個不同的法律條文規定了投保人起訴保險人時的管轄法院，保險人提起訴訟時的管轄法院，涉及責任保險和不動產類保險糾紛的專門管轄法院，以及保險類別中不適用特殊法院管轄等這幾大類別[42]。雖然，後來歐盟通過直接立法對《布魯塞爾公約》進行了轉化，但是，關於「保險合同」糾紛的管轄權框架始終沒有改變，轉化後的《布魯塞爾條例Ⅰ》及其修正案，均採用了同樣的分類方式進行規定。不同的是，條例Ⅰ更加強調了保護弱者的權利，將公約中只給予投保人的起訴權擴大到了被保險人和受益人，允許他們可以在其住所地法院起訴保險人[43]。

　　無論是公約還是條例，歐盟對於「保險合同」糾紛管轄權的特殊管轄，主要體現在其不允許合同雙方提前達成選擇法院的協議。由於此類合

---

[40] OJ L 351 20.12.2012, CHAPTER II JURISDICTION SECTION 3 Jurisdiction in matters relating to insurance Article 10-Article 16.

[41] OJ L 177 4.7.2008, CHAPTER II UNIFORM RULES Article 7 Insurance contracts.

[42] OJ L 299, 31.12.1972, P32, Brussels Convention on Jurisdiction and the Enforcement of Judgments in Civil and Commercial Matters 1968, Article 7-Article 12A.

[43] 參見黃進、郁國勇，〈歐盟民商事管轄權規則的嬗變——從「布魯塞爾公約」到「布魯塞爾條例」〉，《東嶽論叢》，第5期，2006年，第6頁。

同的特殊性，不僅是投保人相對於保險人處於劣勢地位，而且大量的格式
條款存在於這類合同中，投保人往往沒有選擇的空間。如果允許訂立保險
合同的雙方提前通過協議來選擇法院管轄權，顯然會使投保人為代表的弱
勢一方的利益無法得到保護。因此，歐盟立法限制僅允許在糾紛發生後，
合同雙方對管轄法院的選擇達成一致[44]。除此之外，對於性質上屬於國際
性的保險合同，由於保險人的特殊情況，例如，分公司等的設置，使投保
人與保險人的經常居所地出現了一致的情況，這時如果選擇了該地的法院
進行管轄，即使是糾紛發生前的約定，也被予以認可[45]。

　　除了上述兩種情況下的選擇法院協議會被認可外，《布魯塞爾公
約》和《布魯塞爾條例 I》及其修正案也詳細列明了其他幾種允許提前約
定管轄法院的情況，即符合這些類型的保險合同不再受保護弱者原則的束
縛，發生糾紛後按照一般的規定對其進行管轄。如第二章開篇提到的那
樣，歐盟此次加入《選擇法院協議公約》作出的「重大利益」聲明，採取
了負面清單的模式，其依據正是這些被排除適用「保險合同」糾紛特殊管
轄的情況，例如，對於保險合同中涉及的大風險責任的糾紛管轄[46]，再保
險合同的糾紛管轄等[47]。歐盟內部成員國不再進行特殊保護的合同類型，

---

[44] OJ L 351 20.12.2012, Article 15 The provisions of this Section may be departed from only by
an agreement: (1) which is entered into after the dispute has arisen.

[45] OJ L 351 20.12.2012, Article 15 The provisions of this Section may be departed from only
by an agreement: (3) which is concluded between a policyholder and an insurer, both of
whom are at the time of conclusion of the contract domiciled or habitually resident in the
same Member State, and which has the effect of conferring jurisdiction on the courts of
that Member State even if the harmful event were to occur abroad, provided that such an
agreement is not contrary to the law of that Member State.

[46] OJ L 177 4.7.2008 Article 7 Insurance contracts2. An insurance contract covering a large risk
as defined in Article 5(d) of the First Council Directive 73/239/EEC of 24 July 1973 on the
coordination of laws, regulations and administrative provisions relating to the taking-up and
pursuit of the business of direct insurance other than life assurance (2) shall be governed by
the law chosen by the parties in accordance with Article 3 of this Regulation.

[47] OJ L 177 4.7.2008 Article 7 Insurance contracts 1. This Article shall apply to contracts
referred to in paragraph 2, whether or not the risk covered is situated in a Member State, and
to all other insurance contracts covering risks situated inside the territory of the Member

自然喪失了這部分的「重大利益」，因此，也自願接受該公約的統一管轄。

(二)關於「保險合同」的法律適用

歐盟對「保險合同」中弱勢一方的保護，不僅體現在對其糾紛管轄權方面進行了特殊規定，同時也對「保險合同」本身的法律適用設置了不同於一般合同的規範。歐盟在國際保險合同的法律適用淵源方面，以《合同義務法律適用的第593/2008號條例》（以下簡稱《羅馬條例》）作為了分水嶺。在《羅馬條例》產生前，分為兩種不同類型的法律適用規則，即《羅馬公約》適用於承保風險位於歐盟成員國領土外的保險合同，對於領土內的保險合同則適用歐盟頒布的各項保險指令，例如，《第二非人壽險指令》、《第二人壽險指令》、《第三非人壽險指令》、《第三人壽保險指令》，以及《關於人壽保險的第2002/83/EG號指令》等[48]。《羅馬條例》是歐盟理事會在《羅馬公約》的基礎上制定的，2008年6月17日頒布，2009年12月17日開始適用，這部條例統一了歐盟在「保險合同」方面的法律適用規則，結束了根據承保風險所在位置的不同，而實行不同規則的時代。

根據《羅馬條例》第7條關於保險合同的規定，涉及大風險的合同法律適用允許當事人通過意思自治的方式達成一致，不再實行強制性規定。對於什麼是大風險的「保險合同」，依據的是歐盟理事會發布的關於從事保險和再保險業務的相關指令，最新的修訂版本是2009年11月25日發布的關於保險和再保險償付能力的第2009/138/EC號指令。在第三部分關於定義的解釋中，參考附件中所有風險的分類，對屬於大風險範圍的保險類型進行了詳盡列舉[49]。在前文所述的《布魯塞爾條例Ⅰ》，即指導「保險合

States.It shall not apply to reinsurance contracts.

[48] 參見尚清，《歐盟保險合同法律適用論》，武漢出版社，2008年，第26-32頁。

[49] OJ L 335, 17.12.2009. DIRECTIVE 2009/138/EC OF THE EUROPEAN PARLIAMENT AND OF THE COUNCIL of 25 November 2009 on the taking-up and pursuit of the business of Insurance and Reinsurance (Solvency II).

同」糾紛管轄權的規範中，存在大風險的保險合同糾紛，允許在任何時候協議選擇管轄法院，條例對大風險的定義淵源與《羅馬條例》相同。對於再保險合同，歐盟始終沒有制定專門的法律條文去進行規範。所謂的再保險合同，已經是兩個保險人即商事主體之間的合同關係，這類合同中不存在相對弱勢的一方，無需對哪一方進行特殊的保護，因此適用商事活動的相關規定即可。在《羅馬條例》的「保險合同」條款中，再保險合同的法律適用被排除在外；同樣在保險合同糾紛的管轄權方面，《布魯塞爾條例I》也不對涉及再保險合同糾紛的法院管轄權，進行限制性規定。

通過上述分析可以得知，「保險合同」中的那些大風險類和再保險類，均不適用《羅馬條例》中的對於保險合同的特殊規定，給予這兩類合同中的當事人完全的自由，不對合同本身的法律適用作出限制。因此，歐盟在批准加入《選擇法院協議公約》時，即使通過「重大利益」的條款對「保險合同」適用該公約方面作出了聲明，但是在大風險類保險合同和再保險合同方面同意接受該公約的管轄，實現歐盟現有法律與該公約的有機銜接，進一步促進歐盟在國際「保險合同」方面的開放性。

(三) 關於「保險合同」與公共秩序關係的分析

基於將「保險合同」中的投保人為代表的一方，作為弱者進行特殊保護的理念，無論是歐盟各成員國簽署的公約，如《布魯塞爾公約》和《羅馬公約》，還是歐盟直接立法的條例指令，如《布魯塞爾條例I》和《羅馬條例》，都對涉及「保險合同」的相關部分進行了專門規定，包括強制性規定。這些規定旨在保護弱者的權利，平衡投保人和保險人這兩類特殊群體之間的利益。

公共秩序具有國別性，然而，歐盟並沒有在上述所提到的法規中通過專門的法律條文，清晰解釋公共秩序的內涵，只是簡單地規定歐盟一個成員國經衝突規範指引適用其他成員國的法律時，不得違反本國的公共秩序；也就是說，歐盟並沒有整體統一的公共秩序標準。正如英國法學家戴西認為，如果承認他國法律而獲得的權利將違背英國的法律政策、所支持的道德原則或者政治制度，英國將不予承認，因為這樣的法律規定違

背，甚至侵犯了英國對於公平正義、自由和人權等這類觀念的基本認知和理解[50]。儘管如此，如果對歐盟各成員國適用公共秩序原則沒有任何束縛的話，那麼各成員國之間判決的相互承認與執行的規則將會形同虛設。因此，在《布魯塞爾條約》生效後，各締約國於1971年6月3日簽署了一份議定書，賦予歐洲共同體法院解釋條約的權利，以此來保證公約條款適用的統一性，其中，就包括歐洲共同體法院通過判決來解釋的公共秩序條款在實施時存在的問題[51]。根據歐洲共同體法院的解釋，確保各成員國必須統一遵守法律內在的基本價值和原則是其職責所在，例如，對於基本人權的保障，各成員國的憲法傳統和以歐盟名義加入的涉及人權保護的國際條約，構成歐洲共同體法院確認這些基本人權的主要依據，其中《歐洲人權公約》為公共秩序在歐盟的解釋適用提供了指引[52]。儘管歐盟現在適用的法律是其通過立法而產生的《布魯塞爾條例Ⅰ》，但該條例是以《布魯塞爾公約》為基礎制定的，因此，歐洲共同體法院對公共秩序的解釋對現在歐盟各成員國的法律適用，依然具有不可忽視的指導意義。

　　綜上，無論是歐盟各個成員國，還是歐盟本身，對公共秩序的解釋和適用，更多的是強調保護基本的法律觀念或者道德準則，而投保人的利益顯然不屬於這個範疇，因此，在國際民商事糾紛中，無法通過公共秩序原則的適用來保護他們的利益。同樣，投保人也不屬於傳統的社會意義上的弱勢群體，他們只是在「保險合同」中，相較於保險人而言處於非常弱勢的一方，所以只能通過制定專門的規則來平衡此類合同中的雙方利益，防止顯著不公的出現，實現保護民商事活動中弱者權益的理念。

---

[50] 參見黃進主編，《國際私法》，法律出版社，2005年，二版，第213頁。

[51] Jannet A. Pontier and Edwige Burg, *EU Principles on Jurisdiction and Recognition and Enforcement of Judgmentin Civil and Commercial Matters*, TMC Asser Press, 2004, pp. 267-269.

[52] 參見肖永平、朱磊，《從克霍姆巴赫案看歐共體法院對公共秩序規則的解釋》，中國歐洲學會歐洲法律研究會2008年年會論文集，第386頁。

肆、運用《選擇法院協議公約》第21條「重大利益」特定事項的聲明條款之我見

一、對現存「重大利益」的特定事項之種類分析

　　根據《選擇法院協議公約》第2條規定，協議一方為自然人或者涉及僱傭關係的排他性選擇法院協議，不得適用該公約；同時，被該公約排除適用的還有16大類事項，包括自然人的行為能力、婚姻撫養等家庭關係、反壟斷、破產等。其中，關於知識產權方面的適用問題，作為公約的參與方反對將知識產權的相關事項納入公約的適用範圍是中國大陸一直的主張[53]。但是，由於其他國家不一致的立場，該公約雖然最終排除適用於著作權和鄰接權以外的知識產權，但是對於因違反合同產生的知識產權糾紛適用於該公約的保留下來[54]。根據2009年修訂的《民法通則》第五章第三節對知識產權方面的法律規定，著作權和鄰接權同專利、發明和創造一樣受到同等條件的保護，因此對於該公約表明適用於著作權和鄰接權的規定，中國應作出「重大利益」事項的聲明。除此之外，雖然中國在1990年頒布實行了《著作權法》來進一步保護著作權和鄰接權，同時也分別在2001年、2010年和2020年進行了修訂，但是目前對著作權的保護力度仍然與發達國家有一定差距，比如對於著作權的保護期限等方面，歐盟在1993年制定了《歐盟版權與特定相關權保護期之協調指令》，並在2006年修訂為《歐盟著作權與特定相關權利的保護指令》（以下簡稱《保護指令》），根據《保護指令》第1條的規定，各成員國對著作權的保護期延

---

[53] 參見徐國建，《建立國際統一的管轄權和判決承認與執行制度——海牙〈選擇法院協議公約〉述評》，《時代法學》，第5期，2005年，第9頁。

[54] 《選擇法院協議公約》第2條，本公約不適用於下列事項：(14)著作權和鄰接權以外的知識產權的有效性；(15)侵犯除版權和鄰接權以外的知識產權，但有關侵權訴訟是因違法當事人間與此種權利有關的合同提起或者可以提起的除外。

長至作者終生加死後70年[55]。美國總統柯林頓於1998年10月27日簽署《索尼波諾著作權期限延長法》，將1978年1月1日之後創作作品的著作權保護期限也延長至作者的終生以及死後的70年[56]。然而，根據中國的法律規定，目前對於著作權的保護期限僅為作者的終生和死後的50年[57]。因此，鑑於目前中國大陸對於著作權方面的規定與國際社會的差距，《選擇法院協議公約》對著作權和鄰接權的規定顯然違背我國在這方面存在的「重大利益」，建議我國在批准該公約時應考慮如何對我國的知識產權作出更進一步的保護。

　　鑑於上文分析「重大利益」與公共秩序的區別時提到，對於法律法規中那些強制性規定的違反，與對公共秩序相關規定的違反是兩個不同的範疇，因此對於那些強制性規定，需要格外地分析是否有必要通過「重大利益」的聲明條款，進一步排除在該公約的適用範圍[58]。根據《民事訴訟

---

[55] OJ L372, 27.12.2006 DIRECTIVE 2006/116/EC OF THE EUROPEAN PARLIAMENT AND OF THE COUNCIL of 12 December 2006 on the term of protection of copyright and certain related rights (codified version)

Article 1 Duration of authors' rights 1. The rights of an author of a literary or artistic work within the meaning of Article 2 of the Berne Convention shall run for the life of the author and for 70 years after his death, irrespective of the date when the work is lawfully made available to the public.

[56] U.S. Copyright Office, Circular 1: Copyright Basics, pp. 5-6.

[57] 《著作權法》（2020年修正）第21條：公民的作品，其發表權、本法第10條第1款第5項至第17項規定的權利的保護期為作者終生及其死亡後50年，截止於作者死亡後第50年的12月31日；如果是合作作品，截止於最後死亡的作者死亡後第50年的12月31日。

法人或者其他組織的作品、著作權（署名權除外）由法人或者其他組織享有的職務作品，其發表權的保護期為50年，截止於作品創作完成後第50年的12月31日；本法第10條第1款第5項至第17項規定的權利的保護期為50年，截止於作品首次發表後第50年的12月31日，但作品自創作完成後50年內未發表的，本法不再保護。

視聽作品，其發表權的保護期為50年，截止於作品創作完成後第50年的12月31日；本法第10條第1款第5項至第17項規定的權利的保護期為50年，截止於作品首次發表後第50年的12月31日，但作品自創作完成後50年內未發表的，本法不再保護。

[58] 參見王吉文，《〈選擇法院協議公約〉的批准和我國利益的保護問題》，《中國國際私法與比較法年刊》，第23卷，2018年，第28-29頁。

法》第33條的規定，對於涉及不動產、港口作業和繼承的糾紛實行專屬管轄[59]，排除協議管轄的適用；除此之外，第266條規定，中外合資經營企業合同、中外合作經營企業合同和中外合作勘探開發自然資源合同，在中國大陸其履行過程中引發的糾紛，訴訟管轄權專屬於中國大陸[60]。關於上述三大類專屬管轄的糾紛，繼承糾紛出現在《選擇法院協議公約》的排除適用範圍內，但是對於不動產僅排除了物權和租賃權，港口作業公約中完全沒有提及到[61]。因此，中國在批准該公約時需要對不動產和港口作業這

---

[59] 《民事訴訟法》（2021年修正）第34條：專屬管轄下列案件，由本條規定的人民法院專屬管轄：
1. 因不動產糾紛提起的訴訟，由不動產所在地人民法院管轄；
2. 因港口作業中發生糾紛提起的訴訟，由港口所在地人民法院管轄；
3. 因繼承遺產糾紛提起的訴訟，由被繼承人死亡時住所地或者主要遺產所在地人民法院管轄。

[60] 《民事訴訟法》（2021年修正）第273條：管轄因在中華人民共和國履行中外合資經營企業合同、中外合作經營企業合同、中外合作勘探開發自然資源合同發生糾紛提起的訴訟，由中華人民共和國人民法院管轄。

[61] 《選擇法院協議公約》第2條範圍的排除二、本公約不適用於下述事項：
1. 自然人的身分及法律能力；
2. 扶養義務；
3. 其他家庭法事項，包括婚姻財產制度以及由婚姻或者類似關係產生的其他權利義務；
4. 遺囑與繼承；
5. 破產、破產和解及類似事項；
6. 運輸旅客和貨物；
7. 海洋污染、海事訴訟的責任限制、共同海損以及緊急拖船和救助；
8. 反托拉斯（競爭）事項；
9. 核損害的責任；
10. 自然人或者其代表提起的人身傷害訴訟；
11. 非因合同關係產生的侵權或者不當行為對有形財產造成的損害；
12. 不動產物權以及不動產租賃權；
13. 法人的效力、無效或者解散，以及其機關所作決定的效力；
14. 著作權和鄰接權以外的知識產權的有效性；
15. 侵犯除版權和鄰接權以外的知識產權，但有關侵權訴訟是因違反當事人間與此種權利有關的合同提起或者可以提起的除外；
16. 公共登記專案的有效性。

兩類糾紛事項，以及三類中外合資合作合同的管轄問題加以注意。具體而言：

　　首先，根據《最高人民法院關於適用〈民事訴訟法〉的解釋》第28條規定，有四類涉及不動產的合同糾紛需適用不動產糾紛的專屬管轄規定，包括農村土地承包經營合同糾紛、房屋租賃合同糾紛、建設工程施工合同糾紛和政策性房屋買賣合同糾紛。因此，在不動產涉外糾紛方面就更加需要注意。由於這類強制性規定被違反時，公共秩序原則並不一定能得到適用，所以需要藉助「重大利益」聲明條款來排除不動產糾紛的適用，防止該公約在這類事項中的適用影響我國的安定。

　　其次，儘管法律沒有對港口作業給出明確的解釋，但是交通部曾於2000年出臺過《港口貨物作業規則》，其中對港口貨物作業給出了定義，雖然該規則在2016年被廢止，但仍具有參考意義，即根據第3條的規定，對港口貨物進行的裝運和存儲等活動均屬於港口貨物作業的內容[62]。除此之外，根據邵衛與周亮等運輸合同糾紛上訴案，江蘇省徐州市中級人民法院在（2017）蘇03民轄終674號裁定書中對港口作業糾紛給出了解釋，是指涉及貨物在港口進行的運輸、裝運、存儲等過程中的作業糾紛，以及停泊在港口的船舶過錯作業對他人造成的侵權糾紛[63]。從上述兩個定義分析中可以看出，對於港口作業糾紛的專屬管轄只是強調了地域性，即港口所在地，因此，在此類糾紛中是否存在「重大利益」並不明確。

　　最後，法院對於三類涉外合資合作合同糾紛享有專屬管轄權的前提，是這三類合同發生糾紛時，合同的履行地是在中國大陸，即合資或合作企業是中國大陸的法人[64]，勘探開發的是中國大陸的自然資源。因此，

---

[62] 《港口貨物作業規則》第3條：港口貨物作業合同，是指港口經營人在港口對水路運輸貨物進行裝卸、駁運、儲存、裝拆集裝箱等作業，作業委託人支付作業費用的合同。

[63] 參見中國裁判文書網，https://wenshu.court.gov.cn/website/wenshu/181107ANFZ0BXSK4/index.html?docId=273ba8a077194bd2a77ca83c00f1d303（最後瀏覽日期：2022/2/7）。

[64] 《中外合資經營企業法》（2016年修正）第16條：合營各方沒有在合同中訂有仲裁條款的或者事後沒有達成書面仲裁協議的，可以向人民法院起訴。《中外合作經

外方在進入中國大陸設立企業時已經作出了承諾，中外雙方發生糾紛時應當接受中國大陸法院的專屬管轄。眾所周知，為了適應構建開放型經濟新體制的需要，將制定外資基礎性法律列入了2018年的立法規劃[65]，決定在2020年1月1日起實施新的《外商投資法》[66]。根據該法第2條規定，由外國投資者在中國大陸依法設立的企業，無論是全部是外資，還是中外合資的，只要設立企業的投資中有外國投資者的加入，均屬於外商投資企業[67]。除此之外，該法第42條規定，本法施行前依法設立的外商投資企業，在本法施行後5年內仍然可以繼續保留原企業組織形式。因此，自2020年1月1日起的5年後，中外合作企業或者中外合資企業等企業形式將消失，取而代之的就是外商投資企業[68]。然而，《外商投資企業法》仍然是確定中外投資者權利義務的實體法，並沒有提及糾紛發生時的專屬管轄以及解決途徑問題，因此，根據上述提到的《民事訴訟法》的規定，對外商投資企業仍然享受專屬的管轄權，尤其是對於中外合作勘探開發自然資源這類需要審批的特許合同。鑑於目前的法律規定，該法的5年緩衝期，以及中國批准《選擇法院協議公約》的時效性[69]，筆者建議目前先考慮在

營企業法》（2017年修正）第26條：中外合作者沒有在合作企業合同中訂立仲裁條款，事後又沒有達成書面仲裁協議的，可以向中國法院起訴。

[65] 參見中國人大網全國人大常委會2018年立法工作計畫，http://www.npc.gov.cn/npc/c30834/201804/1c1b9070eb574282b8ef6d2f33615383.shtml（最後瀏覽日期：2022/2/7）。

[66] 《外商投資法》第42條第1款：本法自2020年1月1日起施行。《中華人民共和國中外合資經營企業法》、《外資企業法》、《中華人民共和國中外合作經營企業法》同時廢止。

[67] 《外商投資法》第2條第3款：本法所稱外商投資企業，是指全部或者部分由外國投資者投資，依照中國法律在中國境內經登記註冊設立的企業。

[68] 《外商投資法》第42條第2款：本法施行前依照《中華人民共和國中外合資經營企業法》、《中華人民共和國外資企業法》、《中華人民共和國中外合作經營企業法》設立的外商投資企業，在本法施行後5年內可以繼續保留原企業組織形式等。具體實施辦法由國務院規定。

[69] 參見外交部官網中國簽署《選擇法院協議公約》，http://bbs.fmprc.gov.cn/wjb_673085/zzjg_673183/tyfls_674667/xwlb_674669/201709/t20170912_7670813.shtml（最後瀏覽日期：2022/2/7）。

這三類涉外合資合作合同上面的「重大利益」，作出適當的聲明保留，如果以後這種聲明保留不再符合中國的「重大利益」標準時，可以根據該公約第32條的規定隨時撤回[70]。

此外，需要說明的是，中國對於保險合同糾紛的管轄尚處於較為初級階段，目前只是籠統地對保險合同的法律適用和管轄法院進行了規定，特別是對於涉外的保險合同糾紛，無論是2017年最新修訂的《民事訴訟法》，還是最高人民法院關於法律適用的司法解釋，均沒有特意提及保險合同這一類別，而是將其作為普通的合同糾紛來進行管轄，同時允許協議管轄[71]。也就是說，中國目前並沒有像歐盟一樣，為了保護投保人為代表的弱者群體利益，對保險類別進行了詳細的區分來實行管轄。因此，相對於歐盟加入《選擇法院協議公約》作出的保險合同方面存在「重大利益」的聲明保留，中國並不存在特別的利益，反而是與該公約的規定具有類似性。

二、關於「重大利益」條款聲明的具體意見

鑑於《選擇法院協議公約》對於「重大利益」聲明條款的要求，各國對於存在「重大利益」的事項聲明需要具體明確，且不能存在其他附加條件。通過前文對於「重大利益」的分析，無論是國外的法律，還是中國大陸的法律，都表明只有符合一定的條件才能被稱為「重大利益」。除此

---

[70] 《選擇法院協議公約》第32條聲明第19條、第20條、第21條、第22條、第26條所指的聲明可在簽署、批准、接受、核准或加入時或者此後任何時間作出，並且可在任何時間予以修正或者撤回。

[71] 《民事訴訟法》（2021年修正）第272條：因合同糾紛或者其他財產權益糾紛，對在中華人民共和國領域內沒有住所的被告提起的訴訟，如果合同在中華人民共和國領域內簽訂或者履行，或者訴訟標的物在中華人民共和國領域內，或者被告在中華人民共和國領域內有可供扣押的財產，或者被告在中華人民共和國領域內設有代表機構，可以由合同簽訂地、合同履行地、訴訟標的物所在地、可供扣押財產所在地、侵權行為地或者代表機構住所地人民法院管轄。《最高人民法院關於適用〈民事訴訟法〉的解釋》（2020年修正）第531條第1款：涉外合同或者其他財產權益糾紛的當事人，可以書面協議選擇被告住所地、合同履行地、合同簽訂地、原告住所地、標的物所在地、侵權行為地等與爭議有實際連繫地點的外國法院管轄。

之外，該公約的目的是為了促進各國之間法院判決的相互承認與執行，如果各個締約國都要通過「重大利益」的聲明條款排除那些公約與本國的法律不一致的內容，那麼該公約就喪失了應有的價值。歐盟是率先作出「重大利益」聲明的締約方，其在批准該公約時也只對保險合同這一事項進行了聲明。因此，建議日後如果打算通過該公約第21條作出「重大利益」聲明時，應堅守宜精不宜多的原則，具體聲明的事項可以從如下兩個方面考慮。

首先，知識產權方面，建議對於所有的知識產權糾紛的訴訟管轄權作出「重大利益」的聲明保留。根據海牙國際私法會議發布的解釋報告，締約國在通過《選擇法院協議公約》第21條作出「重大利益」聲明時，聲明的具體事項可能會與該公約本身已經排除的適用範圍相交叉，這也是能被海牙國際私法會議理解並接受的。因此，雖然該公約的排除適用範圍中已經涉及了知識產權，但是仍建議我們在知識產權糾紛方面的「重大利益」聲明條款表述如下：為了保護和促進中國知識產權的發展，根據《選擇法院協議公約》第21條的規定，決定下述涉及知識產權的糾紛排除公約的適用，包括有效性、侵權糾紛和合同糾紛：（一）著作權；（二）鄰接權；（三）專利權。

其次，專屬管轄方面，建議對於不動產糾紛和中外合資經營企業合同、中外合作經營企業合同、中外合作勘探開發自然資源合同這三類合同糾紛的訴訟管轄權作出「重大利益」的聲明保留。由於《選擇法院協議公約》第2條已經將不動產物權和租賃權排除其適用範圍，所以建議中國在涉及不動產糾紛方面的「重大利益」聲明只保留農村土地承包經營合同糾紛、建設工程施工合同糾紛和政策性房屋買賣合同糾紛這三類，這樣不僅與現有的專屬管轄規定可以保持一致，也符合了公約不超出必要範圍的要求。對於三類中外合資合營的合同糾紛，建議繼續保留在中國大陸履行這個前提，具有更加清晰的指引。因此，建議中國在不動產糾紛方面的「重大利益」聲明條款表述為：為了維護中國公民的根本利益和保持社會的穩定發展，根據《選擇法院協議公約》第21條的規定，決定下述合同糾紛排除公約的適用：（一）農村土地承包經營合同糾紛；（二）建設工程施工

合同糾紛；（三）政策性房屋買賣合同糾紛；（四）在中國大陸履行的中外合資經營企業合同糾紛、中外合作經營企業合同糾紛和中外合作勘探開發自然資源合同糾紛。

論《歐洲人權公約》在國際兒童誘拐問題的適用

黃志慧[*]

謹以本文敬祝陳隆修教授七秩華誕，祝願先生春秋不老、福壽綿長！陳老師是當代著名法學家，尤工於國際私法，學養精深，著作等身，享譽士林。陳老師在東海大學擔任國際私法教席凡40年，言傳身教，著書立說，育英才無數。多年來，先生熱衷於兩岸國際私法學術交流，並傾力操辦兩岸國際私法學術研討會，對推動兩岸國際私法學術的發展和進步功勳卓著，爲兩岸學者所敬重。在榮休之前，陳老師受中南財經政法大學副校長劉仁山教授的邀請，多次赴中南傳道授業，並受聘擔任中南財經政法大學客座教授。在其期間，陳老師不僅爲研究生開設專題課程和開展講座，也與教師座談交流，深得中南師生的敬仰。尤其令人感動的是，陳老師以「中南財經政法大學法學院國際私法叢書」爲名先後出版了《國際私法——新世紀兩岸國際私法》、《國際私法——程序正義與實體正義》、《中國思想下的全球化選法規則》、《中國思想下的全球化管轄規則》等多部著作，並多次資助中南財經政法大學國際私法碩士和博士研究生赴東海大學研習交流。陳老師對學術研究的勤勉和執著、對國際私法事業的滿腔熱血、對年輕人的提攜和獎掖，令人感佩不已。筆者在師從劉仁山教授學習國際私法時與陳老師相識，並從陳老師的著述及與其交流中獲益甚多。讀陳老師的道德文章，常驚嘆於先生的學術精力之旺盛、學術理想之堅定、學術立場之鮮明、學術觀點之犀利。多蒙陳老師在學習和工作上的教導和幫助，筆者在此一併致謝！再次祝願先生日月昌明、松鶴長春！

---
[*] 法學博士，中南財經政法大學法學院副教授。

壹、前言

國際兒童誘拐問題，一直是國際私法學界關注的重要議題，國內、外學者在此領域的論述頗豐。對於被跨國誘拐兒童的返還，海牙國際私法會議制定的1980年《國際性非法誘拐兒童民事事項公約》（Convention on the Civil Aspects of International Child Abduction，以下簡稱《兒童誘拐公約》）發揮了重要作用，並已成為海牙國際私法會議最具活力的國際私法條約之一。在此領域，歐盟也制定了調整相關問題的統一立法——2003年《關於婚姻和父母責任事項的管轄權及判決的承認與執行條例》（該條例取代了2000年的《布魯塞爾條例II》，2005年3月1日生效，以下簡稱《布魯塞爾條例II bis》），並構建了歐盟範圍內被誘拐兒童的高效返還機制。

值得注意的是，《兒童誘拐公約》締約國對歐洲人權法院的相關實踐極為關注[1]。特別是，《歐洲人權公約》第8條規定的家庭生活權與《兒童誘拐公約》的關係問題，引發締約國的廣泛關注。歐盟成員國在實施《布魯塞爾條例II bis》解決國際兒童誘拐問題時，也會考慮其中涉及的人權法問題。顯然，家庭生活權以及兒童權利會對關於兒童誘拐的國際私法規則之制定和實施產生直接影響。反之，有關兒童誘拐國際私法規則本身的特性，也會對家庭生活權以及兒童權利之解釋產生影響。

儘管人權法與國際私法的關係在國際兒童誘拐領域的發展相對較為成熟，但並不意味著在此領域並無爭議。歐洲人權法院在此領域的實踐也並非毫無疑問。相反，學術界甚至認為，歐洲人權法院在國際兒童誘拐案件中對《歐洲人權公約》第8條的過度解釋，損害了《兒童誘拐公約》的宗

---

[1] P. Beaumont, The Jurisprudence of the European Court of Human Rights and the European Court of Justice on the Convention on International Child Abduction, 335 *Recueil des Cours* 13 (2008).

旨和目的[2]，以至於歐洲人權法院所確立的一些原則被英國最高法院批評為「完全不適當」[3]。而且，在歐盟內該問題因歐洲法院的相關實踐及其對《歐盟基本權利憲章》的解釋變得更為複雜[4]。

基於以上，本文主要以《歐洲人權公約》的適用為線索，以《兒童誘拐公約》以及《布魯塞爾條例II bis》實施中的人權法考量為中心，深入研究兒童誘拐國際私法規則與人權法的互動關係。

貳、規範國際兒童誘拐問題的國際私法機制與人權法規範

在法律淵源方面，規範兒童誘拐問題的國際私法機制可以分為國際法機制（包括全球性和區域性機制）和國內法機制。在人權考量方面，跨國兒童誘拐問題不僅牽涉《歐洲人權公約》規定的家庭生活權，也涉及《聯合國兒童權利公約》規定的兒童權利。

一、國際私法機制

（一）《兒童誘拐公約》

1980年海牙《兒童誘拐公約》是規範國際兒童誘拐問題最為重要的國際法淵源。一些國家通過併入國內法的方式直接實施該公約，一些國家通過國內轉化立法的方式實施該公約。如英國於1985年制定了《兒童誘拐與監護法》（Child Abduction and Custody Act 1985）。在適用對象上，《兒

---

[2] L. Walker, The Impact of the Hague Abduction Convention on the Rights of the Family in the Case-Law of the European Court of Human Rights and the UN Human Rights Committee: The Danger of Neulinger, 6 *Journal of Private International Law*, p. 649 (2010).

[3] In the Matter of S (a child) [2012] UKSC 10.

[4] L. Walker and P. Beaumont, Shifting the Balance Achieved by the Abduction Convention: The Contrasting Approaches of the European Court of Human Rights and the European Court of Justice, 7 *Journal of Private International Law*, p. 231 (2011).

童誘拐公約》只適用於年齡低於16歲兒童的誘拐，一旦兒童年齡在16歲以上，則不適用該公約[5]。

從國際私法的角度而言，《兒童誘拐公約》主要是一個「法域選擇的條約」（a jurisdiction treaty）。即該公約解決誘拐兒童的返還問題的關鍵在於，確定哪一個法域有權決定被非法遷移或滯留在特定締約國的兒童之監護問題。原則上，基於解決監護爭議之目的，兒童應被返還至其被非法遷移或滯留之前的擁有慣常居所的另一締約國[6]。

實際上，《兒童誘拐公約》也包括了有關法律選擇和判決承認的規則。在法律選擇方面，公約第3條規定違反監護權情形下對兒童的非法遷移或滯留之認定，應由兒童被非法遷移或滯留前的慣常居所地國家支配。在判決承認方面，《兒童誘拐公約》第3條規定監護權的認定應通過司法判決的方式實現。從內容上而言，《兒童誘拐公約》圍繞上述主要的國際私法規則和制度構建，但這些規則和制度僅為工具性的。換言之，《兒童誘拐公約》的核心目標並非有序和適當地分配相關管轄權問題，而是將確保被誘拐兒童的迅速返還作為公約實施的優先性政策目標，並在此基礎上降低兒童誘拐造成的不良影響，以及預防誘拐兒童的行為[7]。

為實現上述核心目標，《兒童誘拐公約》第2條要求締約國應採取一切適當措施，以保證在其境內實現本公約之目的，而且，締約國應為此採取最迅速的程序。《兒童誘拐公約》第6條和第7條要求締約國各自指定本國承擔公約下相互合作義務的中央機關，尤其是應當直接或者通過各種中間管道，採取一些適當措施，以保證被誘拐兒童的迅速返還，並實現本公約的其他目的。當無法實現被誘拐兒童的友好和自願返還時，被請求國中央機關應採取便利司法和行政程序的舉措，以便獲得返還被誘拐兒童的命令[8]。《兒童誘拐公約》第11條和第12條規定了一種「簡要返還機

5　參見《兒童誘拐公約》第4條。

6　參見《兒童誘拐公約》第1條、第4條和第16條。

7　E. Pérez-Vera, *Explanatory Report on the 1980 Hague Child Abduction Convention' Acts and Documents of the Fourteeth Session (1980) Tome III*, p. 428-430.

8　參見《兒童誘拐公約》第6條、第7條。

制」（summary return mechanism），其要求締約國承擔迅速返還兒童的
義務，並應在6週內作出相關決定。如果在此期限內無法作出決定，相關
司法或行政機構應說明遲延的理由[9]。如果自兒童被非法誘拐至要求返還
兒童的程序開始少於1年時間，被請求法院應立即作出返還兒童的決定。
如果請求返還兒童的程序已經超出1年，被請求法院仍有義務作出返還兒
童的命令，除非能夠證明兒童已經適應現在居住地的社會環境[10]。

　　根據海牙國際私法會議提供的相關資料，締約國自動返還被誘拐兒童
案件的平均耗時是98天。雙方達成一致意見的司法裁決返還案件的平均耗
時為85天。司法裁定返還案件的平均耗時為143天，司法裁定拒絕返還案
件的平均耗時為233天。此外，實踐中也有些案件超過1年半時間。但也應
當注意，不同締約國在兒童返還案件中所耗時間，存在明顯差異。例如，
英國12件自動返還兒童的案件平均耗時24天，而墨西哥6件自動返還兒童
的案件平均耗時達326天[11]。

　　儘管《兒童誘拐公約》以兒童的迅速、高效返還為基本目標，但公約
也為締約國拒絕返還被誘拐兒童提供了法律依據。《兒童誘拐公約》第13
條第1款規定，如果反對返還兒童者能證實在兒童被誘拐或滯留時，應當
照顧該兒童的個人、機構或其他團體實際上並未行使監護權，或對兒童的
誘拐或滯留已經事先同意或事後預設的情況下，被請求國的司法或行政機
關就無義務命令返還該兒童。公約第13條第2款進一步規定，如果返還會
造成兒童在身體上或心理上遭受傷害的重大危險，或可能導致將兒童置於
不能忍受的境地，則締約國法院可以拒絕返還兒童。公約第13條規定，締
約國司法或行政機關如發現兒童本人拒絕被返還，並已達到適宜考慮其觀
點的年齡及成熟程度時，也可拒絕命令返還該兒童。此外，公約第20條規
定，如果按照公約第12條規定的返還兒童之請求，與被請求國保護人權和

---

[9]　參見《兒童誘拐公約》第11條。

[10]　參見《兒童誘拐公約》第12條。

[11]　上述的統計資料，包括上訴程序在內。參見吳用，〈海牙「國際誘拐兒童民事方面
公約」評介——兼論我國加入公約的可行性〉，《中國青年政治學院學報》，第6
期，2013年。

基本自由的基本原則相悖，被請求國可以拒絕返還兒童。

值得注意的是，《兒童誘拐公約》明確了締約國有關返還被誘拐兒童的判決與監護權爭議的關係，以及締約國的相關義務。公約第19條規定，依照本公約規定所作出的關於返還兒童的判決，不影響監護權的實質問題。公約第16條規定，被誘拐或滯留的兒童所在地的締約國司法或行政機關，在接到公約第3條意義上非法誘拐或滯留的通知後，除非依據公約規定已經決定不予返回，或者在接到通知後未根據公約於合理時間內提出申請，不得就監護權的實質問題作出決定。

（二）《布魯塞爾條例II bis》

《布魯塞爾條例II bis》第11條規定了1980年海牙《兒童誘拐公約》在歐盟成員國之間的實施問題。

當請求國和被請求國均為歐盟成員國時，《布魯塞爾條例II bis》在《兒童誘拐公約》的基礎上規定了一系列的補充規則。該條例的序言第33段明確成員國對基本權利的尊重與保護，以及遵守《歐盟基本權利憲章》規定的基本原則，特別是保護該憲章第24條規定的兒童基本權利之義務。顯然，《布魯塞爾條例II bis》非常明確地確立了歐盟成員國尊重和保護人權的義務。

《布魯塞爾條例II bis》的序言第19段強調，應聽取兒童意見原則在條例實施中的重要作用。而且，條例第11條第2款賦予了該原則以法律效力。即歐盟成員國法院在決定作出返還令的程序中，必須給予兒童陳述意見的機會，除非基於兒童年齡和成熟度的原因而不宜聽取其意見。條例第11條第5款規定，被請求國法院不能拒絕返還兒童，除非請求返還兒童的人未被給予聽取意見的機會。此外，依據條例第11條第4款，如果已經證實兒童在返還後存在確保其得到保護的充分安排，則《兒童誘拐公約》第13條第2款規定的「嚴重危險」的抗辯，不能被作為拒絕返還兒童的理由。

如前所述，《兒童誘拐公約》第11條規定締約國返還被誘拐兒童的決定應自訴訟程序開始之日起6週內作出。相較而言，《布魯塞爾條例

II bis》第11條第3款規定歐盟成員國法院應在返還兒童的申請交存後6週內作出決定，除非存在例外情況使得法院無法作出決定。如果被請求國法院依據《兒童誘拐公約》第13條作出拒絕返還兒童的命令，該命令的原件以及訴訟文書的副本（包括其他相關文書），必須立即傳遞給請求國的中央機關（《布魯塞爾條例 II bis》第11條第6款）。此時，請求國的中央機關必須提供相關監護的證明（第17條第7款），當被請求的法院拒絕兒童必須返還（即便被請求國已經頒發不返還的命令），在請求國法院依據條例第42條第2款頒發了返還令的情況下，該返還令依據第11條第8款應是可立即執行的（無需可執行性的宣告證書）。

在相關當事人意見被聽取權利的保護上，《布魯塞爾條例 II bis》第42條第2款要求被請求國的法官證明，包括兒童在內的所有當事人已經被給予聽取意見的機會，並對拒絕執行返還令的理由和證據均予以考慮。然而，《布魯塞爾條例 II bis》並不能完全解決誘拐父母以及兒童的意見如何在此情況下被聽取的問題。該條例序言第20段指出，成員國法官聽取在另一個成員國境內的兒童之意見，可以依照歐盟2001年《關於民商事取證合作第1206-2001號條例》進行。但是，《布魯塞爾條例 II bis》序言第19段也指出，條例並不試圖改變成員國任何關於聽取兒童意見的國內法程序。

對比而言，《布魯塞爾條例 II bis》第11條第8款與《兒童誘拐公約》第13條，存在顯著不同。條例第11條第8款的效果是，被請求國依據《兒童誘拐公約》第13條作出的不返還兒童之命令並非是決定性的，其可以為請求國作出的返還令所替代。簡言之，相關爭議屬於海牙《兒童誘拐公約》，而非《布魯塞爾條例 II bis》的適用範圍時，被請求國擁有最終的決定權。但其屬於《布魯塞爾條例 II bis》適用時，請求國保留了最終否定的權力（至少在依據《兒童誘拐公約》第13條拒絕返還兒童的情況下）[12]。

---

[12] James J. Fawcett, Máire Ní Shúilleabháin and Sangeeta Shah, *Human Rights and Private International Law*, Oxford University Press, 2016, p. 704-705.

(三) 國內法規範

在涉及兒童從一個非《兒童誘拐公約》締約國被誘拐的情形下，《歐洲人權公約》締約國應如何處理此類兒童誘拐案件。顯然，在此情形下必須適用相關國內法規範，而非將《兒童誘拐公約》作為法源。

對此問題，在 *In J (a child)* 案中，英國上議院認為，原則上《兒童誘拐公約》並非類推適用於此類案件。當英國法院針對來自非《兒童誘拐公約》締約國之兒童誘拐案件中，對相關申請的解決應依據英國1989年《兒童法案》（Child Act 1989）第1條第1款規定的「福利原則」（welfare principle）。實際上，兒童福利原則在此類案件中，應被作為最高考量因素。因此，即使相關國家頒發了關於兒童的父母責任之命令（監護權），英國法院在考慮外國作出的返還兒童命令之同時，必須獨立作出自己的決定[13]。

英國法院適用福利原則時，會對案件事實進行全面審查，以便立即作出返還兒童的命令。當法院認為返還兒童符合兒童最佳利益時，則會迅速返還兒童，以避免對兒童的生活構成干預。但是，英國上議院在前述案件中強調，在絕大多數案件中頒發簡易返還令的做法，符合兒童最佳利益。

但是，對於涉及非《兒童誘拐公約》締約國的案件，則並不存在立即頒發返還令的一般性推定。在此類案件中，英國法院通常會考慮兒童與英國以及被誘拐前所在國家的聯繫，包括：兒童居住最長時間的地方、國籍、語言、種族、血緣、宗教、文化、教育等因素。法院還會依據《兒童法案》第1條第3款規定的福利標準，對兒童的意願和感受、身體、情感、教育需要，以及照顧兒童的人滿足兒童需求的能力、返還兒童的影響、兒童已經遭受的傷害和未來存在的風險進行綜合考量。

此外，不同法律體系之間存在的差異性也是相關的，特別是在兒童與特定法律體系的聯繫不緊密，或者兒童的照顧者存在真實和合理的反對返還兒童之理由，以及在特定國家並無管轄法院的情形下。即便相關監護權已經被決定的情況下，一國法院通常仍會考察兒童與父母之間的真實關

---

[13] In J (a child) [2005] UKHL40.

係，以便決定基於兒童最佳利益，是否應作出返還兒童的決定。

二、人權法規範

海牙《兒童誘拐公約》的實施過程中，對人權問題的關切可能產生於請求國和被請求國中央機關的行為。而且，不同締約國指定的公約下之中央機關不同[14]。實際上，無論是依據海牙《兒童誘拐公約》，或是根據歐盟《布魯塞爾條例II bis》，在處理兒童誘拐案件時，《歐洲人權公約》締約國均須契合《歐洲人權公約》等國際人權條約所規定的義務。締約國法院作出涉及兒童返還請求的決定，會涉及兒童和父母依據《歐洲人權公約》享有的權利。歐盟成員國在適用《布魯塞爾條例II bis》的過程中，也必須尊重《歐盟基本權利憲章》規定的人權。

（一）《歐洲人權公約》

在有關國際兒童誘拐的案件，以及海牙《兒童誘拐公約》的實施過程中，歐洲人權法院處理了諸多關於締約國違反《歐洲人權公約》第8條規定的家庭生活權之申訴。應該說，在國際兒童誘拐案件中，父母與兒童的分離會侵害其家庭生活權。由於家庭生活權本身是一種附條件的權利，因而締約國是否侵害該權利，取決於其依據公約第8條第2款進行的干涉是否存在正當性。

歐洲人權法院的相關實踐表明，在國際兒童誘拐案件中，也存在一些關於違反《歐洲人權公約》第6條規定的公正審判權之申訴。此外，歐洲人權法院的一些判例也證明《歐洲人權公約》規定的其他人權，也會成為國際兒童誘拐案件中當事人提出申訴的依據。但是，歐洲人權法院一般會拒絕此類申訴且未作進一步闡釋[15]。

---

[14] 例如，英國在《兒童誘拐公約》下指定的中央機關是國際兒童誘拐與聯絡部。該機構是依據英國《人權法案》設立的公共機關，並負有遵循《歐洲人權公約》的義務。

[15] R. Lamont, Mainstreaming Gender into European Family Law? The Case of International Child Abduction and Brussels II Revised, 17 *European Law Journal*, p. 366 (2011). L. Silberman, The Hague Child Abduction Comvention Runrs Twenty: Gender Politics and Other Issues, 33 *NYU J. Int'l Law & Pol.*, p. 221 (2000).

基於以上，在國際兒童誘拐領域，相關國際私法規則的適用，主要涉及《歐洲人權公約》第8條規定的家庭生活權和第6條規定的公正審判權。

(二)《聯合國兒童權利公約》

由於《歐洲人權公約》本身並未規定任何關於兒童權利的具體規則，使得歐洲人權法院在國際兒童誘拐案件中確定家庭生活權的內容時，頻繁援引《聯合國兒童權利公約》（The UN Convention on the Rights of the Child）的規定。因此，在國際兒童誘拐案件中關於《歐洲人權公約》第8條規定的家庭生活權之解釋上，《聯合國兒童權利公約》對歐洲人權法院具有重要價值。

1989年《聯合國兒童權利公約》是聯合國保護兒童人權的主要法律淵源。自制定以來，該公約已經為除美國以外的所有聯合國成員國所批准。公約為18歲以下的兒童規定了範圍非常廣泛的人權，內容涵蓋經濟、社會、文化、公民和政治權利等諸多方面。

大體而言，《聯合國兒童權利公約》的實施主要遵循了以下四項基本原則：一是兒童平等享有權利的原則，公約第2條規定了所有兒童能夠不受歧視地享有公約規定的權利[16]；二是兒童最佳利益原則，公約第3條第1款規定締約國針對兒童作出決定時，必須將兒童最佳利益作為首要考量[17]；三是保護兒童生命權和發展權原則，公約第6條規定所有兒童享有確保生命和發展的權利[18]；四是兒童意見被聽取原則，公約第12條規定締

---

[16] 《聯合國兒童權利公約》第2條規定：1.締約國應尊重本《公約》所載列的權利，並確保其管轄權範圍內每一兒童均享受此種權利，不因兒童或其父母或法定監護人的種族、膚色、性別、語言、宗教、政治或其他見解、民族、族裔或社會出身、財產、傷殘、出生或其他身分而有任何差別；2.締約國應採取一切適當措施確保兒童得到保護，不受基於兒童父母、法定監護人或家庭成員的身分、活動、所表達的觀點或信仰，而加諸的一切形式的歧視或懲罰。

[17] 《聯合國兒童權利公約》第3條第1款規定，關於兒童的一切行動，不論是由公私社會福利機構、法院、行政當局或立法機構執行，均應以兒童的最大利益為一種首要考慮。

[18] 《聯合國兒童權利公約》第6條規定：1.締約國確認每個兒童均有固有的生命權；2.締約國應最大限度地確保兒童的存活與發展。

約國應確保有主見能力的兒童，有權對影響到其本人的一切事項自由發表意見。而且，對兒童的意見應按照其年齡和成熟程度予以適當對待[19]。

　　從上述原則而言，《聯合國兒童權利公約》構建的不少規則之目的與《兒童誘拐公約》相同。就此而言，上述兩個公約具有互補性。例如，《聯合國兒童權利公約》第35條要求「締約國應採取一切適當的國家、雙邊和多邊措施，以防止為任何目的或以任何形式誘拐、買賣或販運兒童」。公約第11條要求「締約國應採取措施，制止非法將兒童移轉國外和不使返回本國的行為。為此目的，締約國應致力締結雙邊或多邊協定或加入現有協定」。公約第7條規定，「兒童出生後應立即登記，並有自出生起獲得姓名的權利，有獲得國籍的權利，以及盡可能知道誰是其父母並受其父母照料的權利。締約國應確保這些權利按照本國法律及其根據有關國際文書，在這一領域承擔的義務予以實施，尤應注意不如此兒童即無國籍之情形」。公約第9條第3款和第10條第2款規定了相似的權利。即「締約國應尊重與父母一方或雙方分離的兒童，同父母經常保持個人關係及直接聯繫的權利，但違反兒童最大利益者除外」（第9條第3款）。「為此目的，並按照第9條第1款所規定的締約國的義務，締約國應尊重兒童及其父母離開包括其本國在內的任何國家和進入其本國的權利。離開任何國家的權利只應受法律所規定並為保護國家安全、公共秩序、公共衛生或道德，或他人的權利和自由所必須且與公約所承認的其他權利不相牴觸的限制約束」（第10條第2款）。

　　顯然，上述規則對防止誘拐兒童、確保被誘拐兒童的迅速返還，以及避免父母一方單方行為導致父母子女關係的分離是必要的。在此背景下，聯合國兒童權利委員會反覆敦促《聯合國兒童權利公約》締約國批准海牙

---

[19] 《聯合國兒童權利公約》第12條規定：1.締約國應確保有主見能力的兒童有權對影響到其本人的一切事項自由發表自己的意見，對兒童的意見應按照其年齡和成熟程度給予適當的看待；2.為此目的，兒童特別應有機會在影響到兒童的任何司法和政策訴訟中，以符合國家法律的訴訟規則的方式，直接或通過代表或適當機構陳述意見。

《兒童誘拐公約》的立場，也就可以理解了[20]。

儘管《聯合國兒童權利公約》與《兒童誘拐公約》具有明顯的互補性，但是兩者在一些具體問題上也存在衝突：

1. 對父母監護權與兒童最佳利益之保護的不同側重

適用海牙《兒童誘拐公約》的案件中最為明顯之問題是，締約國法院在處理返還兒童的請求時，對兒童福利並不會進行充分和完全的調查，在決定兒童是否應被返還時也就不會適用兒童最佳利益原則。《聯合國兒童權利公約》則要求所有與兒童有關的行為，都必須將兒童最佳利益作為考量的首要原則。顯然，與兒童有關的所有行為當然應包括被誘拐兒童的返還。正如學者所指出的，《聯合國兒童權利公約》第3條第1款的措辭，並不要求將兒童最佳利益作為唯一的考量因素，而是與其他主要考量因素，構成一個考量因素的體系[21]。

因此，兒童最佳利益並非締約國針對兒童作出決定的最高考量因素。但是，關於《兒童誘拐公約》下返還兒童的請求之一般實踐是，被請求國並未對兒童最佳利益給予明確關注。當然，《兒童誘拐公約》促進了兒童最佳利益的保護，這也在該公約的序言中得到體現。但是，這種集體主義的方法依據《聯合國兒童權利公約》第3條第1款審視存在疑問。特別是，後者要求對兒童最佳利益的關注，是在締約國針對具體兒童做決定時進行的。

換言之，兒童最佳利益必須根據具體兒童的特定情況，進行評估和確定。在評估兒童最佳利益時，聯合國兒童權利委員會曾列舉一個非窮盡的因素列表，包括：兒童的觀點、兒童的身分（包括宗教和文化身分）、保留家庭環境和維持關係、兒童的照顧和保護與安全、兒童的健康和受教育權、兒童易受傷害的情形。兒童最佳利益應在上述因素的基礎上，最終進

---

[20] James J. Fawcett, Máire Ní Shúilleabháin and Sangeeta Shah, *Human Rights and Private International Law*, Oxford University Press, 2016, p. 708.

[21] R. Schuz, The Hague Child Abduction Convention and Children's Rights, 12 *Transnat'l & Coontemp Probs*, p. 393 (2002).

行評估和決定[22]。

因此，對兒童最佳利益的判斷，要求對兒童的特定情形進行評估。締約國依據《兒童誘拐公約》第13條和第20條對兒童返還所提出的抗辯進行的例行審查，並不符合《聯合國兒童權利公約》第3條第1款要求的將兒童最佳利益的考量置於最重要地位。顯然，這是《兒童誘拐公約》與《聯合國兒童權利公約》明顯不同之處。

在2010年的*Neulinger and Shuruk v. Switzerland*案（以下簡稱*Neulinger*案）中，在涉及《歐洲人權公約》第8條規定的家庭生活權問題時，歐洲人權法院首次將《兒童誘拐公約》的實踐與《聯合國兒童權利公約》第3條第1款連接起來，並要求被請求國法院必須在每一個具體案件中，對整個家庭情況進行深入審查，並在此基礎上深入評估兒童最佳利益[23]。但是，歐洲人權法院對《歐洲人權公約》第8條的這種解釋為英國最高法院反對。特別是，歐洲人權法院的這種解釋，被認為損害了海牙《兒童誘拐公約》迅速返還兒童的核心目標[24]。正因如此，歐洲人權法院在隨後的*X v. Latvia*案中明確放棄了*Neulinger*案所確立的方法[25]。

《兒童誘拐公約》解釋報告中提出的「兒童權利的決議」，明確承認存在優先性考慮因素。但是，一般認為《兒童誘拐公約》反映了對父母監護權保護的傳統關注，而非《聯合國兒童權利公約》第7條、第9條和第10條規定的對兒童得到父母照顧的權利之保護。因此，依據《兒童誘拐公約》享有監護權的父母，可以行使監護權要求頒發返還兒童的命令，而《聯合國兒童權利公約》則傾向於關注撫養關係中兒童最佳利益的保

---

[22] James J. Fawcett, Máire Ní Shúilleabháin and Sangeeta Shah, *Human Rights and Private International Law*, Oxford University Press, 2016, p. 708.

[23] Neulinger and Shuruk v. Switzerland, Application No. 41615/07, Judgment of 6 July 2010.

[24] L. Walker, The Impact of the Hague Abduction Convention on the Rights of the Family in the Case-Law of the European Court of Human Rights and the UN Human Rights Committee: The Danger of Neulinger, 6 *Journal of Private Internationa Law*, p. 668 (2010).

[25] X v. Latvia, Application No. 27853/09, Judgment of 26 November 2013.

護[26]。

2. 對兒童意見被聽取權利之保護的關注不同

《兒童誘拐公約》與《聯合國兒童權利公約》的差異性，也明顯體現在對兒童意見被聽取權利之保護方面。

如前所述，《兒童誘拐公約》第13條規定，如果兒童拒絕自己被返還，並已達到適宜考慮其觀點的年齡及成熟程度時，締約國也可拒絕作出返還的命令。即便誘拐兒童的父母將兒童的反對自己被返還的意見提請被請求國法院注意，《兒童誘拐公約》也並未明確要求締約國為兒童意見被聽取提供機會。

相反，《聯合國兒童權利公約》第12條規定，締約國應確保有主見能力的兒童有權對影響到本人的一切事項自由發表意見，對兒童的意見應按照其年齡和成熟程度予以適當考慮。這是《聯合國兒童權利公約》的實施以及該公約下兒童權利實現的一般原則。聯合國兒童權利委員會明確指出，兒童對於影響自己的每一個決定發表意見，對於實現兒童最佳利益至關重要。國家負有聽取兒童意見的義務。而且，年齡不應成為限制兒童意見被聽取的障礙。換言之，年幼的兒童也可以形成自己的觀點，即便兒童不能完整地進行表達。聯合國兒童權利委員會強調，在關於聽取兒童意見時考慮兒童年齡和成熟度的問題上，《聯合國兒童權利公約》第12條要求對兒童的理解能力進行個案評估，並承認兒童的年齡並不是決定性的。對於何為「影響兒童的所有事項」，聯合國兒童權利委員會強調應對之做寬泛的解釋。顯然，國際兒童誘拐案件中的返還程序應屬於《聯合國兒童權利公約》第12條的適用範圍[27]。

基於以上，對於兒童意見被聽取的權利，應提供適合兒童的相關資訊以便告知該權利、自由選擇以何種方式行使該權利，以及必須對兒童的意見予以認真考慮。該權利被侵害時，兒童應該享有相關程序救濟的

---

[26] R. Schuz, The Hague Child Abduction Convention and Children's Rights, 12 *Transnational Law and Coontemp Problems*, p. 408 (2002).

[27] James J. Fawcett, Máire Ní Shúilleabháin and Sangeeta Shah, *Human Rights and Private International Law*, Oxford University Press, 2016, p. 709-710.

權利[28]。顯然，在聽取兒童意見問題上，《聯合國兒童權利公約》相較於《兒童誘拐公約》而言，要求締約國承擔更多的義務。值得注意的是，《布魯塞爾條例II bis》第11條第2款也要求在《兒童誘拐公約》的返還程序中，應充分保護兒童享有的被聽取意見的權利，即便該權利並非《兒童誘拐公約》所要求。

實踐中，為協調《兒童誘拐公約》與《聯合國兒童權利公約》之間的差異性，可以依據《聯合國兒童權利公約》影響國內法和《歐洲人權公約》的解釋。得到普遍接受的是，無論是適用《兒童誘拐公約》，還是適用《布魯塞爾條例II bis》，相關法院在返還兒童的程序中，均應聽取兒童的意見。

（三）《歐盟基本權利憲章》

2000年《歐盟基本權利憲章》第7條所保護的尊重私人和家庭生活的權利，其適用範圍和內容與《歐洲人權公約》第8條是相同的。因此，在成員國適用《布魯塞爾條例II bis》解決歐盟範圍的國際兒童誘拐問題時，也適用該憲章第7條的規定。

《歐盟基本權利憲章》第47條保護公平審判權，也與《歐洲人權公約》第6條第1款規定的公正審判權之內涵相同。成員國法院在依據《布魯塞爾條例II bis》決定監護問題以及頒發和執行監護令時，必須確保上述權利得到尊重和保護。

與《歐洲人權公約》不同的是，《歐盟基本權利憲章》包含了兒童權利的具體規則。該憲章第24條規定，兒童享有受到必要保護與照顧的權利。兒童得自由表達其觀點，此等觀點應在與兒童相關的事項上，依其年齡與成熟度而予以考慮。《歐盟基本權利憲章》第24條主要為歐洲法院在有關兒童誘拐的判例法中得到適用。而且，該憲章要求所有與兒童相關之行為，不論是由公立機構或私人機構所進行，兒童的最佳利益皆應為考量

---

[28] James J. Fawcett, Máire Ní Shúilleabháin and Sangeeta Shah, *Human Rights and Private International Law*, Oxford University Press, 2016, p. 709-710.

的首要原則。與前述《聯合國兒童權利公約》第9條第3款類似的是，《歐盟基本權利憲章》也規定，每個兒童均享有於一固定期限內維持個人關係及與父母直接接觸的權利，但違反兒童最佳利益的情形，不在此限。

應該說，《歐盟基本權利憲章》的上述規則主要是依據《聯合國兒童權利公約》，特別是公約第3條、第9條、第12條和第13條制定的。該憲章重申了歐盟成員國在作出影響兒童的事項之決定時，應依據兒童的年齡和成熟度聽取兒童意見，且兒童最佳利益原則，應為針對兒童作出決定時的首要考量因素。

參、《歐洲人權公約》在《兒童誘拐公約》實施中的適用

絕大多數《歐洲人權公約》的締約國，均已批准海牙《兒童誘拐公約》。因此，在實施《兒童誘拐公約》規定的返還程序時，締約國的行為必須符合《歐洲人權公約》的規定。一般認為，《兒童誘拐公約》構建的迅速返還兒童的法律機制，可能會侵害相關當事人依據《歐洲人權公約》第8條享有的家庭生活權和第6條享有的公正審判權。歐洲人權法院在實踐中已經發展出較為一致的方法，審查締約國實施相關返還程序是否違反《歐洲人權公約》。實際上，在國際兒童誘拐案件中，《兒童誘拐公約》本身也對歐洲人權法院解釋締約國在《歐洲人權公約》下的義務問題，產生了顯著影響。

儘管，學術界對歐洲人權法院的一些判例法存在批評，特別是在遲延返還程序，以及未能平衡相關當事人的權利方面[29]。但是，也存在贊成《兒童誘拐公約》實施機制的觀點。特別是，歐洲人權法院的實踐基本支

---

[29] P. Beaumont, The Jurisprudence of the European Court of Human Rights and the European Court of Justice on the Convention on International Child Abduction, 335 *Recueil des Cours*, p. 79-80 (2008).

持《兒童誘拐公約》的實施。一般而言，歐洲人權法院試圖在《歐洲人權公約》與《兒童誘拐公約》之間進行一致性解釋，並避免締約國在上述兩個公約之間產生義務衝突的情形[30]。

一、家庭生活權的適用

當父母與兒童因為誘拐而分離時，可能涉及《歐洲人權公約》第8條規定的家庭生活權，享有該權利的主體包括兒童、誘拐兒童者及被誘拐兒童的父母一方。

依據《歐洲人權公約》第8條，保障相關當事人享有的家庭生活權是締約國之積極義務。在國際兒童誘拐案件中，歐洲人權法院確認這種義務的內容是，依據《兒童誘拐公約》第7條規定的措施，締約國應確保兒童的迅速返還，從而使父母與子女團聚。在締約國未能採取措施的情況下，可能侵害相關當事人享有的家庭生活權。相反，在返還兒童的情況下，也可能侵害誘拐者（兒童的父或母）與兒童所享有的家庭生活權。此時，締約國法院應承擔不干涉家庭生活權的消極義務。

無論是締約國的積極義務還是消極義務，均不是絕對的。當事人依據《歐洲人權公約》第8條要求，對《兒童誘拐公約》所確立的返還兒童機制的運行進行干預，必須依法進行且存在正當目的，以及在「民主社會是必要的」。如果締約國在所有相關當事人的權利和自由，特別是兒童依據《歐洲人權公約》第8條享有的最佳利益和權利之間達成適當平衡，則這種干預是必要的。

當締約國在實施《兒童誘拐公約》的迅速返還機制時，判斷是否在相互衝突的權利之間達成適當平衡，歐洲人權法院一般認為，如果締約國存在程序性利益保護機制，則這種適當的利益平衡要求已經達成。有學者認為，實際上這種利益平衡很大程度上，已經反映在海牙《兒童誘拐公約》

---

[30] 需要指出的是，歐洲人權法院的主張並非強化了兒童的迅速返還機制。在歐洲人權法院的實踐中，可以簽發臨時措施中止返還令的執行，而且締約國應遵守之。但是，這種臨時措施也容易爲阻止返還兒童的當事人的誘拐者濫用。

的迅速返還機制之中[31]。

(一)《兒童誘拐公約》的高效執行

儘管歐洲人權法院特別強調《兒童誘拐公約》的高效執行，但締約國在實施《兒童誘拐公約》時，必須契合《歐洲人權公約》第8條規定的義務。應該說，歐洲人權法院的審查機制，在某種意義上填補了《兒童誘拐公約》缺少具體執行機制和保障該機制的制度空缺。在《兒童誘拐公約》的實施過程中，締約國不當干涉返還兒童的決定，在所有當事人的利益之間不僅難以達成適當平衡，也會侵害相關當事人依據《歐洲人權公約》第8條享有的家庭生活權。而且，《兒童誘拐公約》的實施程序必須公正，如果不符合程序性要求，則對家庭生活權的干涉，必然在相關當事人之間無法達成利益的適當平衡。

對請求國而言，在兒童被誘拐後必須履行其在《兒童誘拐公約》下的義務。締約國當局必須為兒童返還令的頒發提供便利。締約國在家庭生活權上的自由裁量權也較為有限。在《兒童誘拐公約》的實施中，兒童來源國應採取適當措施履行返還兒童的義務，否則將違反《歐洲人權公約》第8條。

對被請求國而言，在受理返還兒童的請求後，被請求國中央機關應積極履行《兒童誘拐公約》第7條規定的義務。如果被請求國中央機關僅啟動返還兒童的法律程序，而未有進一步的舉措，亦會違反保護家庭生活權的要求。當在被請求國存在平行的離婚和監護訴訟時，被請求國中央機關必須中止此類訴訟，並基於履行《兒童誘拐公約》第16條的義務，作出是否返還兒童的決定。

特別應強調的是，在無適當理由的情況下，締約國遲延作出返還兒童的命令也可能違反家庭生活權。如前所述，《兒童誘拐公約》規定了被請求國應在提出返還兒童請求的6週內作出決定之要求。例如，瑞士當局

---

[31] James J. Fawcett, Máire Ní Shúilleabháin and Sangeeta Shah, *Human Rights and Private International Law*, Oxford University Press, 2016, p. 713.

因在申請提出後7週後作出決定的做法，被認定違反了《兒童誘拐公約》的要求。在*Lipkousky and Mccormack v. Germany*案中，經過三級法院的程序，德國法院作出決定已經超過8個月，同樣被歐洲人權法院認為違反了《歐洲人權公約》第8條的規定[32]。在*Monory v. Hungary and Romania*案中，歐洲人權法院認為，在當事人提出返還兒童的請求到被請求國最終作出決定達1年時間之久，違反《歐洲人權公約》第8條規定的家庭生活權保護的要求[33]。在*Iosub Caras v. Romania*案中，在沒有合理解釋的情況下，被請求國經過18個月未作出是否返還兒童的決定，而被認為違反了《歐洲人權公約》第8條規定的家庭生活權[34]。

締約國尊重《歐洲人權公約》規定的家庭生活權之義務，要求其在的《兒童誘拐公約》的實施中，確保相關執行機制的高效性。當兒童返還令被作出後，歐洲人權法院強調，締約國對該返還令的執行應採取迅速的舉措，因為時間拖延會導致兒童和未與其生活的父母之間的關係，產生不可逆的後果。歐洲人權法院認為，締約國應依《歐洲人權公約》第8條履行其積極義務，盡快啟動執行兒童返還令的程序。

如果締約國並未建立相關充分的執行程序機制，也可能導致對《歐洲人權公約》第8條的違反。對於歐洲人權法院而言，其關注的焦點是締約國國內機構是否採取所有的舉措，便利當事人行使監護權、承擔父母責任以及確認親子關係。總之，依據《歐洲人權公約》第8條，締約國應承擔採取所有可能的措施，以適當執行返還令的積極義務。

儘管締約國應承擔高效執行返還令的積極義務，但歐洲人權法院也指出，強制執行兒童返還令應是締約國最後選擇。當父母與兒童的居住是非法的（如隱藏兒童）情況下，締約國應准許此種強制執行。當然，締約國採取的強制性措施必須與緊迫性的需要平衡。因此，在*Maumousseau and Washington v. France*案中，當檢察官在四個員警的陪伴下，試圖在護士學

---

[32] Lipkousky and Mccormack v. Germany, Application No. 26755/10, Judgment of 18 January 2011.

[33] Monory v. Hungary and Romania, Application No. 71099/01, Judgment of 5 April 2005.

[34] Iosub Caras v. Romania, Application No. 7198/04, Judgment of 27 July 2006.

校帶離兒童的做法，並不違反《歐洲人權公約》第8條。儘管歐洲人權法院承認，員警的介入並非處理此類情況的最佳方式，但是，由於母親隱藏兒童的阻礙行為，以及逃避具有可執行性的返還執行令達6個月時間，使得締約國採取相應的強制性執行措施具有現實緊迫性[35]。在*Paradis v. Germany*案中，當兒童與母親拒絕返回加拿大的情況下，歐洲人權法院認為，強制遷移一個9歲兒童和一個7歲兒童符合比例原則，並與《歐洲人權公約》第8條之目的相符[36]。

儘管歐洲人權法院強調兒童的迅速返還，但兒童與父母一方團聚之要求並非是絕對的。一般而言，被請求國應採取適當舉措，便於被誘拐兒童與其父母一方的團聚，如果經過相當長的時間，則被請求國依據《歐洲人權公約》第8條應承擔為兒童與父母一方的探視，提供適當安排的義務。

一般認為，國際兒童誘拐案件中程序性公正問題，應屬於《歐洲人權公約》第6條的適用範圍。但是，《歐洲人權公約》第8條同樣要求締約國在處理《兒童誘拐公約》框架下的請求時，應確保程序公正。換言之，儘管《歐洲人權公約》第8條在內容上並未明確規定程序公正性的要求，但締約國相關干涉措施決定的作出必須是公正的，這本身也是對公約第8條保護的家庭生活權之適當尊重。

在*Ignaccolo-Zenide v. Romania*案中，歐洲人權法院認為，誘拐兒童的父母一方，在被請求國法院提起的爭奪監護權之訴訟中，父母另一方並未獲得參加訴訟的通知，也未參與相關訴訟，在此情況下，被請求國的做法違反了《歐洲人權公約》第8條[37]。同樣，在*López v. Guió v. Slovakia*案中，被誘拐兒童的父母一方，在另一方既未參與該訴訟，也未獲得任何關於該訴訟通知的情況下，通過憲法法院獲得一個最終的兒童返還令，締約國也被認定為違反《歐洲人權公約》第8條[38]。

---

[35] Maumousseau and Mashington v. France, Application No. 39388/05, Judgment of 6 December 2007.

[36] Paradis and Others v. Germany, Application No. 4783/03, Judgment of 15 May 2003.

[37] Ignaccolo-Zenide v. Romania, Application No. 31679/96, Judgment of 25 January 2000.

[38] López v. Guió v. Slovakia, Application No.10280/12, Judgment of 3 June 2014.

（二）《兒童誘拐公約》的統一解釋

為保護家庭生活權，除強調《兒童誘拐公約》的高效執行之外，歐洲人權法院也關注締約國對該公約的解釋。

在一些案件中，歐洲人權法院採取了「放手方法」（hands off approach），強調其任務並不是替代締約國國內機構實施《兒童誘拐公約》，而是依據《歐洲人權公約》審查國內機構在行使自由裁量權時的決定，並判斷該決定是否符合《歐洲人權公約》。應該說，儘管歐洲人權法院將其角色限制在對《歐洲人權公約》的解釋方面，但其通過指出締約國適用《兒童誘拐公約》的錯誤之方式，有助於促進締約國對《兒童誘拐公約》的統一解釋。

*Monory v. Romania and Hungary*案（以下簡稱*Monory*案）揭示了歐洲人權法院對《兒童誘拐公約》下，兒童返還機制運行的審查模式。

該案中，羅馬尼亞當局基於父親的監護權，並非是排他性的（與兒童母親共有監護權），而拒絕了父親要求返還兒童的申請。歐洲人權法院認為，羅馬尼亞法院的解釋明顯與《兒童誘拐公約》解釋報告提供的文義解釋，以及公約廣受承認的一般實踐衝突。歐洲人權法院認為，羅馬尼亞當局的上述解釋大大削弱了《兒童誘拐公約》的效力，也損害了《歐洲人權公約》第8條保護的家庭生活權[39]。

應該說，羅馬尼亞當局的做法並非屬於國內當局管轄權範圍的條約解釋，以及國內法的適用問題，而是侵害了當事人依據《歐洲人權公約》第8條享有的家庭生活權。類似的，在*Iosub Caras v. Romania*案中，被請求國並未中止平行的監護訴訟，導致違反《兒童誘拐公約》第16條規定的不得就監護權的實質作出決定的要求。被請求國的這種做法，也被視為損害了《兒童誘拐公約》的根本目的；這種對《兒童誘拐公約》的錯誤適用，也被認為侵害了《歐洲人權公約》第8條保護的家庭生活權[40]。

---

[39] Monory v. Hungary and Romania, Application No. 71099/01, Judgment of 5 April 2005, paras. 14, 76, 81.

[40] Iosub Caras v. Romania, Application No. 7198/04, Judgment of 27 July 2006, paras. 36, 40.

在*Carlson v. Switzerland*案（以下簡稱*Carlson*案）中，歐洲人權法院認為，其角色是決定締約國有關保護申訴人家庭生活權的實際舉措，依據《歐洲人權公約》第8條是否存在充分的理由和正當性。歐洲人權法院對瑞士法院的推理進行了詳細分析並認為，瑞士法院錯誤地認為並不存在非法滯留，違反了《兒童誘拐公約》第13條第1款規定的關於「同意和默許的證明責任」之文義，以及將返還訴訟與離婚和監護訴訟予以合併的做法，違反了《兒童誘拐公約》第16條。這些錯誤適用《兒童誘拐公約》，以及並未迅速處理申請人提出的返還兒童之請求的做法，導致違反《歐洲人權公約》第8條[41]。

隨後的*Raban v. Romania*案（以下簡稱*Raban*案）證明了歐洲人權法院，傾向於支持更大程度上的「放手方法」。

歐洲人權法院強調，不能輕易質疑國內當局的決定，除非存在明顯證據表明，締約國作出的相關決定存在任意性。*Raban*案中，儘管羅馬尼亞當局與*Carlson*案中瑞士當局一樣，對於《兒童誘拐公約》第13條第1款的解釋問題上存在錯誤，但歐洲人權法院在*Raban*案中對此錯誤並無任何評論[42]。但是，即便依據《歐洲人權公約》賦予羅馬尼亞當局作出相關決定的自由裁量權，應在對《兒童誘拐公約》正確解釋的範圍內行使。顯然，比較前述*Carlson*案和*Raban*案可知，歐洲人權法院的做法存在損害《兒童誘拐公約》解釋一致性的風險。

在*Strömblad v. Sweden*案中，瑞典當局認為《兒童誘拐公約》不予適用的決定是錯誤的。

該案中，在未獲得父親同意的情況下（父親依據瑞典法律對兒童享有共同監護權），兒童被從瑞典遷移至捷克。針對當事人依據《兒童誘拐公約》第15條提出的申訴，瑞典法院認為，兒童的滯留並非是非法的，因為瑞典法院在兒童遷移至捷克2個月後，授予母親臨時的監護權。歐洲人權法院強調，其功能並非是處理國內法院所涉及的事實或法律錯誤，除非上

---

[41] Carlson v. Switzerland, Application No. 49492/06, Judgment of 6 November 2008, paras. 69-76.

[42] Raban v. Romania Application No. 25437/08, Judgment of 26 October 2010.

述錯誤侵害了《歐洲人權公約》保護的權利與自由。歐洲人權法院最終認為，依據《兒童誘拐公約》，瑞典法院作出的相關決定並不是任意的，該案並不存在違反《歐洲人權公約》第8條的情形[43]。

從條約適用效果的角度而言，儘管締約國對《兒童誘拐公約》進行統一解釋具有重要意義，但歐洲人權法院在Neulinger案中，明確了其堅持將解釋權限制在《歐洲人權公約》的範圍內。有學者認為，歐洲人權法院在前述Monory案中的裁判是正確的，在針對《兒童誘拐公約》的解釋上，其超越了在Neulinger案設立的對案件事實進行全面審查的較高門檻[44]。

對於《歐洲人權公約》第8條而言，一般認為締約國對《兒童誘拐公約》的解釋是任意的，與該公約的一般實踐衝突，則會構成對《歐洲人權公約》規定的家庭生活權之侵害。當相關解釋有損於高效兒童返還機制的運作時，可能違反《歐洲人權公約》第8條。在此情況下，歐洲人權法院有權對締約國關於《兒童誘拐公約》的錯誤解釋進行審查。在此之外，歐洲人權法院則不會逾越界限，對締約國實施《兒童誘拐公約》的行為依據《歐洲人權公約》進行評價。

(三) 兒童意見被聽取權利的保護

如前所指出的，《兒童誘拐公約》本身並未要求締約國在返還程序中，聽取兒童的意見。在此問題上，歐洲人權法院亦未對締約國施加此義務。

在國際兒童誘拐案件中，歐洲人權法院並未對締約國施加聽取兒童意見的任何義務。儘管依據《歐洲人權公約》第8條，締約國需要在父母和兒童相關利益之間達成適當平衡，但歐洲人權法院對於兒童利益的確定並未形成令人滿意的方法。歐洲人權法院通常選擇遵循《兒童誘拐公約》的要求，但卻未能充分考慮諸如《聯合國兒童權利公約》等相關國際人權條

---

[43] Strömblad v. Swede, Application No. 3684/07, Judgment of 5 April 2012.

[44] V. Stephens and N. Lowe, Children's Welfare and Human Rights under the 1980 Hague Abduction Convention: the Ruling in Re E, 34 *Journal of Social Welfare and Family Law* 125, p. 130-133 (2012).

約的規定。

　　值得注意的是，實踐中歐洲人權法院遵循的上述方法與英國上議院選擇的方法，形成鮮明對比。

　　在D (a child)案中，英國上議院認為，《聯合國兒童權利公約》第12條蘊含了締約國應履行聽取兒童的意見之義務，這種義務也適用於《兒童誘拐公約》下，迅速返還兒童的機制。英國上議院認為，聽取兒童意見具有非常重要的意義，因為最終是兒童而非其他人依據法院的判決生活[45]。實踐中，可以諸多不同形式聽取兒童意見，如允許兒童的法律代表或保護兒童的專業機構或其他機構，與法官進行面對面交流。兒童意見被聽取的權利之保護，也無需對兒童的年齡和成熟度設立要求。在依據兒童意見做決定時，可以對兒童的年齡和成熟度進行個案評估。顯然，英國上議院主張應充分保護兒童意見被聽取的權利。

　　上述觀點與歐洲人權法院在兒童誘拐案件中對《歐洲人權公約》第8條的實踐，不盡一致。歐洲人權法院通常不願介入因兒童未被聽取意見而提出的申訴。

　　例如，在Šneersone and Kampanella v. Italy案中，義大利法院在未聽取6歲兒童意見的情況下，依據《布魯塞爾條例II bis》第42條簽發返還令。歐洲人權法院認為，兒童未被親自聽取意見並不違反歐盟法所保護的權利和自由[46]。類似的，在Levadna v. Ukraine案中，關於烏克蘭法院未徵求兒童意見的情況下，將其返還至義大利之申訴，歐洲人權法院認為，烏克蘭法院已經在相關父母、兒童和社會秩序等利益之間，實現了適當平衡。特別是，很難期待一個5歲的兒童能夠就其自己的最佳利益，依據其年齡和成熟度作出決定，故烏克蘭法院未聽取兒童意見的做法，並不違反《歐洲人權公約》第8條[47]。

　　顯然，上述做法與前述聯合國兒童權利委員會，關於兒童意見被聽取

---

[45] Re D (a child) [2005] UKHL 40.

[46] Šneersone and Kampanella v. Italy, Application No. 14737/09, Judgment of 12 July 2011.

[47] Levadna v. Ukraine, Application No. 7354/10, Judgment of 27 April 2010.

的權利之理解，存在明顯差異。歐洲人權法院更傾向於只有在兒童有能力對自身最佳利益作出判斷的情況下，才應聽取兒童意見的觀點。

　　歐洲人權法院的實踐也與英國上議院在前述*D (a child)*案中的做法不同，後者要求即便兒童意見不具有決定性，仍應聽取兒童意見。聯合國兒童權利委員會也強調，影響兒童的問題所涉及的綜合性知識，並不影響兒童意見被聽取之權利的保護，兒童只要有足夠理解能力並形成其關於該問題的觀點即可。但是，這與歐洲人權法院判斷是否在相關當事人的利益之間達成適當平衡，以及是否違反《歐洲人權公約》無關。歐洲人權法院更為強調《兒童誘拐公約》締約國處理相關申請程序的公正性，而這種公正性的評估並不必然包含聽取兒童的意見，特別是兒童年齡較小時[48]。

　　歐洲人權法院關注兒童年齡而忽視年幼兒童意見被聽取權利的實踐，也明確反映在*Blaga v. Romania*案中。

　　該案中，羅馬尼亞法院基於兒童的反對意見拒絕返還三個兒童。在兒童意見被聽取時，最大的兒童11歲，另外兩個兒童為8歲和4歲。依據羅馬尼亞法律（當事人國籍國法），10歲是要求兒童意見應被聽取的最低年齡。歐洲人權法院並未批評羅馬尼亞法律對兒童年齡的限制，而是關注應被聽取意見的兒童，儘管該案中僅有一名兒童達到羅馬尼亞法律規定年齡[49]。

　　應該說，歐洲人權法院混淆了關於兒童形成其意見的判斷標準。《聯合國兒童權利公約》第12條將兒童的年齡和成熟度作為兒童形成意見的衡量因素，而兒童意見被聽取的權利，首先應取決於兒童形成意見的能力。但是，僅關注於兒童的年齡和成熟度，常常會忽視兒童形成其意見的能力之事實。儘管，歐洲人權法院反覆強調，對《歐洲人權公約》第8條的解釋應依據《聯合國兒童權利公約》第12條的要求。但是，前述歐洲人權法院的實踐，並未妥善處理兒童意見被聽取權利的保護問題。

　　因此，締約國應對《聯合國兒童權利公約》第12條規定的兒童表達意

---

[48] James J. Fawcett, Máire Ní Shúilleabháin and Sangeeta Shah, *Human Rights and Private International Law*, Oxford University Press, 2016, p. 721.

[49] Blaga v. Romania, Application No. 54443/10, Judgment of 1 July 2014.

見的資格與對兒童意見進行考慮的標準，予以區分。如此，才能確保締約國遵循《歐洲人權公約》第8條的要求。

（四）「重大風險」的抗辯中兒童最佳利益的保護

在早期案件中，歐洲人權法院認為，基於《兒童誘拐公約》之目的，只有在極其例外的情形下，締約國才能作出拒絕返還兒童的決定，如果拒絕返還兒童的決定，構成對家庭生活權的正當干涉，則《兒童誘拐公約》第13條第2款針對迅速返還機制規定的「重大風險」抗辯應被限制性地解釋。

鑑於締約國依據《歐洲人權公約》第8條應承擔使父母與被誘拐兒童重聚的積極義務，締約國當局未能採取合理措施便利兒童返還，並不構成上述「重大風險」抗辯之情形，但可能違反《歐洲人權公約》第8條。而且，誘拐兒童的父母一方與兒童分離的風險，並不能作為援引家庭生活權的事實依據，因為誘拐者不能從其非法行為中獲益。在父母一方存在家暴或以不適當方式懲罰兒童的紀錄，或者請求返還的父母一方在兒童被誘拐前，並未及時支付撫養費，這些即屬於拒絕返還兒童決定所依據的「重大風險」之情形[50]。

儘管，「兒童最佳利益」（the best interests of the child）的概念，在歐洲人權法院早期的判決中被頻繁援引，但在*Neulinger and Shuruk v. Switzerland*案（以下簡稱*Neulinger*案）中，歐洲人權法院評估申請所涉及的「重大風險」抗辯時，並未關注兒童的最佳利益。

一般而言，所謂「兒童最佳利益」包括：兒童在返還中的個人利益、防止非法誘拐和滯留兒童產生的影響，以及《兒童誘拐公約》規定的締約國防止誘拐兒童行為的集體利益。歐洲人權法院的判決傾向於在不對監護爭議預先進行判斷的前提下，將兒童返還令作為一種中立的法院分配機制。與此一致的是，海牙《兒童誘拐公約》建立的迅速返還機制，也被

---

[50] James J. Fawcett, Máire Ní Shúilleabháin and Sangeeta Shah, *Human Rights and Private International Law*, Oxford University Press, 2016, p. 722.

認為在父母與兒童的利益之間達成了適當平衡。

在Neulinger案中，歐洲人權法院大審庭以16：1的裁判認定，對瑞士返還令的執行，將違反《歐洲人權公約》第8條保護的誘拐母親與兒童享有的家庭生活權。歐洲人權法院認為，公約第8條要求兒童不應被自動和機械地返還，兒童最佳利益必須由被請求國基於個案事實進行評估[51]。歐洲人權法院的角色是，在適用《兒童誘拐公約》第13條規定的例外情形時，特別是基於兒童最佳利益的考慮，確定國內法院是否保障了《歐洲人權公約》規定的權利[52]。但是，這並不意味著對於返還兒童的申請，歐洲人權法院應評估兒童的返還，是否存在「重大風險」；而是必須審查締約國法院，是否深入地分析並考量家庭整體情況以及案件所有事實。特別是，事實、情感、心理、物質和醫療情況，並對每一個當事人的相關利益進行合理評估，以便達成利益平衡，從而迅速決定對於被誘拐兒童的最佳解決方法[53]。

儘管，歐洲人權法院大審庭認為，返還令的頒發屬於締約國自由裁量之範疇，但是，在兒童被誘拐一段時間後執行返還令，將損害《兒童誘拐公約》的目的。應該說，《兒童誘拐公約》實際上是一個程序性質的條約，而非保護個人的人權條約。在考慮執行返還令是否違反《歐洲人權公約》第8條時，基於其他因素考慮的原因，而導致兒童返還的拖延，會降低《兒童誘拐公約》建立的高效返還兒童機制的意義[54]。歐洲人權法院建議，依據《歐洲人權公約》第8條的要求，返還令的執行應基於兒童最佳利益和福利進行評估，締約國特別應考慮兒童被返還至目的地國後面臨的困難和挑戰，以及兒童與請求國和被請求國之間的社會、文化和家庭聯繫。此外，締約國也應考慮陪伴兒童的家庭成員在返還的目的地國面臨之

---

[51] Neulinger and Shuruk v. Switzerland, Application No. 41615/07, Judgment of 6 July 2010, para. 138.

[52] *Ibid.*, para. 141.

[53] *Ibid.*, para. 139.

[54] *Ibid.*, para. 145.

困難和挑戰[55]。

實際上，*Neulinger*案中，以色列的返還令是在兒童和母親抵達瑞士2年之後作出，而且，在此後的3年，因為在歐洲人權法院的申訴而未能執行該返還令。歐洲人權法院認為，如此長時間之後將兒童返還至以色列，不符合兒童最佳利益，也侵害了兒童的家庭生活權。原因是，兒童自2歲起一直居住在瑞士，且在瑞士上學。父親的探視權在兒童被誘拐前已經受到限制，並接受以色列社會服務機構的監督。父親再婚生育另一個兒童後，未再支付本案所涉兒童的撫養費。鑑於父親此前的行為和自身有限的資源，可以預判父親並無能力照顧兒童。而且，母親拒絕將兒童返還至以色列，並認為返還兒童會將其置於心理受傷害的風險之中。即便母親與兒童一起返回以色列，仍存在被監禁的風險，兒童也會與母親分離。特別是，考慮到兒童從未與父親一起生活，並且已有5年未曾見過父親的事實[56]。基於以上事實，歐洲人權法院也認為該案屬於《兒童誘拐公約》第13條規定的例外情形。

歐洲人權法院同樣指出，如果兒童被返還至以色列，母親享有的家庭生活權會受到侵害。從其返回後面臨的刑事起訴和監禁來看，母親拒絕返回以色列的主張並非毫無正當性。歐洲人權法院注意到，由於母親是瑞士國民，其有權留在瑞士。在此情況下，歐洲人權法院認為，如果母親與兒童被強制返還至以色列，將會構成對其享有的家庭生活權不合比例原則之干預[57]。

顯然，歐洲人權法院大審庭針對*Neulinger*案的判決表明，歐洲人權法院並未改變其先前的立場。大審庭援引了先前關於誘拐兒童者依據《歐洲人權公約》第8條享有的家庭生活權抗辯被拒絕的判例。

但是，在*Neulinger*案的裁判中，歐洲人權法院對《兒童誘拐公約》

---

[55] Neulinger and Shuruk v. Switzerland, Application No. 41615/07, Judgment of 6 July 2010, para. 146.

[56] *Ibid.*, paras. 144-151.

[57] *Ibid.*, paras. 150-151.

是程序性條約，而非人權條約的觀點並未表明支援的立場；特別是，與歐洲人權法院先前主張其對於《兒童誘拐公約》的程序性條約性質完全認同的觀點相比，更是呈現鮮明對比。在此之前，歐洲人權法院強調《兒童誘拐公約》下，對兒童的返還以及規制誘拐兒童行為的重要意義。基於此，Neulinger案中，兒童應被返還至以色列並由其父親照顧；但是，在兒童被非法誘拐相當長的時間後，仍未被返還至被誘拐之前的慣常居所地國家的情況下，則不宜再改變兒童的生活現狀。

　　儘管有學者認為，Neulinger案並非標誌著歐洲人權法院解決兒童誘拐案件的方向性改變[58]。但是，該案判決引發海牙國際私法會議對歐洲人權法院所使用的審查方法表達關切。Neulinger案同樣引發了實踐者和學術界的廣泛批評。主要的反對意見是，歐洲人權法院在裁判中所使用的措辭似乎表明，在決定是否返還兒童的問題上，被請求國法院應對案件事實情況進行充分的調查，並放棄《兒童誘拐公約》建立的迅速兒童返還機制[59]。顯然，歐洲人權法院在Neulinger案的立場，很大程度上背離了海牙國際私法會議建立高效的兒童返還機制之初衷。

　　應該說，歐洲人權法院在前述Neulinger案中的裁判表明，遲延返還和兒童已得到妥善安置，也可以作為締約國拒絕返還兒童的理由，即便其並不屬於《兒童誘拐公約》第12條規定的情形。此外，締約國採取具體執行措施，或者「重大風險」抗辯被拒絕後作出了最終返還令，也要求被請求國應深入調查返還兒童是否符合「兒童最佳利益」。這些做法，不免為誘拐者堅持將兒童滯留在被請求國提供了充分的法律基礎。

　　以上表明，歐洲人權法院在Neulinger案的裁判中，對兒童最佳利益的解釋，會導致締約國對案件事實進行更為詳盡的調查，這可能損害了《兒童誘拐公約》所建立的迅速返還兒童機制，並弱化了該公約防止誘拐

---

[58] J. Costa, The Best Interests of the Child: Recent Case-Law from the European Court of Human Rights, *International Family Law Journal*, p. 183 (2011).

[59] V. Stephens and N. Lowe, Children's Welfare and Human Rights under the 1980 Hague Abduction Convention: the Ruling in Re E, 34 *Journal of Social Welfare and Family Law*, p. 129 (2012).

兒童的效力[60]。

　　儘管，*Neulinger*案被認為是歐洲人權法院審查締約國實施《兒童誘拐公約》的標誌性判例，但實踐中仍需兼顧《兒童誘拐公約》規定的迅速返還機制之運作。特別是，當誘拐兒童的父母一方是兒童的唯一照顧人時，是否應考慮不適用《兒童誘拐公約》。應該說，這種觀點代表了《兒童誘拐公約》面臨的複雜實施環境。值得注意的是，《兒童誘拐公約》最初適用於沒有監護權的父母實施之誘拐行為，隨著父母責任概念的變革，現今該公約時常針對兒童的主要照顧人（即兒童的主要照顧者誘拐兒童的情形）被援引。締約國的一些判決，往往並未基於兒童最佳利益的考量，特別是，未考慮將兒童返還後其可能面臨的風險。

　　在適用《兒童誘拐公約》時，如果一方當事人誘拐兒童，是為了逃避家庭暴力，容易引發更為廣泛的爭議。

　　在2007年的*Maumousseau and Washington v. France*案（以下簡稱*Maumousseau*案）中，誘拐兒童的母親依據《歐洲人權公約》第8條的申訴，被歐洲人權法院駁回（5：2），但判決的異議意見（dissenting opinion）質疑，大多數判例所主張的所謂較長時間的拖延，會導致兒童與父母一方關係不可彌補的損害之邏輯，並主張兒童也能夠由父母一方照顧，即便兒童與其長時間未能接觸。同時，該異議意見也批評，目前絕大多數觀點對兒童最佳利益理解的過度形式主義，以及不願意承認當迅速返還兒童被證明是不可能時，《兒童誘拐公約》的主要目標不能實現之客觀現實[61]。

　　總之，*Maumousseau*案判決的異議意見揭示了《兒童誘拐公約》適用的過度機械性，並導致具體個案中可能產生犧牲兒童最佳利益的風險[62]。

---

[60] L. Walker, The Impact of the Hague Abduction Convention on the Rights of the Family in the Case-Law of the European Court of Human Rights and the UN Human Rights Committee: The Danger of Neulinger, 6 *Journal of Private International Law*, p. 668 (2010).

[61] James J. Fawcett, Máire Ní Shúilleabháin and Sangeeta Shah, *Human Rights and Private International Law*, Oxford University Press, 2016, p. 727.

[62] R. Schuz, The Hague Child Abduction Convention and Children's Rights, 12 *Transnat'l & Coontemp Probs*, p. 442-443 (2002).

該異議意見也反映了締約國對《兒童誘拐公約》的適用重新調整之願望，以避免造成兒童與其主要照顧者的突然分離，違背了維持兒童與其主要照顧者之間關係的基本目標。

歐洲人權法院在隨後的*X v. Latvia*案（以下簡稱*X*案）中重新審視了《歐洲人權公約》第8條與海牙《兒童誘拐公約》的關係。

*X*案涉及兒童的母親將其由澳大利亞帶往拉脫維亞。母親主張，拉脫維亞法院命令將其女兒返還至澳大利亞，構成了對其依據《歐洲人權公約》第8條享有的家庭生活權的不當干涉[63]。

歐洲人權法院大審庭在*X*案中，並未遵循前述*Neulinger*案的做法，並認為*Neulinger*案的判決中並未確立締約國法院適用《兒童誘拐公約》的任何原則[64]。因此，在請求作出返還令時，《歐洲人權公約》並不要求締約國對案件事實進行全面的調查。歐洲人權法院認為，應對《歐洲人權公約》和《兒童誘拐公約》進行一致性解釋。在國際兒童誘拐案件中，《歐洲人權公約》第8條對締約國施加的義務必須依據《兒童誘拐公約》的要求進行解釋。歐洲人權法院強調，在評估締約國在自由裁量權內，是否在兒童和父母利益以及公共秩序之間達成適當平衡的問題上，兒童最佳利益應是主要考量。而且，防止誘拐兒童和迅速返還兒童的目標，均與兒童最佳利益原則相符。但是，締約國返還兒童的決定，不應當是自動和機械的。締約國在返還程序中確定兒童最佳利益時，也應當考慮「重大風險」例外，以及《兒童誘拐公約》規定的其他抗辯理由。

應注意的是，在國際兒童誘拐案件中，兒童最佳利益的概念與監護訴訟中兒童最佳利益的概念是不同的。在考慮返還兒童的決定是否與《歐洲人權公約》第8條相符時，被請求國法院必須對案件是否存在《兒童誘拐公約》下立即返還的例外情形進行評估，特別是，返還程序中一方當事人提出例外情形的抗辯之情況下。歐洲人權法院大審庭認為，《歐洲人權公約》第8條要求締約國法院必須對請求國可能存在風險進行考慮，確保

---

[63] X v. Latvia, Application No. 27853/09, Judgment of 26 November 2013.

[64] *Ibid.*, para. 105.

對兒童存在可行的保護措施[65]。而且，締約國法院不僅應對例外情形進行限制性的解釋，也必須對其作出的相關決定進行充分說理。基於此，歐洲人權法院能夠審查締約國法院，是否對兒童最佳利益進行了考慮。當滿足以上考量因素時，締約國行使自由裁量權作出的返還令符合《歐洲人權公約》第8條之規定。

針對X案的事實，歐洲人權法院大審庭認為，拉脫維亞法院並未充分審查申訴人提出的「重大風險」之抗辯，因此侵害了其家庭生活權。該案中，拉脫維亞法院拒絕考慮一份心理學報告，該報告指出應避免將母親與兒童的立即分離，以免導致兒童的心理創傷。拉脫維亞法院認為，這屬於監護事項而與返還兒童問題無關。歐洲人權法院大審庭認為，這份心理學報告建議法院應考慮將母親和兒童一起遷移至澳大利亞，並維繫其聯繫是否可能。申訴人亦主張，兒童父親有刑事處罰紀錄並曾虐待自己。歐洲人權法院大審庭認為，《歐洲人權公約》第8條要求拉脫維亞當局對案件事實進行實質審查，使得大審庭能夠確認是否存在「重大風險」。在被請求國當局迅速作為的情況下，就免除了被請求國對申訴進行有效核查的義務[66]。

應該說，歐洲人權法院在X案中提出了Neulinger案中若干令人關注的問題，並作出了與Neulinger案不同的回答。

首先，歐洲人權法院再次重申，實踐中應避免《歐洲人權公約》與《兒童誘拐公約》之間的衝突。目前而言，《歐洲人權公約》第8條並不要求被請求國法院適用一種「最佳利益」（best interests）標準的審查，這與《兒童誘拐公約》規定的抗辯機制是不同的。換言之，歐洲人權法院的角色被限制在確保《歐洲人權公約》第8條的要求達成，而非對兒童的「最佳利益」進行全面和深入考量。

其次，被請求國法院也無義務對「整個家庭情況」（entire family situation）進行調查。在兒童誘拐案件中，兒童最佳利益在《兒童誘拐公

---

[65] X v. Latvia, Application No. 27853/09, Judgment of 26 November 2013, paras. 93-108

[66] *Ibid.*, paras. 112-118.

約》下集中體現為防止兒童誘拐並確保兒童的立即返還。《兒童誘拐公約》所規定的抗辯機制也反映了兒童最佳利益。可以說，X案的裁判在「兒童最佳利益」與《兒童誘拐公約》的抗辯機制之間，建立了一種明確的聯繫，也強化了《兒童誘拐公約》與《聯合國兒童權利公約》第3條第1款的契合性。

顯然，歐洲人權法院傾向於支持《兒童誘拐公約》傳統實踐的立場。即該公約規定的抗辯機制，必須被限制性地解釋，「重大風險」抗辯不能被理解為包括所有的關於返還兒童的不便利情形，而是只包含超出兒童合理承受的情形[67]。傳統實踐的支持者也樂見將前述Neulinger案作為一個例外案件，特別是，該案涉及返還令作出後相當長的時間並未被執行的情況。

以上表明，相對於Neulinger案，歐洲人權法院在X案的立場得到更廣泛的接受，但該案並不能減輕理論與實務界對歐洲人權法院干涉《兒童誘拐公約》高效運行的擔憂。例如，歐洲人權法院要求被請求國當局調查當事人提出的「重大風險」之抗辯，而這種調查無疑會潛在地損害《兒童誘拐公約》迅速返還政策的貫徹[68]。實際上，歐洲人權法院的法官對X案所確立原則的解釋和適用存在明顯分歧，也是該案受到廣泛關注的原因。這種分歧本身也可能導致歐洲人權法院未來相關判例法的不一致性。

在X案之後的Blaga v. Romania案（以下簡稱Blaga案）回應了《兒童誘拐公約》下，迅速返還程序宣導者的呼聲。

與X案涉及的是締約國應承認避免將兒童返還至對兒童缺乏充分保護的國家之消極義務，兩者不同的是，Blaga案所涉及的是締約國實施《兒童誘拐公約》可能存在「重大風險」，並構成拒絕返還兒童的理由之情況下，依據《歐洲人權公約》第8條是否承擔返還兒童的積極義務。

---

[67] X v. Latvia, Application No. 27853/09, Judgment of 26 November 2013, para. 116.

[68] V. Stephens and N. Lowe, Children's Welfare and Human Rights under the 1980 Hague Abduction Convention: the Ruling in Re E, 34 *Journal of Social Welfare and Family Law*, p. 129 (2012).

　　在Blaga案中，相關專家報告建議兒童不應與其母親立即分離[69]。當被請求國法院依據該報告認為兒童不應被返還時，歐洲人權法院建議，基於家庭生活權的平衡保護之需，要求締約國法院考慮兒童是否應與其母親一起被返還，並在監護訴訟終結前，確保兒童與母親而非父親一起生活。值得注意的是，Blaga案涉及將兒童返還至美國的申請，故該案並不屬於《布魯塞爾條例II bis》的適用範圍，但歐洲人權法院將《兒童誘拐公約》的一般實踐與《布魯塞爾條例II bis》第11條第4款進行一致性解釋。即依據《兒童誘拐公約》第13條第2款的規定，當證實目的地國家對兒童被返還後的保護存在充分安排時，締約國不能拒絕返還兒童。

　　X案和Blaga案均特別強調，請求國對兒童提供的保護以及避免將兒童與誘拐父母立即分離。實際上，歐洲人權法院在上述兩案的裁判也鼓勵請求國更加包容和接受誘拐者與兒童一併返還的做法。即請求國不得針對誘拐者提起刑事訴訟，並允許兒童主要照料者（誘拐者）與兒童一併被返還，同時也允許在有關監護權的未決訴訟中，誘拐兒童的父母一方仍與兒童保持緊密聯繫。顯然，這種做法既強化了締約國迅速返還兒童的意願和能力，也充分回應了此前締約國高度關注的兒童最佳利益的保護問題，而視為歐洲人權法院在國際兒童誘拐案件實踐上的積極發展。

　　一般而言，在國際兒童誘拐案件中，被請求國對於控制請求國境內保護兒童安排的能力有限，但是，這並不能否認應在《兒童誘拐公約》締約國之間強化人權保護的合作，尤其是這些締約國也是《歐洲人權公約》締約國的情況下。這種認識，有利於規制締約國基於民族主義立場，作出拒絕返還兒童的決定，也為針對兒童的返還存在「重大風險」提供更為現實的評估基礎。特別是，締約國實施《兒童誘拐公約》的既往實踐是，當存在「重大風險」時，即便請求國設置非常模糊的保護兒童之安排，也不會違反《歐洲人權公約》第8條。正是出於這種擔憂，歐洲人權法院在前述X案中，要求締約國必須存在「令人信服」的保護兒童之安排，並將之擴

---

[69] Blaga v. Romania, Application No. 54443/10, Judgment of 1 July 2014, paras. 81-82.

展到「有形的保護措施」（tangible protection measures）[70]。

*Ferrari v. Romania*案[71]（以下簡稱*Ferrari*案）和*GS v. Georgia*案[72]（以下簡稱*GS*案），均涉及被請求國當局作出拒絕返還兒童命令時，未提供充分原因，被歐洲人權法院認為違反了《歐洲人權公約》第8條的規定。

在前述*X*案中，歐洲人權法院大審庭強調，在拒絕當事人基於《兒童誘拐公約》第13條第2款提出的抗辯時，需要進行充分說理，歐洲人權法院後續的判例法則強調，在接受該抗辯時亦需要進行充分說理。

*Ferrari*案中，歐洲人權法院認為，父親作為軍隊飛行員在其職業生涯中經常旅行的事實，並不能作為拒絕返還兒童的充分理由[73]。相似地，在*GS*案中，歐洲人權法院認為，申訴人所提出的「重大風險」的抗辯，並沒有實質性的依據[74]。如果締約國法院未具體解釋「重大風險」，或拒絕返還兒童而未依據專家報告審查返還兒童的意義，或無任何可信的關於「重大風險」的證據之情況下，拒絕返還兒童的決定，會侵害處於請求國境內父母一方依據《歐洲人權公約》第8條享有的家庭生活權。

應該說，歐洲人權法院強調締約國法院作出拒絕返還兒童決定時，需要進行充分說理之要求，也有助於減低相關締約國依據《兒童誘拐公約》第13條第2款規定的「重大風險例外」的介入，而損害《兒童誘拐公約》確立的迅速返還機制之疑慮。

值得注意的是，歐洲人權法院大審庭在*X*案的裁判對締約國關於國際兒童誘拐的實踐，影響甚微。例如，晚近以來，英國的實踐傾向於依據英國最高法院2011年在*Re E*案的判例規則，即尊重兒童最佳利益測試方法在涉及「重大危險」情形的適用[75]。

---

[70] James J. Fawcett, Máire Ní Shúilleabháin and Sangeeta Shah, *Human Rights and Private International Law*, Oxford University Press, 2016, p. 731-732.

[71] Ferrari v. Romania, Application No. 1714/10, Judgment of 28 April 2015.

[72] GS v. Georgia, Application No. 2361/13, Judgment of 21 July 2015.

[73] Ferrari v. Romania, Application No. 1714/10, Judgment of 28 April 2015, paras. 48-56.

[74] GS v. Georgia, Application No. 2361/13, Judgment of 21 July 2015, paras. 56-62.

[75] James J. Fawcett, Máire Ní Shúilleabháin and Sangeeta Shah, *Human Rights and Private International Law*, Oxford University Press, 2016, p. 732.

　　英國最高法院在*Re E*案中詳細考察了歐洲人權法院在*Neulinger*案和*Maumousseau*案中，關於「重大風險」的實踐，同時也考慮了《歐洲人權公約》第8條的影響。但是，*X*案的方法對英國法院的實踐並無影響。這並非意味著，英國最高法院在*Re E*案中採取的方法，明顯不同於*X*案中歐洲人權法院對《歐洲人權公約》第8條的解釋，而是英國最高法院在*Re E*案中，對於*Neulinger*案所要求的締約國應「對整個家庭情況進行深入調查」的義務，進行了限制。

　　就此意義而言，英國法院的實踐大體上與歐洲人權法院大審庭在*X*案採用的方法一致，但如前所述，*X*案確立對《兒童誘拐公約》第13條第2款規定的「重大風險」適用的具體標準之評價方法，並未反映在英國最高法院的*Re E*案中。英國下級法院一般援引*Re E*案，而非歐洲人權法院裁判的*X*案解決「重大風險」的判斷問題，以確保履行英國1998年《人權法案》第2條下的人權義務。顯然，英國法院並未遵循先前英國上議院在前述*Ullah*案中發展出的遵循歐洲人權法院判例法之立場[76]。

　　此外，值得特別注意的是，在歐洲人權法院實踐中一些法官形成的個別意見表明，如果需要將兒童返還至一個非《歐洲人權公約》締約國，《歐洲人權公約》第8條要求締約國對「重大風險」，進行更為嚴格的審查。

　　例如，在*X*案中，阿爾伯克爾基（Albuquerque）法官強調，在將兒童返還至一個並非歐洲人權法院管轄權範圍的國家，以及如果兒童父母的家庭生活權在慣常居所地國家被侵害，而不能向歐洲人權法院申訴的情況下，被請求國法官依據《歐洲人權公約》以及歐洲人權法院的判例法，解釋《兒童誘拐公約》第12條、第13條和第20條的規定，就具有特別的重要性[77]。再如，*Neulinger*案中，斯坦納（Steiner）法官表達了類似的觀點，並認為締約國將兒童返還至一個並不能確保《歐洲人權公約》提供的權利

---

[76] R (Ullah) v. Specail Adjudicator [2004] UKHL 26.

[77] James J. Fawcett, Máire Ní Shúilleabháin and Sangeeta Shah, *Human Rights and Private International Law*, Oxford University Press, 2016, p. 733.

和自由得到尊重和保護的國家，則足以對家庭生活權構成嚴重干涉[78]。

　　以上觀點，明顯體現了歐洲人權法院個別法官對《歐洲人權公約》及歐洲人權觀的過分自信和自大。儘管，目前為止歐洲人權法院的判例法在對《歐洲人權公約》第8條的解釋時，並未對這種區分予以支持。但是，隨著X案和Blaga案對請求國提出要求其提供充分保護兒童安排的情況下，顯然，未來對於請求國的法律體系，及其與《歐洲人權公約》第8條的契合性之要求會更高。這就不免會在作為《歐洲人權公約》締約國的請求國與非公約締約國的請求國之間，產生不同待遇。對此問題，仍然有待於歐洲人權法院的判例法，予以進一步明確。

二、公正審判權的適用

　　相對於《歐洲人權公約》第8條規定的家庭生活權，公約第6條規定的公正審判權在歐洲人權法院處理的國際兒童誘拐案件中發揮之作用較小。主要原因是，《歐洲人權公約》第8條的解釋，很大程度上業已涵蓋快速返還的程序性保障、相關當事人訴訟地位平等方面的權利。儘管如此，當兒童返還程序存在實質性遲延以及程序低效時，歐洲人權法院仍會認為，相關締約國同時違反了《歐洲人權公約》第6條和第8條的規定[79]。

　　兒童返還程序期限的「合理時間」之判斷，依據申請人在被請求國依據《兒童誘拐公約》提出返還兒童的申請開始，至返還令被執行或最終的拒絕返還命令被作出時為止。《歐洲人權公約》第6條保障的「合理時間」適用於《兒童誘拐公約》包括執行階段在內的整個兒童返還程序。

---

[78] R. Schuz, The Relevance of Religious Law and Cultural Considerations in International Child Abduction Dispute, 12 *Journal of Law and Family Studies*, p. 453 (2010).

[79] 例如，在*HN v. Poland*案中，歐洲人權法院認為，《兒童誘拐公約》的程序持續了3年7個月16天，而這種遲延應歸因於締約國當局無法解釋的不作為，此即構成對《歐洲人權公約》第6條的違反。H. N. v. Poland, Application No. 77710/0113, Judgment of September 2005.

(一) 返還令頒發中公正審判權的保護

《兒童誘拐公約》第15條規定，締約國的司法或行政機關，在作出返還兒童的命令之前，得要求申請人取得兒童慣常居所地國主管機關，按照公約第3條意義上的該兒童確是非法被誘拐或滯留的判決或其他決定，如果此種判決或決定在該國是可以取得的，締約國的中央主管機關應盡可能協助申請人，取得此種判決或決定。

在《兒童誘拐公約》實施中，若被請求國遲延頒發返還令，歐洲人權法院傾向於依據《歐洲人權公約》第8條，對之進行評價。而請求國針對違法行為，依據《兒童誘拐公約》第15條，遲延作出認定兒童是非法誘拐或滯留的判決或其他決定時，歐洲人權法院則會依據《歐洲人權公約》第6條進行評價[80]。

在Deak v. Romania and UK案（以下簡稱Deak案）中，作為被請求國的英國當局請求羅馬尼亞當局依據羅馬尼亞法律，將相關當事人的誘拐兒童行為認定為違法，但羅馬尼亞當局在2年後才作出最終的決定。歐洲人權法院認為，該情形並不滿足《歐洲人權公約》第6條第1款規定的「合理時間」之要求。雖然，羅馬尼亞政府認為，拖延是由於過度的案件積壓造成的；但歐洲人權法院認為，基於《歐洲人權公約》下締約國義務之目的，這種理由不能成立。《歐洲人權公約》第6條第1款為締約國施加了建立司法制度，以便在合理時間內審理案件的義務。歐洲人權法院進一步指出，羅馬尼亞法院未能管控訴訟效率，以避免不必要的拖延。特別是，考慮到兒童誘拐案件，尤其需要保證高效程序的情況下[81]。學者也認為，《兒童誘拐公約》第15條規定的程序，對於該公約運作的益處在於，所有的程序必須被締約國迅速完成[82]。

---

[80] James J. Fawcett, Máire Ní Shúilleabháin and Sangeeta Shah, *Human Rights and Private International Law*, Oxford University Press, 2016, p. 734.

[81] Deak v. Romania and UK, Application No. 19055/05, Judgment of 3 June 2008.

[82] P. Beaumont, The Jurisprudence of the European Court of Human Rights and the European Court of Justice on the Convention on International Child Abduction, 335 *Recueil des Cours*, p. 75 (2008).

在此意義上，前述*Deak*案的裁判凸顯了《歐洲人權公約》第6條第1款，要求締約國對該公約第15條的程序，予以優先對待之義務。上述也表明，歐洲人權法院尋求對《歐洲人權公約》所保護的權利範圍與《兒童誘拐公約》下迅速返還機制，進行一致性解釋的目標。

(二) 法律援助中公正審判權的保護

《歐洲人權公約》第6條也與《兒童誘拐公約》返還兒童程序中的法律援助規則相關。

《兒童誘拐公約》第7條第2款第7項要求締約國中央機關為確保兒童的迅速返還，在特定情況下採取舉措，必要時提供或協助提供法律援助和法律諮詢，包括律師和法律顧問的參與。《兒童誘拐公約》第25條賦予締約國國民和慣常居住在締約國的人，在適用《兒童誘拐公約》解決相關問題時，在其他締約國與該國國民或慣常居住於該國的人，於同等條件下，獲得法律援助和建議的權利[83]。

《兒童誘拐公約》第26條要求締約國中央機關自行承擔各自的費用，以及基於《兒童誘拐公約》申請的抗辯之費用。除返還兒童產生的費用，《兒童誘拐公約》第26條規定，申請人不應支付返還程序的費用，以及基於相關法律顧問和意見產生的費用。但是，締約國也可對第26條的規定提出保留聲明，並不承擔法律援助和顧問的費用，除非該費用為該國的法律援助機制所涵蓋。

上述規定的要點在於，關於對申請人（包括誘拐父母一方）法律援助的規則，在《兒童誘拐公約》締約國之間是混合交叉的。在未作出保留的情況下，申請人（儘管為誘拐者）依據《兒童誘拐公約》第26條，在返還程序中享有獲得法律援助的權利。當締約國作出保留的情況下，申請人和誘拐者依據《兒童誘拐公約》第25條，在被請求國享有獲得法律援助的權利。

---

[83] 《兒童誘拐公約》第25條規定，締約國國民和在締約國內常住的人，應在任何其他締約國內在關於適用本公約的事項上所得到的法律援助和法律諮詢，有權享受同常住在該國的該國國民一樣條件。

　　與之相關的問題是，在《兒童誘拐公約》返還程序中，當事人能夠依據《歐洲人權公約》第6條第1款，享有獨立的獲得法律援助權利。

　　在*Airey v. Ireland*案（以下簡稱*Airey*案）中，歐洲人權法院認為，鑑於訴訟的複雜性，以及當事人涉及的是很難客觀評斷之情感爭議，尋求司法別居判決的女子應享有獲得法律援助的權利。依據愛爾蘭法律，該女子不能獲得法律援助，這使其不能實際和有效地訴諸法院，從而違反了《歐洲人權公約》第6條第1款的規定。但是，歐洲人權法院認為，當事人在民事訴訟中獲得法律援助的權利，並非是絕對的；只是在案件存在複雜原因時，當事人有效訴諸法院存在障礙的情況下，才能依據《歐洲人權公約》第6條第1款享有獲得法律援助的權利[84]。應該說，鑑於《兒童誘拐公約》下返還程序的跨國性質以及個人在此類程序中存在的實際困難，締約國應當承擔提供法律援助的義務。

　　對此問題，一些英國法官認為，在英國的兒童返還程序中，存在攻防的不平等。因為，申請返還兒童者能夠獲得公共資金的法律代理，而誘拐者則不能。在*Re K (Abduction)*案中，索普（Thorpe）法官建議，誘拐兒童的母親依據《歐洲人權公約》第6條享有的權利，並未得到保護，尤其是，當其作為訴訟當事人面臨國際家庭法的專業問題時，需要有效進行抗辯。曼巴（Munby）法官也指出，在雙方當事人所獲取資源不平等的情況下，《歐洲人權公約》第6條規定的公正審判權，可能受到損害[85]。

　　上述關於《歐洲人權公約》第6條的觀點，在英國法院審理的*Kinderis v. Kineriene*案中得到回應。在強調訴訟對於所有當事人意義的基礎上，霍爾曼（Holman）法官認為，母親不能出庭以適當進行抗辯，並不符合當事人在訴訟中攻防平等（equality of arms），以及《歐洲人權公約》第6條規定的公正審判權之要求[86]。

　　在前述*Airey*案中，歐洲人權法院重申，當提供法律援助時，該援助

---

[84] Airey v. Ireland, Application No. 6289/73, Judgment of 9 October 1979.

[85] Re K (Abduction: Case Management) [2010] EWCA Civ 1546.

[86] Kinderis v. Kineriene [2013] EWHC 4139.

應有效且為訴訟當事人的利益提供充分保護。應該說，《歐洲人權公約》第6條第1款施加的義務，確立了適當的法律框架為當事人提供相應的法律援助，並要求締約國在申請人的法律代理無效時採取行動。

例如，在*Anghel v. Italy*案中，申請人的父親意圖針對拒絕返還的命令提起上訴，而依據義大利法律，訴訟代理是強制性的。為此，申請人的父親申請法律援助；但是，他未在上訴期限內提起上訴，原因是，義大利司法部和律師協會理事會提供了申請人有關不完整且相互衝突的可獲取救濟的資訊，兩位被任命的法律援助律師，在時效問題上提供了錯誤的資訊。也因如此，父親的上訴最終被法院拒絕受理。儘管，父親勤於其案件的處理並與律師保持聯繫，但義大利當局應對其遲延提供資訊承擔責任。歐洲人權法院認為，申請人在此情況下，並未獲得有效的代理，侵害了其享有的訴諸司法權的實質內容，而違反了《歐洲人權公約》第6條的規定[87]。

(三) 向第三國的返還中公正審判權的保護

當兒童被返還至並非《歐洲人權公約》的締約國時，產生的問題是，兒童和誘拐父母享有的公正審判權，是否在該第三國（非《歐洲人權公約》締約國）法院得到保護。

在*Eskinazi v. Turkey*案（以下簡稱*Eskinazi*案）中，誘拐兒童的母親認為，依據《兒童誘拐公約》第20條，應拒絕將兒童返還至以色列。因為，以色列的宗教法院將針對監護問題行使管轄權。鑑於《兒童誘拐公約》第20條規定，在返還兒童會與被請求國關於人權和基本自由保護的基本原則相悖時，締約國可以拒絕返還兒童。母親認為，宗教法院並未尊重人權，其適用的是歧視性的程序，並進行宗教方面而非兒童最佳利益的考量。

歐洲人權法院認為，土耳其當局有義務返還兒童，除非存在客觀因素，使得其擔憂兒童及其母親的返還會遭受違反正義的後果。歐洲人權法院進一步指出，這並非依據《歐洲人權公約》對第三國施加的標準，而是要求土耳其依據《歐洲人權公約》審查以色列程序的所有方面，以便在正

---

[87] Anghel v. Italy, Application No. 5958/09, Judgment of 25 June 2013.

義的運作上強化國際合作，並避免相關國際條約淪為空文，而不利於當事人利益的保護[88]。

在此基礎上，歐洲人權法院認為，案件事實表明以色列並沒有顯著侵害正義的客觀風險。原因是，以色列作為法治國家，該國宗教法庭是依法設立的，並構成以色列司法體制的內在部分。土耳其當局並無實質證據相信申訴人所主張的「對正義的侵害是顯著的」。在國際兒童誘拐案件的處理中，土耳其當局並無義務對以色列司法制度進行評價，也並無證據表明在以色列的程序中宗教法庭不對當事人的請求進行審查，而任意作出決定。而且，以色列內閣已經保證宗教法庭會遵循司法正義的國際標準。歐洲人權法院指出，宗教法庭的判決也可以上訴到以色列最高法院，並無理由擔憂宗教法庭的判決違反以色列的基本法律和國際法原則。儘管，《歐洲人權公約》並未對以色列生效，但以色列當局也需要遵循包括《聯合國兒童權利公約》在內的國際人權法[89]。

有學者認為，歐洲人權法院在前述*Eskinazi*案中的平衡性方法，值得借鑑[90]。從實踐角度而言，「公然違反正義」標準是適當的；因為，其確保了歐洲人權法院不會要求第三國適用《歐洲人權公約》的人權標準，在違反《歐洲人權公約》第6條的情況下拒絕返還。而且，該案中所確立的方法，區分了對兒童的「顯著違法正義」標準和對誘拐父母的「公然違反正義」標準，後者是否構成拒絕返還的理由，值得疑問。該案同樣表明，「顯著違反公正審判權」會構成一個拒絕返還兒童的理由，這種觀點，在歐洲人權法院審理的前述*Maumousseau*案中，得到了重申。

---

[88] James J. Fawcett, Máire Ní Shúilleabháin and Sangeeta Shah, *Human Rights and Private International Law*, Oxford University Press, 2016, p. 737.

[89] Eskinazi v. Turkey, Application No. 14600/05, Judgment of 6 December 2005.

[90] P. Beaumont, The Jurisprudence of the European Court of Human Rights and the European Court of Justice on the Hague Convention on International Child Abductuion, 335 *Recueil des Cours*, p. 79 (2008).

肆、《歐洲人權公約》在《布魯塞爾條例Ⅱbis》實施中的適用

　　如前所述，《布魯塞爾條例Ⅱbis》規定了《兒童誘拐公約》中，兒童返還機制在歐盟內的實施機制。在考慮人權與《布魯塞爾條例Ⅱbis》的實施問題時，需將《歐洲人權公約》與《歐盟基本權利憲章》提供的人權保護納入。儘管，《布魯塞爾條例Ⅱbis》基於《兒童誘拐公約》的返還機制，規定了更多的要求，但所產生的人權問題是一樣的。即兩者均涉及《歐洲人權公約》第8條和《歐盟基本權利憲章》第7條保護的家庭生活權，以及《歐洲人權公約》第6條和《歐盟基本權利憲章》第47條規定的公正審判權。此外，《歐盟基本權利憲章》還針對兒童規定了若干特別的權利。歐盟成員國法院在《布魯塞爾條例Ⅱbis》關於兒童誘拐規則的實施中，積極援引上述人權法規則，並形成了諸多代表性的實踐。

　　《布魯塞爾條例Ⅱbis》明確承認，其對基本權利的尊重與保護，以及對《歐盟基本權利憲章》的遵守。例如，《布魯塞爾條例Ⅱbis》第11條第2款規定了兒童意見被聽取的權利。儘管，《歐洲人權公約》第8條並未將其作為一種要求，但《歐盟基本權利憲章》第24條第1款和《聯合國兒童權利公約》第12條均承認，兒童意見被聽取的權利是一項人權。《布魯塞爾條例Ⅱbis》第11條第5款，賦予了申請返還兒童的父母一方意見被聽取的權利；而且，允許申請返還兒童的父母一方參與相關兒童返還程序，被歐洲人權法院認為，既是確保家庭生活權實質內容的需要，也是基於保護公正審判權的要求[91]。

　　對歐盟成員國而言，除要求其針對相關返還申請應在6週內作出決定外，《布魯塞爾條例Ⅱbis》第11條第3款試圖解決常被歐洲人權法院認定為違反《歐洲人權公約》第8條的兒童返還遲延問題。即通過對請求國可

---

[91] James J. Fawcett, Máire Ní Shúilleabháin and Sangeeta Shah, *Human Rights and Private International Law*, Oxford University Press, 2016, p. 739.

獲取的保護安排進行調查之外（在提出任何「重大風險」抗辯之前），《布魯塞爾條例II bis》第11條第4款保護父母探視兒童的權利，以及強化返還程序中兒童利益的保護。如前所述，這種立場在前述歐洲人權法院裁判的*Blaga*案中得到支持，特別是，《歐洲人權公約》第8條被解釋為，包括了被請求國調查請求國保護性安排的充分性之平行義務（a parallel obligation）。因此，可以說人權保護之考量，對於歐盟國際私法立法處理國際兒童誘拐案件中，返還兒童的請求產生了顯著影響。

應該說，《兒童誘拐公約》與《布魯塞爾條例II bis》的實施，均涉及《歐洲人權公約》第8條和第6條的介入問題。一般而言，歐洲人權法院針對《兒童誘拐公約》所發展的原則和採取的方法，也適用於《布魯塞爾條例II bis》的實施。但是，《布魯塞爾條例II bis》針對《兒童誘拐公約》的返還程序規定了補充性規則，這也導致歐洲人權法院針對《布魯塞爾條例II bis》發展出特別原則，這些特別原則，值得進行深入考察。

如前所述，在國際兒童誘拐案件中，締約國負有保護家庭生活權的積極義務和消極義務。《布魯塞爾條例II bis》的實施可能干涉上述基本權利，對此問題，歐洲人權法院的審查方法與其在《兒童誘拐公約》實施中，採用的審查方法一致。歐洲人權法院傾向於通過評價締約國干涉基本權利的正當性，對《布魯塞爾條例II bis》與《歐洲人權公約》進行一致性的解釋。歐洲人權法院同樣依據「同等保護理論」（doctrine of equivalent protection），即在對人權的保護問題上，相較於《歐洲人權公約》，推定歐盟法律體系以同等方式提供之，以避免歐盟成員國在《布魯塞爾條例II bis》下的義務與《歐洲人權公約》相衝突。

一、家庭生活權的適用

(一) 兒童返還令的高效執行

《布魯塞爾條例II bis》第11條第3款規定，除非存在例外情形，被請求國法院應在接到返還兒童申請後的6週內，作出返還令的決定。在適用《布魯塞爾條例II bis》的案件中，歐洲人權法院堅持更為嚴格標準評價

締約國對《歐洲人權公約》第8條規定權利的干預，是否符合比例性之問題。

　　例如，在*Shaw v. Hungary*案（以下簡稱*Shaw*案）中，父親主張匈牙利當局未及時採取充分措施返還兒童的做法，構成了對其依據《歐洲人權公約》第8條享有的家庭生活權之侵害。父親依據《布魯塞爾條例II bis》和《兒童誘拐公約》的規定要求返還兒童。歐洲人權法院認為，《歐洲人權公約》第8條對締約國施加的積極義務，要求締約國在父母與其兒童的重聚問題上，必須依據《兒童誘拐公約》和《布魯塞爾條例II bis》進行解釋。匈牙利法院歷經三審最終在8個月後才作出返還令，這構成兒童返還的過度遲延。在強調該案並不存在例外情形，以及公然違反正義的情況下，歐洲人權法院認為，這種遲延已經單獨構成匈牙利當局並未遵循依據《歐洲人權公約》承擔的積極義務之理由[92]。

　　值得注意的是，在*Daniela Lipkowsky and India Dawn McCormack v. Germany*案（以下簡稱*Lipkowsky*案）中，德國當局在6個月內作出決定，歐洲人權法院認為，並不違反《歐洲人權公約》第8條。歐洲人權法院指出，德國法院已經迅速處理該請求。該案涉及將兒童返還至澳大利亞，而非歐盟成員國，《布魯塞爾條例II bis》第11條第3款，並不適用[93]。

(二) 立法規定產生的義務衝突

　　《布魯塞爾條例II bis》第11條第8款規定，即便被請求國已經依據《兒童誘拐公約》第13條規定的抗辯理由拒絕返還兒童，請求國仍可作出必須執行的返還令。當返還令已經依據《布魯塞爾條例II bis》第42條第2款得到核實，該條例第41條第1款規定，對該返還令的執行無需可執行性的宣告，也沒有任何可能反對該執行令的承認（《布魯塞爾條例II bis》第23條規定的一般抗辯理由也不適用）。《布魯塞爾條例II bis》第42條第2款要求成員國法院，收到返還兒童的請求後，應依據條例第11條第8款

---

[92] Shaw v. Hungary, Application No. 6457/09, Judgment of 26 July 2011.

[93] Daniela Lipkowsky and India Dawn McCormack v. Germany, Application No. 26755/10, Judgment of 18 January 2011.

審查所有當事人（包括兒童）是否被給予聽取意見的機會，以及拒絕返還的原因，是否引發《兒童誘拐公約》第13條規定的抗辯的適用。

不難看出，《布魯塞爾條例II bis》第11條第8款規定的返還令，實際上允許請求國對被請求國所提出的抗辯，不予考慮。這種做法，不免產生對人權保護問題的高度關注。

《兒童誘拐公約》第13條規定的抗辯理由，被認為符合兒童最佳利益保護之需，在對該抗辯理由的援引成立之情況下，締約國拒絕此種抗辯，是否違反《歐洲人權公約》第8條規定的家庭生活權。特別是，在此情況下強行要求返還兒童，請求國並未在兒童利益、父母利益和社會秩序利益之間，實現公正平衡。鑑於被請求國法院有義務對條例第11條第8款下的返還令，立即賦予效力，這就使得被請求國在《歐洲人權公約》與《布魯塞爾條例II bis》下的義務之間，存在潛在衝突。

對此問題，歐洲人權法院通過賦予《布魯塞爾條例II bis》優先性，以及推定歐盟法對人權的同等保護之立場解決這種義務衝突。

(三) 司法實踐的解決方案

*Šneersone and Kampanella v. Italy*案（以下簡稱*Šneersone*案）涉及兒童被母親由義大利誘拐至拉脫維亞的爭議，拉脫維亞法院拒絕將兒童返還至義大利[94]。原因是，父親並未履行其撫養兒童的義務，而母親自兒童出生就對其進行照顧，且因經濟原因必須前往拉脫維亞，亦因經濟原因難以從拉脫維亞返回義大利。依據拉脫維亞法院的觀點，單獨返還兒童將對兒童的發展產生負面影響。依據海牙《兒童誘拐公約》第13條第2款規定的「重大風險」之例外情形，應拒絕返還兒童。拉脫維亞法院強調，義大利的中央機關提供的關於兒童返還後之保護安排過於模糊[95]。

義大利羅馬少年法院依據《布魯塞爾條例II bis》第11條第7款解決該案兒童的監護爭議，並將監護權賦予父親，但准許母親每個月探視兒童。

---

[94] Šneersone and Kampanella v. Italy, Application No. 14737/09, Judgment of 12 July 2011.

[95] *Ibid.*, paras. 21-31.

義大利法院依據《布魯塞爾條例II bis》第11條第8款作出返還兒童的命令，且該返還兒童的命令，隨後依據條例第42條第2款得到核實[96]。

然而，拉脫維亞當局並未執行義大利的返還令，而是依據《歐洲共同體條約》第227條（現《歐盟運行條約》第259條）提出申請並主張，義大利當局並未遵循《布魯塞爾條例II bis》的相關規定。特別是，義大利當局並未依據《布魯塞爾條例II bis》第42條第2款第1項和第2項之規定，聽取兒童及母親的意見，也未依據該條例第42條第2款第3項之規定，考慮拉脫維亞拒絕返還兒童的原因和證據。

針對拉脫維亞的決定，歐盟委員會於2009年1月認為，拒絕聽取兒童意見並不違反《布魯塞爾條例II bis》以及歐盟法的基本原則，前提是國內法院基於兒童發展情況，享有自由裁量權決定是否聽取兒童意見。鑑於請求國已經通過書面方式，給予父親與母親參與程序的機會，歐盟委員會認為，基於《布魯塞爾條例II bis》第42條第2款第2項之目的，程序中攻防平等的要求已經達成，當事人也充分參與程序。對於當事人依據《布魯塞爾條例II bis》第42條第2款第3項提出的申訴，歐盟委員會認為，義大利當局並無義務接受拉脫維亞當局的結論，也無義務作出包含當事人參與程序的詳細分析之判決。歐盟委員會指出，義大利法院已經直接解決了拉脫維亞法院關於兒童返還後保護措施過於模糊的擔憂，故並無任何跡象表明將兒童返還給在義大利的父親，會對兒童構成重大風險[97]。

歐盟委員會的意見作出7週後，母親和兒童向歐洲人權法院主張義大利當局侵害了其依據《歐洲人權法院》第8條享有的家庭生活權。儘管，歐洲人權法院與歐盟委員會同樣尊重當事人意見被聽取的權利，但歐洲人權法院針對義大利的返還令，採取了一種完全不同的分析視角。

歐洲人權法院認為，義大利法院違反了《歐洲人權公約》第8條，因為其作出的判決缺乏說理，未能解決拉脫維亞拒絕執行返還兒童命令所依據的潛在風險。義大利法院並未考慮確保兒童與父親接觸和交往的替代方

---

[96] Šneersone and Kampanella v. Italy, Application No. 14737/09, Judgment of 12 July 2011, paras. 28-31.

[97] *Ibid*., paras. 94-97.

案，明顯未能適當考慮兒童與母親的緊密關係，以及在義大利的返還令作出時，兒童與父親已經3年多未曾謀面的重要事實[98]。顯然，歐洲人權法院的立場與歐盟委員會的觀點，存在明顯區別，前者更為聚焦兒童最佳利益原則。

　　*Povse v. Austria*案中，慣常居住在義大利的兒童被母親誘拐至奧地利，父親要求返還兒童。在經歷一系列的訴訟後，奧地利法院依據《兒童誘拐公約》第13條第2款，決定拒絕返還令的執行，並對其予以核實。同時，2009年7月義大利法院在未作出任何關於監護問題的最終判決之情況下，依據《布魯塞爾條例II bis》第11條第8款作出了返還兒童的命令，並依據條例第42條頒發了具有可執行性的證書。

　　母親在奧地利法院主張，該返還令不應被執行，因為在沒有任何最終監護判決的情況下作出返還令，並不符合《布魯塞爾條例II bis》第11條第7款所設計的機制，也違反了兒童最佳利益原則。特別是，該返還令與奧地利法院隨後作出的臨時監護令相悖。因此，奧地利最高法院要求歐洲法院對這些問題作出先行裁決。

　　對此問題，歐洲法院認為，歐盟成員國依據《布魯塞爾條例II bis》第11條第8款作出的返還令時，並不要求其先行作出一項終局性的監護判決；而且，依據該條例第11條第8款作出的返還令之可執行性，在被請求國不能以兒童最佳利益，或以被請求國存在相互衝突的判決為由，而不予執行[99]。對於歐洲法院而言，《布魯塞爾條例II bis》第11條第8款及第42條所建立機制之目的是，確保兒童返還程序的迅速和高效。這也意味著，成員國先前作出的監護問題之決定，對於該條例第11條第8款下的返還令之執行，並不具有實質性意義。而且，基於尊重兒童基本權利之目的而維持個人關係的正常基礎，以及兒童與父母之間的直接聯繫，毫無疑問均與兒童最佳利益相關，這就要求實現兒童與申請返還兒童的父母一方重聚之目標。最後，歐洲法院指出，所有針對依據《布魯塞爾條例II bis》第11

---

[98] Šneersone and Kampanella v. Italy, Application No. 14737/09, Judgment of 12 July 2011, paras. 93-97.

[99] Case C-211/10 PPU Povse v. Alpago [2010] ECR I-6673, paras. 51-67.

條第8款作出的返還令之抗辯，均應在作出返還令的成員國，而非被請求執行返還令的成員國提出[100]。

2011年，義大利法院作出了父親享有單獨監護權的判決，並依據《布魯塞爾條例Ⅱbis》第11條第8款及第42條作出另一個返還令和可執行性的證書。在窮盡國內救濟的情況下，申訴人針對義大利法院2011年作出的返還令，向歐洲人權法院提出申訴。

歐洲人權法院認為，在奧地利執行義大利法院於2011年依據《布魯塞爾條例Ⅱbis》第11條第8款作出的返還令，會侵害兒童與母親依據《歐洲人權公約》第8條享有的家庭生活權。但是，歐洲人權法院指出，這種干預是依法進行（依照《布魯塞爾條例Ⅱbis》第42條），也存在正當目的（確保父親與兒童的重聚），並基於《歐洲人權公約》第8條第2款在「民主社會是必要的」[101]。

歐洲人權法院將其分析立足於在*Bosphorous Hava Yollari Turizm ve Ticaret Anonim Sirkeki v. Ireland*案中發展出的「同等保護理論」[102]。奧地利當局適用《布魯塞爾條例Ⅱbis》的相關規則而未行使自由裁量權，並向歐洲法院以先行裁決的方式，尋求對這些規則的正確解釋，這就可以推定奧地利當局的做法與《歐洲人權法院》的要求相符。無論是在實體權利的保障，還是保障實體權利的程序機制之遵循，歐盟對基本權利的保護原則上與《歐洲人權公約》提供的保護是「同等的」或「一致的」。特別是，歐洲法院作出的先行裁決是程序性的，在決定「同等保護」是否存在時，這種特別程序保障了《布魯塞爾條例Ⅱbis》第42條第2款規定的權利[103]。

歐洲人權法院認為，這種「同等保護」的推定，是否在該案中可被推翻之問題，則應考慮歐盟法及歐洲法院對人權提供的保護，是否存在瑕

---

[100] Case C-211/10 PPU Povse v. Alpago [2010] ECR I-6673, paras. 74-81.

[101] *Ibid.*, paras. 70-73.

[102] Bosphorus Hava Yollari Turizm ve Ticaret Anonim Sirkeki v. Ireland, Application No. 45036/98, Judgment of 30 June 2005.

[103] Povse v. Austria, Application No. 3890/11, Judgment of 18 June 2013, paras. 76-80.

疵，特別是，由於《歐洲人權公約》所保護權利的控制機關失去功能，而導致對公約第8條之違反。申訴人認為，歐洲法院在先行裁決中，並未考慮其人權可能受到侵害的問題。但是，歐洲人權法院並未接受這種主張，而是認為歐洲法院已經非常充分地處理《布魯塞爾條例II bis》下關於義大利和奧地利法院管轄權問題，而無義務處理申請人所提出的侵害基本權利之控訴。儘管如此，歐洲法院已經明確，在《布魯塞爾條例II bis》的框架內應由義大利法院處理當事人相關基本權利的保護問題。因此，申訴人並未被剝奪依據《歐洲人權公約》享有的基本權利。歐洲人權法院強調，申訴人基於其依據《歐洲人權公約》享有的基本權利在義大利受到侵害，但申訴人在2011年義大利法院作出監護令的判決時並未上訴，也未尋求執行令執行的中止。這些救濟措施，在依據義大利法律仍然是可行的，然而，申訴人並未行使上述權利，而是嗣後向歐洲人權法院提出申訴[104]。

以上表明，在Povse案中，歐洲人權法院認為，直接執行條例第11條第8款下的返還令，並不違反《歐洲人權公約》第8條[105]。但是，請求國法院依據《布魯塞爾條例II bis》作出並核實返還令時，不能免除其確保兒童的返還符合《歐洲人權公約》第8條之義務。因此，在Šneersone案中，歐洲人權法院認為，在未對兒童最佳利益進行充分考慮的情況下，請求國義大利依據《布魯塞爾條例II bis》第11條第8款頒發返還令，以及依據條例第42條頒發證書，違反了《歐洲人權公約》第8條規定的家庭生活權[106]。

總體而言，人權法對《布魯塞爾條例II bis》運作的影響之範圍是有限的。而在《布魯塞爾條例II bis》的修訂過程中，歐盟委員會的報告表明，該修訂工作不會對兒童誘拐規則進行任何根本性改革。而是將該條例的修訂工作，聚焦於補充《兒童誘拐公約》中的相關規則，並建議將歐洲

---

[104] Povse v. Austria, Application No. 3890/11, Judgment of 18 June 2013, paras. 78-87.

[105] *Ibid.*

[106] Šneersone and Kampanella v. Italy, Application No. 14737/09, Judgment of 12 July 2011.

法院發展的原則併入條例修訂之中。從基本權利的角度來看，歐洲法院的實踐目前尚未產生明顯問題。歐洲法院的實踐將兒童最佳利益作為主要考慮，也注意到不同成員國對於兒童意見被聽取權利的差異，以及對於共同的最低程序標準之關注。這些做法會降低Zarraga案所揭示歐盟國際私法與人權法之間的緊張關係，但不會解決《布魯塞爾條例II bis》下返還令所引發廣泛的不信任。特別是，被請求國並無權利拒絕執行《布魯塞爾條例II bis》第42條的證書，即便在可能嚴重侵害兒童權利的情況下。

三、義務的衝突與協調

（一）判例法確立的規則

前述基於Povse案和Šneersone案的考察，可以形成如下認識：

首先，歐洲人權法院在Povse案的判決表明，被請求國當局在執行依據《布魯塞爾條例II bis》第11條第8款作出的返還令時，必須嚴格遵守其依據歐盟法承擔的義務。因此，這種做法的出發點是，被請求國不應為任何產生於返還兒童的違反《歐洲人權公約》第8條之情形承擔責任。這種方法建立在歐盟對基本權利所提供的保護，原則上與《歐洲人權公約》所提供的保護是同等的基礎上。具體而言，《布魯塞爾條例II bis》及歐洲法院提供的實體權利之保障，以及控制實體權利得到尊重與保護的程序機制，與《歐洲人權公約》所提供的保護是一致的。在此情況下，基於服務於國際合作的利益，降低了歐洲人權法院審查的強度。顯然，歐洲人權法院對於《布魯塞爾條例II bis》下相互承認原則，以及歐洲法院對該條例解釋的侵蝕，明顯受到抑制[107]。

其次，Šneersone案和Povse案表明，請求國當局（依據《布魯塞爾條例II bis》第11條第8款作出返還令的國家當局）應為任何違反《歐洲人權公約》的行為負責。請求國有義務確保對當事人依據《歐洲人權公約》享

---

[107] M. Hazelhorst, The ECtHR's Decision in Povse: Guidance for the Future of the Abolition of Exequatur for Civil Judgments in the European Union, 1 *Nederlands Internationaal Privaatrecht* 27, p. 30 (2014).

有的基本權利之保護。在評價是否存在違反《歐洲人權公約》情形發生時，歐洲人權法院將適用其針對《兒童誘拐公約》發展出的判例法，並對家庭生活權是否被正當地干涉作出判斷。

在國際兒童誘拐案件中，歐洲人權法院和歐洲法院的判例法表明，國內法院應在相關國際私法規則和人權法的適用之間，進行一致性解釋。歐洲人權法院和歐洲法院認為，上述兩種義務之間的衝突是可以避免的，《兒童誘拐公約》和《布魯塞爾條例II bis》在家庭生活權和兒童權利上，尋求相同之目的。特別是，《布魯塞爾條例II bis》為尊重人權以及保護父母和兒童權利，而建立了特別機制。

(二) 兩種義務衝突的協調

當然，歐洲人權法院針對前述*Povse*案和*Šneersone*案的裁判，仍存在一些問題，尚待解決。

*Povse*案在某種程度上強調，奧地利法院針對《布魯塞爾條例II bis》第11條第8款頒發的返還令之執行問題，已經尋求從歐洲法院獲得先行裁決。這種做法，被視為構成歐盟法中人權保護的控制機制之構成部分。歐洲法院先行裁決的程序，當然是確保《布魯塞爾條例II bis》實施的解釋遵循人權保護要求之高效方式。為避免對兒童與父母一方的關係造成不可彌補的傷害，歐洲法院堅持適用Zarraga v. Pelz案中的關於兒童誘拐案件的先行裁決方法[108]。即歐洲法院成功地避免所有的遲延，但如果「同等保護」的推定免除被請求國違反《歐洲人權公約》的責任，則針對先行裁決的抗辯，應在相關當事人存在人權擔憂時提出。

值得注意的是，歐洲法院在*Povse*案中的先行裁決支持「同等保護」的推定，並適用於後續所有涉及《布魯塞爾條例II bis》第11條第8款的案件。然而，這種做法是否必要，仍存在疑問。

歐洲法院在*Povse*案的觀點表明，在依據《布魯塞爾條例II bis》第11條第8款作出返還令時，應由請求國當局確保人權得到保護。歐盟法設計

---

[108] CaseC-491/10 PPU, Zarraga v. Pelz [2010] ECR I-4247.

的機制，通過「同等保護」理論得到確認。但是，如果請求國法院並未尊重《布魯塞爾條例Ⅱbis》第42條第2款的要求，也未提供任何拒絕返還兒童的原因，或者未保護當事人抗辯的權利，則「同等保護」的推定在此情況下，是否可被推翻？應該說，此時請求國對人權的保護，存在顯著瑕疵，特別是保護人權機制的運行，失去了功能而並未發揮作用。在請求國保護人權機制喪失相關功能的情況下，「同等保護」的推定應被推翻，被請求國應拒絕返還兒童，以達成符合《歐洲人權公約》第8條的規定之目的。

　　歐洲人權法院明確指出，在此情況下並不存在人權保護機制的功能喪失，而是請求國並未保護相關當事人的權利，當事人應針對請求國向歐洲人權法院提出申訴。但是，這種觀點並不成立。原因是，向歐洲人權法院提出申訴增加了在兒童返還問題上的遲延，這種遲延本身就與《兒童誘拐公約》和《布魯塞爾條例Ⅱbis》追求的最大程度上迅速和高效返還兒童的政策利益不符。

　　因此，對於兒童誘拐案件中涉及的歐盟法義務與人權法義務之間的衝突問題，應作如下協調：

　　其一，賦予被請求國法院處理相關人權抗辯的管轄權。前述案件，將當事人提出的侵害人權之抗辯，交由請求國法院處理的立場，儘管有助於在《布魯塞爾條例Ⅱbis》的框架內，有效規制兒童的國際誘拐問題，但亦不能解除執行判決的國家依據本國法律，享有承認與執行外國判決的權力。這也意味著，應允許請求國和被請求國法院，均有權處理當事人提出的拒絕承認與執行相關判決之抗辯。這種做法能夠有效確保被請求國法院實現兒童最佳利益，以及保護相關當事人享有的家庭生活權之目標。

　　其二，明確被請求國法院審查的人權法問題。在前述案件中，儘管歐洲人權法院並未從實體法層面審查《布魯塞爾條例Ⅱbis》所建立的返還兒童機制之合法性，而是從程序法的角度強調，將兒童迅速返還至其被非法遷移前的慣常居所地國家之重要性。但是，對於當事人依據《歐洲人權公約》所享有的家庭生活權是否真正受到侵害之問題，歐洲人權法院還是進行了細緻的分析。就《歐洲人權公約》介入判決的承認與執行問題而

言，在具體個案中無疑需要依據該公約對《布魯塞爾條例II bis》所建立的高效返還兒童機制，所存在的潛在風險進行評價和管控，以確保執行判決的成員國法院的行為契合包括《歐洲人權公約》在內的歐洲人權法之要求[109]。

伍、《歐洲人權公約》在國內法機制實施中的適用

《兒童誘拐公約》僅適用於兒童在被遷移至或滯留於另一個締約國之前，在締約國境內擁有慣常居所的案件。換言之，該公約並不適用於兒童的來源國和目的地國中的一個國家並非《兒童誘拐公約》締約國的情形。就人權保護而言，在歐盟法不適用的情況下，也不適用《歐盟基本權利憲章》。在《歐洲人權公約》適用於締約國的情況下，公約第8條要求締約國採取必要措施，便利父母一方與被誘拐的兒童「重聚」（reunit）。因此，這種積極義務應獨立於締約國在《兒童誘拐公約》下的義務，但並不明確的是，在國際兒童誘拐案件中何為「重聚」，以及兒童是否在所有情形下，均應被返還。

一、家庭生活權適用的範圍

在不承擔《兒童誘拐公約》義務之情況下，締約國依據《歐洲人權公約》第8條並不存在獨立的返還被誘拐兒童之義務。歐洲人權法院的判決表明，兒童所在地的《歐洲人權公約》締約國必須對目的旨在便利某種形式的重聚的程序給予優先性，但並不必然承擔返還兒童的義務。相關當事人提出的與兒童重聚之要求，必須確保在兒童和父母利益之間實現平衡，並遵循法治原則。

實際上，關於《兒童誘拐公約》高效執行的原則，也反映在探視命令

---

[109] 參見黃志慧，《人權保護對歐盟國際私法的影響》，法律出版社，2018年，第330-331頁。

的執行。在*Hansen v. Turkey*案（以下簡稱*Hansen*案）中，兒童被父親留在土耳其，兒童的慣常居所地在冰島，土耳其並非《兒童誘拐公約》締約方。歐洲人權法院面臨的問題是，母親針對土耳其當局並未為其探視兒童提供便利而提出申訴。

顯然，該申訴僅與探視問題相關，而不涉及兒童的返還問題。針對*Hansen*案中涉及的母親有權探視兒童的命令，歐洲人權法院認為，作為非締約國的土耳其當局在《歐洲人權公約》下，並不承擔任何便利返還兒童的義務。在案件特定情況下的合理需求，締約國當局必須採取所有必要措施，便利該命令的執行，以確保在相關利益之間實現平衡。特別是，此類措施的充分性，應依據其實施的迅速性來判斷[110]。

歐洲人權法院並未在*Hansen*案中考慮依據《歐洲人權公約》第8條，締約國是否存在返還兒童的義務，畢竟申訴人並未尋求返還兒童，而只是要求執行探視的命令。

隨後的*VP v. Russia*案（以下簡稱*VP*案）比前述*Hansen*案走得更遠。該案表明，《歐洲人權公約》第8條施加了返還兒童的義務。

*VP*案涉及在俄羅斯執行一項有利於父親的居住令（2009年由莫爾達瓦作出）的申請。《兒童誘拐公約》於2011年在俄羅斯生效，基於案件事實，歐洲人權法院指出，在相關程序開始時，《兒童誘拐公約》並不直接適用於俄羅斯。但是，歐洲人權法院認為，《兒童誘拐公約》在兒童最佳利益、未誘拐兒童的父母一方利益之間實現平衡，並通過公共命令確保誘拐父母的一方，不應從其違法行為中獲利。換言之，該公約既要防止非法誘拐兒童行為導致的事實狀態合法化，也應避免當事人通過選擇新的法院解決已經在其他國家處理完畢的爭議。因此，即便《兒童誘拐公約》並不適用於該案，基於該公約的判例法發展出的若干一般性方法仍應適用。

在兒童被父母一方滯留的情況下，締約國積極義務的範圍，取決於兒童由慣常居所地國家的遷移，以及隨後的滯留依據《歐洲人權公約》第8條是否非法之認定。*VP*案中，兒童被其母親帶至俄羅斯，違反了有利於

---

[110] Hansen v. Turkey, Application No. 36141/97, Judgment of 23 September 2003.

兒童父親的單獨居住令。歐洲人權法院認為，莫爾達瓦法院作出居住令時審查了所適用的證據，並考慮了兒童最佳利益，居住令的作出符合《歐洲人權公約》的規定。因此，當兒童被帶至俄羅斯的行為依據《歐洲人權公約》第8條構成非法遷移，俄羅斯當局有義務採取措施，並協助申請人與兒童「重聚」[111]。

上述表明，《兒童誘拐公約》中「非法遷移」（wrong removal）、「非法滯留」（wrong retention）的概念，可以依據《歐洲人權公約》進行認定。上述實踐也揭示了《歐洲人權公約》第8條為兒童返還提供一種機制性義務，即便《兒童誘拐公約》不適用的情況下。

儘管如此，很難推斷歐洲人權法院在VP案中確立的上述規則具有更為廣泛的價值和意義。原因是，在VP案中，申訴人向歐洲人權法院提出申訴時，俄羅斯已是《兒童誘拐公約》締約國，莫爾達瓦也多年是該公約締約國。這無疑推動了歐洲人權法院特別強調，《兒童誘拐公約》一般性實踐的立場之形成。相反，儘管Hansen案判決作出時，土耳其是《兒童誘拐公約》締約國，但在申訴提出時，土耳其並非該公約的締約國。而且，歐洲人權法院關於有利於兒童返還的一般推定之立場，也受到了俄羅斯和莫爾達瓦雙邊協議中兒童返還機制的影響。

VP案判決重申兒童與父母重聚程序，作為一個緊急事項，以及締約國依據《兒童誘拐公約》執行返還令的義務。基於該案事實，由於俄羅斯當局未能迅速執行莫爾達瓦居住令，違反了其依據《歐洲人權公約》第8條承擔的義務。

其他一些案件的實踐傾向於認為，當被告國家並非《兒童誘拐公約》締約國，但為《歐洲人權公約》締約國的情況下，其依據《歐洲人權公約》第8條存在返還兒童的義務。對此問題，歐洲人權法院認為，《歐洲人權公約》第8條要求締約國，在父母與兒童的重聚上應承擔積極義務，當被告國家是《兒童誘拐公約》締約國時，應依照該公約進行解釋。

以上表明，即便在《兒童誘拐公約》不適用的案件中，當被告國家

---

[111] VP v. Russia, Application No. 61362/12, Judgment of 23 October 2014.

是公約締約國的情況下，仍強化了被告國家效仿《兒童誘拐公約》實踐的義務。當《歐洲人權公約》締約國，並非《兒童誘拐公約》締約國時，則這種義務的要求大為降低。歐洲人權法院認為，國際兒童誘拐案件中，在《歐洲人權公約》締約國已經批准《兒童誘拐公約》的情況下，締約國在確保家庭生活權問題上享有的自由裁量權，受制於海牙《兒童誘拐公約》。相反，當《歐洲人權公約》締約國，並非《兒童誘拐公約》締約國時，這種自由裁量權更大。而且，在《兒童誘拐公約》以外，尋求父母和兒童重聚的措施被視為是正當的，當然前提是，已經在兒童利益、父母利益和社會秩序之間實現平衡。

　　前述Hansen案和VP案，均涉及兒童所在國在《歐洲人權公約》下的義務，而Bajrami v. Albania案（以下簡稱Bajrami案）則涉及兒童來源國在《歐洲人權公約》下的義務。

　　Bajrami案中，女兒被母親帶往希臘後，父親在阿爾巴尼亞法院獲得監護權。此時，阿爾巴尼亞並非《兒童誘拐公約》締約國。但是，阿爾巴尼亞和希臘締結的一項雙邊條約，其允許阿爾巴尼亞司法部在家庭法判決的執行上，尋求與希臘法院之間的合作。阿爾巴尼亞當局因未能適用該雙邊條約（儘管父親多次申請適用），以及未能採取充分措施保障該返還令的執行，而被認為違反《歐洲人權公約》第8條規定的家庭生活權。

　　歐洲人權法院認為，在並無義務批准《兒童誘拐公約》的情況下，依據國內法院的最終判決，阿爾巴尼亞應採取必要措施保障父母與兒童的「重聚」。儘管，在何種措施是必要的問題上締約國法院享有自由裁量權，但該案中沒有充分的法律框架用以執行重聚的權利，因此，阿爾巴尼亞違反了《歐洲人權公約》第8條[112]。

　　因此，即便在不適用《兒童誘拐公約》的情況下，兒童來源國的《歐洲人權公約》締約國當局應該依據公約第8條，採取積極措施，以履行確保父母一方與兒童重聚的義務。總體而言，《歐洲人權公約》第8條是否真正要求締約國，承擔返還被誘拐兒童的一般義務，VP案之後的相

---

[112] Bajrami v. Albania, Application No. 35853/04, Judgment of 12 December 2006.

關實踐，在某種程度上仍不明確。但總體而言，歐盟成員國在《兒童誘拐公約》適用範圍之外的國際兒童誘拐案件中所採取的方法，與歐洲人權法院的相關判例法並不相同。對於此類案件中的人權保護及充分尊重和貫徹兒童最佳利益原則而言，顯然具有良好作用。

二、家庭生活權適用的標準

在處理並不屬於《兒童誘拐公約》適用範圍內的國際兒童誘拐案件時，需要明確的問題是，一國國內法是否與《歐洲人權公約》規定的家庭生活權之標準相符。

例如，在國際兒童誘拐案件中，英國在《歐洲人權公約》第8條下的積極義務，應依據《兒童誘拐公約》的判例法進行解釋，即便在並非適用《兒童誘拐公約》的情況下。作為《兒童誘拐公約》締約國，這表明英國當局在國際兒童誘拐案件中，保障家庭生活權的自由裁量權，嚴格受限於海牙公約。鑑於英國上議院在 *Re J (a child)* 案中特別指出，不適用《兒童誘拐公約》的案件，不能類推適用《兒童誘拐公約》的規定[113]。特別是，在非《兒童誘拐公約》案件中，評價返還兒童的命令，並無任何引入技術性概念的保證[114]。

顯然，對於歐洲人權法院將《兒童誘拐公約》中「非法遷移」、「非法滯留」的概念融入《歐洲人權公約》第8條的解釋之做法，與英國法院的實踐不符。如果歐洲人權法院判例法的解釋是正確的，英國法的實踐無疑違反《歐洲人權公約》之要求。

但是，英國法也應接受《歐洲人權公約》的審查。英國上議院在 *Re J (a child)* 案中，拒絕對兒童返還的一般推定，但其接受兒童最好返回其祖國處理任何相關爭議的做法，也承認法院有權基於福利原則，作出立即返還兒童到外國的決定，而無須對相關事實進行全面調查[115]。即便特定案

---

[113] Re J (a child) [2005] UKHL 40, paras. 22-25

[114] *Ibid.*, para. 31.

[115] *Ibid.*, para. 26.

件中，立即返還兒童的命令被推翻，前述*Neulinger*案和*X*案也支持締約國對案件事實，進行更詳盡調查的正當性，以便認定返還兒童是否將兒童置於被傷害或不能忍的處境。

*Re J (a child)*案所確立的方法，傾向於遵守歐洲人權法院關於《兒童誘拐公約》判例法所發展出的原則。基於此，英國法院拒絕作出一項並非適用《兒童誘拐公約》的返還令，仍可被視為屬於其自由裁量範圍，並履行其使父母和兒童重聚的積極義務。

陸、結論

基於相關判例法的考察揭示，在國際兒童誘拐案件中，國際私法規則要求的確定性和一致性常常超越與之相衝突的人權法考量。歐洲人權法院依據《兒童誘拐公約》和《布魯塞爾條例Ⅱbis》，塑造了家庭生活權的範圍。歐洲法院的實踐，也融入了《歐盟基本權利憲章》的相關規定，以此方式，國際私法規則對於《歐洲人權公約》和《歐盟基本權利憲章》保護的範圍和標準產生了顯著影響。而且，歐洲人權法院通過「同等保護理論」避免締約國，在上述兩種義務之間的衝突表明，歐盟法的運行，特別是《布魯塞爾條例Ⅱbis》和先行裁決的程序，確保了歐盟成員國對人權的保護與《歐洲人權公約》所提供的保護相同。但是，歐洲人權法院在實踐中傾向於將《布魯塞爾條例Ⅱbis》蘊含的相互信任的利益和歐盟法的有效性，優先於對人權保護的關注。

上述歐盟利益的優先性，導致法院在國際兒童誘拐案件處理上的顯著差異。締約國強制返還兒童，可能違反《歐洲人權公約》第8條，尤其是返還可能將兒童與其主要照料人分離。兒童返還的遲延和相關保護性安排的不充分性，可作為《兒童誘拐公約》第12條規定之外的拒絕返還兒童之正當理由。另一方面，當相關當事人依據人權法能夠訴諸請求成員國法院，不會違反基本權利的要求，應對兒童返還中可能產生的「重大風險」進行具體評估。

　　總之，在國際兒童誘拐案件中，相對於歐洲法院，歐洲人權法院傾向於採取更為「人權友好」的方法。歐洲法院在選擇性適用《歐盟基本權利憲章》實現迅速返還兒童之目的的政策利益優先之做法，難以符合《聯合國兒童權利公約》下以兒童利益為中心的哲學思想。

美國法反域外適用推定規則之路徑研究與中國策略

黃鈺[*]

賀陳老師七十華誕

初見陳隆修教授，是在學校的一次講座上。當時的我還是一名初踏國際私法大門的碩士研究生。我依稀記得，那天的陳隆修教授身著淺藍色襯衫，坐在會議桌前發表著題爲〈人類命運共同體與國際私法之契約自由〉的精彩報告。在這場報告上，讓我印象頗深的不僅是陳隆修教授論證觀點的嚴密條理性，陳老師闡述自身觀點時的慷慨激昂更是讓我深受震撼。在那場報告裡，我深切感受到了一位耕耘幾十載的學者對國際私法的無限熱忱。

之後，我有幸赴東海大學進行交流學習，也再次得到了可以向陳隆修教授求教的寶貴機會。那時的陳隆修教授身體並非十分康健，可陳老師依舊選擇走進課堂，向學生們傳授知識、指點迷津。在瞭解到我們正值論文開題之際後，陳隆修老師更是傾囊相授，爲我們開拓選題思路，並向我們提供充足的學習資料。知悉我們從大陸遠赴而來，陳隆修教授更是不辭辛勞，在課餘時關心我們的衣食住行等生活問題，師母更是經常帶我們領略當地的文化與美食。在那段時間裡，我感受到的是一位師者對學生無私的付出與關愛！

作爲一位國際私法領域的學術大家，陳隆修教授一直筆耕不輟，向其所熱愛的國際私法研究事業傾注了無數心血與汗水。陳老師對待學術認真、嚴謹與孜孜不倦的精神，值得我們當代每一位青年學子時刻牢記與學習。孔子曾說：「師者，所以傳道、授業、解惑也。」我想，作爲一位在

* 中南財經政法大學博士研究生。

講臺傳道數十載的老師，陳隆修教授已完美地詮釋了這句話的深刻涵義。

最後，在陳老師七十華誕之際，我要深深感謝陳老師的悉心教誨與溫暖關愛，更要祝願陳老師身體康健，春輝永綻！

　　伴隨著世界格局的變化調整，各國經濟往來的交織融合，屬地主義對國際法的影響已日漸式微。由於國際法並未一般性地禁止一國國內法的域外適用，在確立國內法域外適用規則方面，一國享有很大的自由裁量權。但國內法的域外適用存在破壞國際法的生成邏輯和運行環境、侵犯別國司法主權的可能性，因此需對其予以規制。相較於他國，美國法域外適用的發展勢頭與變化都是非常突出的。2018年，伴隨著美國法學會《第四次對外關係法重述》（以下簡稱《第四次重述》）的出版，其在法的域外適用方面再次進行了變革，尤為需要關注的問題之一是，其重新吸收了原本被拋棄的「反域外適用推定」規則。該規則的再次變動，不僅揭示出美國法域外適用的基本原理，而且深刻影響著在美訴訟中的中國當事人的海外利益。因此，有必要進一步釐清該推定規則的發展路徑與適用基礎、梳理該規則當下最前沿的判例與適用機制，剖析該規則適用的發展趨勢，以實現反制別國法過度域外適用與著力構建中國法適當域外適用體系的雙重目的。

壹、「反域外適用推定」的發展路徑

　　在美國法不斷擴張其域外效力的過程中，聯邦法院在利用「反域外適用推定」規則解釋相關法律效力範圍方面，發揮了重要作用[1]。縱觀「反域外適用推定」規則的發展歷程，可將其演變過程歸納為三個發展階段。自19世紀初至1991年，在「反域外適用推定」規則產生之初，其在司法實踐中的適用處於極不穩定的狀態，1949年之後甚至一度被拋棄和淘汰。1991年之後，「反域外適用推定」規則得到了一定程度的復興，在各級法院的適用頻率明顯提高，但具體適用方法並未統一。直至2010年後，「反域外適用推定」的適用模式產生了重大變革，「兩步分析法」開始被法院

---

[1]　參見霍政欣，〈國內法的域外效力：美國機制、學理解構與中國路徑〉，《政法論壇》，第2期，2020年，第178頁。

採納並逐漸推廣。

一、產生與拋棄

「反域外適用推定」規則作為一種衡量和確定法律空間適用效力的解釋規則，在18世紀末和19世紀初，深受屬地主義的影響。該規則在美國的產生源於嚴格的屬地主義對法律空間適用範圍的限制，即認為國會權力的行使，應限制在其合法領土的範圍之內。1804年 *Murray v. The Charming Betsy* 案（以下簡稱貝琪案）的判決明確提出，對國會立法的解釋不能違反國際法[2]，從而對美國的管轄權與法律空間適用範圍進行限制。此種限制以主權地域範圍為基礎，要求對法律文本進行狹義地域解釋，也成為「反域外適用推定」規則產生的重要依據[3]。在19世紀早期，美國最高法院已開始在涉及海關、海盜有關的案例中採用這種推定，以限制有關的聯邦法律的空間適用範圍[4]。1909年，*American Banana Co. v. United Fruit Co.* 案（以下簡稱香蕉案）[5]的審理，確立了適用「反域外適用推定」規則的邊界，即該案對「反域外適用推定」的判斷，建立在國會立法只負責管理美國主權領土之內事項的假設之上，行為的合法與非法由行為地國家的法律確定[6]。

1949年，當最高法院在 *Foley Bros., Inc. v. Filardo* 案（以下簡稱 *Foley Bros* 案）中[7]應用反域外適用的推定時，它將該推定重新定性為「一種可以確定法條未明確表達的國會意圖的有效方法」，其所依據的就是「國會

---

[2] Murray v. The Charming Betsy, 6 U.S. (2 Cranch) 64, 118 (1804).

[3] See Nicolette S. Kraska, A Changing Tide: The Supreme Court's Modified Position toward the Presumption against Extraterritoriality, 94 (3) *Tulane Law Review* 614 (2020).

[4] See William S. Dodge, Understanding the Presumption against Extraterritoriality, 16 (1) *Berkeley Journal of International Law* 85 (1998).

[5] American Banana Co. v. United Fruit Co. 213 U.S.349 (1909).

[6] See Samuel Tanner Lowe, Western Geco and the Patent Act: An Analysis of the Patent Act and the Presumption against Extraterritoriality, 27(1) *Journal of Intellectual Property Law* 102 (2019).

[7] Foley Bros., Inc. v. Filardo, 336 U.S. 281 (1949).

主要關注國內情況」這一基礎，而非基於對違反國際法與違反國際禮讓的考量。在對意圖進行判斷時，法院結合法條的語言、立法歷史和行政解釋等因素進行了綜合判斷，最終認定《聯邦八小時工作法》（the Federal Eight Hour Law）不能適用於在外國建造公共工程的合同，因此對於在伊朗和伊拉克履行美國政府合同的美國公民不予適用。

但在*Foley Bros*案之後，「反域外適用推定」規則卻鮮有適用。在判斷法條是否可域外適用時，法院或選擇直接通過「行為與效果」進行判斷，或通過對案件多因素的分析來進行逐案衡量，反而並未利用「反域外適用推定」規則，再次對案涉法律的地域範圍進行解釋。可以看出在這一時期，雖然「反域外適用推定」規則已經產生，但法院對該推定鮮有適用，並呈現出擱置、拋棄適用的態度和趨勢。最終，鑑於在1949年之後的近四十多年的時間裡，美國最高法院已基本不適用該推定，1987年美國《第三次對外關係法重述》（以下簡稱《第三次重述》）於是將「反域外適用推定」的規則剔除在外。可以看出，在這一時期，自反域外適用的推定產生以來，其在司法實踐中的適用並不穩定，最終在與「行為與效果」等客觀標準的較量過程中，其始終處於弱勢。

二、復興與擴張

從1991年開始，*EEOC v. Arabian American Oil Co*案（以下簡稱*Aramco*案）[8]的出現，再次喚醒了「反域外適用推定」這一規則的適用。首席大法官倫奎斯特（Rehnquist）在該案中表示，該推定是一種可以確定國會立法意圖的有效方法，「反域外適用推定」的規則在性質上可被視為一項「明確的陳述規則」（a clear statement rule）。

該案之後，「反域外適用推定」再次進入美國法院的視野，法院對該規則適用的頻率也明顯提升[9]，成為推定適用的重要轉捩點。在短短的

---

[8]　EEOC v. Arabian American Oil Co, 499 U.S. 244 (1991).

[9]　See Natascha Born, The Presumption against Extraterritoriality: Reconciling Canons of Statutory Interpretation with Textualism, 41 (3) *University of Pennsylvania Journal of International Law* 544 (2020).

幾年內，「反域外適用推定」的規則先後在《聯邦侵權索賠法》（Federal Tort Claims Act）[10]、《移民和國籍法》（Immigration and Nationality Act）[11]，以及《瀕危物種法》（Endangered Species Act）的域外適用問題上，均得到適用[12]。而且，隨著最高法院對推定應用頻率的提升，聯邦下級法院紛紛開始致力於將該推定適用於最高法院尚未有判例的法條域外適用問題上。此外，除聯邦各級法院逐步適用「反域外適用推定」的規則外，各州法院也據此推定州法的地域適用範圍。有學者統計，目前美國已有20個州採用該推定來確定一些州法的地理範圍[13]。由此，「反域外適用推定」規則在美國聯邦法院的司法實踐中，得到了復活與擴張。

可以看出，在1991年後，「反域外適用推定」規則在美國司法實踐中得到復興。雖然，法院對於該推定的態度仍不盡統一，但在各級法院已經具有了一定程度的影響力。相對於根據行為與效果客觀因素來判斷美國法的域外適用範圍，該推定所具有的靈活性與法院被賦予的自由裁量權更易被美國法院利用，成為美國擴張其本國法域外適用的有力武器。

三、變革與重構

2010年*Morrison v. National Australia Bank*案（以下簡稱莫里森案）[14]的出現，成為「反域外適用推定」規則適用的又一重大轉捩點。首先，該案澄清了該推定不是一個「明確的陳述規則」；其次，該案通過「兩步驟」的方法，先評估國會立法的意圖，再確定法律的「焦點」（focous），以此判斷是否可以域外適用。此外，該案放棄了認為推定的

---

[10] Smith v. United States, 507 U.S.197 (1993).

[11] Sale v. Haitian Centers. In, 509 U.S.155 (1993).

[12] Lujan v. Defenders of Wildlife, 504 U.S.555 (1992).

[13] 根據統計，阿拉巴馬州、亞利桑那州、阿肯色州、加利福尼亞州、康乃狄克州、德拉瓦州、愛達荷州、伊利諾州、愛荷華州、肯塔基州、緬因州、馬里蘭州、密西西比州、內布拉斯加州、紐約州、南卡羅來納州、德克薩斯州、猶他州、佛蒙特州和威斯康辛州都採用了反域外適用的推定。See Dodge, William S., Presumptions against Extraterritoriality in State Law, 53 *UC Davis L. REV.* 1405 (2020).

[14] Morrison v. National Australia Bank130S.Ct.2869, 2873 (2010).

適用應取決於行為地的傳統觀點，從而承認行為以外的其他事項也可能是國會立法的目的[15]，為反域外適用的推定提供了新的靈活性。之後，在2016年的*RJR Nabisco, Inc. v. European Community*案（以下簡稱納貝斯克案）[16]中，法院再一次援引該推定，承認並採用了莫里森案所確認的反域外推定的兩步分析法。通過該案的處理，最高法院將莫里森案所形成的兩步驟標準進行了形式化的固定，並且該案再次重申莫里森案所認可的反域外適用的推定並非「明確的陳述規則」的觀點，這也就為接下來各法院統一該規則的具體適用方法奠定了重要基礎。

繼莫里森案與納貝斯克案之後，「反域外適用推定」規則的適用在美國實現了重大變革，最新版本的《第四次重述》再次將先前重述中所拋棄的「反域外適用推定」規則重新補充進來，並且進行了革新，吸納了莫里森案與納貝斯克案中所確立的兩步分析法。在此之後，近年來該規則的適用在實踐中也更為頻繁，2018年的*WesternGeco LLC v. ION Geophysical Corp.*案（以下簡稱*WesternGeco*案）[17]以及2019年的*Doe v. Nestle*案（以下簡稱雀巢公司案）[18]均通過反域外適用的推定來擴張《專利法》《外國人侵權法》等美國法的域外適用範圍。

貳、「反域外適用推定」的理論基礎

「反域外適用推定」的規則在被拋棄之後仍舊可以得以復興、改革和發展，甚至被重新納入2018年公布的《第四次重述》，這與其背後的理論基礎有著密不可分的關係。一方面，基於對外關係以及國際關係的視角，

---

[15] See Dodge, William S., The New Presumption Against Extraterritoriality, 133 (5) *Harvard Law Review* 1603 (2020).

[16] RJR Nabisco, Inc. v. European Community 136S. Ct. 2090, 2101 (2016)

[17] Western Geco LLC v. ION Geophysical Corp. 138 S. Ct. 2129 (2018).

[18] Doe v. Nestle, S. A., 929 F. 3d 623, 2019 U. S. App. LEXIS 20050 (9th Cir. Cal., July 5, 2019).

其理論基礎脫胎於美國國會對避免違反國際法以及協調與他國對外關係的期望與假設；另一方面，以其國內視角來看，其理論基礎是基於對純粹本國事務的強烈關注，更是對本國利益的強調。

一、基於尊重國際法與國際禮讓的考量

在屬地主義盛行的時代，對本國領域之外的事務進行管轄或對不屬於本領域內的糾紛適用本國法毫無疑問是違反國際法的表現。而此時「反域外適用推定」的產生，正是建立在國會立法不應違反國際法的假設之上。但隨著世界格局的不斷打開，對屬地主義的堅持已不能適應跨境交往的需要。因此，美國法院在適用「反域外適用推定」時，以屬地主義為基礎的違反國際法的理論假設逐漸被弱化，進而發展出較為和緩的禮讓基礎。在此基礎上，避免美國法與他國法之間的衝突與矛盾，對其他法域和一般國際秩序的理解和容忍，成為適用該推定時經常被提及的重要理由[19]。

早在香蕉案中，最高法院並未從之前貝琪案中發展出來的國際法角度考慮對域外適用的限制，霍姆斯（Holmes）法官認為，在本國法院按照本國理念對他國行為人進行審判不僅是不公正的，更是對他國的干涉，違反了國際禮讓，易造成他國的反感與衝突[20]。因此，該案基於「國際禮讓」的立場和理由適用「反域外適用推定」規則。在*Aramco*案中，美國聯邦最高法院也認為，如果立法機關希望本國法可域外適用，就必然需要處理該法與外國法律的衝突問題。在進行「反域外適用推定」時，需要儘量避免美國法律與其他國家法律的衝突。同樣，2013年在*Kiobel v. Royal Dutch Petroleum Co.*案（以下簡稱基爾貝奧案）中[21]，聯邦最高法院在考慮是否要進行反域外適用的推定時，明確表達了對可能導致與他國發生法律衝突糾紛的擔憂。在納貝斯克案中，最高法院同樣把避免導致國際糾紛

---

[19] See Yaad Rotem, Economic Regulation and the Presumption against Extraterritoriality-A New Justification, 3 (2) *William & Mary Policy Review* 247 (2012).

[20] See William S. Dodge, The New Presumption Against Extraterritoriality, 133 (5) *Harvard Law Review* 1592 (2020).

[21] Kiobel v. Royal Dutch Petroleum Co. 133S.Ct, 1659, 1664 (2013).

作為考慮是否使用「反域外適用推定」的理由之一。

　　但是，即使有對國際禮讓的考量，出於維護本國利益的需要，美國法院僅將避免與他國發生衝突作為是否適用「反域外適用推定」的理由之一，並非決定性條件。在 *Smith v. United States* 案（以下簡稱史密斯案）中[22]，法院在考量是否可以將《聯邦侵權索賠法案》的規定適用於發生在南極洲的侵權索賠時，雖然考量了當事人提出的適用推定應避免本國法與他國法產生衝突的觀點，但也承認推定的適用應植根於諸多考慮因素，尤其是國會立法時對國內問題的常識性概念的考量[23]。

　　可以看出，「反域外適用推定」的重要理論依據之一是，為避免對國際法的違背，是出於對國際禮讓與外國法衝突的考量。但實踐反映出的另一問題是，即使存在與外國發生法律衝突的可能性，域外適用仍舊有一定的發揮空間，美國法的域外效力也並沒有被完全否定，這與「反域外適用推定」規則的主觀性與自由裁量性有著密不可分的連繫，在一定程度上也反映出美國對擴張其本國法域外適用的渴望。

二、強調對域內事務與本國利益的關注

　　作為一項解釋本國法地域空間範圍的法律規則，「反域外適用推定」的適用仍需圍繞本國法內容進行。在具體適用該規則時，以其本國法的立法意圖為根本，強調美國國會對美國域內事項（domestic conditions）的關注成為另一重要基礎。

　　在 *Foley Bros* 案中，美國聯邦最高法院將涉及美國法域外適用，以及「反域外適用推定」問題的本質概括為美國立法機關通常關注的是美國的域內法益，因此強調了法律適用的地域範圍取決於國會的立法意圖和立法目的。該案也標誌著，國會的立法意圖成為法院根據禮讓而適用「反域外適用推定」的第二個理由。而在 *Aramco* 案中，法院雖然將該推定視為「明確的陳述規則」，但也將推定的適用建立在國會的立法意圖之上。即

---

[22] Smith v. United States, 507 U.S. 197 (1993).

[23] See Natascha Born, The Presumption against Extraterritoriality: Reconciling Canons of Statutory Interpretation with Textualism, 41 *U. PA. J. INT'l L.* 562 (2020).

使在經歷變革之後，在莫里森案中對該推定的適用，也未擺脫國會通常關注國內事務的假設。而當前所建立的「兩步分析法」，更是在第一步就需要對國會的立法意圖進行判斷。

因此可以看出，美國法院對「反域外適用推定」規則的適用，仍舊是以美國事務為重點，以美國利益為核心，致力於探究其本國立法機關在組織進行相關立法時，所致力解決的有關問題，以及所強調的立法意圖。但顯然，這種過度強調本國利益的視角和觀點，帶有相當程度的片面性與局限性，對法律的解釋帶上了濃厚的主觀色彩，並為法官自由裁量權的彈性發揮創造了極大的利用空間。

參、反域外適用推定規則的當前適用機制

經過跨世紀的調整與變革，披著國際禮讓外衣，聚焦本國利益的「反域外適用推定」規則當前以「新瓶裝舊酒」的面貌展現在世人面前。2018年《第四次重述》的第404條在對眾多司法實踐進行提煉、歸納的基礎上，對該規則的具體適用機制重新進行闡述，明確了該規則適用的「兩步分析法」。

一、第一步：對國會意圖的確定

該推定適用的第一步是需要確定國會對相關法律規定的立法意圖，從而判斷案涉法條是否可以適用於域外。若案涉法條未表現出國會欲使其適用於域外的意圖，則說明該推定沒有被推翻，則需要進入第二步，通過對「焦點」的確定繼續作出判斷；若案涉法條所表現出國會欲將其適用於域外的明確意圖，則該推定被推翻。

從納貝斯克案等系列案件裡，美國法院的表態可以看出，在進入該環節時，首先需要明確的是，該推定不是一個「明確的陳述規則」[24]，更不

---

[24] See William S. Dodge, Understanding the Presumption against Extraterritoriality, 16 (1)

是對國會立法權的一種限制，即強調規則的制定無需為了反駁該推定，而必須有「該規則適用於域外」的類似明確表述。這也就為法院自由裁量權的行使留有寬泛的餘地。其次，法院推定國會立法意圖的依據是十分廣泛的。例如，在納貝斯克案與莫里森案中，法院或根據法規的整體結構進行判斷，或根據與其他條文的關係作出判斷。在強調該推定不是明確的陳述規則的前提下，法院在判斷國會立法意圖時，可以從法案的結構、目的、與其他條文的關係、相關行政解釋，甚至立法歷史等諸多相關跡象，來表明國會是否具有在域外適用該法的意圖。並且，在任何與案涉法條相關的蛛絲馬跡中，只要有一個跡象可表明國會有將該法規適用於域外的立法意圖，即可斷定該法條可以適用於域外。因此，法院的衡量與判斷極具靈活性，這也在一定程度上增加了推定的不確定性。

此外，雖然對國會意圖的推定是適用的第一步，但在實踐應用的過程中，法院並非將其視為必經步驟。法院也被賦予了決定是否有必要略過第一步，直接進入第二步「焦點」分析的自由裁量權。在2018年的 *Western Geco* 案中，法院認為如果僵化地從第一步開始推定，反而會導致問題的複雜化和膠著化，且對未來案件的審理會產生不可避免的影響。因此，法院跳過了第一步對國會意圖的分析，直接進入了第二步對「焦點」的分析。

由此可以看出，即使在「兩步分析法」的模式下，第一步中看似固定、明確的分析步驟在環節的推進、立法意圖的判斷方面，依舊給予法官相當自由的發揮空間。因此，該方法在孕育之初所希望達到的明確性、指導性與一致性目標仍待檢驗與完善。

二、第二步：對「焦點」的確定

若反域外適用的推定未能在第一步被推翻，法院則需進入第二步，通過確定案涉法條的「焦點」來判斷該條的可適用地域範圍。此種判斷方式與先前長期以來的域外適用方式有了實質性的轉變，其對問題的判斷不再

Berkeley Journal of International Law 110 (1998).

僅機械地聚焦於行為發生地，而是根據不同法條的自身特性，強調不同法條所關注的不同重點與核心。

這種新的判斷方法聚焦於法條的「焦點」，並且承認國會關注的焦點可能不是行為發生地，只要該條款的焦點是在美國境內，就不應認為該條款的域外適用是不允許的。在審理莫里森案時，法官認為，1934年美國聯邦《證券交易法》第10(b)條所關注的「焦點」在於判斷購買和銷售證券的發生地是否在美國境內，而非該案中的偽造公司財務報表的欺詐行為。在納貝斯克案中，法官判斷美國聯邦《防止詐騙及反黑法》是否可以進行域外適用時認為，該法的相關文本明確將某些敲詐勒索罪延伸為可能在美國境外發生的敲詐勒索，因此與此相關的實質性條款理應適用於域外。但同時法官也認為，原告提出索賠要求所依據的第1964(c)條的焦點，在於損害結果需發生在美國境內，而原告所提出的損害結果位於美國境外，因此不能域外適用。

在2018年的*WesternGeco*案中，法院在利用反域外適用推定規則判斷《專利法》的案涉法條是否可以域外適用時，其直接跳過了「兩步分析法」的第一步，並將落腳點置於對「焦點」的判斷上。在進行具體分析時，法院對何為法條的「焦點」進行了更為明確的解釋。法院認為，法律所關注的焦點實為相關法律所「關注的目標」，既可以包括該法所具體監管的各類行為，也可以包括其所保護的「當事人利益」。法院在具體分析、確定「焦點」時，尤其不能脫離事實、不能僅局限於某一法條作出局限性的判斷，若爭議法條與其他條款具有協同和關聯性，則必須與其他條款進行一致評估。而在該案中，法院認為《專利法》第284條損害賠償條款的焦點在於「侵權行為」。而結合第271條第(f)(2)款的目的來看，為實現精準打擊向國外出售核心技術、防止外國公司採購美國核心零部件，並搶占美國公司市場的行為[25]，其焦點被判定為「在美國境內或從美國供應」的行為，因此被告不僅需要賠償案涉專利的合理許可費，還需要補償

---

[25] 參見何煉紅，〈美國專利保護的域外擴張及我國的因應之策——以WesternGeco案為視角〉，《人民論壇‧學術前沿》，第17期，2018年，第47-55頁。

原告由於侵權所造成的巨額海外利潤損失。

而在2019年的雀巢公司案中，在涉及到《外國人侵權法》的域外適用問題時，雖然雀巢公司提交意見認為，案涉法條的「焦點」在於所發生的直接損害，因此案涉奴役兒童的損害發生在美國領土之外，從而不能域外適用。但第九巡迴法院作出判決，認為《外國人侵權法》的「焦點」所強調的是，對違反國際法應受到的懲罰，對相關不法行為提供有效的補救措施，而教唆兒童奴役和強迫勞動，毫無疑問是一種違反國際法的侵權行為，因此應當域外適用[26]。但最終，2021年6月美國聯邦最高法院撤銷了第九巡迴法院的判決，最高法院認為若要適用該法，必須證明該法所規制和約束的「焦點」行為並非發生在美國境內，因此不能適用該法。由此案不同法院秉持不同觀點的現象可以看出，通過「焦點」判斷「反域外適用推定」看似牢固，但實際上仍舊擺脫不了法官利用自由裁量權進行主觀解釋的困境。利用「焦點」測試進行判斷，在一定程度上雖然看似是圍繞法條核心價值與核心目的進行，但具體到個案情況不難發現，不同法規必然面對著不同的「焦點」，甚至可能存在多個「焦點」。而對「焦點」的判斷顯然帶有明顯的主觀色彩，不同立場、不同法院會存在不同的判斷思路，而我們也有正當理由去懷疑在涉及美國利益時，美國法院存在濫用自由裁量權的可能，去擴大或縮小對「焦點」的解釋和認定。

綜上，通過分析美國法院在涉外民事訴訟中利用反域外適用推定的過程可以發現，當前的兩步驟模式核心依舊是對美國國內事務的關注，以及對美國利益的保護。無論是對國會立法意圖的判斷，還是對案涉法條「焦點」的判定，該方法看似明確固定，但實則充斥著巨大的主觀性。

---

[26] 參見杜濤，〈國際私法國際前沿年度報告（2019-2020）〉，《國際法研究》，第4期，2021年，第123頁。

肆、「反域外適用推定」的發展特徵與趨勢

作為判斷法律空間適用範圍和進行法律解釋的有力工具,「反域外適用推定」規則在擴張美國法域外效力方面發揮了重要作用。發展至今,該規則自產生至拋棄,再到目前《第四次重述》中,予以固定的兩步驟分析模式,其鮮明地呈現出三個相互連繫的發展趨勢,即法條解釋的文本主義與目的論的黏合度提高、推定方法的自由裁量與主觀性顯著,以及推定結果的不確定性與不穩定性增強。

一、文本主義與目的論的黏合度提高

面對大量未明確說明地域範圍的法律,美國聯邦法院成為明確相關法律域外效力的隱形推手[27]。通過在具體案例中,解釋相關法條的立法意圖、地域範圍,美國聯邦法院在眾多領域實現了美國法的域外適用,擴張了美國法的域外效力。從「反域外適用推定」規則的變化與發展歷程來看,美國聯邦法院既沒有單純採用文本主義解釋方法,也沒有純粹依靠目的論,而是雜糅了文本主義與目的論兩種解釋方法[28]。相較而言,單純的文本主義強調在適用法條時,法院應遵循該法律文本表述,而無需尋求其制定的背景目的。而以單純的目的論來看,法律適用與解釋取決於法律制定的核心目的[29]。而聯邦法院在解釋方法上,卻採用文本主義與目的論相結合的折衷方法,更易達到靈活解釋地域範圍,方便法院域外適用,擴張其本國法域外效力的核心目的。

一方面,在適用「反域外適用推定」規則判斷案涉法律的地域效力

---

[27] 參見霍政欣,〈國內法的域外效力:美國機制、學理解構與中國路徑〉,《政法論壇》,第2期,2020年,第180頁。

[28] See William S. Dodge, The New Presumption against Extraterritoriality, 133 (5) *Harvard Law Review* 1653 (2020).

[29] See John F. Manning, What Divides Textualists from Purposivists? 106 (1) *Columbia Law Review* 70, 73 (2006).

時，法院需要將國會的立法意圖作為重要考量因素，推定不再只強調法條文本需是「明確的陳述規則」。在已形成的兩步分析框架中，不僅第一步的核心在於對立法目的的判斷，第二步也強調需圍繞法條「焦點」進行。另一方面，在適用推定時，對法條的文本解釋也至關重要，即使是在解釋立法目的與法條「焦點」時，也不能孤立地看待該推定，更不能脫離文本主義的解釋方法。法官不僅可以通過自身對法律文本的解讀進行地域範圍的推定，還可以結合法條上下文、法條結構以及制定歷史進行判斷。同時，法官可以利用合理性原則對推定進行補充，並應考慮到國家行政機構對相關條文的解釋，以更好地剖析立法目的，並最大限度實現對本國利益的維護[30]。

由此可以看出，該種結合文本主義與目的論的折衷方法，給予法官更多參考因素，從而為綜合判斷案涉法條是否可以域外適用提供便利，但同時該種結合二者的方法在無形中也增加了法官主觀解讀立法政策的風險。

二、自由裁量與主觀性顯著

在1965年美國《第二次對外關係法重述》（以下簡稱《第二次重述》）中，第38條對「反域外適用推定」規則進行了闡明，表示除非法律明確指出相反情況，否則推定只適用於在美國領土內發生，或在對美國領域內產生影響的行為。可以看出，《第二次重述》仍舊秉持的是以「行為與效果」為主的較客觀的判定標準，對於行為地在美國領域內以及在美國領域內產生影響的行為，才具有域外適用的當然性。在被《第三次重述》拋棄之後，2018年的《第四次重述》將「反域外適用推定」規則再次納入，本次重述的第404條直接表明，除非存在證明美國聯邦立法機關使一項聯邦制定法可適用於美國域外的明確意思表示，美國司法機關應將該法解釋為僅在美國領域內適用。相較於《第二次重述》，顯然本次重述並未繼續沿用「行為與效果」的客觀評價標準，而是以「國會的明確意圖」為

---

[30] See William S. Dodge, The New Presumption Against Extraterritoriality, 133 (5) *Harvard Law Review* 1629 (2020).

主要參考。

就當前的「反域外適用推定」規則在實踐中的運用來看，法院的自由裁量權明顯有了更大的發揮空間，法官判斷的主觀性也顯著增強。首先，對目的論的接納、側重對立法目的和立法意圖的判斷本身就帶有強烈的主觀色彩；其次，當前「兩步分析法」文本主義與目的論黏合度更強的特徵，使推定的適用更具可操作性和靈活性，但該種方法必然對法院的判斷注入更多的主觀色彩[31]。正如上述所論，反域外適用的推定不再是一個「明確的陳述規則」，其判斷必須依據所有可能的文本資訊或非文本資訊來進行判定，這賦予法官更多可裁量的空間，而這必然導致的結果之一，就是法院自由裁量權的擴張，該規則制定之初所希望給予法院以明確、有效指導的目標並未完全實現[32]。

毫無疑問，「反域外適用推定」的適用模式發展到如今的兩步驟模式，其判斷標準與因素的主觀性與靈活性為法院實現國會立法意圖、操縱法律的地域範圍提供了更大的迴旋餘地。即使文本直接涉及條款的地理範圍，法院也可能會尋找國會立法意圖的其他證據，例如法條的結構等其他周邊因素。莫里森案、納貝斯克案均表明，案涉法條並不需要為了反駁該推定而明確聲明其適用於國外，只需要通過查看法條的結構、參考上下文、查看所有可用的證據，以及立法歷史等多種方式，來證明該法可以適用於域外即可，這顯然更有利於在案件的具體審理過程中，法官們自由裁量權的盡情施展，也更有利於美國法院對本國當事人利益的保護。

三、不確定性與不穩定性增強

莫里森案中，最高法院重申反域外適用推定的理由是，該推定可以「提供一個穩定的背景，國會可以據此立法，並且產生可預測的效

---

[31] See Kyle A. Mason, The Presumption against Extra (subjective) territoriality: Morrison's Confounding Focus Test, 38 (3) *Review of Litigation* 416 (2019).

[32] See Samuel Tanner Lowe, Western Geco and the Patent Act: An Analysis of the Patent Act and the Presumption against Extraterritoriality, 27 (1) *Journal of Intellectual Property Law* 108 (2019).

果」[33]。由此可以看出，革新反域外適用推定規則之最初目的，就是為了讓該規則的適用更具有確定性，以明確法律的地域適用範圍。但在實際應用過程中，該推定的適用在確定性與穩定性方面，仍不盡如人意。

首先，不確定性和不穩定性的存在，是該規則上述兩個特徵所導致的必然結果。對「焦點」的確定要求法院關注法條的立法重點，即「法條關注的焦點」，但其很難形成統一、客觀、一致的標準，更多仍倚仗於案件審理法官對法條的理解與把控。在莫里森案中，法院在進行「焦點」判斷時，其背後所默認的隱含設定為，一個法條只存在一個單一的「焦點」，並未考慮到存在多個「焦點」的可能性。而這個問題在之後的納貝斯克案中變暴露出來。在該案中，上訴法院對《防止詐騙及反黑法》中對法條「焦點」判斷存在分歧，最終法院拒絕回答這個問題，而是強調了對「焦點」確定的複雜性，並提出每個法定條款必定有其各自不同的焦點[34]。因此，「焦點」判斷方法產生之初，傾向於抓住一個特定的關聯因素[35]，面對跨境貿易往來趨向多樣、複雜的局面，該方法在適用時的不穩定性就明顯增強了。

其次，「焦點」判斷存在被惡意利用的可能性。顯然，在大多數一般案件中，對「焦點」的判斷一般是對可以確定固定地理位置的、或有形資產的判斷。但在電子資訊技術日益發展的今天，十分容易有易被移動、易當地化行為，甚至無形資產等不易確定地理位置的因素出現。如果法院在判斷時將該類因素作為判斷「焦點」，不僅很難確定是否可以域外適用，並且易產生當事人操控該「焦點」的可能。例如，在微軟案中[36]，當事人

---

[33] See John H. Knox, The Unpredictable Presumption against Extraterritoriality, 40 (4) *Southwestern Law Review* 638 (2011).

[34] See Aaron D. Simowitz, The Extraterritoriality Formalisms, 51(2) *Connecticut Law Review* 379 (2019).

[35] See Hannah L. Buxbaum, "Extraterritoriality in the Public and Private Enforcement of U.S. Regulatory Law," in *Private International Law Contemporary Challenges and Continuing Relevance* 236-257 (Elgar Monographs in Private International Law, 2019).

[36] In re Warrant to Search a Certain E-Mail Account Controlled & Maintained by Microsoft Corp. 829 F.3d 197 (2d Cir. 2016).

也可以通過將其服器置於愛爾蘭，來有效避免美國法的域外適用。

伴隨著「反域外適用推定」兩步分析方法的確立，並逐步推廣適用，單從規則表述來看，似乎美國對本國法的域外適用進行了限制解釋。然而，從法院的解釋與司法實踐的應用來看，該規則實質上給予了法官更多的自由裁量權，以擴張本國法的域外適用範圍，其當前的處理方式凸顯出更強的靈活性與主觀性。因此，「反域外適用推定」適用模式的變革並未帶來預期適用的穩定性，反而增加了法院利用自由裁量權，來解釋地域範圍的可能性，成為其擴張美國法域外適用、維護美國利益的工具之一。

伍、中國應對外國法過度域外適用的策略

在當前風雲變幻的國際情勢中，不穩定性與不確定性顯著上升，對外貿易與對外交往中的摩擦與爭端時有發生。面對各國積極利用各種工具擴張本國法域外適用範圍、各國積極爭奪國際話語權與國際管轄權的態勢，中國如何捍衛國家的主權與國家利益，如何在海外訴訟中保護中國當事人的合法利益，變得尤其重要。一方面，這不僅需要涉訴當事人與律師團隊積極應訴，並做好與中國相關國家機關之間的資訊流通工作；另一方面，中國國家利益與社會利益的維護，需要國家構建並完善中國法的域外適用體系，從而提供強有力的後盾與法治保障。

一、制定積極的防守應對策略

近年來，美國法院在利用反域外適用的推定審理案件時，雖會考慮到禮讓因素，但其最核心的立足點在於，對國內事務以及國內利益的關注。爭議條款是否具有域外性，主要取決於美國國會的立法意圖是否建立在「國內關切」的假設之上[37]。若中國當事人在美國被訴，並被強制要求適

---

[37] 參見孫南翔，〈美國法律域外適用的歷史源流與現代發展〉，《比較法研究》，第3期，2021年，第176頁。

用美國法時，務必需要圍繞上述基礎進行應訴答辯，並反向利用該規則基礎積極提交相關意見。

首先，鑑於當前法院利用該規則解釋法律時文本主義與目的論的黏合度提高的走向和趨勢，中國當事人在應訴答辯時，應著重強調所涉法條與美國國內事務的連繫性，向法院傳達案涉爭議法條只聚焦於其國內事務，而非涉外行為的觀點，核心目的就在於將美國國內法的域外適用嚴格限制在其明確的立法語言確定的範圍之內[38]。該觀點可以從法律條文的整體制定背景、法條結構、法條上下文的連繫等諸多角度展開論證。其次，雖然就目前來看，在該類案件中法官自由裁量權的發揮空間是較大的，這雖然會對案件審理帶來一定程度的不確定性，但也為中國成功的應訴答辯提供可能。美國法是普通法系的典型代表，判例對法官態度和案件審理的影響不容小覷。中國當事人在積極應訴時，尤其是在結合條文解釋「焦點」時，應注意對相關案例的蒐集及整理，援引與前述規範同屬一部制定法的規範不可在美國域外適用的判例，為有效抗辯提供充分論據。

二、構建合理的反制抵禦機制

在中國統籌推進國內法治與涉外法治的過程中，加強中國法域外適用體系的建設是重要任務之一。為保證中國司法主權不受侵犯、中國當事人的正當海外利益不受損害，中國需在被動防禦的同時，構建合理的本國法域外適用體系[39]。

第一，針對中國近兩年陸續出臺的相關反制性法律法規，中國應著重強調具體規則的實施方法與執行力度的提高。2021年中國商務部頒布《阻斷外國法律與措施不當域外適用辦法》以及全國人大常委會通過的《中華人民共和國反外國制裁法》的出臺，可以說在中國反制外國歧視、保護中國國家主權以及企業、公民的合法合理的海外利益上是兩把關鍵的「利

---

[38] 參見韓永紅，〈美國法域外適用的司法實踐及中國應對〉，《環球法律評論》，第4期，2020年，第174頁。

[39] 參見李秀娜，〈制衡與對抗：美國法律域外適用的中國應對〉，《國際法研究》，第5期，2020年，第96頁。

劍」，可以起到明確中國國家態度與立場、減少甚至切斷外國法律與相關措施的不當域外適用對中國帶來的消極影響的關鍵作用，是中國邁出建立中國法域外適用體系的重要一步。但就目前來看，中國在反制外國制裁與法律域外適用建設方面起步較晚，相關法律規則也更側重於政策性宣示與宏觀方略。為促進《阻斷辦法》《反外國制裁法》等相關法律，在反制外國法域外適用方面發揮更強有力的實際效用，尤其需要著重明確各項執行標準的具體實施方法，並提高相關辦法與法律的執行力度。

　　第二，若要進行國內法的域外適用，必須有可域外適用的相關法律規則提供立法支持與保障。雖然一國法的域外適用並非違反國際法，但仍舊牽涉國際管轄權的協調。因此，中國法域外適用體系的建設首先需要明確的重要一點為，中國法的域外適用不是中國過度擴張本國法域外適用的工具，因此中國法的域外適用需要有適當限度，需平衡中國與外國的國家主權與社會利益，而國際禮讓理應成為需被遵守的重要原則和底線。其次，構建中國法的域外適用體系並非一日之功，需要統籌推進，逐步實施。就目前來看，中國僅在反壟斷法、證券法等部分領域內對法的域外適用規則作出了比較明確的規定。因此，在尚未於各個領域均以明確立法的方式規定域外效力的現實條件下，中國尤其需要發揮行政、司法與立法協同合作的重要作用，利用行政解釋與司法解釋等形式來釐清相關法律的域外適用問題。國家不僅可以通過部門規章等形式靈活擴展中國法律的域外效力，行政部門也可以適當利用自由裁量權，通過行政解釋來解釋相關法律法規的域外適用效力。而法院等司法機關更應當發揮其獨有的跨國司法治理功能，不僅可以通過司法實踐的梳理與總結，積累中國法域外適用的經驗，還可以靈活運用多種法律解釋方法，積極通過司法解釋等方式闡述立法背景與立法目的，輔助相關法律進行合理的域外適用，從而推動中國法域外適用體系的構建與完善。

國際選擇法院協議效力的法律衝突與法律適用
——海牙「被選法院地法」規則的優與劣*

在典型的國際選擇法院協議中，對於由合同引起或與合同相關的未來任何爭議，當事人同意由某國法院管轄，從而排除其他國家法院的管轄權。與仲裁條款一樣，選擇法院協議可以一定程度上確保案件訴訟地的確定性，進而提高當事人對案件結果的可預測性。同時，當事人亦可以通過選擇雙方都較為熟悉的法院，避免在陌生或不方便法院進行訴訟。另外，當事人預先選擇訴訟法院也起到降低管轄權衝突的作用，減少甚至避免平行訴訟與未決訴訟。正如美國學者榮格所言，「選擇法院協議這項極為有用的機制，它能克服管轄權衝突對跨地區及跨國交易造成的進一步不便，降低涉外合同在各國法律差異、管轄權重疊和衝突法的不確定性與不可預測性等方面的國際風險。[1]」

儘管，人們日益接受選擇法院協定，但是，這些協定仍然不像國際仲裁協議那麼常用，造成這種局面的原因很多，其中最重要的直接原因，恐怕就是國際仲裁協議具有1958年《承認及執行外國仲裁裁決公約》（以下簡稱《紐約公約》）的保障，而國際選擇法院協議無對應的、被普遍接受的、生效的國際性條約。對協議管轄權的承認以及判決的承認和執行，目

---

* 原文刊發在《中國國際私法與比較法年刊》，第13卷，北京大學出版社，2010年，第99-121頁。

** 武漢大學國際法研究所法學博士，現為中國社會科學院歐洲研究所歐盟法研究室主任、副研究員。

[1] Friedrech K. Juenger, *Choice of Law and Multistate Justice*, Martinus Nijhoff Publishers, 1993, p. 214.

前主要由各國的國內法調整，或者依靠地區性的公約，例如，歐盟成員國之間適用的《歐盟理事會第44/2001號關於民商事管轄權和判決承認與執行的條例》（以下簡稱《布魯塞爾條例Ⅰ》）。

作為國際民商事協議管轄權制度的一個突破性成果，與《紐約公約》和《布魯塞爾條例Ⅰ》不同的是，2005年海牙《選擇法院協議公約》除了對選擇法院協定的形式要件和部分實質要件進行規定之外，還對協議的法律選擇問題進行了明確規定，以「被選法院地法」來確定協議的實質效力[2]。另外，2008年7月3日公布的《關於內地與香港特別行政區法院相互認可和執行當事人協議管轄的民商事案件判決的安排》（以下簡稱《與香港協議管轄判決安排》）第9條參照了2005年海牙《選擇法院協議公約》，以當事人指定的法院所在地法確定協議有效性。這條規則標誌著以被選法院地法確定選擇法院協定效力的衝突規則在中國的確立。

壹、選擇法院協議中的法律衝突問題

中國《民事訴訟法》第244條規定，當事人可以書面選擇與爭議具有實際連繫的法院，但是，如果當事人僅依商業習慣而認為當事人之間存在選擇法院協議，而在外國法院起訴，由該國法院作出的判決在中國法院申請承認與執行時，就可能依中國法被認定為協議無效。由於不同的法律制度在選擇法院協議合法性和效力方面的不同規則，當選擇法院協定及相關爭議涉及不同的法律制度時，這些不同的規則，就會造成潛在的或現實的法律衝突。

大體而言，國際選擇法院協議，須滿足一定條件才能得到承認。這些條件可以被分割成以下三個方面：選擇法院協議的合法性、形式要件和實質要件。下文就從這三個方面來揭示涉外選擇法院協議中的法律衝突問題。

---

[2] 該公約在管轄權和判決承認與執行兩方面都規定了公共秩序保留條款，並且規定了當事人能力的法律適用。由於這兩個問題具有特殊性，限於篇幅和主旨，本文不對兩個問題進行特別的討論。

一、國際選擇法院協議的合法性

一項國際選擇法院協議的成立，並不意味著在所有情況下都是可效或可執行的。就選擇法院協議的適用範圍而言，存在廣泛的例外情形，如與當事人的能力、勞動合同、消費者合同、國家主體等等有關的事項。如果受案地法允許當事人可以在某種條件下，將可能發生的或已經發生的爭議提交給某外國法院排他性地管轄，此選擇法院協議在該國就是合法的或可執行的。

早在19世紀末期，普通法系的法官就驚嘆1877年德國《民事訴訟法典》在司法管轄權、管轄法院和事項管轄權方面，給予當事人極大的自由[3]。這部1879年頒布的法典在第38條中規定，如果當事人明示或默示地同意法院管轄，無管轄權的初審法院取得管轄權。1968年《關於民商事裁判管轄權及判決執行的公約》（以下簡稱《布魯塞爾公約》）第17條也承認了選擇法院協議的合法性，2001年《布魯塞爾條例Ⅰ》將其轉化和修改為第23條：「如果當事人一方或數方居住在歐盟成員國，同意某一成員國的一個或數個法院審理他們之間已經發生或可能發生的、與特定法律關係有關的任何爭議，該法院或那些法院應有管轄權。此管轄權將是排他性的，除非當事人另作表示。」為了保護弱方當事人，《布魯塞爾條例Ⅰ》明確禁止在保險、消費者和僱傭合同爭議之前的選擇法院協議[4]。國際選擇法院協議目前已被大多數國家所允許。

美國法院在歷史上一直拒絕執行選擇法院協議，認為私人對管轄權的選擇「剝奪」了美國法院的管轄權。直到1972年*Bremen v. Zapata Off-Shore Co.*案[5]，美國最高法院才放棄「剝奪論」。這一判決，改變了對選擇法院協議的否定態度，轉而承認國際合同中選擇法院協議的效力。美

---

[3] Arthur Taylor von Mehren, *Theory and Practice of Adjudicatory Authority in Private International Law: A Comparative Study of the Doctrine, Policies and Practices of Common and Civil-Law Systems*, Recueil Des Cours 2002, Tome 295 de la collection, p. 257.

[4] 參見肖永平主編，《歐盟統一國際私法研究》，武漢大學出版社，2002年，第96頁。

[5] The Bremen v. Zapata Off-Shore Co., 407 U.S. 1, 10 (1972).

國最高法院在該案中認為，國際選擇法院協議具有「初步表面效力」。此後，美國的聯邦法院很少拒絕執行國際選擇法院協議，州法院也廣泛地認同Bremen案的初步表面有效的規則。儘管，各法院的標準略有不同，但無論對國際或國內案件，並且在僱傭合同、消費者合同、電子合同和特許協定方面都廣泛地執行選擇法院協議。當然，為特別保護合同弱方當事人，美國不少法院以「公共政策」為由，拒絕執行某類選擇法院協議。例如，新澤西州法院曾判定特許協定中的選擇法院協定，不可強制執行；因為，新澤西州特許經營法案的立法目的在於，保護受許方免於特許人強大議價能力的壓制，明確地禁止特許爭議發生之前的選擇法院條款[6]。

2005年海牙《選擇法院協議公約》利用排除規則，將大量非商事事項排除在公約適用範圍之外[7]。公約第3條規定，「排他性法院選擇協定」是指雙方或多方當事人締結的符合(c)款要求，為解決與某一特定法律關係有關的已經產生或可能產生的爭議，而指定締約國的法院或締約國一個或幾個特定法院並排除其他任何法院管轄的協議。公約規定除非當事人另有明示約定，指定締約國的法院或締約國一個或幾個特定法院的法院選擇協議，應被視為排他性的。(c)排他性法院選擇協定須以如下方式締結或加以證明：(1)書面形式；或(2)其他任何提供可獲取的資訊以備日後援用的通訊方式；(d)構成合同一部分的排他性法院選擇協議，應被視為獨立於合同其他條款的協議。不能僅以合同無效為由，而抗辯排他性法院選擇協議的有效性。

中國1991年《民事訴訟法》第244條規定，「涉外合同或者涉外財產權益糾紛的當事人，可以用書面協議選擇與爭議有實際連繫的地點的法院管轄。選擇中華人民共和國人民法院管轄的，不得違反本法關於級別管轄和專屬管轄的規定。」因此，當事人不能就涉外合同或涉外財產權益以外的糾紛進行協議管轄，並且當事人應選擇與爭議有實際連繫的法院地。

2008年7月3日公布的《關於內地與香港特別行政區法院相互認可和

---

[6]　Kubis & Perszyk Assocs. V. Sun Microsystems, Inc. 680 A.2d 618, 628 (N.J. 1996).

[7]　可參見葉斌，〈2005年海牙〈選擇法院協議公約〉適用範圍之評析〉，《華中農業大學學報（社會科學版）》，第2期，2006年。

執行當事人協議管轄的民商事案件判決的安排》第9條規定，「如果根據
當事人協定選擇的原審法院地的法律，管轄協議屬於無效，受案法院可以
拒絕承認與執行。」值得注意的是，《與香港協議管轄判決安排》僅調整
「特定法律關係」，即當事人之間的民商事合同，不包括僱傭合同以及自
然人因個人消費、家庭事宜或者其他非商業目的而作為協定一方的合同。
另外，據最高人民法院有關人士的解釋，《與香港協議管轄判決安排》暫
不適用於侵權和破產民商事案件[8]。

二、形式要件

　　選擇法院協議的形式要件，是對當事人之間合意的外部可見的要
求，是當事人真實合意表示的重要保證，如果選擇法院協議未能滿足一定
的形式要求，法院將拒絕執行此協議。一般而言，形式要件涉及選擇法院
協定的形式、內容、書寫的位置、證明的方式和語言要求。

　　美國法院幾乎不要求選擇法院協議具備明示的形式要件，不完備或模
糊的書面證明，並不一定導致協議無效。美國法院通過當事人的意圖，包
括：合同履行方式、交易習慣和商事慣例，這些非書面證明來補充證明協
議的存在。這種對形式要件的放任，意味著不需要當事人簽署選擇法院協
定或包括選擇法院條款的合同，甚至不必以書面作成選擇法院協議[9]。同
樣，純口頭選擇法院協議也是形式有效和可執行的[10]。對選擇法院條款的
位置，也沒有特別的要求，美國法院曾執行過在格式合同本文（例如，訂
貨單）背面的選擇法院條款，即使條款以小號字印刷而成。在後契約文件
（例如，訂單確認函）背面的選擇法院協議，也可能是形式有效的。由於
美國法院對當事人施加嚴格的義務去閱讀和瞭解合同條款的涵義和內容，
法院一般基於當事人已經知曉條款，而去執行包含在一般銷售條件裡的選

---

[8] http://www.npc.gov.cn/npc/xinwen/fztd/sfgz/2008-07/04/content_1436433.htm（最後瀏覽
　日期：2008/11/20）。

[9] Evolution Online Sys., Inc. v. Koninklijke Nederland N.V., 41 F. Supp. 2d 447, 450.

[10] W.G. Nichols, Inc. v. Kmart Corp. , 2001 U.S. Dist. LEXIS 24131 at 4 (E.D. Pa. 2001).

擇法院條款,並且選擇法院協定的作成語言,不影響協定的形式效力[11]。

　　與美國的做法相反,歐盟要求選擇法院協議滿足嚴格的形式要件。《布魯塞爾條例I》第23條要求選擇法院協議,必須滿足四項特定形式,即選擇法院協議:(一)以書面;(二)口頭但有書面證明;(三)形式符合當事人之間已經建立的習慣;或(四)符合商業慣例。在1976年的 *Estasis Salotti di Colzani Aimo v. Ruwa Polsteimaschinen GmbH*案中,歐洲法院要求書面協議的要件,必須得到嚴格解釋,即使外在證據顯示當事人意圖選擇法院。法院最終判定一般銷售條件中包含的選擇法院條款,不被視為書面協議,除非合同正面明確提示在合同背面存在一般銷售條款。法院特別強調,這種書面要求的目的,正是為了保證當事人選擇法院的合意得到清楚明白的證明[12]。歐盟的國內法院也對選擇法院協議的書面形式施加嚴格的規定。例如,愛爾蘭最高法院曾拒絕將一方當事人的貨物買賣發票中的選擇法院協議擴大到相同當事人之間潛在的專屬分銷合同糾紛,愛爾蘭法院在該案中強調,依歐盟選擇法院協定規則,此類協定必須被仔細審查和嚴格解釋。法國、德國和其他歐盟成員國法院,同樣對「書面協議」進行嚴格的解讀[13]。

　　對於「口頭且有書面為證」,歐洲法院的解釋更為嚴格。歐洲法院曾判決,口頭協議必須明確地表示與選擇法院協議有關[14]。而對當事人的習慣和商事慣例,歐洲法院將此留由各國法院解釋。一般認為,習慣是當事人在相似合同事項上的重複性約定[15];慣例主要用於判斷選擇法院協議實

---

[11] Paper Express, Ltd. v. Pfankuch Maschinen GmbH, 972 F. 2d 753, 757-758 (7th Cir. 1992).

[12] Case 24/76, Estasis Salotti di Colzani Aimo v. Ruwa Polsteimaschinen GmbH, 1976 E.C.R. 1831, p. 7.

[13] See e.g., Cass.com., Feb. 27, 1996, Rev. Critique Droit Int'l Prive 1996, 734, note Gaudemet-Tallon. See e.g., Bundesgerichtshof (BGH), Feb. 22, 2001, (F.R.G.). and Supremo Tribunal de Justica, June 12, 1997, Colectanea de Jurisprudencia 1997 T.2 122-26 (G. Reinkel Ld v. Trenkamp & Gehle GmbH), available at: http://www.curia.eu.int.

[14] Case 71/83, Russ v. NV Haven, 1984 E.C.R. 2417, p. 19.

[15] Case 159/97, Transporti Castelletti Spedizioni Internazionali SpA v Hugo Trumpy SpA, 1999 E.C.R. I-1597, p. 30.

際存在的充分性、協定的作成語言、條款在合同文本中的位置、包括或涉及選擇法院協定的文件是否需要簽署[16]。儘管，歐洲各國法院可以自由裁量商事慣例，是否滿足選擇法院協議的形式要求，但各國法院並不太願意對此進行裁量[17]。

　　歐洲法院的上述判例說明，《布魯塞爾條例Ⅰ》第23條第1款不僅強調司法的確定性，還要求當事人之間實際達成合意，從而保護那些未知悉合同中選擇法院條款的當事人。在*Castelletti v. Trumpy*案中，歐洲法院直截了當地表示，第23條的目的，是為了保護合同的弱方當事人免受未加注意的管轄權條款[18]。事實上，歐洲法院的解釋實際改變了規則的表面規定，也就是說，在《布魯塞爾條例Ⅰ》不規定選擇法院協議實質效力的語境下，歐洲法院採用嚴格解釋其形式要件的方法來保護弱方當事人。

　　歐盟成員國的國內法對形式要件更為嚴格的規定，也值得注意。法國《新民事訴訟法典》第48條規定兩條形式規則，其一為選擇法院協定須「在雙方當事人的約定中專門地規定」；其二為這種專門規定須「非常明顯」。對於合同後的書面證明（如確認函和提單）中的選擇法院協議[19]，一般銷售條件中包含但未加註明的選擇法院協議[20]，以及缺乏在合同成立時相對人知曉一般銷售條件內容的證據[21]，法國法院表現出對這種選擇法院協議的排斥態度。另外，提單背後載明的選擇法院條款在擴展至協力廠商時，法國法院會要求一些特別的接受行為[22]。合同文本背面的選擇法院條款，往往面臨形式無效的風險，特別是條款形式與其他用語並無特別突

---

[16] *Id.*, p. 36.

[17] Hélène Gaudemet-Tallon, Compétence et exécution des jugements en Europe (2002), n° 147, p. 108.

[18] C-159/97 Castelletti v Trumpy 19 (re Mainschiffahrts 17); C-106/95 Mainschiffahrts v Les Cravières Rhénances 15 (re 24/76 Salotti 7; 25/76 Segoura 6), 17; and C-116/02 Gasser v MISAT 50.

[19] Cass. 2e civ., Feb. 30, 1980, Gaz. Pal. 1980, 2, 494, note Dupichot.

[20] Cass. 1e civ., June 30, 1992, D. 1994, 169, note Guez.

[21] CA Paris, June 29, 1993, D. 1993 inf. rap., 248.

[22] Cass. Com., Dec. 8, 1998, Rev. Critique Droit Int'l Privé, 1999, 536, note Gaudemet-Tallon.

出之處。法國法院也嚴格審查印刷的選擇法院協定的可讀性，協定在合同或合同相關文件中的位置，以判斷對方在締約時，是否實際知曉選擇法院協議[23]。

　　2005年海牙《選擇法院協議公約》第3條規定了兩種可選擇的形式要件規則，即必須是或明顯地用書面，或者必須是明顯地通過任何其他能提供可獲取的資訊，使其日後能夠作為參考的連繫方式。依公約報告，公約的形式要求是必須且充分的，在適用公約時不得再依締約國的內國法。當協定採取第一種形式時，即協議是書面的，則其形式效力不依賴於當事方的簽字，儘管缺乏簽字會使證明協議存在變得困難；公約第二種形式上的規定，試圖涵蓋傳輸或存儲資訊的電子手段，這包括所有可能的資訊可被獲取以使在日後可被提交的常態類型，這種方式包括：電子郵件和傳真。另外，締約國法院不能因為以下原因拒絕承認選擇法院協議的效力：協定以外國文字書寫、條款未採用特別的粗體形式、條款是小寫的或者當事人未在主合同之外單獨簽字[24]。因此，從公約規定的形式要件和公約解釋報告來看，公約並不排斥標準格式合同中的選擇法院條款，並且沒有對這種情況的當事人給予保護。

　　與海牙公約一樣，《與香港協議管轄判決安排》第3條規定「書面形式」是指合同書、信件和資料電文（包括：電報、電傳、傳真、電子資料交換和電子郵件）等可以有形地表現所載內容、可以調取以備日後查用的形式。且書面管轄協議，可以由一份或者多份書面形式組成。但與海牙公約一樣，《與香港協議管轄判決安排》對選擇法院協議的形式要求中，並不包括當事人的習慣和商事慣例。

三、實質要件

　　即使選擇法院協議原則上可執行並且滿足任何形式要件，一國法院仍可能拒絕執行不合實質要件的選擇法院協議。選擇法院協議的實質要件包

---

[23] CA Aix-en-provence, Jan. 22, 1992, 26, 29 note Beignier.

[24] See Hartley and Dogauchi, *Explanatory Report on Convention of 30 June 2005 on Choice of Court Agreements*, 2007, pp. 40-41.

括合意的真實性、合意的品質和合意的內容。

（一）合意的真實性

　　法院可能拒絕執行一條外部證據說明當事人並未實際同意的選擇法院協議。美國法院強調，當事人的合意應調整選擇法院協議的有效性。歐洲法院同樣強調，歐盟理事規則的形式要件，正是為了保證當事人合意的真實性而設計。

　　實踐中，美國法院願意從選擇法院協議的外部證明中，尋找當事人合意的書面證據，如交易習慣和商業慣例；但與歐洲不同的是，美國法院更願意執行實際缺乏合意的選擇法院協議，例如，當事人實際並未閱讀合同條款，或者選擇法院協議以當事人不熟悉的語言作成[25]。而法國法院要求當事人在合同形成時知曉協議，並提出非常嚴格的書面要求。在 *Soc. Placage Export Steinberg v. Soc. J.-H. Montheath* 案中，法國法院拒絕執行提單背面以法語印製的選擇法院條款，因為被要求執行的當事人母語為英語，提單的其他條款皆以英語書寫，並且當事人的商業活動全部使用英語[26]。

（二）合意的品質

　　即使當事人的合意是真實的，合意上的瑕疵也可能影響協議的效力，例如，當事人的能力欠缺、錯誤、欺詐、脅迫、不合理或顯失公平等。即使協議完全滿足形式要件，也可能因合意的品質問題而使協議無效。

　　在 *Bremen* 案中，美國最高法院特別指出，「欺詐或詐騙」、「不當壓迫」（undue influence）和「強勢議價能力」（overweening bargaining power），使協議不可執行[27]。另外，在非商事案件中，如果合同或合同

---

[25] Monsanto Co. v. McFarling, 302 F.3d 1291, 1294-1295. (Fed. Cir. 2002).

[26] CA Paris, Dec. 18, 1987 somm. 343.

[27] The Bremen v. Zapata Offshore Co., 407 U.S. 1, 12, 15 (1972).

條款極不公正而有理性且誠實的人不可能同意此合同，美國法院也可能使用「顯失公平」（unconscionability）理論[28]。

《布魯塞爾條例Ⅰ》對此沒有規定，歐洲法院對此也沒有回答[29]。法國法院很少以存在合意的瑕疵為由來使選擇法院協議無效，但德國和英格蘭法院承認，「濫用經濟權力」或「經濟上脅迫」是迴避合同義務的有效理由[30]。

值得一提的是，合意的品質問題涉及選擇法院協議的獨立性，即主合同的無效是否同時導致選擇法院協議無效。在國際商事仲裁方面，仲裁條款的獨立性已被廣泛接受[31]。對於選擇法院協議或條款，防止一方當事人「僅以整個合同無效為由而使其中的選擇法院協議無效」，從而促進司法的確定性，歐洲法院同意將獨立性適用於選擇法院協議[32]。但歐洲國內法院是否把獨立性擴展至選擇法院協議，卻不明朗，法國低等法院曾判決主合同無效時，不適用合同中指定外國管轄權的選擇法院條款[33]。

美國最高法院在著名的*Prima Paint Corp. v. Flood & Conklin Mfg. Co.*案中，明確接受國際仲裁條款的獨立性原則[34]。後來，美國最高法院

---

[28] See Restatement (Second) of Contracts 208 (1981). 顯示公平理論一般不在商事案件中使用，美國法院通常假設商人有能力保護其利益，而B2B合同一般是表面有效的。美國州法院曾用顯示公平理論使仲裁協定無效，參見James Zimerman, Restrictions on Forum Selection Clauses in Franchise Agreements and the Federal Arbitration Act: Is State Law Preempted?, 51 *Vand. L. Rev.* 759, (1998), pp. 767-768.

[29] Hélène Gaudemet-Tallon, *Compétence et exécution des jugements en Europe* (2002), n° 152, p. 110.

[30] Florence Bernard, *Les Clauses attributives de juridiction dans les conventions judiciaires européennes*, Doctoral thesis, Université Panthéon-Assas/Pars II, 2000, p. 678.

[31] See David Joseph Q.C., *Jurisdiction and Arbitration Agreements and Their Enforcement*, p. 104.

[32] Case C-269/95, Benincasa v. Dentalkit Srl, 1997 E.C.R. I-3767, p. 29.

[33] T.G.I. Paris, July 10, 1991, Rev. Critique Droit Int'l Privé 54 (1993), note Gaudemet-Tallon (Consorts Paoletti v. Privat Kredit Bank).

[34] Prima Paint corp. v. Flood & Conklin Mfg. Co., 388 U.S. 399, 403-404 (1967). 可參見丁穎，《美國商事仲裁制度研究——以仲裁協議和仲裁裁決為中心》，武漢大學出版社，2007年，第33頁。

不斷重申此原則，並將其擴展至非仲裁的選擇法院協議[35]。因此，依聯邦法對合同主張合意瑕疵可能不足，以使合同中的選擇法院協議無效，儘管有聯邦法院曾在信託關係的案件中作出相反的判決[36]。

2005年海牙《選擇法院協議公約》第3條規定，作為合同一個部分的排他性選擇法院協定將被視為獨立於合同其他條款的協議。排他性選擇法院協議的效力，不得僅因主合同無效而被主張無效。與海牙公約相似，《與香港協議管轄判決安排》第3條規定，除非合同另有規定，合同中的管轄協議條款獨立存在，合同的變更、解除、終止或者無效，不影響管轄協議條款的效力。

(三) 合意的內容

對於合意的內容，主要引出兩個問題：其一為選擇法院協議的排他性問題；其二為爭議的範圍是否包括由合同引起的侵權問題。

選擇法院協定是否具有排他性，也會影響協議的效力。例如，2001年「中安置業有限公司與招商銀行等借款、擔保合同糾紛案」[37]，當事人約定「本協定根據香港法律解釋並受香港法律管轄，各方在此不可撤銷地服從香港法院的非專屬管轄權」。中國最高人民法院認為，「從當事人管轄條款的約定內容看，香港法院擁有的是『非專屬管轄權』，當事人選擇管轄的法院並非唯一，不應排斥其他有管轄權的法院對案件行使管轄權。因此，當一方當事人在擁有『非專屬管轄權』的法院之外的內地人民法院提起訴訟時，應依照中國民事訴訟法的有關規定進行審查，並確定相關內地人民法院是否對糾紛擁有管轄權。」

一般來說，美國法院通過協議的用語和外在證據來判斷選擇法院協議的範圍，但實踐中，美國聯邦法院對排他性問題的判斷相當地形式主義。如果選擇法院協議指定具體的管轄地（venue），則認為其是排他性的；

---

[35] Scherk v. Alerto-Culver Co., 417 U.S. 506, 519 n. 14 (1974).

[36] See e.g., Farmland Indus., Inc. v. Frazier-Parrott commodities, Inc., 806 F. 2d 848, 851 (8th Cir. 1986).

[37] 最高人民法院（2001）民四終字第1號。

如果協議只指定管轄權（jurisdiction）而不指定具體的管轄地，則是非排他性的。在*Hull 753 Corp. v. Elbe Flugzeugwerke GmbH*案中，選擇法院條款規定「管轄權的場所應為德累斯頓」，聯邦地區法院認為此條款是非排他性的，因為當事人並沒有從技術上防止違反該合意[38]。

與美國的做法不同，《布魯塞爾條例Ⅰ》第23條明確假定條款是排他性的，除非當事人做另外的表示。2005年海牙《選擇法院協議公約》第3條做了與《布魯塞爾條例Ⅰ》同樣的規定。值得注意的是，《與香港協議管轄判決安排》第3條規定，「本安排所稱『書面管轄協議』，是指……以書面形式明確約定內地人民法院或者香港特別行政區法院具有唯一管轄權的協議。」由此可見，《與香港協議管轄判決安排》並不假定協議具有當然的排他性，判斷選擇法院協定的排他性需要依協定的字面解釋，並依其準據法。

對於合意內容的第二個問題，即爭議的範圍是否包括合同引起的侵權問題。在沒有明確的相反證明時，美國法院通常將條款解釋為同時包括合同和侵權訴訟[39]。而《布魯塞爾條例Ⅰ》將此問題留由各國國內法來解決。

與美國的做法相同，2005年海牙《選擇法院協議公約》不僅適用於合同爭議，還適用於與合同有關的侵權案件。公約第2條k項僅排除公約適用於非因合同關係引起的侵犯有形財產或侵權損害賠償，因此，由合同關係引起的侵權案件屬於公約的適用範圍[40]。

值得注意的是，《與香港協議管轄判決安排》對是否包括由合同關係引起的侵權案件未加規定。儘管，最高法院有關負責人的非官方解釋稱《安排》暫不適用於侵權和破產民商事案件[41]，但仍可能出現疑問，即如

---

[38] 58. F. Supp. 2d 928 (N.D. Ill. 1999).

[39] Francisco v. Stolt Achievement MT, 293, F. 3d 270 (5th Cir. 2002); Terra It'l, Inc. v. Mississippi Chem. Corp., 119 F. d 688 (8th Cir. 1997).

[40] See Hartley and Dogauchi Report, 2007, p. 33.

[41] http://www.npc.gov.cn/npc/xinwen/fztd/sfgz/2008-07/04/content_1436433.htm（最後瀏覽日期：2008/11/20）。

果香港法院單方面地認為可適用於由合同關係引起的侵權案件。

貳、選擇法院協議中的法律適用問題

　　由什麼法律來決定國際選擇法院協議的效力，如果沒有國際公約，就需要由受案法院地的國際私法規則決定。一般而言，一項國際選擇法院協議的效力可能受以下幾個地方的法律調整：主合同的準據法、選擇法院協議自身的準據法、被選法院所在地法、受案法院地法、有合法管轄權卻被排除的法院所在地法。換言之，協議的效力與當事人的能力由哪國法律調整，當事人能否在選擇法院協議中明示或默示選擇協議自身的準據法，能否由國際合同中主合同的準據法來調整選擇法院協議的效力，能否僅依法院地法來確定選擇法院協議的效力，能否由被選法院地法來確定選擇法院協議的效力，是否考慮有合法管轄權卻被排除的法院所在地法。

　　在給選擇法院協議做定性時，我們會發現難以將其歸屬到某種單一性質的範疇，原因在於這種管轄權選擇條款既可歸於與程序有關的協定，也可歸於與實體有關的協定。在國際民商事訴訟中，這兩種不同的對待方式，會產生明顯不同的結果。將管轄權條款理解為程序問題，將導致被選法院所在地法的適用；而將其定性為實體問題，則導致適用於合同自體法。而德國學者一般視選擇法院協議為「混合型契約」（hybrid contracts），其效力受程序法的支配。但是，當事人之間的協定，也可以認為是實體法上的契約，其準據法由主合同的準據法決定。因此，選擇法院協議可能受制於兩種不同的制度，被選法院地法和主合同的準據法[42]。如果不同的法院同時受理案件，法院適用不同的準據法和程序法，就會產

---

[42] See Burkhard Hess, "The Draft Hague Convention on Choice of Court Agreements, External Competencies of the European Union and Recent Case law of the European Court of Justice," in *International Civil Litigation in Europe and Relations with Third States*, 2005, p. 272; or See "Report from the Commission to the European Parliament, the Council and the European Economic and Social Committee on the Application of Council Regulation (EC) No 44/2001," Brussels, 21.4.2009, COM (2009) 174 final, p. 5.

生平行訴訟和不一致判決。但是在實踐中，大多數國家的法院卻往往不做法律選擇分析，直接依法院地法。

一、美國——法院地法

在實踐中，美國法院在決定國際選擇法院協議的效力和可執行性時，往往不作法律適用上的分析，而直接適用法院地法，即使主合同中存在選擇法律條款。此外，順便指出，由於美國的聯邦司法體制，美國法院還需要在適用聯邦法與州法之間作出選擇。

對於國際選擇法院協議，美國法院通常援引*Bremen*案的「表面初步有效」規則，來衡量選擇法院協定的有效性和可執行性，而不去考慮是否可能依合同的準據法選擇法院協議無效。在勞合社系列案件中，美國法院的這種傾向性特別明顯。在這些案件中，巡迴法院依Bremen規則，直接分析指定由英國法院管轄的選擇法院條款的可執行性，而不考慮英格蘭有關選擇法院協定的法律[43]。

即使法院在討論外國法可能調整條款的可執行性時，這種討論也絲毫不影響案件的結果，甚至分析。例如，新澤西聯邦地區法院在*Intermetals Corp. v. Hanover Int'l AG fur Industrieversicherungen*案中認為，*Bremen*案的可執行性規則應適用於國際海事保險合同中的選擇法院協議，即使選擇法律條款指定為英格蘭法，並且選擇法院條款指定澳大利亞具有排他性的管轄權[44]。該法院在案中適用了聯邦法，並草率地聲稱衝突法的分析是不重要的，並自以為是地認為，Bremen判決和英格蘭的選擇法院規則是一致的，法院根本沒有考慮澳大利亞的選擇法院規則也可能適用。同樣，對於形式效力與實質效力，美國法院也不考慮對外國法的適用[45]。

---

[43] 參見李國清，《美國證券法域外管轄權問題研究》，廈門大學出版社，2003年，第135-154頁。

[44] Intermetals Corp. v. Hanover Int'l AG fur Industrieversicherungen, 188 F. Supp. 2d 454, 458 (D.N.J. 2001).

[45] See Jason Webb Yackee, "Choice of Law Considerations in the Validity & Enforcement of International Forum Selection Agreements: Whose Law Applies?," 9 *UCLA J.Int'l L. & For. Aff*, pp. 70-73.

二、歐洲——莫衷一是

　　歐洲的經驗比較複雜，但也同樣顯示出，適用法院地法來處理國際選擇法院協議的可執行性和效力。歐盟條例對此未加規定，歐洲法院尚無判決來解決這個問題，而各國國內法的做法各異。

　　根據《布魯塞爾條例Ⅰ》第23條，只要一方當事人在歐盟擁有住所，當事人指定由歐盟內的法院管轄，該條就約束並直接適用於歐盟各成員國法院。由此，凡適用歐盟理事條例的選擇法院協議，歐盟各國的法院先適用《布魯塞爾條例Ⅰ》關於選擇法院協議可執行性和形式要件的規定。由於《布魯塞爾條例Ⅰ》並沒有規定協議的實質要件，歐盟各國法院有權依本國法或由衝突法的指引適用外國法。另外，1980年《羅馬合同義務法律適用公約》雖然於1991年4月1日生效，但它明確將選擇法院協議排除在適用範圍之外（第1條第2款d項）。

　　在歐洲法院1981年*Elefanten Schuh v. Jacqmain*案中，佐審官戈頓·斯林（AG Gordon Slynn）討論了選擇法院協議有效性的法律適用問題。他建議，為了司法的確定性，協議的有效性應該適用被選法院地法[46]。但歐洲法院對這一點並沒有明確表態，至今尚無判決來解決這個問題[47]。

　　在法國，巴黎上訴法院曾依法國普通法（受案法院就是被選法院）審查選擇法院協議的有效性，該判決指出「該選擇法院協議沒有違反未被選法院地毛里求斯的法律」[48]。在另一起案件中，法國最高法院民一庭認為，法院地法並不「當然或完全地」調整選擇法院協議的效力，並不「當然或完全地」不考慮對雙方都有管轄權的法律[49]。在學說上，法國國際私法學者皮埃爾·梅耶（Pierre Mayer）建議，被選法院地法和被排除法院地法都應支持條款的合法性，但對於協議的最終效力，與所有合同一樣，

---

[46] Gaudemet-Tallon, Rev. Critique Droit Int'l Privé 1982, 152.

[47] Hélène Gaudemet-Tallon, *Compétence et exécution des jugements en Europe* (2002), p. 110.

[48] Paris 10 Oct. 1990, R.C. 1991, 605. 在該案中，列支敦士登公司與毛里求斯島公司之間的合同中指定由巴黎商事法院管轄，巴黎上訴法院承認了該選擇法院協議的效力。

[49] Cass. Civ. 1re, 3 déc. 1991, R.C. 1992, 340.

適用當事人選擇的法律[50]。

德國法院的做法則與歐洲其他國家大異其趣，他們以一般合同衝突法規則，來解決選擇法院協定的法律適用問題。但是，德國法院對於選擇法院協議的形式效力則適用德國法的特別規定，而不是合同的準據法[51]。

三、海牙公約──「被選法院地規則」的優劣

2005年海牙《選擇法院協議公約》除了對選擇法院協議的形式要件和實質要件進行規定之外，還對協議的法律適用，進行了明確規定。就管轄權而言，根據第5條第1款、第6條a項，選擇法院協議的有效性依被選法院所在地法。根據第6條b項，當事人的能力依受案法院所在地法；根據第6條c項，受案地法院可因該協議生效，將導致明顯的不公正，或者明顯違反受案國的公共政策，而中止或駁回訴訟。就判決的承認與執行部分，根據公約第9條a項，選擇法院協議的效力，依被選法院所在地法和被選法院對其效力的裁決；根據公約第9條b項，當事人的能力依被請求國法院地法；公約第9條e項規定了公共秩序保留[52]。由此可見，海牙公約的被選法院地規則，大體上採用了前述歐洲法院佐審官戈頓・斯林的建議。

---

[50] P. Mayer et V. Heuzé, *Droit international privé*, 7e éd., n° 301-302.

[51] Max Planck Institute for Foreign Private and Private International Law, "Comments on the European Commission's Green Paper on the Conversion of the Rome Convention of 1980 on the Law Applicable to Contractual Obligations into a Community Instrument and Its Modernization," 68 *Rabels Zeitscrhift* 24 (2004).

[52] 2005年《海牙選擇法院協議公約》第5條，被選擇法院的管轄權。1.一項排他性法院選擇協議所指定的締約國法院對該協議所適用之爭議的審理有管轄權，除非該協議依該國法律是無效的。……第6條，未被選擇的法院的義務。被選擇法院之外的締約國法院，應中止或駁回一項排他性法院選擇協議所適用的訴訟，除非：(a)該協議依被選擇法院所在國的法律爲無效；(b)依受案法院所在國的法律一方當事人缺乏締結該協議的能力；(c)該協議生效將導致明顯的不公正，或者明顯違反受案國的公共政策；……第9條，承認或執行的拒絕。在下列情形下，承認或執行可被拒絕；(a)協議依被選擇法院所在國的法律爲無效，除非被選擇的法院已認定該協議爲有效；(b)依被請求國的法律，一方當事人缺乏締結協議的能力；……(e)承認或執行顯然違背被請求國的公共政策，包括產生判決的具體程序違背該國程序公正的根本原則的情形……。

　　必須注意的是，海牙公約隱含了一條反致規則。根據公約解釋報告，公約中締約國法律（law of the State）包括該國的國際私法規則[53]。因此，如果被選法院應依本國的衝突規則適用另一國的法律，就應該適用另一國法律。由此可能出現下面這種情況，當事人指定了合同的選擇法律條款，而依照被選法院地的衝突規則，選擇法院協定的效力由整個合同的準據法決定。另外，如果受案地法院不是被選法院，依公約規定，受案地法院不能依本國法去判斷選擇法院協議的效力，而要適用被選法院地的法律（包括其國際私法規則）。這一規定不同於1958年《紐約公約》，因為《紐約公約》第3條對仲裁協議效力的法律適用問題，未加規定。由此可見，《海牙公約》第5條第1款、第6條a項有助於受案法院和被選法院對選擇法院協議的效力，作出一致性的判決[54]。

　　就判決的承認與執行而言，海牙公約仍以被選法院地法為準據法（包括其國際私法規則）。另外，公約補充一項規則，即被請求法院不能取代被選法院對選擇法院協議效力的判決。這一規則的立法目的在於，避免在不同締約國之間對選擇法院協議的效力作出衝突性的認定，即他們都應該適用被選法院地法，且必須尊重被選法院對此作出的任何裁決[55]。

　　但是，如果原告在被選法院起訴，依海牙公約第5條第1款法院依法院地法作出判斷。如果被選法院地法承認這類協議的有效性，如美國法院，對未知悉選擇法院條款當事人則可能面臨在美國法院訴訟，美國法院作出的判決，可能依公約而被其他締約國法院承認與執行。

　　這裡試舉一例來說明。若美國繼墨西哥之後批准2005年海牙公約，而使公約生效。假設中國海爾公司在墨西哥和美國兩國均設有營業處，依公約第4條關於居所的定義，海爾公司在墨西哥和美國都擁有居所。假設海爾在墨西哥的營業處與美國紐約某公司簽訂的格式合同，其中包括的選擇法院條款指定由紐約州聯邦法院管轄，如果雙方發生糾紛之後，美

---

[53] See Hartley and Dogauchi Report, 2007, p. 43.

[54] Id., p. 47.

[55] See Hartley and Dogauchi Report, 2007, p. 54.

國公司在紐約提起訴訟，則應該適用海牙《選擇法院協議公約》。依海牙公約，由被選法院地法即美國法來決定該條款的協議，而按美國最高法院 *Carnival Cruise Lines* 案[56]的規則，格式合同中的選擇法院條款是有效的。如果海爾公司在美國的財產，不足以滿足支付美國法院作出的賠償金（包括懲罰性賠償金），該美國公司可能選擇向墨西哥法院申請判決的承認與執行。如果墨西哥法與美國判例法一樣，承認格式合同中選擇法院條款的效力，並不認為這種條款違背當地的公正或公共政策，則海爾公司將不得不在墨西哥法院支付剩餘之美國高額判決賠償金。從這個假設的案件來看，如果將當事人未實際知曉格式合同中選擇法院條款作為合意，即作為選擇法院協議的實質要件來處理。這種弱方當事人，並不一定能從公約中取得保護，在這種情況下，不公正和公共政策例外條款，不能適用於被選法院地法，以實質要件來抗辯的效果是有限的。

由此可見，海牙公約給予的保護機制，只能在被選法院以外的其他法院訴訟時起作用，而不作用於被選法院的訴訟。與《布魯塞爾條例Ⅰ》相比，海牙公約的保護機制不如前者那麼充分，因為歐洲法院的嚴格解釋，同樣適用於被選法院和其他法院。海牙公約對於選擇法院協議的形式要件過於寬泛，未能排除格式合同中的選擇法院條款，其實質要件及法律適用規則，又不一定能對此提供充分的保護，或者說海牙公約提供的是一種較低的和間接的保護，這是2005年海牙《選擇法院協議公約》的一個缺漏。

然需要指出的是，公約的問題並不在於「被選法院地法規則」，而在於選擇法院協議的形式要件過於寬泛。從上述假設案例來看，採用其他的法律適用規則，並不當然地有助於實現實體正義，反而會有損於判決的一致性；換言之，有損於衝突法的正義。為了保護弱方當事人，更為有效和充分的辦法是修改海牙公約第3條的形式要件，而不在於修改公約的被選法院地法規則。如果能在其形式要件中像歐洲法院那樣，明確排除未經實際協商的選擇法院條款，就能兼顧判決的一致性和個案的正義。

通過前述的比較研究，可見2005年海牙《選擇法院協議公約》的

---

[56] 499 US 585; 111 S. Ct. 1522; 113 L. Ed. 2d 622 (US Supreme court, 1991).

「被選法院地法」規則具有下列特點：

（一）避免了完全適用法院地法的不足。從海牙公約的規定來看，完全以法院地法來判斷選擇法院協議的效力，可能會導致受案地法院和被選法院地法院對選擇法院協議的效力，作出不一致的判決。並且，法院地法規則會導致當事人不顧選擇法院協議而挑選法院。另外，法院地法規則也忽視了合同中的法律選擇規則。

（二）兼顧當事人的意思自治和法院地法。以被選法院地來確定選擇法院協議的效力，兼顧了當事人的意思自治和法院地法規則。一方面，如果受案地即被選法院時，本規則將便於法官審理被選法院協議的效力；另一方面，當事人合意選擇法院，即使另外選擇其他國家的法律，也意味著當事人雙方合意接受被選法院地法律的約束；毫無疑問，被選法院地的法官總是以本國法的角度為出發點來審理案件。另外，如果受案地不是被選法院，受案地依被選法院地法，有利於避免產生關於選擇法院協議效力的不一致判決。

（三）使用反致具有一定的靈活性與局限性。由於海牙公約承認反致，這使得被選法院地法規則，變得很靈活。當事人意思自治，在選擇法院協議的法律適用問題，以及對未選法院地法的考慮，都可能因為締約國的衝突規則，而發揮實際作用。例如，如果被選法院地為德國，根據其規則選擇法院協定的實質效力依一般合同的準據法，將最終適用主合同的自體法。當然，由於目前大多數國家在選擇法院協議的合法性和實質效力上適用法院地法，並不一定出現反致現象。

四、《與香港協議管轄判決安排》

《與香港協議管轄判決安排》儘管以海牙公約為藍本，但由於海牙公約同時統一直接管轄權規則和間接管轄權規則，而《安排》只規定間接管轄權規則，這使得我們有理由懷疑《安排》未來在解決管轄權衝突中的實際成效。因為，中國內地與香港在選擇法院協定本身的規則上，並沒有達成統一，只不過在判決與執行階段採用相似的規則。

就法律適用問題而言，《安排》第9條規定的不予認可和執行的理由其一為，「根據當事人協定選擇的原審法院地的法律，管轄協議屬於無效，但選擇法院已經判定該管轄協議為有效的除外。」另外，「中國內地人民法院認為在內地執行香港特別行政區法院判決違反內地社會公共利益，或者香港特別行政區法院認為在香港特別行政區執行內地人民法院判決違反香港特別行政區公共政策的，不予認可和執行。」這裡與海牙公約的規定是一致的。

關於反致問題，根據2007年7月23日公布的《最高人民法院關於審理涉外民事或商事合同糾紛案件法律適用若干問題的規定》第1條，「涉外民事或商事合同應適用的法律，是指有關國家或地區的實體法，不包括衝突法和程序法」，可見我國法院不適用反致。因此，根據《安排》第9條，當事人協議選擇的原審法院地的法律只指實體法，不包括衝突規則。

參、結論

2005年海牙《選擇法院協議公約》是各國代表在管轄權協定及其判決與承認規則上的妥協與統一，是國際民事訴訟規則的最新成果。但是，由於海牙公約對於弱方當事人提供的是一種較低的和間接的保護，它對於選擇法院協議的形式要件過於寬泛，未能排除格式合同中的選擇法院條款，這是2005年海牙《選擇法院協議公約》的一個缺漏。然而，儘管海牙公約在保護個案的正義方面存在缺陷，但是公約第21條提供了一條頗為有用的聲明保留條款。如果中國批准或加入該公約，可以依該條排除當事人未實際協商的選擇法院協議，從而保護弱方當事人特別是中國當事人，因為在國際投資和貿易中，中國當事人往往處於弱勢地位，這種保留對中國是極為有必要的。

儘管存在前述問題，但是我們很難否定2005年海牙《選擇法院協議公約》在統一國際民事商管轄權及判決承認與執行上的創造性貢獻。由於在2005年海牙《選擇法院協議公約》之前關於其效力的法律適用問題一直

未有定論，甚至經常被法院忽略，這使得選擇法院協議這種機制，往往處在確定與不確定的搖擺之間，因為當事人可以通過否定選擇法院協議的效力，來拒絕執行選擇法院協議，這使得我們尊重當事人意思自治和便利訴訟的期望陷入落空的境地。

對於選擇法院協議的有效性，出於衝突法的邏輯，當然存在法律適用問題。一方面，特別是關於實質性問題可能適用主合同的準據法、選擇法院協議的準據法、被選法院所在地法、有合法管轄權卻被排除的法院所在地法，但是普通合同法上的合意原則，卻沒有對選擇法院協議這個特殊合同給予足夠的回應。而另一方面，在海牙公約之外，很難找到任何規則能像被選法院地法規則這樣能同時兼顧結果的確定性與當事人意思自治。誠如法國著名學者Audit教授在論及這個問題時呼籲，「面對這些最為棘手問題的解決之道，就是要制定明確而精準的規則」[57]，2005年海牙《選擇法院協議公約》的被選法院地規則，正是如此。

---

[57] Bernard Audit, *Droit international privé*, 4e éd., Economica 2006, n° 394, p. 302.

中國批准《選擇法院協議公約》的問題與對策[*]

劉仁山[**]

桃李無言　高山仰止 —— 賀陳隆修教授七十華誕

欣聞尊敬的陳隆修教授2022年（農曆壬寅年）要迎來七十華誕，步入「從心所欲不逾矩」的境界，喜悅、自豪之情可謂油然而生。少年得志的陳老師自倫敦政經獲得博士學位後，到位於臺中的東海杏壇傳道授業、著書立說也已逾四十年，特此，要真誠祝賀、祝福陳老師！

前不久，恩瑋教授告知東海大學法學院將集結出版慶祝《陳隆修教授七秩華誕祝壽論文集》，對東海法學院的這一盛舉，本人倍生敬意。根據通知事項，現將本人於2016年至東海參加陳老師宣導舉行的「東海大學國際私法論壇」之第十屆所發表、後經修改後刊載於中國社會科學院法學研究所《法學研究》2018年第4期的《我國批准「選擇法院協議公約」的問題與對策》一文，呈送過來，既作為對東海法學院盛舉的響應，也聊以表達對陳老師的景仰！

2005年海牙國際私法會議通過的《選擇法院協議公約》，無疑是人類社會對於國際民商事爭議解決的遊戲規則，在歷經長期而艱難的探尋與

[*] 本文係作者主持的2014年度國家社科基金重大招標專案「中國涉外民事關係法體系完善研究」（批准號：14ZDC032）和中國法學會2017年部級重大課題「構建人類命運共同體的國際法律問題研究」〔批准號：CLS（2017）A02〕的階段性成果之一。原文曾刊載於中國社會科學院法學研究所《法學研究》2018年第4期，原文標題為《我國批准〈選擇法院協議公約〉的問題與對策》，本次編輯基本保持原貌。在提交本文前，作者曾特別請示《法學研究》編輯部及雜誌社相關負責人，獲明確許可。

[**] 中南財經政法大學教授「文瀾特聘教授」，副校長，法學院前院長。教育部法學專業教學指導委員會副主任委員、中國法學會法學教育研究會副會長，中國國際私法學會副會長、《中國國際私法與比較法年刊》主編。

博弈之後，所邁出的重要一步[1]。但是，該公約畢竟是西人基於自己的制度、司法及其貿易和投資情勢而設計的，儘管中國代表團全程參與了公約草案的談判工作[2]，於包括中國在內的許多國家和地區而言，對《公約》

---

[1] 我們當今所稱道的海牙國際私法會議（HCCH），自1892年由荷蘭政府召集，由德國、奧地利、匈牙利、荷蘭、比利時、法國、義大利、葡萄牙、丹麥、瑞士、盧森堡、俄羅斯、羅馬尼亞等十餘國參加召開的第一屆會議開始，就將國際民事訴訟規則的統一，作為先行探討的議題之一。之後，產生了於1899年生效、於1905年修訂的《國際民事程序公約》。之後，海牙國際私法會議第十次會議於1965年11月25日通過了《選擇法院公約》，主要聚焦於法院選擇協議的有效性和效力，迄今僅有以色列簽署，而英美國家普遍不承認該公約。因此，這兩項公約在世界範圍內的效力甚為有限。自1992年開始，海牙國際私法會議再次關注國際民事訴訟問題。在美國代表團的提議下，海牙國際私法會議於當年開始研究起草《國際民事管轄權公約》，並於1996年成立特委會，擬起草一部關於國際民事訴訟的所謂「混合性公約」，既規定國際民事管轄的所謂直接管轄依據，也規定判決承認與執行之依據的所謂間接管轄依據。同時，以所謂「白色清單『和』黑色清單」方式分別規定「允許的管轄依據」和「禁止的管轄依據」，並設定所謂「灰色區域」，即將特定領域的問題交由公約成員方根據其國內法自行達成管轄共識。這一宏大理想，儘管幾經波折，最終反映在1999年10月30日經過特委會以表決投票形式通過的《民商事管轄權及外國判決公約（草案）》中（簡稱1999年草案）。由於歐美雙方的嚴重分歧，2001年6月，海牙國際私法會議第十九次外交會議勉強通過了替代1999年草案的「臨時文本」，由於該臨時文本中有諸多不確定條款，使得1999年草案幾乎陷於所謂「流產」狀態。儘管如此，海牙國際私法會議的總務及政策委員會並未就此灰心，而是採取求同存異的策略，於2002年4月決定，將前期以及基本達成共識的商事案件中的選擇法院協定等管轄依據，作為新起草工作的核心部分。由此，特委會分別於2003年通過了由非正式工作組準備的案文，即《關於排他性選擇法院協議的草案》（簡稱2003年公約草案），於2004年通過了對2003年公約草案進行修訂的文本（簡稱2004年公約草案）。在該基礎上，2005年6月，海牙國際私法會議第二十次外交會議通過了《海牙選擇法院協議公約》。筆者自2003年春季開始，連續為中南財經政法大學國際法專業的每屆碩士研究生講授「協議管轄專題」，2004年4月應邀出席外交部條法司組織召開的「《選擇法院協議公約》（草案）專家諮詢會」，主要就《公約》草案第1條的相關保留事項提出了建議。目前就職於中國社會科學院歐洲研究所歐盟法研究室的葉斌副研究員，是我當年講授專題課堂的受益者之一。我2004年底為該屆研究生講授「2004年公約草案」後，他即開啟對《公約》的研究之旅，先後完成了以《公約》為研究對象的碩士論文和博士論文，並於2013年出版專著《比較法視角下的2005年海牙協議選擇法院公約研究》（中國社會科學出版社，2013年6月）。

[2] 根據《公約》的生效條件，《公約》已於2015年10月日生效。目前《公約》有包括

中的諸多規則可能帶來的風險，仍須深入研究；對批准《公約》的因應對策，也須及早謀劃。

　　陳老師於2009年在臺北五南圖書出版公司出版的專著《2005年海牙法院選擇公約評析》，無疑是關於《公約》研究的扛鼎之作。本文即是在陳老師的研究基礎上，就中國批准《公約》所面臨的問題及應採取的對策，提出自己的思考意見。藉此機會，也求教於讀者諸君。

劉仁山

二〇二二年初春於武昌南湖南岸

墨西哥、歐盟及其各成員國、新加坡、黑山共和國、英國共32個成員國。美國、以色列、北馬其頓共和國、烏克蘭已簽署但尚未批准《公約》。中國政府已於2017年9月12日簽署《公約》。

　　尊重當事人在國際民商事管轄事項上的意思自治，協調各國在國際民商事管轄權上的衝突，並藉此構建公平和諧的國際民商事秩序，一直是國際社會努力的方向。海牙國際私法會議在這方面的嘗試及成效雖未盡人意，但其通過的諸如1965年《選擇法院公約》[3]、1971年《外國民商事判決承認和執行公約》[4]，以及1999年《民商事管轄權及判決公約草案》（下稱1999年《草案》）及其「2001年臨時文本」所產生的積極示範性效應，毋庸置疑。以這些公約及公約草案為基礎，海牙國際私法會議於2005年通過《選擇法院協議公約》（下稱《公約》）[5]，專門就民商事交易當事人協議管轄及判決承認與執行問題做了明確規定。《公約》的核心條款，集中反映出不同法系主要國家在涉外民商事管轄權領域的博弈。中國積極參與《公約》的起草與談判全過程，並為《公約》的最終達成作出了重要貢獻。在目前《公約》已正式生效、且中國已簽署《公約》的情況下，中國是否批准《公約》即成為一個亟需明確的現實問題。為此，本文擬評估《公約》核心條款對中國可能產生的影響，闡述中國批准《公約》所面臨的主要問題及相應對策，並就中國批准《公約》的立場和時機提出參考建議。

---

[3] 1965年《選擇法院公約》（Convention on the Choice of Court），1965年11月25日通過。截至目前尚未生效，僅有以色列簽署。

[4] 1971年《外國民商事判決承認和執行公約》（Convention on the Recognition and Enforcement of Foreign Judgments in Civil and Commercial Matters），1971年2月1日通過。公約已於1979年8月20日生效，截至目前，締約方包括：阿爾巴尼亞、科威特、賽普勒斯、荷蘭和葡萄牙。

[5] 《選擇法院協議公約》（Convention on Choice of Court Agreements），由海牙國際私法會議第20次外交大會通過，已於2015年10月1日生效。目前，《公約》共有32個締約方，包括：墨西哥、歐盟及28國、新加坡、大不列顛及北愛爾蘭聯合王國。另外，美國、烏克蘭、北馬其頓共和國、以色列和中國已簽署《公約》，但尚未批准。參見海牙國際私法會議網站：https://www.hcch.net（最後瀏覽日期：2022/2/25）。

壹、《公約》核心條款及其對中國的影響

選擇法院協議的準據法、選擇法院協議的排他性、實際連繫原則等問題，牽涉各國重大利益。作為激烈博弈之結果，規定這些問題的條款，就成為《公約》的核心條款。

一、選擇法院協議的準據法原則

有效的選擇法院協議，是法院對案件行使管轄權的前提。《公約》三個「核心條款」（第5條第1款、第6條a款和第9條a款）均規定，排他性選擇法院協議的效力，適用被選擇法院地法。此即《公約》著名的選擇法院協議之「被選擇法院地法原則」。

從《公約》規定及解釋報告看，《公約》確立的「被選擇法院地法原則」，與我們所熟知的「法院地法原則」迥然不同。也正是這種差異性，反而增加了管轄的不確定性。

對於選擇法院協議或管轄協議的有效性問題[6]，《公約》並未將其明確為程序問題或者實體問題。既未採取傳統的程序問題依法院地法的做法，也未將其作為合同事項適用合同準據法[7]。《公約》為了更加凸顯管

---

[6] 從公約解釋報告來看，這裡講的選擇法院協議的效力，主要是指其實質有效性，而非形式有效性。即主要涉及的是欺詐、錯誤、虛假陳述、缺乏行為能力等影響協議效力的情形。See Trevor Hartley and Masato Dogauchi, *Explanatory Report of the 2005 Hague Convention on Choice of Court Agreements*, available at: https://assets.hcch.net/upload/expl37final.pdf, para. 126.

[7] 傳統上，對於管轄協議的效力問題，美國聯邦法院或州法院一般適用法院地法，僅少部分案件適用選法條款指定的法律來解釋包含在同一合同中的管轄條款。TH Agric. & Nutrition, LLC v. Ace European Group Ltd. [416 F. Supp. 2d 1054 (D. Kan. 2006)] 即為例證。但Jason Yackee教授認為，該做法是「法院地法偏見」（*lex fori* bias），並主張，管轄條款首先應該適用當事人明示選擇的法律，在當事人未明示選擇的情況下，應該適用被選擇法院地法。See Jason Webb Yackee, Choice of Law Considerations in the Validity & (and) Enforcement of International Forum Selection Agreements: Whose Law Applies, 9 *UCLA J. Int'l L. & Foreign Aff.* 43 (2004). 在法國，1923年和1955年的兩起典型案件中，巴黎上訴法院認為，管轄條款應附屬於合同實體條款，是完整合同

轄協議的獨立性，與歐盟2012年《布魯塞爾條例Ⅰ修正案》一樣，為之引入「被選擇法院地法原則」這一特別選法原則，且採分割方法，允許當事人的締約能力問題由受案法院地法律支配。

　　同時，為確保《公約》「希望通過加強司法合作增進國際貿易與投資」之目的實現，確定以「保障商業交易當事人達成的排他性選擇法院協議的有效性以及根據這種協議進行訴訟產生的判決的承認和執行」為司法合作方式[8]，三個「核心條款」均強調「被選擇法院地法原則」必須始終得到適用。即只要合同當事人選擇了管轄法院，即使當事人對合同準據法另有約定，合同中的管轄條款或單獨的選擇法院協議，仍應適用被選擇法院地法律。當然，公約報告人也指出，該「被選擇法院地法」包含被選擇法院地國家的國內實體法及衝突法規則[9]。據此，若依據被選擇法院地國家的衝突規範，選擇法院協議應適用另一國法律的，則適用該轉致的法律。但這種轉致的結果，首先是緣於被選法院地法的適用。若受案法院非當事人選擇的法院，受案法院也應依被選法院地的法律（包括其衝突法），來判斷選擇法院協議的效力。亦即選擇法院協議所適用的法律，始終是「被選擇法院地法」。這一原則與傳統意義上的「程序問題適用法院地法原則」，是有本質區別的。

　　《公約》確立「被選擇法院地法原則」，是希望有關選擇法院協議效力的所有問題，受相同準據法支配，從而在管轄協議效力認定問題上，無論受案法院是業已被選擇的法院，還是被選法院之外的其他締約國法

的一部分。因此，管轄條款的存在、實質與效力，應由合同準據法決定。See Otto Kahn-Freund, Jurisdiction Agreements: Some Reflections, 26 *Int'l & Comp. L.Q.* 825, 856 (1977). 1968年以前，德國法院認為，將訴訟提交至某一國家法院的行為是「程序行為」（*Prozesshandlung*），因此，無論如何都要遵守德國法，德國法作為法院地法應適用於管轄條款所屬的合同。但是，德國法院於1968年否決了之前的判例法，認為合同準據法（*lex contractus*）應該得到適用，原因之一是管轄協議類似於仲裁協議。法院還對管轄協議實質上是眾多商事合同條款的一種，這一事實做了特別分析，認為其為實質性合同，根本不是「程序行為」。參見本註所引Kahn-Freund文，第830頁以下。

8　參見《公約》序言。

9　參見前註6，Trevor Hartley等報告，第125段。

院，都能夠取得最大程度的一致，進而避免因選擇法院協議效力認定不一致而導致平行訴訟情形的發生，實現《公約》提升管轄權確定性的宗旨。《公約》所確立的原則，雖冠以「協議選擇法院」之名，但是否與意思自治原則的本質要求相符，是值得懷疑的。與《公約》形成對照的是，同樣在允許當事人選擇爭議解決機構的國際商事仲裁領域，1958年《關於承認和執行國際商事仲裁裁決公約》（下稱《紐約公約》）強調意思自治原則的優先適用，只有在當事人對法律適用未作約定時，才以仲裁地法為準據法[10]。《聯合國國際商事仲裁示範法》（下稱《示範法》）所宣導的原則，也與此相同[11]。可見，在管轄協議效力的法律適用問題上，是否切實或優先適用意思自治原則，《公約》與《紐約公約》及《示範法》之間都存在本質區別。《公約》雖有協議管轄之名，但實質上是只准當事人選擇管轄法院，並不允許當事人選擇適用於管轄協議的法律。《公約》不僅忽視意思自治原則對當事人管轄協議的優先支配效力，而且將當事人管轄協議之效力，簡單置於被選擇法院地法的框架之內。因而，《公約》是藉「意思自治」之名，行「被選擇法院地法」之實。同時，《公約》以被選擇法院地法寬泛地包含被選法院地的衝突法規則在內，更是加重了管轄協議效力的不確定性[12]。而《紐約公約》和《示範法》不僅允許當事人選擇爭議解決的機構，而且對於仲裁協議的效力，精確而清晰地遵守了幾個世紀以來國際民商事領域「意思自治原則」的精要[13]。即對當事人約定的爭議解決協議之成立與效力問題，既強調當事人選擇的法律在適用上的優先性，又強調仲裁協議效力的穩定性。

　　由於《公約》實質上確立的是披著「意思自治」外衣的「被選擇法院

---

[10] 參見《紐約公約》第5條第1款。

[11] 參見《示範法》第34條第2款a項。

[12] 這是相對於《示範法》的規定而言的。《示範法》第28條第1款規定：仲裁庭應當依照當事人選擇的適用於爭議實體的法律規則對爭議作出決定。除非另有表明，指定適用某一國家的法律或法律制度應認為是直接指該國的實體法而不是其法律衝突規範。

[13] 參見陳隆修，《2005年海牙法院選擇公約評析》，五南圖書，2009年，第8頁。

地法原則」，中國作為商品及服務乃至資本輸出的大國，對以下問題應予充分重視：

第一，《公約》「被選擇法院地法原則」對於參與國際民商事交易的當事人的締約水準，尤其是選擇爭議解決機構及爭議解決機構所在地的能力，提出了更高的要求。中國當事人若不熟悉作為被選擇法院地法的外國法（包括被選擇法院地國衝突法所指向的另一國家法律），不僅要承擔管轄協議所指定法院地之法律於相對方可能的利益傾斜所帶來的損失，而且要面臨因選擇法院地不當而導致的訴權行使不確定的風險。尤其在國際商品或服務貿易多以格式合同交易時，情況更為明顯。因為，掌握較大主動權的買方，往往選擇於己有利的法院，而處於合同附從地位的另一方，往往缺乏議價的機會和條件。此種情況下，如何平衡當事人在管轄協議上的權益，對中國當事人而言，意義尤為重大。

第二，《公約》在強調「被選擇法院地法原則」的同時，又無法避免當事人在「被選擇法院」之外提起訴訟，這樣，在受案法院地與協議選擇法院地不一致時，自然會產生系列問題。其中主要有：（一）原告雖在被告所在地，即中國提起訴訟，但雙方協議選擇的是作為《公約》締約國的外國法院，根據《公約》規定，中國法院仍應適用「被選擇法院地法」來確定管轄協議的效力。對於由此導致中國法院所面臨的一系列問題，現行立法和實踐尚無解決依據。譬如，法院同樣會遇到外國法查明問題，如果外國法無法查明，能否適用中國法律以確定選擇法院協議的效力？再如，若被選擇的外國法院也同時行使管轄權，中國法院是直接中止訴訟，還是繼續依被選擇法院地法審查選擇法院協議的效力？（二）如果被選擇法院是某外國法院（A法院），但原告卻在另一外國法院（B法院）提起訴訟，即使原告的行為實質上是為了拖延訴訟而率先提起的「魚雷訴訟」（torpedo actions）[14]，依據《公約》之規定，B法院仍應依據A法院地法來確定選擇法院協議的效力。如何避免當事人為了減損選擇法院協議的效

---

[14] 在《布魯塞爾條例Ⅰ》修訂之前，這種現象在歐盟的相關司法實踐中表現得尤為突出。See Trevor C. Hartley, The European Union and the Systematic Dismantling of the Common Law of Conflict of Laws, 54 *Int'l & Comp. L.Q.* 813, 816 (2005).

果而採取此類行為，既需要《公約》今後進一步完善，也需要我們提前予以考慮並有應對之策。

二、選擇法院協議的排他性與非排他性

一般而言，選擇法院協議可分為排他性的和非排他性的兩種[15]。《公約》規定僅適用於排他性選擇法院協議，但也可以依據互惠聲明，而適用於基於非排他性選擇法院協議所作出之判決的承認與執行問題[16]。由此，就產生選擇法院協議的排他性與非排他性之認定及效力問題，以及基於兩類選擇法院協議所作出的判決的承認與執行問題。

對於排他性選擇法院協議的認定問題，《公約》採取的是「假定排他性原則」[17]。《公約》明確，當事人可以協議選擇一個締約國的法院訴訟，除非當事人有相反表示或另有明示約定，選擇法院協議本身就具有排他性；反之，則為非排他性的。《公約》的做法，既不同於以選擇法院協議中如果有強制性（mandatory）措辭，諸如「shall」「only」「must」，就判定協議具有排他性的文義解釋之做法[18]，也不同於以合同準據法為主、以「假定排他性原則」為輔，來認定選擇法院協議之排他性的實踐[19]。依據《公約》解釋報告，《公約》第22條規定的非排他性選擇法院協議必須滿足四項條件：（一）符合《公約》第3條c項規定的形式要件；（二）雙方當事人必須達成合意；（三）被選法院必須是為了解決某一特定法律關係中產生或可能產生的爭議而被指定；（四）該協議必須指

---

[15] Mary Keyes and Brooke Adele Marshall, Jurisdiction Agreements: Exclusive, Optional and Asymmetrical, 11 *J. Priv. Int'lL*. 345, 378 (2015).

[16] 參見《公約》第1條第1款、第22條。

[17] 參見《公約》第3條b款。

[18] W. Heiser, The Hague Convention on Choice of Court Agreements: The Impact on Forum Non Conveniens, Transfer of Venue, Removal, and Recognition of Judgments in United States Courts, 31 *U. Pa. J. Int'l L*. 1016 (2010).

[19] 前註15，Keyes等文，第345頁以下。

定一個或多個締約國的某一個或多個法院[20]。因此，排他性與非排他性管轄協議唯一的區別在於，後者沒有排他性要求[21]。

對於排他性和非排他性選擇法院協議的認定及其效力問題，中國立法均無明確規定。但在排他性選擇法院協議問題上，中國的實踐與《公約》一致[22]。中國批准《公約》後，所面臨的是非排他性選擇法院協議的認定及效力問題。對於這類協議[23]，目前，中國司法實踐中主要有兩種情形：一是當事人在選擇法院協議中直接約定某一法院具有非排他性管轄權[24]；二是當事人在選擇法院協議中未明確說明，而由法院加以解釋認定[25]。儘管，中國法院一般認定其原則上有效[26]，但這類協議只有授權性效力，並不能排除其他法院的管轄權。顯然，目前中國相關實踐是無法避免平行訴訟問題產生的。

---

[20] 參見前註6，Trevor Hartley等報告，第242段。

[21] 同上註，第242段中註釋281的論述。

[22] 參見「徐志明與張義華股權轉讓合同糾紛案」，最高人民法院（2015）民申字第471號民事裁定書；「南京神柏遠東化工有限公司與pmc專業產品集團公司國際貨物買賣合同糾紛案」，江蘇省南京市中級人民法院（2014）寧商外轄初字第1號民事裁定書。又見最高人民法院《第二次全國涉外商事海事審判工作會議紀要》（法發〔2005〕26號）第8條。

[23] 《第二次全國涉外商事海事審判工作會議紀要》第12條規定，涉外商事糾紛的當事人協議約定外國法院對其爭議享有非排他性管轄權時，可以認定該協議並沒有排除其他國家有管轄權法院的管轄權。如果一方當事人向中國法院提起訴訟，中國法院依照民事訴訟法的有關規定對案件享有管轄權的，可以受理。另參見「華懋金融服務有限公司與北京市地石律師事務所等委託合同糾紛上訴案」，最高人民法院（2014）民四終字第29號民事裁定書。

[24] 參見「順富國際有限公司等與貝億德控股有限公司等涉外股權轉讓合同糾紛一案」，廣東省東莞市中級人民法院（2007）東中法民四初字第223號民事判決書；「中國建設銀行股份有限公司杭州之江支行與浙江南天郵電通訊技術有限公司等追償權糾紛案」，浙江省杭州市中級人民法院（2014）浙杭商重字第2號民事判決書。

[25] 參見「富邦財務（香港）有限公司與瑞通實業公司等融資租賃合同糾紛案」，重慶市第一中級人民法院（2012）渝一中法民初字第00502號民事判決書。

[26] 2015年《最高人民法院關於適用〈中華人民共和國民事訴訟法〉的解釋》（下稱2015年「民訴法解釋」）第30條第2款規定，管轄協議約定兩個以上與爭議有實際連繫的地點的人民法院管轄，原告可以向其中一個人民法院起訴。

對基於排他性選擇法院協議作出的判決的承認與執行問題，《公約》規定，除有第9條規定的例外情況外，應根據第8條之規定予以承認和執行。應該說，《公約》的這一做法與國際社會的主流實踐是一致的。目前國際上主要存在兩種做法：其一，除特定情形外，予以承認和執行。這種做法以歐盟為代表，歐盟成員國在不違背《布魯塞爾條例Ⅰ修正案》第46條的情況下，應該對另一成員國基於選擇法院協議作出的判決，予以承認與執行；其二，依據互惠原則和雙邊條約，予以承認和執行。這一做法現為各國普遍採用，但複合法域國家內各法域相互間判決的承認與執行，往往另有依據。《公約》第9條規定了四類例外情形：（一）依據被選擇國家法律，選擇法院協議是無效的。該規定的主要目的在於，避免不同國家對法院選擇協議的效力作出矛盾性判定；（二）依據被請求國法律，一方當事人沒有締約能力[27]。根據《公約》解釋報告有關締約能力的闡述，締約能力會受到受案法院地國、被選擇法院地國和被請求法院地國這三個國家法律的約束。依據其中任何一國法律規定，當事人缺乏締約能力的，都會使得協議無效[28]；（三）原審法院違背程序正義和公序良俗等基本法律原則[29]；（四）出現矛盾判決[30]。

　　《公約》如此詳盡規定的目的，就是要將被請求國拒絕承認和執行判決的理由，限定於有限範圍內。這與現行各國在審查外國判決承認和執行

---

[27] 值得注意的是，第6條b項和第9條b項都規定，締約能力由法院地法決定，但前條規定的是「受案法院」，後條規定的是「被請求國法院」。

[28] 參見前註6，Trevor Hartley等報告，第149-150段。

[29] 同上註，第190段。

[30] 《公約》解釋報告對「矛盾判決」做了嚴格界定。根據《公約》解釋報告，第一種情形，是與被請求國法院作出的判決相矛盾。在此情形下，不論被請求國法院作出的判決是否先於其他締約國法院作出的判決，被請求國法院的判決應當優先。換言之，被請求國法院作出的判決被賦予優先性，即便該判決是在基於選擇法院協議而行使管轄權的法院所作出的判決之後。第二種矛盾判決的情形是，當判決均由外國法院作出時，只有在下列情形下，根據選擇法院協議所作出的判決才可被拒絕承認與執行：一是根據選擇法院協議作出的判決是在與之衝突的判決之後作出的；二是當事人必須相同；三是訴因必須相同；四是相衝突的判決必須滿足在被請求國予以承認的條件。同上註，第191-193段。

時所採取的標準及《紐約公約》的相關規定，大體上是一致的。《公約》為實現判決自由流動所做的努力，將會使《公約》成為建立國際民商事判決承認與執行國際機制的重要依據[31]。同時，《公約》所設置的例外條款，也將成為締約國維護本國公共秩序和司法主權的主要依據。

對基於非排他性管轄協議作出的判決的承認與執行問題，《公約》允許締約方就此作出「互惠聲明」，從而使得非排他性管轄協議的判決，能夠在作出「互惠聲明」的締約國之間得到承認與執行[32]。這一規定表明，對這類判決的承認與執行問題，《公約》是將其交由各締約國自主決定，這與國際社會以雙邊公約和互惠原則為據的主流實踐是一致的。當然，這種情形下，互惠原則可以發揮的效用，無疑是十分有限的。歐盟在批准《公約》時，並沒有依據第22條作出「互惠聲明」，是顧慮互惠原則效用的有限性，還是對基於非排他性管轄協議所作出的判決的承認與執行問題暫時擱置，尚不得而知。

從中國立法及實踐看，對基於排他性選擇法院協議作出的外國判決，可以依據條約或互惠原則來決定是否予以承認與執行。在既無條約關係，又無互惠實踐的情況下，中國往往拒絕承認和執行原審法院的判決[33]。這一實踐與《公約》並不存在實質性差異。對基於非排他性選擇法院協議作出的外國判決，原則上亦可依據中國2022年修訂的民事訴訟法第二十七章的規定，來決定是否予以承認和執行。依據2022年「民訴法解釋」第531條的規定，中國法院和外國法院對特定案件均享有管轄權時，

---

[31] Emil Petrossian, In Pursuit of the Perfect Forum: Transnational Forum Shopping in the United States and England, 40 *Loy. L. A. L. Rev.* 1257, 1336 (2007).

[32] 參見《公約》第22條「關於非排他性選擇法院協議的互惠聲明」。該條第2款規定互惠聲明前提下基於非排他性管轄協議作出的判決的承認與執行，必須同時滿足的條件為：原審法院是被選擇法院；不存在根據非排他性選擇法院協議可以提起訴訟的任何其他法院作出的判決，當事人之間也沒有在此種法院進行的基於相同訴因的未決訴訟；原審法院是先受案法院。

[33] 參見「俄羅斯國家交響樂團、阿特蒙特有限責任公司申請承認英國高等法院判決案」，北京市第二中級人民法院（2004）二中民特字第928號民事裁定書。北京市第二中級人民法院最終基於條約和互惠關係的缺乏，拒絕承認與執行涉案判決。

若中國法院與外國法院作出了平行判決，外國判決將難以在中國得到承認與執行[34]。而《公約》規定，締約國作出關於非排他性選擇法院協議的互惠聲明後，相互之間可承認和執行此類判決的條件之一，是「不存在根據非排他性選擇法院協議可以提起訴訟的任何其他法院作出的判決，當事人之間也未有在此種法院進行的基於相同訴因的未決訴訟」。因此，對依據非排他性選擇法院協議作出的判決的承認與執行，《公約》排除了基於平行訴訟產生多個判決及未決訴訟之情形。與《公約》相比，前述司法解釋第533條並未涉及未決訴訟之情形，也沒有涉及兩個（及以上）外國平行判決的承認與執行問題，與《公約》之間還有一定差距。

三、實際連繫原則

國際民商事管轄中的實際連繫原則，要求當事人協議選擇的法院應與其間的爭議存在實際連繫。從《公約》整體規定看，《公約》並不要求當事人選擇的法院與案件之間具有實際連繫[35]。《公約》第19條規定表明，無實際連繫只是拒絕管轄的例外，且必須由締約國明確聲明。否則，《公約》不認可實際連繫原則[36]。這是自1965年《選擇法院公約》以來，海牙國際私法會議在該原則上的根本轉變[37]。

在是否要求實際連繫以及實際連繫的認定標準上，各國分歧較大。但

---

[34] 參見2022年「民訴法解釋」第531條。在「中國國際鋼鐵投資公司與日本株式會社、勸業銀行等借款合同糾紛管轄權異議案」〔（2001）民四終字第12號民事裁定書〕中，最高人民法院認為，由於當事人約定香港法院享有的管轄權是非排他性的司法管轄權，故不能排除其他享有管轄權的法院的司法管轄權。

[35] 參見《公約》第1條、第3條及第19條的規定。

[36] 《公約》第19條「限制管轄權的聲明」規定，一國可以聲明，如果除被選擇法院所在地外，該國與當事人或者爭議並無連繫，其法院可以拒絕受理一項排他性選擇法院協議適用的爭議。

[37] 1965年《選擇法院公約》第15條規定，如果爭議與所選擇的法院並無連繫，任何締約國可保留對選擇法院協議不予承認的權利。但1999年《草案》第4條、2003年《排他性選擇法院協議公約草案》第14條及2004年《排他性選擇法院協議公約草案》第18條直至2005年《公約》規定，均不再要求被選法院所在國與當事人或爭議之間有實際連繫。

總的趨勢是，不少國家在協議管轄制度上捨棄了該原則，如英、美等國，均不要求當事人必須選擇與案件有連繫的法院[38]。此外，黑山共和國、捷克和土耳其等國，其新近立法規定亦是如此[39]。對於該原則，中國立法基本持肯定立場[40]。從中國目前的司法實踐狀況看，堅持這一原則，能夠避免內國管轄權被不當排除，尤其在目前國際民商事交往中，中國當事人整體上居於弱勢的情況下，堅持這一原則對於維護作為弱勢方的中國民商事主體之利益，是有一定積極意義的[41]。但在《公約》已將大量與專屬管轄權有關的事項及與消費者、雇傭者有關的事項排除在適用範圍之外，而實際上只適用於部分民商事合同事項的情況下，僅出於中國當事人利益的維護而堅持實際連繫原則，是值得疑問的。而且，堅持這一原則，還使中國面臨如下問題：

第一，實際連繫的認定標準仍然存疑。例如，對於當事人的法律選擇能否作為實際連繫之考量依據，學界分歧較大。儘管，已有將法律選擇之事實作為認定存在實際連繫之依據的實踐[42]，但從最高人民法院最近的

---

38 參見王吉文，《2005年海牙〈選擇法院協議公約〉研究》，東南大學出版社，2008年，第17頁以下。

39 參見黑山共和國2013年《關於國際私法的法律》第104條、捷克共和國2012年《關於國際私法的法律》第86條和土耳其共和國2007年《關於國際私法與國際民事訴訟程序法的第5718號法律》第47條。

40 參見2022年民事訴訟法第35條、2022年「民訴法解釋」第529條之規定。但也有不持該立場的立法。依據1999年海事訴訟特別程序法第8條之規定，對於海事糾紛的當事人都是外國人、無國籍人、外國企業或者組織，當事人書面協議選擇中國海事法院管轄的，即使與糾紛有實際連繫的地點不在中國領域內，中國海事法院對該糾紛也具有管轄權。

41 走出國門的部分中國企業虧損的主要原因為法治思維短缺，國際化思維不夠，不熟悉東道國法律。參見江必新，〈加強理論研究，提升我國涉外商事審判的國際公信力——在中國審判研究會涉外專業委員會第三次會議上的講話〉，2013年9月26日，載鄭鄂主編，《中國涉外商事審判研究》第3輯，法律出版社，2014年，第1頁。

42 在「中東公司與中化公司合同糾紛管轄權異議案」中，最高人民法院認為，當事人選擇適用瑞士法，這一事實足以表明瑞士與本案爭議有實際連繫。在此基礎上當事人又選擇了瑞士蘇黎世法院，這就進一步表明雙方當事人選擇了一個「與爭議有實際聯繫的地點的法院」來管轄當事人之間的爭議，這種管轄法院的選擇符合民事訴

態度看，司法實踐有向「客觀標準」轉變的跡象[43]。而且，2022年民事訴訟法第35條列舉了五個地點，這是否意味著只要選擇的法院若位於這些客觀標誌地，即可認定存在實際連繫？尤其對於格式合同中，約定客觀標誌地管轄的選擇法院條款之效力認定，中國司法實踐中是存在矛盾的[44]。同時，在法律選擇問題上，中國現行司法實踐已摒棄了實際連繫要求[45]。如果在認定管轄協議之有效性問題上，仍然堅持這一原則，且繼續以當事人法律選擇的事實，作為認定依據的話，既有邏輯依據問題，也有與現實的矛盾問題。

　　第二，有可能限制當事人挑選中立法院。當事人選擇的法院無須與爭議有實際連繫，已成為國際民商事管轄的趨勢之一[46]。海牙國際私法會議在該問題上態度的轉變，即是明證。這種變化的邏輯在於，國際民商事合

訟法的規定。參見唐德華主編，《民事訴訟理念與機制》，中國政法大學出版社，2005年，第668頁以下。

[43] 在「德力西能源私人有限公司與東明中油燃料石化有限公司買賣合同糾紛案」中，最高人民法院認為，德力西公司未提供證據證明英國與本案爭議存在實際連繫，山東高院關於雙方當事人將管轄權交由英國倫敦高等法院的約定無效的意見是正確的〔參見最高人民法院（2011）民提字第312號民事裁定書〕。目前司法實踐多強調選擇的外國法院必須與訟爭的涉外民事法律關係有某種客觀外在的實際連繫，僅當事人約定適用特定外國法並不能構成該外國法院與爭議有實際連繫，如無其他實際連繫的連結點，應當認定協議選擇管轄法院條款無效。參見江必新、何東寧、李延忱等編著，《最高人民法院指導性案例裁判規則理解與適用——民事訴訟卷》上，中國法制出版社，2014年，第153頁。

[44] 例如「燕豐進出口公司與法國達飛輪船有限公司海上貨物運輸合同糾紛案」（法寶引證碼：CLI. C. 874998）和「溫州市輕工工藝品對外貿易公司與法國達飛輪船有限公司海上貨物運輸合同糾紛案」（法寶引證碼：CLI.C.848846）案情類似，但天津高院和福建高院在管轄依據上卻有截然相反的態度。參見北大法寶：http://www.pkulaw.cn/case（最後瀏覽日期：2018/7/7）。

[45] 參見2020年《最高人民法院關於適用〈中華人民共和國涉外民事關係法律適用法〉若干問題的解釋（一）》第5條。

[46] 參見李浩培，《國際民事程序法概論》，法律出版社，1996年，第64頁。一般而言，目前的普遍趨勢是允許當事人選擇一個中立法院來處理當事人之間的爭議，例如《公約》第3條、《布魯塞爾條例Ⅰ》第23條第1款。但是，為了保護弱者的利益，一些例外的限制，還是有必要的，例如，針對消費者合同和僱傭合同等。

同當事人有強弱之分，但也不排除雙方當事人經過實質公正協商後，有協議選擇中立第三國法院之可能。要求選擇與爭議有實際連繫的法院管轄，不僅在某種程度上有可能使當事人無法選擇中立法院管轄，而且還可能使當事人最終無法達成國際民商事契約。

第三，一定程度上會限制中國法院的管轄權。一方面，在中國與並不要求實際連繫的國家之間，不僅可能產生平行訴訟，而且在兩國法院均不認可對方管轄權的有效性時，遑論判決能夠得到對方的承認和執行，當事人的爭議最終亦無法得到有效解決。另一方面，雙方當事人為外國人卻選擇中國法院管轄且案件與中國無實際連繫的情形雖然較少，但並不能否認這種可能性的存在。伴隨中國全面依法治國的推進，中國法院在涉外民商事審判上的國際公信力逐步提高，中國法院作為被選擇法院的概率也會增加（如中國在海事訴訟領域的相關實踐）。從長遠看，一味堅持實際連繫原則，反而可能束縛了自己的手腳。

總的來看，中國目前堅持實際連繫原則，實際上是一種特定情勢下的「臨時措施」，是發展中國家維護國家利益和國民利益的權宜之計。但從國際民商事交往的總體趨勢看，尤其從促進國際民商事交往，公平保護當事人利益著眼，我們應當認識到，將實際連繫作為協議管轄的前提，在某種程度上是對當事人解決爭議方面意思自治的侵損。

四、智慧財產權問題

智慧財產權問題是各國在《公約》談判過程中，最為關注且爭論最為激烈的核心問題之一。《公約》最終將以下事項排除在其調整範圍之外：第一，版權及鄰接權以外的智慧財產權的有效性；第二，侵犯版權及鄰接權以外的智慧財產權，但因違反涉及智慧財產權的合同所引發的權利侵害訴訟除外[47]。在判決承認與執行方面，《公約》對涉及智慧財產權的先決問題，確立了一項特殊例外規則，即如果作為案件先決問題的，是版權和

---

[47] 依《公約》第2條第2款n項及o項規定，《公約》不適用於「(n)版權及鄰接權以外的智慧財產權的有效性；(o)版權及鄰接權以外的智慧財產權侵權，除非侵害權利的訴訟是因或者本可以因違反了當事人之間涉及這些權利的合同而提起」。

鄰接權以外的智慧財產權的有效性，則不能以涉及此類智慧財產權的有效性為由，拒絕承認和執行案件主要問題的判決[48]。因此，與海牙國際私法會議以往相關條約草案所主張的管轄範圍相比[49]，《公約》作了一定收縮。這一方面是由於國際社會在智慧財產權協議管轄問題上分歧較大[50]，另一方面是由於相當一部分國家基於智慧財產權的地域性和專利權及商標權登記或註冊的特點，將相關侵權爭議歸於專屬管轄範疇，不允許當事人意思自治[51]。但如果將《公約》第2條和第10條結合起來看，這種收縮其實又是不太明顯的。儘管如此，《公約》已對包括非《公約》簽署國在內的一些國家產生了一定影響[52]。

---

[48] 當然，《公約》第10條第3款規定了兩項例外：1.關於智慧財產權有效性的認定與根據其法律產生智慧財產權的國家的主管機關就此作出的判決或決定不一致；或者2.在該國關於該智慧財產權有效性的訴訟正在進行。

[49] 1999年《草案》將關於登記性智慧財產權的規定集中在專屬管轄中，將其他類型的智慧財產權歸入一般管轄範疇，但這一做法引起了許多國家的強烈反對。

[50] 如美國法學會2007年出臺《智慧財產權：跨國糾紛管轄權、法律選擇和判決原則（最終建議草案）》（下稱「ALI原則」）將因版權、鄰接權、專利權、商業秘密、商標權、其他智慧財產權以及與這些權利相關的協議而產生的糾紛，甚至TRIPs協議強制執行以外的「精神權利」（moral right）和「限制使用受讓的資訊的合同權利」（contractual right limiting the use of transferred information），均納入其調整範圍。而且，「ALI原則」不僅規定了當事人協議選擇法院的權利，還承認了默示協議、格式合同的效力，甚至將習慣做法或商業慣例也視為有效協議。See *Intellectual Property: Principles Governing Jurisdiction, Choice of Law, and Judgments in Transnational Disputes* (proposed final draft, March 30, 2007), p. 50. 但這一做法立即引起歐洲學者的憂慮。歐洲學者認為，基於美國法院在這一領域豐富的經驗和高超的專業技術，美國法院通常會成為被指定法院，這會使其他國家感到沮喪。See Frangois Dessemontet, A European Point of View on the ALI Principles--Intellectual Property: Principles Governing Jurisdiction, Choice of Law, and Judgments in Transnational Dispute, 30 *Brook. J. Int'l L.* 849 (2004-2005).

[51] Andrea Schulz, The Hague Convention of 30 June 2005 on Choice of Court Agreements, 2 *J. Priv. Int'l L.* 243 (2006).

[52] 以*LG v. Obayashi Co. and Tanaka*案為例，首爾地區法院根據1999年《草案》第12條之規定，認定專利權轉讓合同爭議屬專屬管轄，當事人間協議選擇法院的行為無效。但首爾高等上訴法院則參考了《公約》第2條第2款o項之規定，認可當事人之間的管轄協議，並據此作出判決，該判決得到韓國最高法院的支持。目前美國法

　　從《公約》的規定及已經產生的影響看，中國批准《公約》所面臨的主要問題為：

　　第一，中國現行智慧財產權管轄制度將面臨新挑戰。這主要緣於中國現有實踐與《公約》的差距。對於「版權和鄰接權之侵權」這一未被《公約》排除的事項，中國現行立法未認可協議管轄制度，而是適用一般侵權行為的管轄規定[53]。同時，可否將「版權和鄰接權之侵權」及「因違反涉及智慧財產權的合同的權利侵害訴訟」解釋為2022年「民訴法解釋」第529條規定之「涉外合同及其他財產權益糾紛」，進而允許當事人書面協議選擇被告住所地、合同履行地、合同簽訂地、原告住所地、標的物所在地、侵權行為地等與爭議有實際連繫地點的外國法院管轄，我國現有司法實踐並不明確[54]。

　　第二，可能減損對我國當事人利益的保護。在智慧財產權貿易中，發達國家當事人可能利用其技術優勢，迫使中國當事人依據《公約》同意選擇其他國家的法院作為管轄法院，加之外國企業在語言、文化交流與傳播、訴訟資源上往往占據優勢，中國當事人會面臨更多利益受損的風險。此外，依據《公約》第10條之規定，若《公約》所排除的智慧財產權事項作為先決問題產生時，以該先決問題為基礎的判決，不應依據《公約》

院已經基於禮讓原則對該判決予以承認和執行，但日本法院卻以該案歸日本法院專屬管轄為由而拒絕執行該判決。Marta Pertegás, *WIPO-ILA Seminar on Intellectual Property and Private International Law*, available at: https://www.hcch.net/en/news-archive/details/?varevent=457 (last visited: 2018/7/7).

[53] 2022年民事訴訟法第29條規定，因侵權行為提起的訴訟，由侵權行為地或者被告住所地人民法院管轄。另見2022年「民訴法解釋」第24條、第25條。

[54] 對於智慧財產權合同爭議，最高人民法院的實踐表明，中國允許當事人協議選擇與爭議有實際連繫的外國法院管轄。參見「山東聚豐網路有限公司與韓國MGAME公司、第三人天津風雲網路技術有限公司網路遊戲代理及許可合同糾紛案」，最高人民法院（2009）民三終字第4號民事裁定書。但對於智慧財產權侵權爭議是否允許當事人協議選擇有實際連繫的外國法院管轄，目前最高人民法院在司法實踐中並無明確立場。在「渡邊淳一與文化藝術出版社侵犯著作財產權糾紛案」中，上海市第一中級人民法院認可當事人針對著作權合同爭議選擇與爭議有實際連繫的外國法院管轄，但否定當事人可針對著作權侵權爭議選擇與爭議有實際連繫的外國法院管轄。參見（2008）滬一中民五（知）初字第210號裁定書。

得到承認與執行。但是，當先決問題涉及版權及鄰接權以外的智慧財產權（如專利、商標、外觀設計等）的有效性時，只有在對該先決問題的裁判與權利來源國主管機關，就該問題的判決或決定不一致，或權利來源國法院關於該智慧財產權有效性的訴訟程序正在進行時，才可以拒絕承認與執行此類判決。顯然，《公約》對拒絕承認和執行以版權及鄰接權以外的智慧財產權有效性為先決問題的判決之理由，是予以嚴格限制的，這就使得這類智慧財產權的有效性問題，不再受地域性限制。從根本上看，這是有利於在智慧財產權領域擁有優勢的國家的。因而，對於中國而言，若將涉及版權及鄰接權以外的智慧財產權的有效性，作為先決問題之事項納入《公約》的範圍，對中國當事人利益的保護是不利的。

五、懲罰性賠償判決

懲罰性賠償（punitive damages）判決的承認與執行問題，是《公約》起草過程中最有爭議的問題之一。涉及懲罰性賠償判決的承認與執行的《公約》第11條表明：（一）《公約》區分補償性和非補償性賠償。儘管，《公約》第11條在文義上，並未明確對賠償的補償性和非補償性（懲罰性）予以區分，但《公約》解釋報告指出，懲罰性賠償的目的，在於懲罰被告並阻卻未來的不法行為。這種性質的賠償，是相對於補償原告實際遭受損害的補償性賠償而言的[55]。在此基礎上，《公約》確立了分割承認方法，以確保締約國不應因判決涉及懲罰性或懲戒性功能就加以拒絕[56]；（二）《公約》出於對商事交易主體利益的保護，對懲罰性賠償判決採取有限認可態度。儘管，《公約》第11條第1款規定，判決所確定的包含懲罰性賠償在內的損害賠償，若並非賠償當事人的實際損失或所受傷害的，則可以在該限度之內拒絕承認或執行該判決。但對該款的適用，《公約》解釋報告主張予以嚴格限制：其一是對於懲罰性判決，締約國法院並非絕

---

[55] 參見前註6，Trevor Hartley等報告，第204段。

[56] 同上註，第205(g)段。

對拒絕承認，而是可以選擇承認此類判決[57]。而且，締約國法院拒絕承認與執行懲罰性判決僅為例外情形[58]。再者，是不能僅以公共政策為由，拒絕承認懲罰性判決[59]；（三）為便於判決的承認和執行，《公約》盡可能對「懲罰性」予以淡化：首先是「懲罰性」為一個自治的（autonomous）概念，其界定不應簡單依據原審法院和被請求國法院有關損害的法律；其次是《公約》傾向採納比例原則，即被請求國只能拒絕承認和執行明顯超出實際損害的賠償額部分[60]；再者是將違約賠償金和法定賠償金作為補償性賠償而非懲罰性賠償[61]；（四）《公約》規定的損失範圍較為寬泛。《公約》所謂的損失，既包括當事人實際遭受的損失，也包括未來的損失[62]。而且，《公約》解釋報告將訴訟費用和開支（costs and expenses of proceedings）歸為損害賠償考慮的範圍（但並未明確其屬於補償性賠償還是懲罰性賠償）[63]。另外，《公約》雖排除了人身損害所引發的精神損害賠償問題，但仍將侵害隱私及名譽毀損所產生的精神損害賠償納入其適用範圍，包含此類賠償的判決亦可得到承認[64]。

中國民法典、侵權責任法、消費者權益保護法、食品安全法、商標法、旅遊法等均確立了懲罰性損害賠償制度。從《公約》的現有規定以及中國實踐看，中國面臨以下問題：

第一，懲罰性賠償的界定問題。從部分國家的實踐看，與懲罰性賠償相近但存在區別的，有所謂加重賠償（aggravated damages）。《公約》第11條規定的例外中，並未提及加重賠償。那麼，加重賠償是補償性賠

---

[57] 同上註，第205(i)段。

[58] 同上註，第205(h)段。

[59] 同上註，第205(g)段。

[60] 同上註，第205(d)段。

[61] 同上註，第205(e)段。

[62] 同上註，第205(c)段。

[63] 同上註，第205(j)段。

[64] 同上註，第65段。

償，還是懲罰性賠償？對於加重賠償判決，是否應予承認和執行[65]？而且，有觀點認為，「懲罰性賠償的目的，並非為懲罰被告，而是為了賠償受害人的實際損失和預防未來傷害。[66]」中國懲罰性賠償制度是旨在規制或懲戒「具有類似犯罪性質」之惡意侵權行為，還是主要為了充分補償原告的損害[67]，也尚須進一步澄清。因而，解決國內外對懲罰性賠償界定的衝突，是處理此類判決承認與執行問題的前提。

伴隨懲罰性賠償的界定問題而來的，就是在對懲罰性賠償判決的承認和執行中，要不要適用分割承認方法和比例原則的問題。一方面，若採用《公約》宣導的「分割承認」方法，就必須對判決中的補償性和懲罰性內容予以區分。這既牽涉對判決的識別問題，也牽涉識別的依據問題[68]，但根本上，仍取決於對懲罰性賠償的界定。同時，該方法在具體運用中，可能與判決承認與執行中的「禁止實質性審查原則」相悖。中國在實踐中雖然逐步傾向採用分割承認方法[69]，但分割方法本身被視為一把「雙刃劍」，要適用該方法，既要解決制度層面上的障礙，又要克服法官自由裁量水準方面的困難。另一方面，從中國目前對懲罰性賠償的態度考慮，

---

[65] Anthony Gray, Enforcement of Punitive Damages Awards in the Convention on Choice of Court Agreements, 17 *Williamette J. Int'l L. & Dis. Res.* 116 (2009) .

[66] Jason E. Kelley, Seeking Justice for Pollution Victims in China: Why China Should Amend the Tort Liability Law to Allow Punitive Damages in Environmental Tort Cases, 35 *Seattle U. L. Rev.* 527, 529 (2012).

[67] 國內有學者認為，懲罰性賠償是對惡意、惡劣行為所造成嚴重損害的全部填補。所謂「超額」賠償，實際上是對可見損害背後無形損害的賠償。由於無形損害難以用金錢衡量，故以可預見損害的合理倍數予以計算。參見馬新彥，《內幕交易懲罰性賠償制度的構建》，《法學研究》，第6期，2011年，第116頁以下。

[68] 儘管，《公約》解釋報告指出，該問題並不能簡單依據被請求國法律，但不可否認被請求國法律在其中所起的主要作用。參見前註6，Trevor Hartley等報告，第205(f)段。

[69] 《最高人民法院關於承認和執行外國法院民商事判決若干問題的規定》（草案，2017年6月第六稿）第22條規定，人民法院經審查認為應部分不予承認和執行外國法院民商事判決，且不予承認和執行部分與判決其他部分可分的，人民法院可以裁定部分承認和執行。可見，中國在未來的相關實踐中，可能更傾向於分割方法的適用。

是否有必要採納比例原則，以及如何確定比例原則的適用，尤其是比例原則的具體範圍和內涵不確定，比例原則的具體適用條件和標準均較難把握等，都將是中國立法及司法實踐面臨的難題。當然，比例原則的適用，有助於法院在當事人的實際損害範圍之外，承認和執行判決中具有救濟功能的懲罰性賠償部分，並降低高額懲罰性賠償判決在中國執行的可能性。

第二，懲罰性賠償所涵蓋的範圍問題。如前所述，《公約》解釋報告認為，對訴訟費用和開支，《公約》不宜設計明確規則決定其究竟屬於補償性賠償，抑或懲罰性賠償[70]。可見，對訴訟費用和開支性質的認定，仍屬締約國法院自由裁量的事項。在外國判決將高昂訴訟費用和開支明確列為補償性賠償專案的情況下，中國現行立法和司法解釋，僅對訴訟開支和費用的承擔問題作出了有限規定，其無法為法官提供充分行使自由裁量權的依據[71]。另外，《公約》第2條第2款j項雖排除了自然人或其代表提出的人身傷害訴訟[72]，但並未排除精神性人格權損害。對於這類非金錢性損失，英美法系國家多允許進行懲罰性損害賠償[73]。中國立法雖承認範圍寬

---

[70] 參見前註6，Trevor Hartley等報告，第205(j)段。

[71] 國務院2006年《訴訟費用交納辦法》第6條規定，當事人應該向人民法院交納的訴訟費用包括：1.案件受理費；2.申請費；3.證人、鑑定人、翻譯人員、理算人員在人民法院指定日期出庭發生的交通費、住宿費、生活費和誤工補貼。該辦法規定，訴訟費用一般由敗訴方承擔。2017年《民事訴訟法》第152條規定，判決書應當寫明判決結果和作出該判決的理由。判決書內容包括：……3.判決結果和訴訟費用的負擔……。司法實踐中，訴訟開支原則上由雙方當事人自己承擔。對於勝訴方合理的訴訟開支（不涉及律師費），僅在有特別規定的案件類型中由敗訴方承擔，如著作權法第49條、《最高人民法院關於審理專利糾紛案件適用法律問題的若干規定》第22條、《反不正當競爭法》第17條第3款等規定即如此。對於律師費，僅個別司法解釋如最高人民法院《關於適用〈中華人民共和國合同法〉若干問題的解釋（一）》第26條明確了律師費的承擔問題。可見，關於訴訟費用和開支，中國現行規定並未明確其屬於補償性賠償或者懲罰性賠償，亦未提供補償性賠償與懲罰性賠償的區分標準。

[72] 根據《公約》解釋報告，人身傷害包括精神打擊（nervous shock），例如，目睹家庭成員的死亡等。但人身傷害不包括對非物質性人格權利的侵害，如侵犯隱私權和名譽權。參見前註6，Trevor Hartley等報告，第65段。

[73] 懲罰性賠償產生之初，就主要適用於誹謗等使受害人遭受名譽損害及精神痛苦的案件。See David G. Owen, Punitive Damages in Products Liability Litigation, 74 *Mich. L.*

泛的精神損害賠償[74]，允許追索非金錢損失（包括精神損害賠償在內），但僅適用一般性補償原則。批准《公約》後，若外國法院作出的高額精神損害賠償判決需中國法院承認和執行時，依據《公約》解釋報告，在不能簡單依據被請求國有關損害的法律判斷該賠償是否具有懲罰性之情況下，中國關於精神損害的有限賠償數額之實體法規定，將難以發揮其在分割承認方法適用中的作用。

　　第三，公共秩序保留制度的適用問題。從既有實踐看，拒絕承認和執行外國懲罰性賠償判決的國家，多以公共秩序保留制度為據[75]。但堅持這一傳統做法的國家如德國和法國，已有所緩和[76]。儘管，中國在域外判決承認與執行問題上，對該制度的適用較為謹慎，但並不能說《公約》締約國的懲罰性賠償判決在中國的承認與執行，絕不會引發公共秩序保留的適用問題。雖然，目前還沒有根據公共秩序拒絕承認的實例，但如何合理、適度地適用公共秩序保留制度，仍是亟待解決的問題。

Rev. 1257 (1976).

[74] 參見葉金強，《精神損害賠償制度的解釋論框架》，《法學家》，第5期，2011年，第87頁以下。

[75] 如《德國民法典施行法》第40條第3款明確禁止判處非補償性損害賠償，因此，任何非補償性的損害賠償判決，都是與德國基本法原則相違背的。而根據德國《民事訴訟法》第328條第4項，如果外國判決的結果與德國法的基本原則不相協調，特別是與德國的憲法性權利不相協調，判決之認可與強制執行將被拒絕。因而，懲罰性判決包括與懲罰性判決類似的判決，都無法在德國得到承認與執行。參見〔德〕貝福柯，《德國懲罰性損害賠償的神話與現實》，王萍譯，載王洪亮等主編《中德私法研究》第10卷，北京大學出版社，2014年，第131頁。

[76] 近年來，德國法院在人格權侵權、僱傭歧視、智慧財產權侵權和不正當競爭案件中所作的判決，已具有和美國懲罰性賠償判決類似的性質，即試圖通過高額的賠償，來預防或阻卻類似行為的發生。有學者認為，從這些判例中，可以推知懲罰性判決在德國應該是被允許的。See Madeleine Tolani, U.S. Punitive Damages Before German Courts: Comparative Analysis with Respect to the Ordre Public, 17 *Annual Survey of International & Comparative Law* 185-208 (2011). 2010年的「方騰案」（Fountaine）中，法國法院認為懲罰性賠償制度本身並不違背法國的公共政策，只是賠償數額不符合比例原則，構成對法國公共秩序的違背。See Benjamin West Janke and François-XavieLicari, Enforcing Punitive Damage Awards in France after Fountaine Pajot, 60 *Am. J. Comp. L.* 775-804 (2012).

　　總之，對於懲罰性賠償制度本身及相關判決的承認與執行，鑑於中國相關立法和司法實踐與其他國家存在顯著差異，全盤接受《公約》的相關規則並無可能。在中國及中國當事人利益的保護與當事人獲得有效司法救濟的權利之保護之間，仍然需要予以適當平衡。

貳、中國批准《公約》的主要對策

　　在《公約》已經生效且中國已經簽署《公約》的情勢下，基於前述《公約》核心條款對中國可能產生的影響，中國民眾既要對批准《公約》的立場有清醒認識，也要提前備好批准《公約》的應對之策，並選擇好批准《公約》的時機。

一、批准《公約》的立場問題

　　前述表明，從總體上看，《公約》更有利於目前在國際貿易和投資領域擁有若干優勢的西方發達國家。儘管如此，對於中國批准《公約》的必要性及可行性，仍是不容置疑的：

　　其一，批准《公約》，有助於在締約國之間為國際貿易及投資的當事人建立有效的爭議解決機制。《公約》為實現其宗旨，首先明確了參與特定國際民商事交往的當事人之協議管轄，確立了管轄協議效力問題的「被選擇法院地法」這一準據法原則，設定了締約國之間承認和執行依管轄協議所生判決的義務及若干例外，並設計了若干限制管轄權及判決承認與執行的聲明條款，形成了協議管轄及判決承認與執行的統一規則，來達成締約國之間的司法合作。《公約》所構建的這一機制，成為其實現判決在締約國之間「自由流動」的保障，也能最大程度地提高爭議解決的實效性。首先，《公約》對排他性選擇法院協議著力支援的傾向，將簡化涉外民商事管轄權的認定過程[77]。其次，《公約》在賦予選擇法院條款獨立

---

[77] 參見前註6，Trevor Hartley等報告，第12-13段。

效力的同時，盡可能保障當事人選擇法院協議的有效性[78]。與現有國際實踐相比，《公約》對管轄權積極衝突的協調，對平行訴訟概率的降低，都具有獨特性。儘管《公約》在選擇法院協議的效力認定方面，其可預見性還有缺憾，但在選擇法院協議效力認定的一致性方面，《公約》所做的努力是有助於實現判決在締約國之間「自由流動」的。再則，《公約》在明確締約國負有義務承認和執行其他締約國依據選擇法院協議作出的判決的同時，也進一步將締約國拒絕承認和執行相關判決的理由限制在特定範圍內，這在一定程度上有助於確保被選法院所作判決在締約國得到承認和執行。從判決實效性的角度而言，批准《公約》，自然可以有效提升國際民商事訴訟對於當事人的吸引力，從而在國際商事爭議解決領域，形成與仲裁相平行的機制。

因而，批准《公約》有助於彌補目前我國判決（尤其是金錢判決）在域外承認與執行方面的制度性缺憾。一方面，中國與存在重要經貿關係的國家和地區（如美國、歐盟和日本等），尚未締結雙邊民商事司法協助條約[79]。而且，現有的雙邊條約中，相關規定多為原則性規定，缺乏可操作性。另一方面，在無條約關係的情勢下，一般以互惠原則作為判決承認與執行的依據。而無論國際社會還是中國，對互惠原則的實施，往往局限於「事實互惠」，從而形成「事實互惠」與判決承認與執行之間的惡性循環。因此，中國批准《公約》，自然可以彌補現有雙邊司法協助條約機制及互惠原則之不足。而且，《公約》及其所要保障的判決「自由流動」機制，會對中國涉外民商事管轄制度提出更高的要求，由此產生的改進和完

---

[78] 《公約》之目的就是要「使得當事人的選擇法院協議盡可能有效」。同上引報告，第1段。

[79] 截至2022年7月，中國與39個國家簽訂了民商事司法協助條約。簽約國家分別為：義大利、匈牙利、新加坡、西班牙、突尼斯、泰國、摩洛哥、秘魯、科威特、法國、韓國、波斯尼亞、保加利亞、巴西、埃塞俄比亞、阿拉伯聯合酋長國、阿爾及利亞、伊朗、烏克蘭、立陶宛、羅馬尼亞、越南、希臘、烏茲別克斯坦、土耳其、塔吉克斯坦、塞浦路斯、蒙古、老撾、吉爾吉斯斯坦、哈薩克斯坦、古巴、俄羅斯。詳見外交部官網：http://treaty.mfa.gov.cn/web/index.jsp（最後瀏覽日期：2022/8/11）。

善動力，將有助於中國司法制度在國際競爭和博弈中擴大影響力。

其二，保障對外開放基本國策的落實，增強制定國際規則的話語權。在新一輪經濟全球化和我國積極促進「一帶一路」國際合作的背景下，中國依託《公約》賦予當事人意思自治，並保障其權利義務的實現，可以有效降低當事人在對外貿易和對外投資中的風險，增強當事人參與國際民商事交往的積極性。另一方面，中國積極參與了《公約》起草與談判的整個過程，在公約相關條款的設計上，充分表達了中國的立場與關注[80]。《公約》無論是將部分智慧財產權事項排除在適用範圍之外，還是針對涉及重大利益的特別事項確立的保留條款，在很大程度上都與中國的利益訴求基本一致。中國批准《公約》，並非在根本上減損中國及中國當事人的利益。在中國參與國際民商事交往規則的制定、修改方面，在目前話語權甚為有限背景下，選擇批准《公約》，既可為日後對《公約》之修訂爭取更多話語權機會，也可避免在這一領域游離於國際遊戲規則之外的尷尬。

其三，基於長遠利益考量，中國批准《公約》的可行性也是可以肯定的。首先，中國立法及實踐與《公約》儘管還存在若干差異，但尚不存在不可調和的衝突與矛盾。而且，中國可以通過《公約》中的保留或聲明條款，降低可能存在的風險。其次，批准《公約》後，雖暫時面臨「案件國際轉移」及請求承認和執行的域外判決的湧入，但這類難題，將伴隨中國涉外民商事法治的完善得以減輕或化解。前述《公約》並不要求實際連繫原則的做法，可能助長當事人選擇與爭議無實質連繫的中立國法院訴訟[81]。《公約》對「國際性案件」界定相對寬泛，為當事人挑選法院提供了便利，實質上也將壓縮中國涉外民商事案件的管轄權範圍[82]。只要滿

---

[80] 參見高曉力，《海牙國際私法會議〈選擇法院協議公約〉與對我國涉外民商事審判的影響》，《人民司法》，第3期，2006年，第85頁以下。

[81] 參見前註46，李浩培書，第64頁。

[82] 《公約》第1條第2款將管轄案件的國際性界定為：「為本公約第二章的目的，除非當事人都居住在同一締約國，且當事人之間的關係和其他與爭議有關的因素僅與該國有關之外，案件是國際性的。」而且，依《公約》在第4條第2款中對法人實體的

足當事人是不同締約國居民或法人，或與爭議有關的其他因素與其他國家有連繫，外國法院就可以基於管轄協議而擁有管轄權[83]。與此同時，《公約》採取「排除法」，並不禁止締約國對其他締約國國內案件進行管轄。並且，《公約》第19條所規定的聲明只是締約國片面作出，對其他締約國沒有約束力，這就在實際上擴大了《公約》的適用範圍。因此，從某種程度上講，《公約》的制度設計，無形中是對當事人挑選法院的鼓勵。由《公約》的上述情況所導致的「案件國際轉移」，必然會給中國司法主權帶來巨大挑戰。對此，人們應意識到，目前中國涉外民商事立法及司法實踐還有諸多待完善之處，但這並不意味著我們不能有這樣的期許：伴隨全面依法治國進程的推進，中國法院公正高效解決涉外民商事爭議的能力也將不斷提升，中國將逐步成為對國際民商事主體具有吸引力的爭議解決中心。近年來中國在海事爭議解決方面的建設成就，可資佐證[84]。

　　「案件國際轉移」現象，本質上緣於當事人對特定締約國法院的偏好。正因如此，在各國涉外民事司法制度競爭日趨激烈的今天，強化對當事人程序利益的保護，提升法院處理涉外民商事爭議的能力和效率，成為許多國家吸引國際商事合同當事人到本國法院訴訟，並藉此提升本國在國際商業版圖中地位和全球競爭力的重要舉措。顯然，從提高中國法院成為被選法院的機率著眼，中國當然有必要積極提升涉外民商事立法和司法水準，以便在《公約》下強化中國法院對當事人的吸引力。尤其要在遵照「加強涉外法律工作」之方針，進一步「完善涉外法律法規體系」之

「居住地」之寬泛規定，法人的法定住所、成立所依法律的所屬國或管理中心、主要營業地所在國，都可以被視為其居住地。

[83] 《公約》解釋報告針對該問題舉例加以說明：假設合同當事人都居住在葡萄牙，且合同在葡萄牙訂立並履行，合同當事人協議選擇日本法院管轄。而且，除葡萄牙外，案件與其他國家無任何連繫因素。於《公約》管轄規則的目的而言，此種案件並不屬於「國際性」案件。因此，如果合同一方當事人在葡萄牙起訴，《公約》第6條並不適用。如果合同當事人選擇在日本法院提起訴訟，日本法院依據《公約》第6條並無義務對該案行使管轄權。參見前註6，Trevor Hartley等報告，第42段。

[84] 參見何其生，《構建具有國際競爭力的國際民事訴訟制度》，《法制與社會發展》，第5期，2015年，第63頁以下。

同時，著重在提升中國涉外司法公信力及水準方面採取切實舉措[85]。實際上，在涉外民商事管轄權的理念上，中國應以開放立場看待當事人依據《公約》選擇外國法院作為爭議解決機構的做法。儘管，各國對於司法管轄權的爭奪甚為激烈，但並不意味著所有與中國或中國當事人存在連繫的案件，都必須要由中國法院管轄。如果抱著狹隘、封閉的心態，一味擴張中國司法管轄權，反而無助於中國當事人參與全球民商事交往。在經濟全球化與區域經濟一體化日益凸顯的當下，尊重並保障當事人訂立的選擇法院協議的效力，不僅是順應國際貿易發展的需要，而且有助於彰顯中國作為一個負責任、守規則、有擔當的開放大國的國際形象。

二、批准《公約》的對策

基於上述，中國除了應該有觀念和認識上的轉變外，同時還應有一系列完善涉外民商事法治的具體對策。這些對策既需要解決相關事項所涉及的國內法的修改完善問題，也要解決是否有必要對相關事項作出聲明的問題。

（一）對協議管轄中的弱者予以保護

這一對策，是基於前述《公約》所確立的「被選擇法院地法」這一準據法原則而提出的。國際民商事領域中的弱者，通常是指基於經濟、技術、資訊、權利配置、組織關係和智力體能等方面的判斷，在民商事交往中處於弱勢或不利地位的當事方[86]。當事人占有資源的不對等，會對協議中處於不利地位的當事人的公正權益產生消極影響。正因如此，《公約》締結過程中，歐盟明確要求把弱者保護原則納入其中，而美國則強調弱者保護原則，將對正當程序原則產生消極後果，強調協議的可執行性。最終《公約》僅排除適用於消費者合同、僱傭合同，而對於弱者保護問題採取

---

[85] 參見中國共產黨第十八屆四中全會《中共中央關於全面推進依法治國若干重大問題的決定》第七部分之「加強涉外法律工作」。

[86] 劉仁山主編，《國際私法》，中國法制出版社，2019年，第28頁。

了迴避態度[87]。

基於這種現狀，中國可以考慮充分利用《公約》第6條c項來達到對協議管轄中的弱者予以保護的目的。鑑於《公約》關於管轄協議效力的準據法原則，與商事交易中弱方當事人利益的保護及受案法院地國家的公共政策之間，存在內在的緊張關係，《公約》第6條c項亦規定，承認選擇法院協議的有效性將明顯不公正或明顯違反受案法院地國家的公共政策時，該協議應為無效。《公約》解釋報告指出，由於有些國家將公共政策嚴格界定為社會公眾的普遍利益，而並不涉及任何個人的利益，故即使對某一當事人顯然不公正，也不會被認為違反了公共政策[88]。由此，對於基於弱者保護之需，而介入選擇法院協議效力的判斷問題，可以藉助《公約》第6條c項規定的「明顯不公正」之例外規定。

依據《公約》解釋報告，「明顯不公正」主要包括三種情形：一是因偏見或腐敗的原因，一方當事人在被選擇法院將不能得到公平審判；二是因一方當事人的特殊原因，而導致其不能到被選擇法院進行訴訟；三是選擇法院協議是一方當事人受到欺詐的結果[89]。而且，相對於「明顯違反公正政策」例外，《公約》通過對「明顯不公正」的解釋，賦予了未被選擇法院相當大的自由裁量權，法院只須考慮某一當事人的特殊情況，而無須考察社會的整體利益。此外，「明顯不公正」之例外的適用，可以直接依據案件的具體事實，或者僅依據公平原則加以決定[90]。

總之，《公約》為「被選擇法院地法」原則所設置相應例外，主要目的雖然是為了平衡被選擇法院和未被選擇法院之間的利益，但我們也可以考慮如何充分利用這些例外規則來保護弱者。儘管，尚無締約國對該例外條款的適用作出解釋的實踐，但此種例外條款能夠成為矯正個案不公的依

---

[87] See E. Kerns, The Hague Convention and Exclusive Choice of Court Agreements: An Imperfect Match, 20 *Temp. Int'l & Comp. L.J.* 509 (2006).

[88] 參見前註6，Trevor Hartley等報告，第153段。

[89] 同上註，第152段。

[90] 同上註，第151-152段。

據，已得到德國聯邦最高法院相關司法實踐的佐證[91]。

(二) 對《公約》第22條進行充分評估

這裡主要涉及的是，對於依據非排他性選擇法院協議所作判決的承認與執行問題，中國是否選擇依據《公約》第22條作出互惠聲明。

在該問題上，中國目前的實踐與《公約》尚存在一定差異。批准《公約》雖可以有效改善判決承認執行中所面臨的困境，但中國現階段還不具備全然接受和認可的條件。主要原因在於：對平行訴訟和關聯訴訟所帶來的問題，尚無有效的、相對統一的解決方式；對於非排他性選擇法院協議的認定問題，各國實踐不同，有可能導致在判決承認與執行問題上雙邊不對等；在當前中國對外交往越加頻繁的背景下，中國當事人成為國際訴訟中被告的機會增多，對該類判決若一概予以承認與執行，從某種程度上講，並不一定有利於保護中國當事人。截至目前，已批准《公約》的歐盟及其他國家還未對此作出聲明，即使中國依據該條作出聲明，所發揮的作用自然也是有限的。由此，中國現階段較為現實的選擇是，對《公約》第22條採取不予聲明的態度。即對基於非排他性管轄協議的判決，依據中國2022年民事訴訟法第289條的規定，僅對於符合條件的相關判決予以承認和執行。同時，為了更好地適用《公約》之規定並應對《公約》所帶來的影響，中國應進一步加強「非排他性協議」的認定及效力問題研究，完善相關立法及司法實踐。

(三) 對實際連繫原則的取捨

《公約》已經放棄在協議管轄上的實際連繫要求，且在協議管轄上堅持實際連繫原則的弊端，已得到不少國家的認同。但《公約》第19條仍

---

[91] 在涉及德國私人投資者在格式合同中選擇紐約州或倫敦法院管轄的案件中，德國聯邦最高法院認為，被選擇外國法院所屬國並無保護私人投資者的強制性規則，因而依據公共政策條款否認了當事人協議選擇法院條款的效力。See Matthias Weller, Choice of Court Agreements under Brussels Ia and under the Hague Convention: Coherencesand Clashes, 13 *J. Priv. Int'l L.* 91 (2017).

然規定，締約國可以作出聲明，對無實際連繫的案件可以拒絕管轄。從支持當事人的意思自治，並契合《公約》在最大程度上尊重當事人訂立的選擇法院協議之目的而言，為堅持實際連繫原則而依據《公約》第19條作出聲明，顯然構成對當事人選擇管轄法院權利的重大限制，從而有悖於《公約》之宗旨。而且，《公約》設定該條的目的，也只是為減輕一些國家的司法負擔[92]。因此，伴隨中國涉外民商事法治水準的提升，若依據《公約》第19條作出聲明，既會束縛中國法院針對特定案件行使管轄權，也不利於中國法院作出的相關判決在域外的承認與執行。基此，中國不妨採取兩種思路來應對實際連繫原則的取捨問題：

1. 保留中國國內立法中的實際連繫原則，不對《公約》第19條作出聲明。依據2022年民事訴訟法第267條之規定，在中國與其他未對《公約》第19條作出聲明的締約國之間，中國可以不再適用實際連繫原則。同時，在中國與對《公約》第19條作出聲明的締約國之間，中國仍可堅持實際連繫原則。顯然，這種做法就無需在國內法中就實際連繫原則問題進行修法工作，也不影響在中國與對《公約》第19條作出聲明的締約國以及非《公約》締約國之間，仍堅持民事訴訟法第34條要求的實際連繫原則。

2. 捨棄我國國內立法中的實際連繫原則，不對《公約》第19條作出聲明。這就需要改變民事訴訟法第34條將國內協議管轄制度與涉外協議管轄制度合併規定的做法，並對涉外協議管轄制度與國內協議管轄制度予以區分，至少在涉外協議管轄制度上，不再堅持實際連繫原則。同時，捨棄2022年「民訴法解釋」第529條針對涉外協議管轄制度規定的實際連繫原則。顯然，這種思路實際上是借批准《公約》之機，在涉外協議管轄制度上澈底放棄實際連繫原則。

(四) 對智慧財產權事項的排除

基於中國在智慧財產權事項上所面臨的挑戰和問題，中國是否可依據《公約》第21條規定的「特別事項的聲明」，將所有智慧財產權事項作為

---

[92] 參見前註6，Trevor Hartley等報告，第230段。

有「強烈利益」而不適用《公約》的「特別事項」，這是目前需要考慮的對策。

《公約》第21條之規定，正是中國、俄羅斯等國基於本國專屬管轄及智慧財產權事項的實踐而提出，並得到各國廣泛支持的結果[93]。中國若利用《公約》第21條進行聲明，將包括違反智慧財產權合同而引發的權利侵害在內的所有智慧財產權問題，一併排除在協議管轄制度的適用範圍之外，當然是較為穩妥的辦法。但應注意以下方面：

1. 滿足「強烈利益」和「特別事項」兩個實體性條件。前者要求作出聲明的締約國應有合理理由，防止締約國藉機隨意作出聲明而侵損《公約》的普遍性價值[94]。後者則要求聲明排除的事項應具有與《公約》第2條所排除事項同樣的性質，且該被排除的事項能夠得到清楚和明確的界定，以防止聲明國作出一個概括性的排除事項，減損《公約》實施的明確性。中國若要依據《公約》第21條聲明排除智慧財產權事項，必須按上述要求明確作出闡釋。

2. 符合《公約》的透明度原則（第32條）及互惠原則（第21條第2款）的要求。前者要求該聲明必須通知《公約》保存機關，由保存機關向其他締約國通報，以避免有關締約國不負責任的聲明行為。後者則意味著，「如果一個締約國不準備把公約所體現的利益授予其他締約國，它也不能指望從公約中受益。因而，作出一個聲明就要付出一份代價。[95]」

總之，基於智慧財產權事項的特殊性，中國目前並無必要追求「一個大而全但並不可知的公約」，不妨藉助聲明條款將其排除在《公約》適用範圍之外。

但是，我們也應當認識到，目前根據《公約》第21條作出聲明，僅為權宜之計。從長遠看，注重並牢固樹立智慧財產權的保護意識，提高保護智慧財產權的水準，是國際民商事交往的主體，尤其是企業需要著重努力

---

[93] 參見孫勁，〈論海牙「選擇法院協議公約」的範圍和聲明條款〉，載黃進等主編《中國國際私法與比較法年刊》第19卷，法律出版社，2016年，第5頁。

[94] 參見前註6，Trevor Hartley等報告，第236段。

[95] 參見前註6，Trevor Hartley等報告，第238段。

的。伴隨中國智慧財產權輸出比重的增長，以及海外智慧財產權保護需求的增強，對依據《公約》第21條聲明的功能，也許很快就需要重新評估。

(五) 對懲罰性賠償判決承認與執行規則的明確

對懲罰性賠償判決予以有限承認和執行，已漸成趨勢。這種立場可確保在判決債權人與被請求國（包括該國當事人）之間達成利益平衡。基於此，為配合《公約》實施，中國有必要構建關於懲罰性賠償判決承認與執行的專門規則，並尤其明確以下兩點：

1. 明確懲罰性賠償判決識別的法律依據。中國法院在界定外國懲罰性賠償判決時，應採取較為謹慎的態度，不宜寬泛地將相關判決識別為懲罰性賠償判決。參考《公約》解釋報告，中國可在國內立法中明確，原則上應以中國法律作為識別懲罰性賠償判決的依據。對外國判決，中國法院可依中國實體法並考慮相關損害賠償的目的和功能，確定其是否屬於懲罰性賠償判決，以便對判決中填補當事人實際損害的部分予以認可。而對於懲罰性賠償部分，則視具體賠償範圍、數額以及造成損害程度的情況而定。

2. 確立分割方法作為懲罰性賠償判決承認與執行的路徑。儘管，《公約》第15條規定了判決承認與執行的分割方法，但基於懲罰性賠償判決的特殊性和複雜性，中國有必要專門針對此類判決的分割問題作出規定。對於包含懲罰性賠償的外國判決，若判處的懲罰性賠償金明顯高於實際損失的，則可以通過比較懲罰性賠償金與原告實際遭受的損害，來確定中國法院可予承認與執行的比例。但不能將比例原則的適用作為一個簡單的技術性問題來對待，而應給予中國法院一定的自由裁量許可權[96]。在適

---

[96] 例如，在首次引入比例原則的「方騰案」（Fountaine）中，法國法院直接比較懲罰性賠償金與原告實際遭受損害之間的比例，並認為美國判決在該比例上不符合1：1之要求而違反法國的公共秩序。對此做法，法國學者提出批評意見：懲罰性賠償金與原告實際遭受損害之間原本就是不相稱的，法國法院應比較懲罰性賠償金與不法行為人的過錯程度。See Nathalie Meyer Fabre, Enforcement of US Punitive Damages Award in France: First Ruling of the French Court of Cassation in X.v. Fountaine Pajot, 26 *Mealey's International Arbitration Report* 1, 2 (2011).

用比例原則時，中國立法及司法解釋中規定的「退一賠三」、「退一賠二」、「退一賠十」等實體法規則可供法院參考。對於外國判決中，明顯超出中國法律允許或法院接受的賠償部分，可依據《公約》第11條第1款之規定拒絕承認與執行。

三、批准《公約》的時機抉擇問題

儘管從長遠來看，中國應該批准《公約》，但從現實情況來看，在批准《公約》的時機抉擇問題上，還有如下情勢需要冷靜思考：

第一，從《公約》目前更有利於西方發達國家並可能導致民商事利益分配失衡之情勢，以及中國涉外民商事法律制度體系的現狀來看，中國參與國際民商事交易的主體，在提升化解風險、協調衝突的能力及水準上，都還需要經歷一個艱難週期。

基於對外國法律的不瞭解、對外國法院存在疑慮，以及高昂訴訟成本及語言障礙等方面的考慮，在外方當事人無特別要求的情況下，中國絕大多數當事人還是更傾向於選擇中國法院解決將來或已經產生的爭議。僅此而言，中國現階段是否批准《公約》，對中國大多數當事人來說影響不大，但我們不能忽視前述「案件國際轉移」以及需要中國承認和執行的外國判決大量湧入的可能。儘管，中國將完全具有應對批准《公約》後「案件國際轉移」問題的能力和舉措，但對「案件國際轉移」問題的協調或化解，既有賴於系統修法工作的完成，尤其是前述修法重點的完成，也有賴於中國當事人參與國際民商事交往水準的提高，更仰仗於中國涉外司法工作品質和信譽的提升，這無疑都需要一個較長週期。

第二，《公約》在現階段的影響力還甚為有限，普遍效力的獲得還有待時日。

儘管，《公約》已於2015年10月生效，但截至目前，批准《公約》的國家和地區僅為墨西哥、新加坡、歐盟和丹麥。其中，歐盟根據《公約》第30條作出聲明，歐盟是以區域經濟組織身分批准《公約》，其成員國雖然並未簽署、加入或批准《公約》，但由於歐盟已批准《公約》，其

成員國也應受《公約》約束[97]。參與《公約》制定的絕大多數成員國，仍在觀望中。這在某種程度上說明，《公約》的若干重要條款，還未能得到大多數國家接受。《公約》雖然設計了一些聲明和例外機制，但由於各國涉外民商事法治水準的差異，以及各國在《公約》關鍵性條款上的分歧，可以預見的是，《公約》普遍性目標的實現仍需時日。

　　《公約》的初衷是基於選擇法院協議建立多邊判決自由流動機制，但在《公約》框架內，中國作為締約方能否獲得明顯利益，除了要解決前述困難外，某種程度上，還取決於《公約》普遍性效力的提升狀況，尤其是並未與中國訂立相關雙邊條約及建立互惠關係的國家批准《公約》的情況。

　　第三，儘管，《公約》確立了靈活的「聲明機制」，但對《公約》的聲明畢竟非朝令夕改的行為。中國批准《公約》，是像歐盟那樣不作任何聲明，還是作出相應聲明，聲明什麼，都需要認真研究。

　　《公約》第39條明確規定，締約國根據《公約》相關條款所作的聲明，可以「在簽署、批准、接受、核准或加入時，或者此後任何時間作出，並且可以在任何時間予以修正或者撤回」。這雖然讓中國對批准《公約》不要有畏懼心理，但批准《公約》聲明與否及如何聲明，畢竟是國家外交行為。而且，中國需要觀察其他國家尤其是與其存在重要經貿關係國家對《公約》的立場，並研究《公約》後續的實施，評估中國現行法律制度完成前述修法和完善工作的進程與週期，這些都要求我們不可有莽然之舉。

---

[97] 《公約》報告解釋指出，《公約》中State既指國家，也指複合法域國家中有獨立法律制度的領土區域，同時還可以指區域經濟一體化組織。因此，歐盟的做法對中國有一定的借鑑意義。基於「一國兩制」基本國策及現已形成三法系四法域之國情，中國暫時並沒有統一的區際國際私法。依照《公約》第28條之規定，如果具有兩個或多個法律體制適用於其不同領土區域的國家將有關問題適用於本公約，則該國在簽署、批准、接受、承認或加入時可聲明本公約將擴展到其所有領土區域，或僅適用於其中一個或多個區域，並可在任何時間遞交另一聲明以修改此聲明。若中國大陸地區批准《公約》的時機尚未成熟，而特別行政區如香港具備條件並希望運用《公約》，那麼中國可以利用該條之規定，批准《公約》，使《公約》僅適用於指定的特別行政區。參見前註6，Trevor Hartley等報告，第17段。

基於上述，中國仍有必要進一步加強對《公約》的深入和系統研究，以選擇中國批准《公約》的時機。

參、結論：從《公約》看中國參與國際民商事新秩序的構建

《公約》將成為國際民商事領域的重要規則。《公約》本身是海牙國際私法會議自1992年開始計畫的國際民商事管轄領域所謂「混合公約草案」的重要內容，是在1999年《草案》及其「2001年臨時文本」基礎上折衷的結果。海牙國際私法會議自2012年重啟關於國際民商事管轄權和外國判決承認與執行公約談判以來，已經在2017年《外國法院判決承認與執行公約草案》基礎上，於2019年7月2日通過《承認與執行外國法院判決公約》（下稱《2019年判決公約》）。可以預見，《公約》和《2019年判決公約》及未來的《海牙管轄權公約》[98]，將使得規範國際民商事領域管轄權，及判決承認與執行問題的條約法體系基本形成。在國際民商事領域，更注重或強調當事人意思自治的今天，《公約》在這一條約法體系中的重要地位，將日益凸顯。儘管筆者認為，《公約》為實現判決自由流動之目的，在追求管轄協議效力認定一致性的同時，忽視了結果的預期性，一定程度上背離了意思自治原則。但目前國際民商事規則的制定，仍由西方主導，諸如此類是暫時還無法改變的情勢。當然，《公約》的缺憾，使得它本身在未來面臨更多挑戰的同時，也將使得海牙國際私法會議需要在意思自治原則和「被選擇法院地法原則」關係的處理上，作出進一步努力。

---

[98] 海牙國際私法會議管轄權專案專家組在《2019年判決公約》問世後即恢復相關工作。在管轄權專案專家組共計五次會議的工作成果基礎上，到2022年2月止，海牙國際私法會議已召開兩次管轄權項目工作組會議，主要就國際民商事訴訟中的平行訴訟問題、文書的適用範圍、排除事項、管轄權規則及更合適法院與平行訴訟的關係等問題進行討論，並將於2022年3月向海牙國際私法會議的總務及政策理事會（CGAP）報告。

　　中國簽署並最終批准《公約》，既面臨機遇也面臨挑戰。作為國際私法統一化方面最重要和最富影響力的政府間國際組織，海牙國際私法會議已經成為統一國際民商事規則的重要平臺。中國已參與包括《公約》在內的多個國際私法條約的談判和制定工作，批准《公約》，表明作為一個秉持對外開放政策的負責任大國，中國一直是國際民商事規則的踐行者。同時，對於擅長利用《公約》規則的中國當事人，其在參與國際民商事交往過程中的合法權益，也可以得到應有保障。但是，囿於《公約》的現有規則及其缺憾，無論從中國現行立法及司法實踐亟待完善的制度看，還是從中國當事人參與國際民商事交往的現狀看，我們還面臨諸多需要克服的困難。

　　當然，中國不應僅停留在對國際民商事規則的遵守層面，還應該積極參與國際民商事規則的制定。這既是中國「加快培育國際經濟合作和競爭新優勢」的必然要求，也是中國參與國際關係治理的重要行動和參與國際民商事新秩序構建的重要之舉。為此，可以將對《公約》的研究，作為中國積極參與國際民商事規則制定的基礎性工作。在當今新一輪經濟全球化、社會資訊化、文化多樣化持續推進的時代，在人類命運共同體的宏大願景已觸手可及的背景下，擴大同各國的利益交匯點，「繼續發揮負責任大國作用，積極參與全球治理體系改革和建設，不斷貢獻中國智慧和力量」，也是中國參與包括《公約》在內的國際民商事秩序構建中的重大任務和目標。由此，我們既要關注海牙國際私法會議的動態，也要充分發揮海牙國際私法會議凝聚各國關於國際私法問題最大共識的功能，並促進中國涉外民商事法律體系不斷完善。

司法互助域外電子送達之可行性探討[*]

蔡佩芬^{**}

壹、前言

國際上，英國最早第一個電子送達案例是在1996年，美國是2000年之後開始採用電子送達[1]。

電子跨境送達的立法規範，在2007年的歐盟成員國之間，剛開始起步，蓋2000年歐盟通過第1348號規則（Council Regulation (EC) No 1348/2000）[2]，建立了歐盟統一域外跨境送達機制的最高指導原則與準據法依據。而在科技日新月異的發展下，2007年歐盟通過第1393號規則（Council Regulation (EC) No 1393/2007）廢除並取代了2000年第1348號規則（Council Regulation (EC) No 1348/2000），在域外跨境送達的機制上，運用電子傳輸方式作為跨境送達方法，而其實內部成員國仍有阻滯情形，以及各國國情是否均可等同適用仍在衡量與適應中[3]，直到2014年，第910

---

* 本文重要內容已刊登於《科技法學論叢》，第17期，2021年12月。

** 亞洲大學財經法律系教授。

1 馮霞，〈中國涉外民事訴訟中電子送達立法檢視〉，《國立中正大學法學集刊》，第40期，2013年7月，第150頁。

2 Council regulation (EC) No 1348/2000 of 29 May 2000 on the service in the Member States of judicial and extrajudicial documents in civil or commercial matters, See Official Journal of the European Communities, L160/37 (30.6.2000).

3 Amato, Rosanna, Exploring the Legal Requirements for Cross Border Judicial Cooperation: The Case of the Service of Documents, p. 44, available at: https://www.ssoar.info/ssoar/bitstream/handle/document/62481/ssoar-eqpam-2012-2-amato-Exploring_the_Legal_Requirements_for.pdf;jsessionid=326B1DBF562B488471356A63C1A506F7?sequence=1 (last visited: 2021/12/25).

號歐盟規則終於將電子送達明文化，並且於2020年12月第1784號規則[4]中又進一步規範了去中心化之分散式電子送達方式。

　　我國在處理涉外案件之送達程序中，相關法規範有：《外國法院委託事件協助法》、《司法協助事件之處理程序》、《國際刑事司法互助法》。此外，目前另有國際協議或公約為：《海峽兩岸共同打擊犯罪及司法互助協議》、《中華民國（臺灣）政府與諾魯共和國政府刑事司法互助條約》、《中華民國（臺灣）政府與貝里斯政府刑事司法互助條約》、《駐美國台北經濟文化代表處與美國在台協會間之刑事司法互助協定》、《駐菲律賓臺北經濟文化辦事處與馬尼拉經濟文化辦事處間刑事司法互助協定》、《駐越南臺北經濟文化辦事處與駐臺北越南經濟文化辦事處關於民事司法互助協定》、《駐南非共和國臺北聯絡代表處與南非聯絡辦事處刑事司法互助協議》。

　　當我國請求外國進行司法互助者，是依據司法協助事件之處理程序第2點規定進行，比照《外國法院委託事件協助法》第2條至第8條之規定辦理，亦即須透過我國外交部以書面轉請他國進行司法互助；換句話說，送達主體是我國外交部，惟我國於受託國未設使領館或駐外代表機構者，可逕行函請最高法院囑託受託國最高法院協助，並以副本送司法院，如為第一審法院，並應以副本直接送其上級法院。縱然是依據《國際刑事司法互助法》規定，我國向外國請求進行刑事司法互助者，應經法務部轉請外交部向受請求國或國際組織提出，但有急迫或特殊情形時，法務部得逕向受請求國或國際組織提出請求，或由法院副知法務部，檢察署經法務部同意後，向外國法院、檢察機關或執法機關直接提出請求。所以在進行刑事司法互助請求面向中，我國的主體機關原則上仍為外交部，次者於急迫或特殊情形時才是法務部。

　　當外國請求我國進行司法互助者，依據《外國法院委託事件協助

---

[4]　Council Regulation (EU) 2020/1784 of The European Parliament and of The Council of 25 November 2020-on the service in the Member States of judicial and extrajudicial documents in civil or commercial matters (service of documents)-See Official Journal of the European Union-, Official Journal of the European Union, L405/40 (2.12.2020).

法》第3條規定：「委託事件之轉送，應以書面經由外交機關為之。」按本規定，我國請外國協助送達或者外國請我國協助送達者，應以書面轉交外交部為之，故外交部為送達主體。萬一受託機關是法院者，要區分為受託機關是最高法院或者是高等法院，以及辦理的流程該如何進行，依據《司法協助事件之處理程序》第1點進行，如果案件不是直接委託法院進行，那麼司法互助的主體為哪個單位呢？還是回歸到外交部辦理。

為何多數國家初始會有抗拒與排斥的情形呢？本文試著從各種跨境送達方式去研判可能性原因與優、缺點，以及探討未來司法互助採用電子跨境送達之優勢。

貳、域外直接送達與域外間接送達意義

有關域外跨境送達之方式，可以分為直接跨境送達與間接跨境送達。此之境外「直接送達」與「間接送達」定義與大法官會議釋字第667號[5]及《民事訴訟法》第137條所指之「直接送達」和「間接送達」定義有別。

請求國未透過被請求國進行域內跨境送達，而將文書直接跨境送達至住居於外國之收件人，為「直接跨境送達」方式，亦即發送國之送達機關直接將訴訟文書交付於應受送達人，為直接跨境送達方式[6]。

大法官會議釋字第667號及《民事訴訟法》第137條之直接送達係指

---

[5] 釋字第667號與《民事訴訟法》第137條所指之「間接送達」定義是指於住、居所、事務所或營業所不獲會晤應受送達人時，得將文書付與有辨別事理能力之同居人或受僱人。

[6] 在2007年歐盟通過第1393號規則的第15條有規定直接送達的規範，參見Article 15 of Regulation (EC) No 1393/2007 of the European Parliament and of the Council of 13 November 2007-on the service in the Member States of judicial and extrajudicial documents in civil or commercial matters (service of documents), and repealing Council Regulation (EC) No. 1348/2000 "the regulation allows for 'direct service' through competent judicial officials in the member state, although some member states have opted out of that article."

送達於本人；間接送達係指送達於住居所、事務所或營業所不獲會晤應受送達人者，得將文書付與有辨別事理能力之同居人或受僱人，強調在收件人是否為本人[7]。

司法互助跨境送達之直接送達與間接送達，強調的是送達之過程程序中，寄送國的送達機關或送達單位，是否需要透過國境外其他單位的輾轉收件後，方由收件人收受。

如果寄件國寄出國境之後由收件人收受，中間過程沒有其他收件國的非收件人收件者，為直接送達。

司法互助間接送達係指由寄送國送達給收件人收受，為輾轉透過其他單位送達，如果有從寄送國寄出國境之後，輾轉透過收件國之外交人員或司法人員或郵局或其他合法人員或單位收受後，方轉交給收件人收受者，為間接送達。

參、法律與非法律之域外送達問題

透過電子傳輸或網路系統進行情資交換（information exchange）和跨國偵查之司法互助時有所聞，但在司法文書跨境送達上，因為跨國跨境送達涉及到司法主權，所以是否能夠適用於跨境送達文書，每個國家規定不

---

[7] 又稱為「補充送達」，參見蔡茂寅，〈補充送達之問題〉，《月旦法學雜誌》，第68期，2001年1月，第22頁；王欽彥，〈送達之不知與民事訴訟法第164條之回復原狀——民事訴訟法研究會第一百二十三次研討紀錄〉，《法學叢刊》，第60卷第2期，2015年4月，第202頁；楊雲驊，〈補充送達的實務爭議〉，《月旦法學教室》，第57期，2007年7月，第87頁。至於域外送達非由應收受送達人收受，而由應收受送達人之同居人、配偶、受僱人……等收受之送達效力，亦即若不獲會晤收件人本人時，是否可以轉交於有辨別事理能力之同居人或受僱人，應視所依據的法規範決定。條文多數規定不包括補充送達。詳蔡佩芬，〈我國協助送達規範之研究〉，《財產法暨經濟法》，第6期，2006年6月，第130頁。有關所依據之法規，該外國法的舉證責任問題，請參見陳榮傳，《國際私法實用：涉外民事案例分析》，五南圖書，2015年9月，第58頁；廖蕙玟，〈契約當事人與免責要件舉證責任之分配〉，《月旦法學教室》，第131期，2013年9月，第24-26頁。

同。

一、域外送達與司法主權之關係

域外送達為什麼會涉及到司法主權之議題呢？

由於以往送達程序被認為是司法職權或公權力的行為，不能由私人完成。為此，對人的管轄只有在國境內，在主權思想的概念下，無法管轄到他國境內的人民，故而無法送達文書到他國境內之己國國民或他國人民，外國亦不允許境內有任何直接送達的情形。因此，域外送達是否合法，早年是有爭議的。

英美法系國家認為，司法程序的送達是國家主權行為，必須在自己國家領域內，由政府官員依據內國法律來完成[8]，所以，反對外國法院對自己國民的直接送達。

有案例顯示，美國於1877年時，無法送達於住居於外國的美國籍被告，僅能對美國領域境內的被告送達。另早年的瑞士，必須由瑞士官員向瑞士境內的人民進行送達，禁止外國人或外國官員在瑞士境內向瑞士境內的人民進行送達[9]。

(一) 郵寄域外送達與主權問題

如果A國直接送達給在B國境內的B國國民，會被認為是侵害B國主權的送達方式。所以，以往跨國訴訟的郵務送達，曾被認為是國家侵害主權

---

[8] See Insurance Corp. of Ireland vs. Compagnie Des Bauxites De Guinee, 456 US.694, 702 (1982).

[9] "Swiss government officials must serve judicial documents on persons residing in Switzerland. The Swiss Criminal Code, § 271, forbids the service of process within Switzerland by anyone other than Swiss government officials." See G. Born, International Civil Litigation In United States Courts: Commentary & Materials, 775-776 (3d ed. Kluwer Law International, 1996), and See U.S. Securities and Exchange Commission, Petitioner, v. Deloitte Touche Tohmatsu Cpa Ltd., Respondent., 2012 WL 12135761 (D.D.C.).

的送達方式[10]。例如，賽普勒斯[11]。

有關郵寄域外送達方式，在早期透過郵局以紙本跨境送達是違法的，但晚近被多數國家認為是可以合法採行之跨境送達方法[12]。

跨國送達若以間接郵務跨境送達之方式進行者，則透過外交部或司法院跨境送達至對造的外交部或司法院，然後，再由收件國境內的外交部或司法院送達至收件人手中。此種跨境送達方式，因為是透過收件國的權責單位，所以彼此間主權疑慮會降低。

郵務跨境送達，若由寄件人的司法機關直接跨境送達到對造，中間除了郵局之外，沒有經過其他權責機關，便由收件人直接收受，此等方式因為未經收件人國家相關機關同意，而直接由收件人收受跨境送達紙本郵件，故有涉及到主權是否藐視或侵害之疑慮，若無特別規定，則可能被認為是非法跨境送達，導致在涉外判決承認與執行上，不予承認或執行。這種方式通常定義為直接送達，而非間接送達。

1954年《民事訴訟程序公約》[13]和1965年《民商事案件域外跨境送達

---

[10] 何其生，〈域外送達中的主權問題〉，《國際法與比較法論叢》，第16輯，2005年8月，第437頁。

[11] "by mailing a copy of the complaint to Norex's office in Cyprus was not a valid method of service under the 1984 Agreement" See Norex Petroleum Limited, Plaintiffs, v. ACCESS INDUSTRIES, INC., et al., Defendants., 2003 WL 24172451 (S.D.N.Y.).

[12] Council Regulation (EC) No. 1393/2007 規範下郵務送達合併其他送達方式並不違法，詳Kaplan v. Hezbollah, 715 F. Supp. 2d 165, 167 (2010). 美國是一直到1945年，發展出最低關聯性原則，從而被告縱使不居住於美國境內，美國也可以對其送達。詳張淑鈿，〈從Rio案看美國電子郵件域外送達方式的運用及其對我國的借鑑〉，《科技與法律》，第62期，2006年2月，第88頁。
最低關聯性原則有說是「長臂管轄原則」，詳"long-arm rule authorizes service abroad." De James v. Magnificence Carriers, Inc., 654 F.2d 280 (3d Cir. 1981).

[13] 司法互助之送達規範最早出現在1894年由第二屆大會通過了《民事訴訟程序公約》，這也是海牙國際私法會議較早關注域外送達的國際合作事項，一直到1954年由各國正式簽署為《民事訴訟程序公約》（Convention on Civil Procedure, 1954，又稱為《海牙民事訴訟程序公約》）。詳蔡佩芬，〈1954年海牙民事程序公約〉、〈1965年海牙送達公約和2000年歐盟規則第1348號關於司法互助之送達規範介紹〉，《司法新聲》，第103期，2012年7月，第35頁（本文受國科會計畫案編號補助，涉外民商事案件司法互助之送達研究，行政院國科會計畫案編號：NSC100-2410-H-468-012）。

司法與非司法文書公約》及歐盟規則規定，原則上，不阻止經由郵寄管道直接遞送至國外收件人之跨境送達方式。1954年《民事訴訟程序公約》還特別指出，必須以締約國間或該締約國未聲明反對於其境內跨境送達之前提下，方可適用[14]，這是考量主權因素。

2000年歐盟跨境送達規則第1348號第14條，對於寄出機關以郵務直接跨境送達給收件人採合法規定，惟因為跨境送達涉及到郵寄機關的主權手臂延伸到收件人的國境內，所以，會員國得具體指明接受郵寄跨境送達司法文書之條件，對於此條件會員國應通知歐盟執行委員會，歐盟委員應將前項訊息刊登於官方公報。

(二) 域外送達之權責機關與主權問題

大陸法系國家對於主權顧慮這一點，是反映在送達主體[15]上，應由法院或專司送達機關的人員完成。例如，在法國或比利時，是由非屬法院工作人員而屬於專司送達程序的公家機關之執達員，進行送達程序[16]。

我國實務見解認為：「外國法院對在中華民國之被告，送達有關訴訟程序開始之通知或命令時，揆之『送達，乃國家司法主權之展現』。[17]」從而，在這種觀念下，電子送達也被認為是侵害國家主權，以其瞬間而無須也來不及經過受送達國同意的性質，甚至是比郵務送達的侵害主權更甚[18]。

---

[14] 蔡佩芬，〈1954年海牙民事程序公約〉、〈1965年海牙送達公約和2000年歐盟規則第1348號關於司法互助之送達規範介紹〉，《司法新聲》，第103期，2012年7月，第41-42頁。

[15] 有關送達主體可參考唐敏寶，《外國民事裁判之承認》，政大博士論文，指導教授林秀雄，2009年，第146頁。

[16] 何其生，〈域外送達中的主權問題〉，《國際法與比較法論叢》，第16輯，2005年8月，第441頁。

[17] 最高法院100年度台上字第42號判決意旨。

[18] 在電信自由化的年代中，國與國之間的Email或互動程式是否違反相關法規，應日趨重視。高玉泉，〈歐盟執委會對美歐電信聯盟展開調查〉，《資訊法務透析》，第8卷第8期，1996年8月，第13頁。

　　傳統使用「跨境間接送達」的傳輸方式，是文件通常需要從原告法院轉交給原籍國的外交部，然後，由外交部透過各地領使館轉交給目的地國的外交部，外國外交部將文件傳遞給當地司法機關，再由司法機關進行送達程序；接下來，將透過相同的渠道返回送達證明[19]。這種方式從發出到收件人收到，過程中會經過好多機關，再由這些機關轉發到收件人手中。如果國家允許不透過外交部，而由司法機關直接送達到國外相關機關者，也至少要經過兩段過程：從請求國（寄件國）到被請求國（收件國）外交機關的這一段跨境送達方式和收件國外交部到司法機關以及送達到收件人手中的這一段送達方式。從請求國（寄件國）送達到被請求國（收件國）的這一段跨境送達方式，收件國會產生跨境送達方式的合法性問題，例如：對於敵國或不友善國的文件送達，甚至有些國家如德國、比利時、保加利亞、中國、法國、希臘、立陶宛、盧森堡、巴基斯坦、墨西哥、葡萄牙、捷克斯洛伐克共和國、土耳其、斯里蘭卡……等國家，曾經因為主權因由而拒絕他國的外交人員或領事人員在其境內的送達[20]。

　　1954年《民事訴訟程序公約》在主權顧慮下，規定任何一個締約國得對其他締約國聲明意圖在其境內執行請求書者，應透過外交途徑為之，並規定任何因遞送請求書而產生之困難，亦應透過外交途徑解決[21]；換言之，必須透過一國外交代表送達給他國外交代表（不阻止兩國外交代表直接傳遞），然後，再從外交代表交給司法機關，而透過司法機關送達收件人。這種透過兩國外交人員，轉達給收件人的方式，在當時認為已經是屬於直接送達（因為公約的用字是directly）[22]，但其實從本文上述的定義觀之，在涉外案件中，兩國外交人員轉達給收件人是屬於間接送達而非直接

---

[19] Service Regulation, available at: https://en.wikipedia.org/wiki/Service_Regulation (last visited: 2021/12/25).

[20] 何其生，《域外送達制度研究》，元照（電子書），2007年2月，第40頁。

[21] Article 9, 3rd paragraph article 6 and article 1 of Convention On Civil Procedure (1954), 詳蔡佩芬，〈我國協助送達規範之研究〉，《財產法暨經濟法》，第6期，2006年6月，第130頁。

[22] Article 15 of Convention On Civil Procedure (1954), 詳蔡佩芬，〈我國協助送達規範之研究〉，《財產法暨經濟法》，第6期，2006年6月，第130頁。

送達，由此，也可見當時國家主權在兩國之間的隔閡。

(三) 外交途徑是域外送達之例外方式

由於國與國之間的司法互助概念漸漸萌芽，在司法互助領域內，主權禮讓[23]與互惠是司法互助原則，主要的送達行為不再被視為是彰顯國家主權之外交途徑，不得已之送達方式，反而是例外。所以，1954年海牙《民事訴訟程序公約》第6條第2款也規定到可以開放給利害關係人得請求目的所在地國之司法人員送達，亦即委由被請求國行政單位送達至本人[24]。又例如，1965年《民商事案件域外送達司法與非司法文書公約》（即1965年《海牙送達公約》）第10條第2款[25]規定，得委由所在地之司法機關代為送達至本人。雖然，本公約在第14條規定，跨國送達司法文書所產生的困難應由外交管道解決，卻於第9條第2項規定，締約國於必要時得例外地利用外交途徑為送達行為，亦即，透過外交途徑進行文書送達的方式從「通例」變成了是「例外」。

2000年歐盟規則第1348號第12條也規定，任何一個締約國為了使會員國所指定之機關達到收受送達之目的，在特殊例外情況下，得使用領事或外交管道遞送司法文書；換言之，現在已經進步到每一個締約國均有不受拘束、無須任何申請而透過外交或領事人員而直接送達給居住在其他締

---

[23] 司法權禮讓是國與國之間判決相互承認與執行的重要原則，陳隆修、劉仁山、許兆慶，《國際私法──程序正義與實體正義》，五南圖書，2011年9月，第302頁。

[24] Convention Relating To Civil Procedure 1954, Article 6: "(2)à la faculté, pour les intéressés, de faire faire des significations directement, par les soins des officiers ministériels ou des fonctionnaires compétents du pays de destination," available at: https://www.hcch.net/en/instruments/conventions/full-text/?cid=33 (last visited: 2021/12/25)（中譯為：(2)利害關係人有權要求通過目的地所在國的司法人員或主管官員直接送達）。

[25] Convention On The Service Abroad Of Judicial AndExtrajudicial Documents In Civil Or Commercial Matters 1965, Article 10: "(b)the freedom of judicial officers, officials or other competent persons of the State of origin to effect service of judicial documents directly through the judicial officers, officials or other competent persons of the State of destination," available at: http://www.legallanguage.com/Hague/haguetx14e.html#article10 (last visited: 2021/12/25).

約國之人民的自由，且任何國家均能聲明反對外國之外交人員或領事人員在其領域內送達[26]。

（四）統一域外電子送達規則萌芽

直到2007年，歐盟第1393號規則將直接送達明文化。無須輾轉透過收件人之司法或相關機關送達給應收受送達人，而是由發送機關跨境送達給應收受人直接收受。此等直接送達方式為電子送達奠定下基礎，利用法學方法的體系性解釋方法可以得出，該規則在會員國之間、會員國與歐盟委員會之間，需以電子手冊方式（即電子送達方式）交流訊息，而對於成員國之國民間的電子送達方式是採行不拒絕態度，這種隱含電子送達合法性之規範，隱含了未來要明文化的端倪[27]。

爾後，在2014年第910號歐盟規則明文有中央化形式，或有伺服器型態的電子送達[28]；後於2020年12月歐盟第1784號規則中，更進一步規範到本質上去中央化[29]型態的電子送達[30]，俗稱區塊鏈電子送達。

---

[26] 蔡佩芬，〈1954年海牙民事程序公約〉、〈1965年海牙送達公約和2000年歐盟規則第1348號關於司法互助之送達規範介紹〉，《司法新聲》，第103期，2012年7月，第37頁（本文受科技部補助，涉外民商事案件司法互助之送達研究，行政院科技部計畫案編號：NSC100-2410-H-468-012）。

[27] 詳蔡佩芬，〈歐盟涉外民事司法互助電子送達文書初探〉，2018年海峽兩岸國際私法學術研討會，大陸長沙，2018年11月10日，第168-170頁。

[28] Regulation (Eu) No 910/2014 Of The European Parliament And Of The Council Of 23 July 2014 on electronic identification and trust services for electronic transactions in the internal market andrepealing Directive 1999/93/EC, See official Journal L257/73 (28.8.2014).

[29] 所謂的「去中心化」，是指區塊鏈所涉及到的數據生成、驗證、寫入、記帳、傳輸、存儲和維護等環節，這些過程都沒有依賴當事人以外的任何機構，而是通過相應的演算來實現。詳王群、李馥娟、王振力、梁廣俊、徐傑，〈區塊鏈原理及關鍵技術〉，《計算機科學與探索》，第14卷第10期，2020年，第1623頁。Also see Duc A. Tran, Kien A. Hua and Tai T. Do, A Peer-to-Peer Architecture for Media Streaming, 22 *Ieee J. Selected Areas In Communications*, 121, 123 (2004). 此所謂之對等式網路（peer-to-peer, P2P），又稱點對點技術，是無中心伺服器、依靠用戶群（peers）交換資訊的網際網路體系，他的作用在於，減低以往網路傳輸中的節點，以降低資料遺失的風險。與有中心伺服器的中央網路系統不同，對等網路的每個用戶端既是一個節點，也有伺服器的功能，任何一個節點無法直接找到其他節點，必須依靠其戶群

使用電子跨境送達方式與郵務跨境送達方式，有雷同之處。電子傳輸的跨境送達方式，未必皆為直接跨境送達，若是採用電子跨境送達方式，先傳輸到外交部或司法機關後，再輾轉跨境送達到收件人時，仍屬間接跨境送達，只不過這種透過其他機關進行電子傳輸的跨境送達方式，在實務上較為少見；若未輾轉由收件人之司法或相關機關跨境送達，而直接由收件人收受之直接跨境送達，則涉及到國家司法主權的問題。所以，在科技發達加上跨國活動已經是稀鬆平常的這個世代中，跨境送達是否合法，應考量該國法律是否承認電子直接送達方式，以及跨境送達的權責機關是否可以被認可。

二、特殊的域外送達方式與主權問題

透過非郵局之私人機關，送達給住居於他國收件人之合法性問題，如果他國法制已經承認可以由非郵局之私人機關送達給收件人者，則依被請求國法律為合法送達，但我國於審查是否承認與執行外國判決時，若仍守舊於目前所規定的送達方式，縱然維護我國公序與彰顯我國司法主權是顯而易見，卻對於國際判決之承認恐有不利。相反地，如果逕認為只要依據我國相關法規送達，不論該送達方式是否為判決國所承認，而認為必為我

進行資訊交流。詳許國讚、陳望博、Jasper Tahnk，〈「惣論」第一定律：物思故物在〉，「區塊鏈『Hierarchical Deterministic Technology（HDT）多層結構確認技術』應用於物聯網身分識別，TANET2017臺灣網際網路研討會」，2017年10月，第12頁；Jae Kyeong Kim, Hyea Kyeong Kim and Yoon Ho Cho, A User Oriented Contents Recommendation System in Peer-to-Peer Architecture, 34 *Expert Systems With Applications*, 300, 312 (2008). "The data transmitted is not stored on third-party servers," See Blockchain In Emails: How Will It Change Email Marketing For Good, available at: https://email.uplers.com/blog/blockchain-in-email/ (last visited: 2021/12/25).資料傳送時，不用依賴第三方，可以通過自身分散式節點而直接進行網路數據的存儲、驗證、傳遞和交流之技術。詳區域鏈—虛擬貨幣—比特幣（BTC）—以太坊（ETH），2018年2月26日，https://www.quamnet.com/post/Hz6l9d1e2DG2Vulg3qOTU（最後瀏覽日期：2021/12/25）。

[30] Article 5 of Regulation (Eu) 2020/1784 Of The European Parliament And Of The Council of 25 November 2020 on the service in the Member States of judicial and extrajudicial documents in civil or commercial matters (service of documents), See Official Journal of the European Union, L405/47 (2.12.2020).

國所承認，則我國的協助送達規範，仿若是合法化的治癒條款。此部分未來容有修法的必要[31]。

　　1954年《民事訴訟程序公約》和1965年《民商事案件域外跨境送達司法與非司法文書公約》明文規定，以特殊方式未違反收件人之內國法者，則肯定之；惟違反時，收件人若自願收受者，仍視為有效跨境送達。2000年歐盟規則第1348號沒有直接規定特殊方式跨境送達之效力，但有規定使用特殊的跨境送達方式，跨境送達時申請人應自行負擔費用，對於特殊跨境送達方式雖未直接規定，亦未禁止，此特殊方式並未明文何種方式。

三、送達應適用法律與主權關係

　　跨境間接送達方式，亦涉及到收件國境內進行送達程序之應適用法律[32]的問題。間接跨境送達因為需要輾轉交由收件國的有權機關送達給收

---

[31] 詳許耀明，〈外國裁判之承認與執行：以我國近十年部分裁判為例〉，《台灣法學雜誌》，第343期，2018年5月，第123頁；蔡佩芬，〈判決承認與執行之送達條款——最高法院96年度台上字第57號判決評釋〉，收錄於賴淳良主編、吳光平副主編，《國際私法裁判選析》，2020年9月，第114頁。

[32] 本文使用「應適用法律」而不使用「準據法」一詞，蓋所謂「準據法」，係指各別涉外案件所應適用之法律，即適用某特定國家之「實體法」。詳柯澤東著、吳光平增修，《國際私法》，元照，2016年10月，五版，第37頁。就特定涉外民事法律關係，依衝突規則所定連結因素之指引，或依國際私法選法規則之指示，而選定應適用之法律，無論其為內國法或外國法，亦為準據法之定義。詳劉鐵錚、陳榮傳，《國際私法論》，三民，2018年8月，修訂六版，第232頁；李後政，《涉外民事法律適用法》，五南圖書，2014年6月，第59頁。送達是程序事項，雖然論及選擇適用法律的問題，在上述對準據法之定義下，在沒有完整的程序事項之選法規則前，採用保守用詞。所謂選法原則，是建構涉外案件選法規則的基礎，詳馬漢寶，《國際私法總論各論》，翰蘆，2014年8月，三版，第285-359頁；劉鐵錚、陳榮傳著，《國際私法論》，三民，修訂六版，2018年8月，第231-700頁；賴來焜，《基礎國際私法學》，三民，2009年，第9、438-504頁；廖蕙玟，〈意定債之移轉之準據法〉，《月旦法學教室》，第49期，2006年11月，第30-31頁；李後政，《涉外民事法律適用法》，五南圖書，2010年10月，第137-403頁；賴淳良、許耀明、鄭苑瓊合著，《國際私法裁判選析》，元照，2020年，增訂三版，第165-447頁；林恩瑋，《國際私法理論與案例研究》，五南圖書，2017年3月，第3-90頁；柯澤東著、吳光平增修，《國際私法》，元照，2016年10月，第89-273頁；徐慧怡，〈論涉外民事

件人，通常對被請求國而言不是問題，問題會出現在被請求國（收件國）對收件人所進行的方式，是否可以成為未來請求國法律所能接受之方式而有跨境送達的合法效力。

　　通常在送達程序法的適用上，若非依據受請求國程序法，便是依據請求國的程序法進行送達流程。按「程序依法庭地法原則」，請求國是案件審理國，送達的效力由請求國判斷[33]，故通常被請求國會尊重請求國的指示而進行，若請求國沒有特別提出時，則依據被請求國的程序法規範要求進行，此時會衝擊到的問題，便是該項送達程序是否合乎請求國的法規要求而有效力的問題。原則上，依據收件國（被請求國）的送達程序法或收件國的合法跨境送達方法進行，除非該方式違反請求國的強制或禁止規定或公序良俗，或者請求國有特別要求被請求國（收件國）必須依照請求國的程序法規定進行之外，請求國既然允許並請求收件國協助跨境送達時，收件國（被請求國）跨境送達的這一段跨境送達方式，按照程序依法庭地法的法理，通常不會有合法性的疑慮，在未來請求國所作成的判決拿到被請求國請求承認與執行時，也不會有跨境送達方式合法性中涉及到國際管轄權之主權要件疑慮。

法律適用法修正草案中有關身分法之內容與檢討〉，《月旦法學雜誌》，第160期，2008年9月，第135-137、139、142-145、148-149、154-157頁；謝志鵬，〈1999年德國國際私法有關物權新法規與我國修正草案相關條文之比較〉，《李欽賢教授六秩華誕祝壽論文集——現代法學之回顧與展望》，元照，2008年1月，第331-351頁；陳榮傳，《國際私法實用：涉外民事案例分析》，五南圖書，2015年9月，第157-387頁；曾陳明汝原著、曾宛如續著，《國際私法原理（上集）》，新學林，2008年5月，改訂八版，第309-317頁；曾陳明汝原著、曾宛如續著，《國際私法原理（續集）》，新學林，2012年3月，修訂三版，第31-246頁；蔡華凱，〈國際私法之原理原則〉，《月旦法學雜誌》，第228期，2014年5月，第181-185頁。

[33] 另有「分割爭點方法」，是更進一步地將法律關係的爭點個別化、具體化，甚至在同一個性質的問題中（例如，同為實體問題，或程序問題）也可以做不同的爭點分割，而適用不同的準據法，但我國司法實務上因採取涉外民事法律適用法強制適用的態度，對於準據法的適用一向採取較為傳統的立場，亦即反對割裂適用準據法，強調準據法的一體適用性。林恩瑋，〈國際私法上「分割爭點（issue-by-issue）」方法之適用——以最高法院兩則判決為中心〉，《政大法學評論》，第119期，2011年2月，第155頁。

　　我國實務上曾有判決認為：「本件上訴人主張紐西蘭法院應送達於被上訴人之訴訟文書，係由曹如因親自送往被上訴人住所，未依我國《外國法院委託事件協助法》、《司法協助事件之處理程序》及其他司法互助協定暨作業要點等相關法規協助送達，揆諸前揭判決意旨，難認紐西蘭法院訴訟程序開始之通知或命令，已在我國發生合法送達之效力，且不因依紐西蘭法律認已對被上訴人發生合法送達之效力而受影響。[34]」從本號判決可察覺到，法官的想法是必須適用我國法規的送達規範，才能有效進入合法送達範圍，在跨國案件上堅持適用我國法的想法，象徵著掌管與執行我國司法主權心情。

　　然而，按「程序依據法庭地法之原則」，則外國判決在該國作成時，相關之送達，如「依該國法律」已經「在該國」合法送達，縱未依我國相關司法互助規範，難道不是合乎「程序依法庭地法」（判決國法）之送達嗎？如果狹義以承認國之法庭地法來為相關程序規定之標準，恐有誤用「程序依法庭地法」法理之嫌[35]。在英國，法院著重實質正義，所以不會因為外國所適用的送達程序與英國所規範的程序相違背，而認為該程序不合法[36]。所以，本文認為：

（一）當請求國已經向被請求國提出依據何種送達方式進行送達時，意謂該送達方式與送達規範在請求國是屬於程序重要事項，被請求國既然已經答應進行送達，則所依據的送達規範除有違反被請求國內國公序良俗之外，則尊重請求國的需求而進行，也是一種國際禮讓，

---

[34] 臺灣高等法院103年度家上字第19號判決。

[35] 許耀明，〈外國裁判之承認與執行：以我國近十年部分裁判為例〉，《台灣法學雜誌》，第343期，2018年5月，第123頁。

[36] "The English courts are reluctant to criticise the procedural rules of foreign countries ... and will not measure their fairness by reference to the English equivalents..." See CHESHIRE AND NORTH'S, PRIVATE INTERNATIONAL LAW (13th. Oxford University Press, 2005); "If the foreign court, in proceedings in personam, is prepared to dispense with notice of the proceedings, or to allow notice to be served in a manner inadequate to satisfy an English court, it is not for the English court to dispute the foreign judgment..." (citing Jeannot v. Fuerst (1909) 100 LT 816 and Vallée v. Dumergue (1849) 4 Exch 290, 303), In re Royal Dutch/Shell Transport Securities Litigation, 2005 WL 6317464 (D.N.J.).

以避免所進行的程序違反了請求國的規範以至於在請求國產生合法性問題。

（二）從我國《民事訴訟法》第402條第1項第2款協助送達規定，立法者有意使送達方式與送達效力從我國法決定，故審查承認、執行外國判決之程序是否合法之議題上，當依據「程序依法庭地法原則」，將送達方式與送達效力不再進行選法或分成兩部分探討，亦即關於協助送達之送達方式與送達效力均一律適用我國內國同一部法律規定，不再將送達效力與送達方式作為分割問題處理，除遵守「程序依法庭地法原則」外，亦避免如同分割問題本質上存在的缺點[37]，使得合法送達方式卻是非法送達效力而不予承認該外國判決之奇怪現象[38]。

四、司法人員直接跨境送達與主權問題

跨境送達機關直接跨境送達時，其執行人員不是兩國代表，而是由請求國之司法人員、官員或其他任何有跨境送達權限者，直接跨境送達司法文書給收件人，原則上如果目的地國未異議，則不阻止發信地之司法人

---

[37] 分割問題有下列幾項缺點：1.對同一法律關係之不同方面進行區分是困難的，將使國際私法選擇準據法將更加繁雜；2.分割問題會破壞法律適用之穩定性；3.無論就經濟與法律之觀點言，契約都是一個整體，不宜分割為數個準據法（詳李雙元，《國際私法——衝突法篇》，武漢大學出版，1986年，第214-215頁，引自賴來焜，《當代國際私法學之構造論——建立以連結因素為中心之理論體系》，神州出版，2001年，第728頁）；易言之，分割問題因使同一涉外案件可能適用不同的國際私法規則，而產生分別適用不同準據法之情形，若法院對分割問題之認定標準不同，將使同一涉外案件因在不同法院處理而有不同之判決結果，此對於國際私法追求之目標判決一致，將成為極大的障礙。因此，在認定是否必須分別適用不同之國際私法規則時，不應任意對歸類概念作過分嚴重的解釋，造成涉外案件被「分割」得七零八落的情形，而且必須注意到判決一致以及避免完全違背當事人期待之基本要求（賴淳良，〈從國際私法規則之結構及適用談國際私法之特性〉，輔仁大學法律研究所碩士論文，指導教授馬漢寶，1987年，第62頁，引自賴來焜，同前註，第728頁）。

[38] 蔡佩芬，〈我國協助送達規範之研究〉，《財產法暨經濟法》，第6期，2006年6月，第127-128頁。

員、官員、其他有跨境送達司法文書之人，直接跨境送達至收件人[39]。

2000年歐盟跨境送達規則第1348號第15條規定，每一個會員國均可以聲明允許司法人員或有權者，直接於其領域範圍內跨境送達，此項聲明應通知歐盟執行委員會，歐盟委員應將此項聲明與人員刊登於官方公報。

以上足見，司法人員之直接跨境送達，對於某些國家還是有主權上的顧慮[40]。

五、電子跨境直接送達與主權問題

1954年、1965年尚無電子傳輸問題。2000年科技發展已經普遍使用Email或相關數位平臺[41]，但是，2000年的第1348號歐盟規則尚未直接明文規定電子傳輸的相關內容，直到2007年歐盟通過第1393號規則，則很明顯地在標題以及第25條第1項[42]直接指出廢除並取代2000年歐盟通過的第

---

[39] 蔡佩芬，〈1954年海牙民事程序公約〉、〈1965年海牙送達公約和2000年歐盟規則第1348號關於司法互助之送達規範介紹〉，《司法新聲》，第103期，2012年7月，第37頁。司法文書委由特定身分者送達至應收受送達人，例如：委任當事人之律師或當事人之代理人執行送達，或按照墨西哥法律規定，合法當事人或正式授權之人，可以請求送達訴訟程序。"Mexican law provides for a legitimate party--or duly authorized person--to request the serving of process...." See American Centennial Insurance Company, Plaintiff, v. Seguros La Republica, S.A., Defendant., 1990 WL 10506775 (S.D.N.Y.). 在阿爾巴尼亞，訴訟通知的域外送達是透過司法人員進行。See AMPBELL, DENNIS; PRELL, BERTRAND; RODRIGUEZ, SUZANNE, INTERNATIONAL JUDICIAL ASSISTANCE IN CIVIL MATTERS, 7 (Transnational Publishers,1999). 通常這種方式為英美法所採。詳李雙元、歐福永主編，《現行國際民商事訴訟程序研究》，人民出版社，2006年6月，第207頁。BERMANN, GEORGE A.,TRANSNATIONAL LITIGATION IN A NUTSHELL, 263 (Thomson West, 2003).

[40] IVANA KUNDA, PRACTICAL HANDBOOK ON EUROPEAN PRIVATE INTERNATIONAL LAW, project financed by the European Union122 (Civil Justice Programme, 2010).

[41] M. Velicogna1, E. A. Ontanu, Improving Access to Courts and Access to Justice in Cross-borderLitigation: Lessons from EU Experiences, available at: https://repub.eur.nl/pub/124386/Ontanu-Improving-Access-CPP_V5N1_4.pdf (last visited: 2021/12/25).

[42] Article 25 of Council Regulation (EC) No. 1393/2007: Regulation (EC) No. 1348/2000 shall be repealed as fromthe date of application of this Regulation. Regulation (EC) No. 1393/2007

1348號規則，透過條文之間的解釋可以得出電子傳輸合法性與正當性，惟成員國除文件原始來源是來自其國民者，不能拒絕以電子跨境送達方式跨境送達，其餘仍可拒絕在他國境內使用電子跨境送達方式[43]，這是尊重各國主權與公序的考量所設的限制規定。

要打破這樣的限制，除了各國在具體個案中基於主權禮讓之外，必須有公約或類似歐盟各國的統一規則。

2014年8月第910號歐盟規則與2020年12月出爐的歐盟規則第1784號明文規定了兩種不同方式的電子送達（中心化電子送達方式與去中心化之分散式電子送達方式），而且是跨境直接電子送達規範[44]，讓國與國之間的主權鴻溝透過這項規則，而不再成為域外直接送達的阻礙。

我國《民事訴訟法》第153條之1第1項規定，「訴訟文書，得以電信傳真或其他科技設備傳送之；其有下列情形之一者，傳送與送達有同一之效力：一、應受送達人陳明已收領該文書者。二、訴訟關係人就特定訴訟文書聲請傳送者。」本條文並未明文跨境送達。於同法第145條規定，

---

of the European Parliament and of the Council of 13 November 2007-on the service in the Member States of judicial and extrajudicial documents in civil or commercial matters (service of documents), and repealing Council Regulation (EC) No. 1348/2000, Official Journal of the European Union, L324/86 (2007).

[43] Article 13(2) of Council Regulation (EC) No. 1393/2007: Any Member State may make it known, in accordance with Article 23(1), that it is opposed to such service within its territory, unless the documents are to be served on nationals of the Member State in which the documents originate. Regulation (EC) No. 1393/2007 of the European Parliament and of the Council of 13 November 2007 on the service in the Member States of judicial and extrajudicial documents in civil or commercial matters (service of documents), and repealing Council Regulation (EC) No. 1348/2000, Official Journal of the European Union, L324/84 (2007).

[44] "(31) Efficiency and speed in cross-border judicial proceedings require direct, expedited and secure channels for serving documents on persons in other Member States. Consequently, it should be possible to effect the service of documents directly by electronic means on an addressee who has a known address for service in another Member State." See Regulation (Eu) 2020/1784 Of The European Parliament And Of The Council of 25 November 2020 on the service in the Member States of judicial and extrajudicial documents in civil or commercial matters (service of documents), Official Journal of the European Union, L405/43 (2.12.2020).

「於外國為送達者，應囑託該國管轄機關或駐在該國之中華民國使領館或其他機構、團體為之。不能依前項規定為囑託送達者，得將應送達之文書交郵務機構以雙掛號發送，以為送達，並將掛號回執附卷。」顯見，我國的域外送達必須採行跨境間接送達之囑託送達或郵務送達方式，則第153條之1規定似應解釋為域內送達而非域外送達，亦即我國域外送達尚非規範到電子送達或科技送達方式。然而，電子送達方式將是未來趨勢，故本文介紹電子送達之優勢，並且比較傳統紙本送達方式之優劣。

肆、電子送達之優勢

電子送達或稱科技送達，是一項跨世代的改革。從具體的、觸摸得到的紙本化內容，一躍轉變為無紙化、無可觸摸的電子化文字。更甚者，這些電子化文字並非如文字是由一筆一劃所組成，而是由電腦0與1的數字組合[45]。

一、時效性考量

送達司法文書的時間，會牽涉到法院審判的時間[46]。

電子跨境送達時間的耗費比郵務跨境送達，減省非常多時間，具有超高時效性和效率性[47]。

---

[45] 電腦是只有0和1的世界。詳〈為什麼電腦是只有0和1的世界？〉，https://kopu.chat/2017/08/11/%E4%B8%96%E7%95%8C%E4%B8%8A%E5%8F%AA%E6%9C%890%E7%A8%AE%E4%BA%BA%EF%BC%8C%E4%B8%80%E7%A8%AE%E6%98%AF%E6%87%82%E4%BA%8C%E9%80%B2%E4%BD%8D%E7%9A%84/〈最後瀏覽日期：2021/12/25〉；〈0與1學問大〉，http://www.sychang.tcu.edu.tw/0%E8%88%871%E5%AD%B8%E5%95%8F%E5%A4%A7(p.11).htm〈最後瀏覽日期：2021/12/25〉；《電腦基本原理》，第19頁，http://203.72.64.251/chen/class/book/03243BA02.pdf〈最後瀏覽日期：2021/12/25〉。

[46] 馮霞，〈中國涉外民事訴訟中電子送達立法檢視〉，《國立中正大學法學集刊》，第40期，2013年7月，第151頁。

[47] Pietro Franzina, Provisional Agreement Reached on the Modernisation of the Evidence

　　郵務送達的缺點之一是，未必能在時間內及時送達，更遑論是即時送達[48]。電子跨境送達方式，不但是及時而且是即時送達[49]，所以，本文認為適用電子送達的前提，必須是在允許瞬間跨境送達的基礎上為之，亦即允許無法撤回，同時必須有確認收件人收受跨境送達以及讀取的證明。若無法有此等同意，則適用電子跨境傳輸送達方式會有合法性疑慮。

　　允許瞬間送達與否，在程序法上的實益，是涉及到得否撤回該送達。紙本信件係以送達到收受人之監督範圍內時，發生送達之效力，如果要撤回，須在送達前的在途期間，撤回與追回文件，始生撤回之效力。電子送達以其特性之故，在按下鍵盤送出的瞬間，便直接抵達到帳號或地址的收件人伺服器之中。縱然，收件人尚未下載到電腦收件匣，也已經在該收件帳號的伺服器範圍之管轄中[50]，收件人甚至無須下載到電腦，就已經可以透過雲端進入收件匣去觀看到文件內容，無法於寄件人送出的瞬間再收回或撤回。就算是分散式去中心化之電子送達或區塊鏈送達方式，也是瞬間就可以把資訊儲存在區塊中與傳送[51]。

---

and Service Regulations, available at: https://eapil.org/2020/07/01/provisional-agreement-reached-on-the-modernisation-of-the-evidence-and-service-regulations/ (last visited: 2021/12/25). 陳銘聰，〈中國大陸民事訴訟電子化之研究〉，《育達科大學報》，第38期，2014年8月，第39頁。

[48] Commission staff working documentimpact assessment-Accompanying the document Proposal for a Regulation of the European Parliament and of the Councilamending Regulation (EC) No. 1393/2007 of the European Parliament and of the Councilon the service in the Member States of judicial and extrajudicial documents in civil orcommercial matters (service of documents)-{COM(2018) 379 final}-{SEC(2018) 272 final}-{SWD(2018) 286 final, p. 29 (2018).

[49] Rio Properties, Inc. v. Rio Intern. Interlink, United States Court of Appeals, Ninth Circuit. 284 F.3d 1007, 1017 (2002).

[50] 有判決認為service via electronic mail was "method most likely to reach"，詳Williams-Sonoma Inc. v. Friendfinder Inc., United States District Court, N.D. California, 2007 WL 1140639, (2007).

[51] 區塊鏈傳輸是如何運作？詳細內容請見蔡佩芬，〈跨國司法互助利用區塊鏈送達文書之研究——以區塊鏈之基礎運作原理為研究核心〉，《22021年科技法律國際研討會，亞洲大學2021年科技法律國際研討會論文集》，第76-95頁，主辦單位：亞洲大

又如果該送達之內容是涉及到民事實體法之意思表示者，依據《民法》第157條之規定，「非對話為要約者，依通常情形可期待承諾之達到時期內，相對人不為承諾時，其要約失其拘束力。」而送達意思表示之信件在按下鍵盤當下就瞬間送達，從而開始起算可期待的承諾時間，無法像紙本送達般，在寄件人通知收件人寄出郵件後，還有在途期間，可以讓收件人充分考量是否收受送達，以及在郵件收到之後，才開始起算可期待承諾的時間；換言之，對於收件人的承諾考慮時間是壓縮到最小。

基於此等程序上與實體上的法律實益性考量，電子跨境送達方式必須是基於允許瞬間跨境送達之基礎上發展，方能避免諸多糾紛。

二、隱私性考量，查詢閱讀之可能性

有些文書著重在隱私，例如傳票，在多數人心中，會擔心被他人知道受法院傳訊，是一件可能讓名譽受損或街頭巷尾開始流言蜚語的顧忌，所以隱私性的考量就有其必要性。又如訴訟開啟前的假扣押程序，該證據保全聲請狀必須祕密性進行以防脫產，故書狀隱私性的要求甚高，該次送達的隱私性要求相對提升；有些訴訟文書重在公開，例如裁判書，本有公開的特性，所以在這安全性的顧慮上，就毋庸擔心。

使用電子跨境送達所要要求的是時間上迅速、保護當事人之隱私與安全性[52]。其實，不只電子傳輸有安全性與隱私性的疑慮，紙本郵寄跨境送達也有相同的顧慮，但兩者相比較而言，閱讀電子傳輸文件時，程式可以設定立即傳送文件被閱讀的通知，但是紙本跨境送達若在收件人拆閱之前，已經被拆閱過，而拆閱技巧很好時，則收件人未必知道被拆閱過；縱然知道而要調查由誰拆閱，除非有攝影機或拆閱者誠實回答外，技術上非常困難知悉。查詢電子傳輸文件是否被閱讀的程式或者由系統直接傳輸被點閱的資訊，固然需要程式設定或甚至程式設計成僅有權責人士才能知

學財經法律系暨研究所、中華法律風險學會；合辦單位：秋圃文教基金會、昇恆昌基金會，臺灣臺中亞州大學亞洲會議中心M001，2021年12月17日。

[52] Williams-Sonoma Inc. v. Friendfinder Inc., United States District Court, N.D. California, 2007 WL 1140639 (2007).

悉，但電子傳輸的本質是透過電腦程式的運算過程而達到傳輸目的，故縱然未設定自動通知文件已經被閱讀，凡走過必留下痕跡，雖然沒有特別以程式設定通知文件被點閱了，仍會留下軌跡，所以仍然可以查詢到在哪部機器、哪個單位或哪個位址（IP）曾經閱讀過文件。雖然，誰曾經閱讀的資訊一般民眾未必可以查詢到，一旦發動偵查程序，只剩下是否願意排除各種困難程度去調查，而非無法查詢到的問題，然而，紙本跨境送達則是縱使想查詢，也未必能調查到。

三、安全性考量

訴訟文書多數著重在內容不被任意竄改的安全性，在途期間會創造或預留了安全性的潛在風險，如果內容已經可以無所顧忌地公開，安全性考量當無須擔憂，若訴訟仍在進行中，證據揭示前、文書送達前，有謹防竄改或串證之嫌者，安全性就必須謹慎小心地顧及到。無須著重安全性者，無須多慮，故本文以下討論的是需要有安全性顧慮的送達客體。

（一）文件被中途攔截的缺點

跨境電子傳輸文件和紙本人工跨境送達，對於文件本身而言，都有被中途攔截的可能性。差別在於，是否容易留下證據？紙本人工送達，除非有攝影機或送達者誠實回答外，人工回答遺失而實際上是被攔截，不易留下任何證據。但是，跨境電子傳輸文件，不會有遺失的空間，若中途被攔截，則可循著電子軌跡查證[53]。然而，凡走過必留下痕跡，是優點也是缺點（詳如下述）。

---

[53] 美國法律規定，收受送達人未收到電子送達文件者，該次送達無效，便是用於克服此項缺點。Service by electronic means under Federal Rules of Civil Procedure § 5(b)(2)(D) is not effective if the party making service learns that the attempted service did not reach the person to be served. See Rio Properties, Inc. v. Rio Intern. Interlink, United States Court of Appeals, Ninth Circuit. 284 F.3d 1007, 1017 (2002).

(二) 凡走過必留下痕跡的缺點

不論是直接跨境送達或間接跨境送達，若文件透過外交機關或司法機關的數位平臺[54]才跨境送達到收件人，則該文件內容會自動留存於外交機關或司法機關的伺服器[55]上。採用直接跨境送達方式時，文件由司法機關發出，則留存於司法機關之伺服器上是理所當然，若採間接跨境送達，或者司法機關發出的文件必須透過內國外交機關，而直接或間接跨境送達到他國者，則該文件勢必留存於內國外交機關之伺服器與他國的司法機關或他國外交機關的伺服器中。縱然，外交機關或司法機關是否有權利留存是個問題，保留的本身就是資訊外洩於第三人。留存的這個顧慮，並非在電子傳輸跨境送達方式進行跨境送達時才獨有的疑慮，郵務跨境送達或透過人工跨境送達紙本文件，並非完全不可能存在這層顧慮，但透過紙本跨境送達若要留存時，必須進行複印的動作才有辦法留存，多一道動作就多一道被發現的風險，並增加實施留存的困難度和心理上障礙，故而在衡量之下就未必每次跨境送達的紙本文件都可能被複印而留存，相較於電子跨境送達則僅存在少數被留存複本的風險，以及資訊外洩於第三人的風險（保留的本身就是資訊外洩）。

(三) 一般民眾不易查詢留存證據之缺點

在電子跨境送達方式上，當事人若要查詢有多少人點留存文件，數位平臺的程式可以做到讓當事人有軌跡可查詢，只是程式非對一般民眾開放或有關機關未開放或未允許一般民眾聲請者，通常民眾很難拿到這軌跡或

---

[54] If authorized by local rule, a party may make service under this subparagraph (D) through the court's transmission facilities. Rio Properties, Inc. v. Rio Intern. Interlink, United States Court of Appeals, Ninth Circuit. 284 F.3d 1007, 1017 (2002).

[55] 類似案例如：公司搜查員工儲存在中央伺服器的信件，以查看是否有發生對公司不利之情形。詳"When Nationwide learned about these letters, it claims that it became concerned that Fraser might also be revealing company secrets to its competitors. It therefore searched its main file server—on which all of Fraser's e-mail was lodged—for any e-mail to or from Fraser that showed similar improper behavior. "See Fraser v. Nationwide Mut. Ins. Co., 352 F.3d 107, 110 (3d Cir. 2003), as amended (20.1.2004).

知道所跨境送達的資料是否已經外洩。因此，電子跨境送達方式縱然有其時效上的優點，惟安全性與隱私性將是電子傳輸要考慮的重點。然而，這層困難與顧慮在紙本跨境送達中，不論是透過郵寄跨境送達或權責單位的人工跨境送達，都有相同的困難程度和顧慮。所以比較上，不論是電子跨境送達或紙本人工跨境送達，在這項比對的優缺點，結果是不相上下。

（四）非收件人閱讀的風險

紙本人工跨境送達之後，無法確認收件人是否已讀，但是電子跨境送達系統可以設定收件人點閱當下自動傳送通知，則可以知悉是否已讀。但是電子跨境送達也與郵務跨境送達有同樣的缺點，到底是誰開拆閱讀信件，無法精確知道[56]，縱然，點閱電子郵件者可能比起郵務跨境送達，大部分會由收件人親身閱覽，但是，不能保證收受電子郵件者必定是收件人，有可能是家人或共享電腦者閱覽，尤其，如果收件人不懂電腦操作方式，或電子跨境送達信件是沒有加密的情況下，任何使用該電腦的人都可以閱讀該信件，與跨境郵務送達被開拆信件的缺點相同。

但是，如果加密電子郵件，除非本人或他人知道密碼，他人要竊取密碼要有一定程度的電腦知識或懂得使用外掛程式，否則無法閱讀電子郵件內容。尤其，若透過去中心化分散式電子郵件（區塊鏈送達）文書，沒有加密鑰匙若要竊取閱讀，是幾乎不可能的事情。在這面向的保障上，是紙本郵寄送達所達不到的。

（五）防範安全性之風險與缺點

以上所有關於跨境電子傳輸送達之顧慮，其實是有關電子傳輸中通訊數據的個人資料保護規範問題。2016年歐盟規則第679號發布《一般資

---

[56] Despite our endorsement of service of process by email in this case, we are cognizant of its limitations. In most instances, there is no way to confirm receipt of an email message. Rio Properties, Inc. v. Rio Intern. Interlink, United States Court of Appeals, Ninth Circuit. 284 F.3d 1007, 1017 (2002)；馮霞，〈中國涉外民事訴訟中電子送達立法檢視〉，《國立中正大學法學集刊》，第40期，第149頁。

料保護規則》（The General Data Protection Regulation, GDPR）[57]中有規定到，每個人都可以對控制或擁有其資料的一方，刪除所有個人資料的任何連結（link）、副本（copies）或複製品（replication）[58]，因此，在司法互助跨境送達的利用上，個人可以要求所有經過的跨境送達轉運點或伺服器中刪除其個資的連結，僅留存跨境送達方與收受方有其資料。這號規則的通過解決了以上凡走過必留下痕跡的缺點，以及不易查詢留存證據之缺點。

　　GDPR維持跟歐盟1995年資料保護指令一樣的原則，也就是原則上禁止歐盟居民的個人資料傳輸到境外的第三國，除非有「安全措施」確保相關個資的安全無虞。這些安全措施是必須具備適足性的認定、標準資料保護條款、企業拘束規則、行為準則。這些安全措施中，適足性與否係由政府認定，於該規則第45條尚有規定到跨境傳輸個資之規範與適足性之內涵，該規範內容摘要如下：對於歐盟居民個人資料傳輸至第三國，

---

[57] Regulation (EU) 2016/679 of the European Parliament and of the Council of 27 April 2016 on the protection of natural persons with regard to the processing of personal data and on the free movement of such data, and repealing Directive 95/46/EC, Official Journal of the European Union L 119, p. 1 (4.5.2016)。歐盟個人資料保護法規原為「1995年資料保護指令」（Data Protection Directive1）。該指令並不直接適用於歐盟會員國，而是由會員國依據該指令之規範訂定國內法律並據以執行。該指令於1995年生效，為因應科技與網路之快速發展、全球化等外在環境變化，以及為消除各會員國法規差異，以追求歐盟數位化單一市場（Digital Single Market）之目標，歐盟執委會於2009年開始推動修法，以強化及調和歐盟境內資料保護法規。歐盟執委會隨後於2012年1月提出「一般資料保護規章」（General Data Protection Regulation, GDPR）草案，以取代1995年資料保護，GDPR可直接適用歐盟全境，不須經過「轉換」成歐盟會員國國內法的程序，於2016年4月完成GDPR之立法程序，並於2016年5月生效。為讓政府及民間部門得以因應新法生效的改變，歐盟在GDPR中設定2年緩衝期，將於2018年5月25日起正式實施。詳General Data Protection Regulation, available at: https://www.roc-taiwan.org/uploads/sites/124/2018/05/%E6%AD%90%E7%9B%9F%E4%B8%80%E8%88%AC%E8%B3%87%E6%96%99%E4%BF%9D%E8%AD%B7%E8%A6%8F%E7%AB%A0GDPR%E7%B0%A1%E4%BB%8B2.pdf (last visited: 2021/12/25).

[58] 高敬原，〈沒有人是局外人！史上最嚴個資法衝擊全球，帶你搞懂什麼是GDPR〉，2018年5月25日，https://www.bnext.com.tw/article/49249/gdpr-general-data-protection-regulation-eu-（最後瀏覽日期：2021/12/25）。

歐盟採有條件允許（原則禁止、例外允許），包含：1.由歐盟認可第三國對個資保護程度跟歐盟水準相當的適足性認定（adequacy decision）；2.資料控制者與處理者間簽訂歐盟執行委員會公布之標準資料保護條款（standard data protectionclauses，或稱標準契約條款，standard contractual clauses）；3.適用同一集團企業或合作進行經濟活動的不同集團內企業，且經主管機關核准的企業拘束規則（binding corporate rules）；4.歐盟資料控制者或處理者採行行為準則，搭配第三國之資料控制者或處理者具法律效力且可執行之承諾；5.歐盟資料控制者或處理者經過認證，搭配第三國之資料控制者或處理者具法律效力且可執行之承諾；6.部分排除適用（derogation），指的是某些情況下，雖然無法確保個資被傳輸到第三國續受完善保護，但仍可傳輸，例如，當事人明確同意且已被告知相關風險情況下，可將其個資傳輸至第三國等（第44條至第49條）[59]。因此，依據《一般資料保護規則》（GDPR）第45條之規定運用於司法互助之電子跨境送達方式中，當事人同意採行電子跨境送達傳輸時，應提醒與採取確保資料安全之措施，以及確認電子傳輸跨境送達數據內容的完整性，若司法機構侵犯到隱私時，應有迅速反應的機制[60]。此項規範雖然無法完全防範上述所提及之中途被攔截與非收件人閱覽的風險，但此規範可提醒當事人有此風險，而提升防範他人閱覽文件的注意力，並於進行電子跨境送達前，對於有可能中途攔截的可能性提出說明與事前防範之可能性，例如，本規則有規定到禁止系統未經同意則直接抓取資訊，即是中途攔截與禁止透過伺服器直接將小型文字檔案寫入使用者硬碟中。本規則亦有處罰之規

---

[59] General Data ProtectionRegulation, Regulation (EU) 2016/679 of the European Parliament and of the Council of 27 April 2016 on the protection of natural persons with regard to the processing of personal data and on the free movement of such data, and repealing Directive 95/46/EC, Official Journal of the European Union L 119, pp. 4-5 (4.5.2016).

[60] European Commission, Proposal for a Regulation Of The European Parliament And Of The Council amending Regulation (EC) No. 1393/2007 of the European Parliament and of the Councilon the service in the Member States of judicial and extrajudicial documents in civil orcommercial matters (service of documents), COM (2018) 379 final, 2018/0204 (COD), p. 10, Brussels (31.5.2018).

定，對於違反者，可能會被處以1,000萬至2,000萬歐元之高額罰款，用於遏止與嚇退違反者，以達到保護作用。

2016年歐盟第679號《一般資料保護規則》（GDPR）係於2018年5月正式實施，最典型的是適用在個人領域之外的金融領域或商業活動時使用個人數據資料，就受到本規則的保護，故可將其運用到司法領域中，唯不適用於已去世人的個人資料保護和法人[61]，也不適用於個人在家庭中或沒有商業行為的個人行為[62]。

GDPR所稱之個人資料範圍是包括：1.個人身分、生物特徵：例如電話號碼、地址、車牌、病歷資料、指紋、臉部辨識、視網膜掃描、相片、影片、電郵內容、問卷表單等，甚至社會認同、文化認同、地理位置等，只要是一個人所能產生出的任何資料，幾乎都被重新定義為個人資料並受到保護；2.線上的定位資料，例如：系統未經同意則直接抓取資訊或透過伺服器直接將小型文字檔案寫入使用者硬碟中（Cookie）、位置（IP）、行動裝置之個人資料（ID）、社群網站活動紀錄等[63]。

綜覽GDPR雖然是針對個人資料，尤其是電子數據的保護，沒有針對司法互助文書跨境送達方面作規範，而所提到跨境傳輸的條文也只有第45條，但是無論如何，在進行司法互助跨境送達時，縱然第三國的規定或公約與本規則不同，只要是會員國在進行司法互助的跨境送達，任何涉及到個人資料安全性的問題，還是必須按照本規則（GDPR）的規定去進行[64]。

---

[61] Regulation (EU) 2016/679 doesn't apply to the processing of personal data of deceased persons or of legalentitiesm, available at: https://ec.europa.eu/info/law/law-topic/data-protection/reform/what-does-general-data-protection-regulation-gdpr-govern_en (last visited: 2021/12/25).

[62] What does the General Data Protection Regulation (GDPR) govern?, available at: https://ec.europa.eu/info/law/law-topic/data-protection/reform/what-does-general-data-protection-regulation-gdpr-govern_en (last visited: 2021/12/25).

[63] 高敬原，〈沒有人是局外人！史上最嚴個資法衝擊全球，帶你搞懂什麼是GDPR〉，2018年5月25日，https://www.bnext.com.tw/article/49249/gdpr-general-data-protection-regulation-eu-（最後瀏覽日期：2021/12/25）。

[64] Regulation (EU) 2016/679 of the European Parliament and of the Council of 27 April 2016

四、克服無法送達或難以送達之情形

使用電子跨境送達，可以避免許多一般跨境送達所無法克服或礙於一般跨境送達缺點，導致不能跨境送達之情形[65]。

現在有些公司是網路公司，根本沒有實體地址[66]，有些情況是跨境送達的地點可能因為地理環境的關係，導致於寄件人乾脆放棄跨境送達，但是電子跨境送達，可以免除困難的心理狀態而減免未跨境送達或難以跨境送達，以至於放棄跨境送達之情形[67]。

郵寄跨境送達須透過人工跨境送達方式完成，則有地理環境不熟悉的問題[68]，導致跨境送達在途期間較長，或者有跨境送達錯誤的可能性，延誤時效，電子跨境送達沒有人工作業的這些疑慮。

五、代收或親收之可辨別性

一般郵務跨境送達或人工跨境送達，都有相同的疑慮是，簽收文件或收受文件之回執證書應由收件人簽名或蓋章後寄回寄件人，若由其他人代為收件卻簽名收件人的名字，寄件人除非聲請鑑定，否則無法確認知悉該簽名是否為真。

這問題在電子跨境送達文件使用電子簽章時，偽造簽名的可能性在程

---

on the protection of natural persons with regard to the processing of personal data and on the free movement of such data, and repealing Directive 95/46/EC, Official Journal of the European Union L119, p. 22 (4.5.2016).

[65] 當城鄉之間人口流動性增強，決定了推行電子送達的應然之舉。詳宋朝武，〈民事電子送達問題研究〉，《法學家》，第111期，2008年12月，第127頁。

[66] Since the foreign corporation "had neither an office nor a door," but had an e-mail address as its preferred contact address, communication through e-mail was reasonably calculated to provide. Rio Properties, Inc. v. Rio Intern. Interlink, United States Court of Appeals, Ninth Circuit.284 F.3d 1007 (2002).

[67] Rio Properties, Inc. v. Rio Intern. Interlink, United States Court of Appeals, Ninth Circuit. 284 F.3d 1007 (2002).

[68] 張利民、胡業球，〈涉外案件司法文書電子送達條件分析〉，《法學評論》，第26卷第1期，總第147期，2008年1月，第112頁。

度上可能可以改善，蓋在電子跨境送達中應使用的簽名是數位簽章，數位
簽章（電子簽章）應依一定之程序製作始生效力，且電子簽章可以溯源來
源[69]：首先，欲使用電子簽章之前提，必須是依法令規定應簽名或蓋章者
為限，且須經相對人同意，得以電子簽章為之者；再者，依據《電子簽章
法》第10條規定，以數位簽章簽署電子文件者，須使用經同法第11條[70]核
定或第15條[71]許可之憑證機構依法簽發之憑證，且該憑證尚屬有效並未逾
使用範圍。

六、倒填日期的可能性

若非由司法人員直接跨境送達者，透過郵寄跨境送達縱然已經跨境送
達成功，跨境送達證明若未跨境送達寄件方，無法確認是否已經跨境送達
完成，而且跨境送達證書是由郵務人員撰寫，有可能倒填日期，但是電子
跨境送達文書是跨境送達當下，由數位平臺系統或電子系統自動產生跨境
送達證明，並且直接返回到寄件人之數位系統中，故無此等疑慮。

使用電子簽章的電子文件有自己的收發文時間，其計算發文時間之基
準是：除當事人另有約定或行政機關另有公告者從其約定或公告者外，以

---

[69] Permanent Bureau, A handbook on the practical operation of the apostille convention, 52 (2013), available at: https://assets.hcch.net/docs/ff5ad106-3573-495b-be94-7d66b7da7721. pdf (last visited: 2021/12/25).

[70] 該法第11條規定，憑證機構應製作憑證實務作業基準，載明憑證機構經營或提供認證服務之相關作業程序，送經主管機關核定後，並將其公布在憑證機構設立之公開網站供公眾查詢，始得對外提供簽發憑證服務。其憑證實務作業基準變更時，亦同。憑證實務作業基準應載明事項如下：一、足以影響憑證機構所簽發憑證之可靠性或其業務執行之重要資訊。二、憑證機構逕行廢止憑證之事由。三、驗證憑證內容相關資料之留存。四、保護當事人個人資料之方法及程序。五、其他經主管機關訂定之重要事項。本法施行前，憑證機構已進行簽發憑證服務者，應於本法施行後六個月內，將憑證實務作業基準送交主管機關核定。但主管機關未完成核定前，其仍得繼續對外提供簽發憑證服務。主管機關應公告經核定之憑證機構名單。

[71] 該法第15條規定，依外國法律組織、登記之憑證機構，在國際互惠及安全條件相當原則下，經主管機關許可，其簽發之憑證與本國憑證機構所簽發憑證具有相同之效力。前項許可辦法，由主管機關定之。主管機關應公告經第一項許可之憑證機構名單。

其進入發文者無法控制資訊系統之時間為發文時間[72]；電子簽章收文時間之決定基準是[73]：除當事人另有約定或行政機關另有公告者從其約定或公告外，電子文件以下列時間為其收文時間：（一）如收文者已指定收受電子文件之資訊系統者，以電子文件進入該資訊系統之時間為收文時間；電子文件如送至非收文者指定之資訊系統者，以收文者取出電子文件之時間為收文時間；（二）收文者未指定收受電子文件之資訊系統者，以電子文件進入收文者資訊系統之時間為收文時間。

七、經費成本與民眾使用訴訟的人權

　　電子跨境送達也需要有一些條件，例如，電子跨境送達必須先建置與之後要維護數位平臺，而建置數位平臺需要有建置費用與維護費用，這些費用與郵務跨境送達所需的人力相比擬，依據歐盟執行委員會（The European Commission）的報告，所耗費的成本遠超過於直接跨境送達方式中，以數位跨境送達替代紙本人工跨境送達所達成的利益[74]；次者，建置平臺不是每個地區性的平臺建設條件都可以相同，例如，偏遠地區的建置方式與平地就不同，其平臺所能達成的效果就會有所不同，或許有些地區無法建置平臺，則無法使用電子跨境送達方式。

　　然而，從經驗上觀察，電子產品會因為科技進步，而降低產品製造與維修所耗費的成本，硬體建置之後，在不考量硬體裝置維修費用下，發出每份電子郵件所耗費的成本也比每份紙本郵件低廉[75]，因此，在未來世界科技更發達之下，跨境電子送達成本或可降低，則長期計算與攤平在每個

---

[72] 詳電子簽章法第7條第1項規定。

[73] 詳電子簽章法第7條第2項規定。

[74] European Commission, Proposal for a Regulation Of The European Parliament And Of The Council-amending Regulation (EC) No. 1393/2007 of the European Parliament and of the Councilon the service in the Member States of judicial and extrajudicial documents in civil orcommercial matters (service of documents), COM (2018) 379 final, 2018/0204 (COD), p. 10, Brussels (31.5.2018).

[75] 馮霞，〈中國涉外民事訴訟中電子送達立法檢視〉，《國立中正大學法學集刊》，第40期，2013年7月，第152頁。

案件的時間與經濟成本或可較為低廉[76]。

而且，未來進行區塊鏈電子送達時，所耗費的成本將比一般電子送達低廉，各個節點的電腦是每個民眾自己的電腦，不需要由司法成本支出，司法成本僅需耗費在一開始區塊鏈程式的製作開發以及維護即可，將成為各個世代以來，最低廉的跨境送達成本。

八、剝奪一般民眾的使用權與訴訟權

跨境送達是訴訟保障的核心權力之一，若民眾因為無法有足夠經費建置私人電腦系統而無法安全地接受跨境送達文件，無疑是將這些民眾摒除於司法保護之大門外。有關此等人權[77]考量，將是未來進行完全無紙本化送達制度前，應該思量的問題。

電子跨境送達的內容若是加密，則須有密碼、電子簽章或自然人憑證，才能解密開啟。雖然安全性足，但第一次使用有些繁瑣，對不熟悉電腦操作者是項困擾。

電子簽章和自然人憑證都必須先聲請憑證等程序，未經聲請無法使用，致使電子簽章或自然人憑證成為使用電子跨境送達方式的前提條件，未必是每位使用電腦者都懂得如何使用[78]。電子簽章和自然人憑證，都要有相關程式和配備才能操作。

自然人憑證存在機關中，也有被駭客入侵或個資被盜用的風險[79]，但

---

[76] Marco Velicogna, In Search of Smartness: The EU e-Justice Challenge, available at: https://www.mdpi.com/2227-9709/4/4/38/htm (last visited: 2021/12/25).

[77] 有關全球性之人權保護體系，詳陳怡凱，〈國際人權法在我國法院之適用——以精障者是否可科處死刑為例〉，《憲政時代》，第40卷第3期，2015年1月，第325-337頁。

[78] 例如與民眾息息相關的五倍券領取，需要自然人憑證，就造成許多年長者難以使用，以及很多狀況，參見〈實測五倍券「共同綁定」慘遇卡關大魔王。他轟蔡政府：我有欠你嗎？〉，2021年9月23日，https://reurl.cc/mvWroM（最後瀏覽日期：2021/12/25）。

[79] 例如：〈財政部國稅局爆發記帳士個資外洩，行政院列資安事件〉，2021年11月30日，https://udn.com/news/story/7314/5927958（最後瀏覽日期：2021/12/25）。

相較於郵務跨境送達單純地由郵差或特定關係人或司法人員遞送，個資的保存以數位化儲存似乎相對較為安全。

若是忘記密碼，隨科技進步之程度，通常允許電子送達申請者可以透過網路進行密碼重新申請設定新密碼，但是如果所留的個人資訊不足，無法直接透過Email的寄送而從網路上修改為新密碼時，多半須親自回原單位聲請，所耗費的時間相對於其他跨境送達，例如，郵務跨境送達多且麻煩。而若忘記密碼發生在區塊鏈送達方式，則按區塊鏈的本質，該文件內容能閱讀的機率幾乎是零了。

無論如何，不論有多少法規範、多縝密的保護跨境送達文件的隱私性與安全性，如前所述，從民眾角度而言，跨境送達是訴訟保障的核心權力之一，若因為無法有足夠經費建置私人電腦系統，而無法安全地接受跨境送達文件，無疑將這些民眾摒除於司法保護之大門外，則是有違人權、訴訟權之考量。

伍、結論

司法互助域外電子送達與紙本送達各有優、缺點，本文將非常細微的細緻度均溢於言表，甚至有些狀況是有實務案例的真實狀況才被揭發出來，而彰顯到司法互助使用域外電子送達之實益。司法互助域外送達採用紙本與電子送達，兩者相比較之下，電子送達之優點似乎多於缺點，用於現代科技與時效上，也漸漸較切合時代需求和生活習慣。故本文推薦域外送達採用電子送達，以免除各國紙本送達之不便、遺失或遲延收受等風險。

電子送達偶被認為是侵害國家主權，以其瞬間而無須也來不及經過受送達國同意的性質，比郵務送達的侵害主權更甚。傳統使用「跨境間接送達」的傳輸方式，是文件通常需要從原告法院轉交給原籍國的外交部，然後由外交部透過各地領使館轉交給目的地國的外交部，外國外交部將文件傳遞給當地司法機關，再由司法機關進行送達程序，接著，將透過相同的

渠道返回送達證明。這種透過兩國外交人員轉達給收件人的方式，在早期1954年左右認為已經是屬於直接送達，公約的用字是directly，但從現在觀點，在涉外案件中，兩國外交人員轉達給收件人是屬於間接送達而非直接送達，由此也可見，當時國家主權在兩國之間的隔閡。

由於國與國之間的司法互助概念漸漸萌芽，在司法互助領域內，主權禮讓與互惠是司法互助原則，彰顯國家主權之外交途徑不再被視為是主要的送達行為，反而是例外、不得已之送達方式。現在歐盟已經進步到每一個締約國均有不受拘束、無須任何申請而透過外交或領事人員，直接送達給居住在其他締約國之人民的自由，且任何國家均能聲明反對外國之外交人員或領事人員在其領域內送達。

我國在處理涉外案件之送達程序中，相關法規範有：《外國法院委託事件協助法》、《司法協助事件之處理程序》、《國際刑事司法互助法》，以及另有國際協議或公約。我國判決卻仍認為：「我國制定公布之《外國法院委託事件協助法》、《司法協助事件之處理程序》及其他司法互助協定暨作業要點等相關法規為協助送達，不得逕由外國法院依職權或由原告律師以郵送或直接交付在我國為送達。否則，即難認該外國法院訴訟程序開始之通知或命令，已在我國發生合法送達被告之效力。」（最高法院101年度台上字第1360號判決）所以，我國目前關於域外送達除有公約約定外，法規面還是採用囑託他國外交機關送達之方式。

在上述的各種司法互助域外電子送達優勢介紹下，或許我國可以漸漸考慮加入電子送達實務以及修法，尤其目前法規範也已經有規定到國內的科技送達方式，將來適用於域外送達會是未來趨勢。

論境外送達[*]

賴淳良[**]

壹、意義及功能

涉外案件在我國法院起訴後，首先要處理的問題是將起訴書（民訴§251 I），以及開庭通知書送達（民訴§251 II、III）被告，使被告有充分防禦的機會，確保訴訟權。同時，也必須考慮程序有效進行，以確保訴訟之促進。

送達是否有效，應依照法院地法決定之。而當各類司法文書的送達，屬於境外送達，而且因為受送達人拒絕收受文書，而必須採行強制力時，即必須採行國家之間的司法互助制度。但應注意的是，司法互助只是協助送達，至於送達是否有效，仍應依照法院地法決定之[1]。

送達在各國具有不同的功能，在德國視為國家主權的高權行為，因此，不允許他國法院直接對在德國境內的當事人，為送達行為。而在英國，送達是該國法院取得國際管轄權的基礎，因此，也具有主權的意涵。然而，在美國只是作為起訴後，通知當事人參加訴訟程序的純粹私人意涵之行為[2]。美國憲法中正當程序，不僅僅是要求法院有管轄權才可以進行審判，還要求被告應該得到訴訟程序開始的通知、獲得適當通知以及聽審的機會[3]。

---

[*] 本文係應臺灣士林地方法院蔡志宏庭長之邀，發而為文，特此銘謝。

[**] 前臺灣高等法院花蓮分院法官，華嚴法律事務所主持律師。

[1] 何其生，《域外送達制度研究》，北京大學出版社，2006年，第172頁。

[2] Heinrich Nagel and Peter Gottwald, Internationales Zivilprozessrecht, Dr. Otto schmidt KG Verlag. Germany, 6Aufl. 2007, S. 350.

[3] Jack H. Friedenhal, Mary Kay Kane and Arthur R. Miller 著，《民事訴訟法》，夏登峻、

上述各國對送達賦予不同的意涵，認為具有主權意涵者，要求送達必須基於政府之間的協議，方得為之；認為傾向於保障當事人程序參與權者，以送達之功能在於，確實使當事人可以參與程序。不同的意涵，對於域外送達或者外國法院對本地送達，採取的態度即有所不同。以下分別探討送達之訴訟法上的性質，以及主權概念，進而檢視我國域外送達應有之制度設計。

貳、送達行為之訴訟法性質

德國《民事訴訟法》第166條第1項立法定義送達，規定「送達係指對特定人依照本章所定之方式為文件的通知」。依照此項定義，無論是送達的文件、送達的方式、送達人都必須依照該章的規定進行送達。違反該章規定所謂的送達，其送達屬於不合法。而且，送達必須具有送達的意思（Zustellungswillen），具有法院訴訟行為的性質。我國《民事訴訟法》第123條以下也規定送達的機關、送達的方法，並於第123條明文規定送達原則上由法院書記官依職權為之。由此應可認定，送達確實具有法院訴訟行為的性質。

送達雖然是法院的訴訟行為，但此種行為之功能，是一種主權表現的外觀行為，或是在於保障訴訟當事人程序參與權，仍有探索的必要。若干國家，將送達視為具有國家主權之高權行為，例如德國。因此，在德國，法院域外送達必須經過外國的司法機關，或者依照歐盟所簽訂的條約為之。而外國法院對於德國境內的送達，沒有經過德國同意，被認為是對德國國家主權的侵害[4]。《海牙送達公約》（Convention of 15 November 1965 on the Service Abroad of Judicial and Extrajudicial Documents in Civil or Commercial Matters）也因此要求締約國必須指定法務部、外交部和法

黃娟、唐前宏、王衡譯，中國政法大學出版社，2003年，第152頁。

[4] Heinrich Nagel and Peter Gottwald, Internationales Zivilprozessrecht, Dr. Otto schmidt KG Verlag. Germany, 6Aufl. 2007, S. 350.

院，作為協助送達的中央機構。

　　雖然，將送達視為國家主權的高權行為象徵，因而，要求無論是境外送達或是外國法院對於境內的送達，都必須經由國家機關的協議為之。但因為送達有許多的方法，國家機關無法壟斷文書的送達管道，也無法截斷境內的當事人獲知外國法院開庭的通知，更無法完全阻止當事人前往外國應訴。因此，縱然採取上述態度，至多也只是發生在境內對於本國人是否有經合法送達，而可在外國法院進行訴訟程序產生問題，進而產生該外國法院判決是否應予以承認的問題[5]。更且，海牙送達公約締約國之美國，於2002年向海牙國際私法會議，提交請求以私人公司Process Forwarding International指定為協助送達機關的請求，取代原來由司法部協助送達的做法，隨即就改由該私人機構執行跨國送達。此種做法，已經鬆動送達之國家主權表徵行為意涵。

　　學者也指出，送達的最重要的功能就是通知，是一種程序參與或程序公正的體現，在平等的基礎上，讓當事人有充分參與訴訟的機會；其次的功能是程序保障，保障當事人在民事訴訟程序中，知悉程序事項、參與訴訟程序、提出異議等權利，確保民事裁判的正當性[6]。我國民事訴訟法學者，也提倡民事程序法理之程序利益保護原則，主張應從保護紛爭或訴訟當事人程序主體地位，享有依憲法上價值理念所保障之程序利益，得以有權平衡實體與程序利益。《民事訴訟法》不僅僅只是要求追求實體利益，當事人基於主體地位而可享有之程序利益，亦應同受保障。基於此理念，程序保障應包含追求實體利益的程序保障，以達成慎重而正確的裁判；也包含追求程序利益的程序保障，以達成迅速而經濟的裁判。法院審理活動也不應該僅僅在於防止發現真實的突襲以及法律適用的突襲而已，同時也要防止發生訴訟促進的突襲[7]，避免訴訟的延宕，導致當事人程序利益受到預期以外之損害，增加額外的程序負擔。換言之，程序利益是基於保障

[5]　Heinrich Nagel and Peter Gottwald, Internationales Zivilprozessrecht, Dr. Otto schmidt KG Verlag. Germany, 6Aufl. 2007, S. 350.

[6]　何其生，《域外送達制度研究》，北京大學出版社，2006年，第22-24頁。

[7]　邱聯恭，《程序制度機能論》，臺大出版中心，2018年，第14、19頁。

當事人程序主體權而形成，並不僅僅是在保障國家機關的運作而已。

參、送達與國民主權原則

一、國民主權原則之發軔

　　若干國家將法院文書送達，視為主權象徵的行為，要求對境內的送達，必須在雙方國家協議的框架下進行[8]。即有必要從檢視國民主權原則，以釐清送達之方式及效力。

　　我國於1947年制定《憲法》之時，在第2條規定了「中華民國之主權屬於國民全體」，除係顯示出民主國原則的國民主權原理之外，也正式地昭告我國國家權力的統一性，也宣示我國以「主權」為基礎的「民族國家」地位，加入國際關係之中。而以「主權」為基礎的「民族國家」，一般認為是以1648年為發軔紀年。因為在這一年，歐洲當時的幾個主要政治勢力簽署了《西發利亞條約》，建立了以「民族國家」為主體的所謂的歐洲西發利亞國際秩序，為現代國際公法奠立了發展的基礎，更成為現代全球國際秩序的基本架構，「主權」正是民族國家主張權力統一所需要的理論[9]。

二、主權理論

　　1576年，布丹（Jean Bodin）出版了著名的公法著作──《共和國六卷》（*Six livres de la république*），在這本著作中，其中第一卷第八章便以主權為題（On Sovereignty）。布丹認為，所謂主權是指一個共和國（commonwealth）所享有絕對而且永久性的權力（absolute and perpetual

---

[8] Haimo Schack, Internationales Zivilverfahrensrcht, Verlage C.H.Beck, 4Aufl.2006, S. 212.

[9] Barry B. Hughes 著，《國際政治新論》，歐信宏、陳尚懋譯，韋伯出版社，1999年，第98頁。林碧炤，《國際政治與外交政策》，五南圖書，1999年，第10頁。丘宏達，《現代國際法》，三民，1995年，第16頁。

power），主權這個詞在拉丁文是maiestas，在希臘文是akraexousuia、kurionarche，或是kurionpoliteuma，而在義大利文是segnioria，這些字都是指一個或是一群對於一個國家擁有完整統治權的人，也就是最高的命令權，可以說主權與國家的統治權有密切的關係。但是，由於在布丹之前，還沒有人對於主權權力（sovereignty power）一詞作出定義，因此，布丹認為有必要釐清主權權力的意義。

於是，布丹首先在書中對於所謂共和國作出清楚的定義，即一個共和國就是指一個由王族（households）所組成享有主權權力的政府而言[10]。接著，布丹對主權權力的特性加以闡釋：第一個特性便是永久性。不會因為執掌權力的人的更迭而消滅或變更，一個地區的行政長官（governor of region）只是一個權力的受託人以及監護者，當任期屆滿之際，就必須將權力返還。布丹強調，此種權力的永久性的觀念，才能使得權力授與者的地位不會被影響；在闡明了主權的永久性特性之後，布丹接著說明主權的絕對性。布丹認為主權的絕對性，並不是指其權力的行使能夠不受到任何律法的限制，而是指主權者不須再聽命於其他任何人，而且主權者可以對於屬民公布法律，並且將不符利益的法律加以廢除，而以其他法律加以取代。

除了布丹提出主權理論之外，英國學者霍布斯也在1651年出版了知名著作《利維坦》（Leviathan）[11]，由於霍布斯不滿當時在羅馬的教皇對於各國內政的干涉，因此，以聖經當中所描述的一個力大無窮的巨獸「利維坦」來描述一個國家，以建立一個完整而強大的國家。霍布斯在第二篇第一章談到，國家的起源發生以及意義，便以人類之群居性為理由，認為人必須多數人聚集在一起經營共同的生活，而要共同生活，便必須要有一定的規律，並由一個有權者居臨其上，以刑罰的手段來維持共同生活所需要的規律，而人與人之間為了要維持這種規律存在，就必須將原本放任自在的行動互相約定交給某一個人或是某一個議會以建立一個共同的權

---

[10] Jean Bodin, translated by Julian H. Franklin, On Sovereignty, 1992.

[11] Thomas Hobbes 著，《利維坦》，朱敏章譯，台灣商務印書館，2002年。

力，以維繫共同生活的規律，而這種約定一旦成立，一個國家就誕生了。因此，「所謂國者，即有一人焉，由群眾互約，以授之權，而各退居主動人之位，俾其人得盡其所有之力與術，則自由運用之，以謀公共之和平與保障，此其人為主權者（sovereign），其權謂之主權（sovereignty）[12]，而此外之人，皆為其臣民。」這種人民互相約定讓渡權利以成立國家的理論，便是著名的「社會契約」理論，霍布斯並且由此來論證主權者統治權力的來源。霍布斯認為，「國法者，乃國家對於一般人民之命令，由口說或文字或其他明顯的符號以表示之規則，用以分別是非，指示違者」，並且認為法律必須由國家來制定，而國家行為必須由代表來行使，所以主權者是唯一的立法者。另外一點是霍布斯認為，「如甲國征服乙國之後，甲之統治者仍用以之舊法施政，法雖同是法，然已成為戰勝者之法，而非戰敗者之法，蓋法不在乎其立之人而在乎以何人之力而執行之」。這兩段文字，可以更加地顯現霍布斯將法律的制定，也視為統治權或是主權內容一部分的思想。至於在各主權者彼此間的關係而言，霍布斯認為，這是屬於萬國公法的範疇，而由於沒有國法的拘束，因此，只能由統治者憑其良心來處理各主權者之間的關係。

以上對主權的理解，是從統治關係的角度觀察，將主權界定為具有絕對性、最高性、永久性的權利，不容侵犯。

三、主權作為一種程序

從統治關係理解主權理論，固然可以推導出國民主權的原則，但是作為主權者的國民，如何有效參與規範形成過程，卻無法僅從統治關係取得理論依據。因此，德國學者哈伯瑪斯（Jürgen Habermas）乃以溝通行動理論為基礎，提出國民主權作為程序（popularsovereignty as procedure）的概念[13]。

哈伯瑪斯的法律言說理論，分別從自由以及共和的觀點中擷取要

---

[12] 原譯文譯為統治者與統治權。

[13] Jürgen Habermas, translated by William Rehg, *Between Facts and Norms, Contributions to a Discourse Theory of Law and Democracy*, MIT press, Massachusetts, 1998.

素，以一種理想的審議以及決定程序概念來加以呈現。這種的民主程序為所有的妥協協調、語用條件、自我理解的言說、正義的言說，建立一個沒有任何障礙而可能可以獲得合理以及公平結果的網絡。在這種理論之下，實踐理性存在於一個追求達成理解之言說規則以及論證程序，這種言說規則以及論證程序的規範基礎，則是來自於社會的溝通模式以及語言溝通的結構。在此之中，所擷取共和主義的要素，是強調人民意志形成的重要性，而住民所組成的社會力量，形成一種公共領域，並藉由此種公共領域來達成住民的自決。至於，自由主義者的要素，則是建構在憲法的架構下，保障一個足以滿足個人生活計畫所需的非政治性共同善，以及個人對於快樂之期待的經濟社會。

在哈伯瑪斯的言說理論中，以一種新的方式來呈現民主程序的規範意涵，強調意見及意志的形成過程的重要性，認為憲法的原則就是將在意見以及意志形成過程中所需要民主溝通模式的標準答案加以法制化。言說理論認為，審議式政治的成功並不在聚集多數人的意見而已，而是在相應於聚集多數人意見形成的程序，程序化的國民主權與政治系統結合在一起形成一個政治的公共領域，並藉此形成一個去集中式的社會。在這種模式之下，不再需要社會整體的觀念，也不再需要所謂要達成目標的想法，這種模式也不是用市場的機制來尋求各種權力或利益的均衡。言說理論放棄了各種意識哲學的論題，不再將住民自決求諸於總體社會的主體性，也不再將法律規則的一致性求諸於競爭的主體個人。言說理論把經由民主程序或是公共領域中所進行的溝通行動納入在內，將市民社會當作是自主性公共領域的社會基礎。在國會以及國會以外的論辯審議場所中，如訴訟程序或者其他任意性的公眾意見，以及意志的溝通方式，可以針對政治事務來進行，而這種在公共意見的形成過程，便是將溝通的力量以及影響，轉化而為形成具體規範的力量。

哈伯瑪斯將人民意志的形成，求諸於經由民主程序的言說行動，藉由民主程序當中的溝通，取得共識，以形成具有正當性的規範，藉此使主權成為一種保障人民藉由言說行動參與程序的概念，真正落實國民主權原則。

四、民事程序法理中的國民主權原則

主權既然不是僅僅可以從統治關係去理解，而可以從人民透過嚴謹程序，參與規範形成的過程中去理解，則憲法中所規範的立法程序、言論自由，也都是人民參與規範形成過程中的憲法保障程序。民事訴訟程序作為形成人民彼此之間具體規範的程序，也成為主權作為程序概念的一環。以此理解，《憲法》第16條所保障的訴訟權，因此與《憲法》第2條所規定的國民主權原理，有著不可分割的緊密關係。民事訴訟程序法理中的各種制度，也就呈現為保障人民參與規範形成的程序性規定，而不是展現統治關係的象徵。

五、送達作為人民參與程序的制度保障

當事人作為國民主權之主體，依照《憲法》第2條所揭示之國民主權原則、國民之人格尊嚴[14]，理應擁有參與形成、決定所處社會之行為規範的權利，包含透過論證程序形成立法，也包含參與法院之論證程序形成具體規範。因此《憲法》除了第2條揭示國民主權原則之外，第16條更規定人民得參與訴訟程序，享有訴訟權，參與具體規範之形成與建立的訴訟權。因此，司法裁判之程序構成及運作，均應以確保人民作為程序主體之一，得以完整參與具體規範形成建立之程序為主要內容，此即當事人程序主體原則之展現。相應於此項原則，必須賦予當事人程序上之諸權利，此即當事人程序主體權[15]。

作為憲法所保障訴訟權之一的聽審請求權，係指當事人請求參與裁判程序，提出攻擊防禦方法、陳述意見或言詞辯論的權利而言[16]。聽審請求

---

[14] 邱聯恭，《口述民事訴訟法講義（一）》，自版，2004年，第207頁。

[15] 邱聯恭，《司法之現代化與程序法》，自版，1992年，第111-112頁、第118頁註52。日本學者稱之為當事者權。邱聯恭教授也曾經稱之為當事者權，見邱聯恭，《口述民事訴訟法講義（一）》，自版，2012年，第206頁。

[16] 邱聯恭，《口述民事訴訟法講義（一）》，自版，2012年，第123頁。

權，也可以包含知悉權以及陳述權，並因而形成法院之審酌義務[17]。知悉權係指當事人瞭解訴訟繫屬、審理進程、接觸訴訟資料的權利。陳述權係指當事人依照訴訟所得資料，聲明調查證據、主張事實、說明法律意見的權利。陳述權之標的，包含事實、證據以及法律意見。陳述權既屬於當事人之權利，當事人自可放棄不行使[18]。

　　當事人程序主體權、聽審請求權的保障，都必須以當事人可以參與程序為必要，因此，民事訴訟所規定的送達制度，也就是在落實保障當事人程序主體權以及聽審請求權[19]。換言之，送達制度於國民主權原理下，也應被理解為保障參與程序的權利，而不是統治關係的表徵。送達之合法與否，也就具有對人民聽審請求權保障的主權意涵。

肆、域外送達之國際規範

一、《海牙送達公約》

　　國際間司法文書送達的條約，應以1965年各國於海牙簽訂之《關於向國外送達民事或商事司法文書和司法外文書公約》（Convention on the Service Abroad of Judicial and Extrajudicial Documents in Civil or Commercial Matters），簡稱《海牙送達公約》（Hague Service Convention）最為重要。公約於1969年2月10日生效，一共有接近80個簽約國，亞洲國家包含：中國大陸（含香港、澳門）、日本、韓國、新加坡、越南（2016年加入）、印度、巴基斯坦、以色列等國。其他國家還包含：英國、法國、德國、義大利、荷蘭，以及美國等諸多歐洲、美洲國家。

---

[17] 姜世明，《民事訴訟法（上冊）》，新學林，2013年，第26頁；姜世明，《家事事件法》，元照，2019年，第204頁。

[18] 姜世明，《民事訴訟法（上冊）》，新學林，2013年，第26頁以下。

[19] 陳瑋佑，〈外國判決之拒絕承認——最高法院101年臺上字第1360號〉，《台灣法學》，第259期，2014年11月，第6頁。

　　《海牙送達公約》旨在建立文書送達機制，簡化程序，規格化送達證明文件。公約第2條要求各締約國必須指定中央機構，專責處理接受送達請求、審查送達請求、執行送達請求、通知送達結果的職責。多數締約國都指定司法部為送達之中央機構，也有國家指定外交部或法院。各締約國中央機構接受送達請求、完成審查之後，即依照受請求國民事訴訟法的規定送達，此為正式送達的方法。除了正式送達的方法之外，各締約國也可以依照《海牙送達公約》第5條第1項第2款之規定，指定特定之送達方法，以滿足送達之特殊要求。

　　由於送達具有通知當事人應訴的功能，當事人不願意收受司法文書時，固然必須透過法律所規定的方式送達，以有效進行訴訟程序。但是，如果當事人自己願意收受司法文書，除了請求送達國要求以特定方式送達之外，自應允許由當事人自行收受以完成送達。《海牙送達公約》第5條第2項因此規定，除了特定方式的送達之外，當事人自行收受司法文書，也是屬於《海牙送達公約》所承認的非正式送達方法之一。

　　送達除了經由中央機構的送達途徑之外，《海牙送達公約》也規定了外交領事途徑的送達、郵寄送達、其他官員途徑的送達等等方式。外交領事途徑的送達，是由駐在國外交官員對該國人民採取非強制性措施的送達。其他司法官員的送達途徑，則是由被請求送達國的司法官員直接送達。至於郵寄送達，於《海牙送達公約》第10條第1項規定，如果受請求送達國沒有異議，就可以採取郵寄送達的方式。

二、《歐盟送達規約》

　　歐盟於2007年通過《關於在成員國送達民事或商事的司法和非司法文件（文件送達）規約》（《歐盟送達規約》，REGULATION(EC) No 1393/2007 on the service in the Member States of judicial and extrajudicial documents in civil or commercial matters (service of documents)）。規約為了使歐盟成為一個自由、安全和正義的地區，確保人員的自由流動，因此採取符合市場正常運作所需的民商事司法合作措施。為了使市場正常運作，改進和促進民事或商業司法和非司法文件的傳輸，要求締約國必須分別指

定文件發送的機構，以及接受的公務機構以及公務人員，專責處理文件送達，不再以囑託外交機關送達為唯一且優先的方式。規約詳細規範請求送達文件的語言、格式以及完成送達的時間，以有效促進文件的送達。該規約適用於民商事法院或非法院爭訟事件，不包含：行政爭訟、稅務、關稅等事件文件之送達。發送機關及接受機關之間的文件往返，可以通過任何適當的方式進行，僅要求接收的文件內容真實並忠實於文件內容，且所有訊息都易於閱讀（規約第4條）。接受機關收受應送達之文件後，應根據該國的法律或依照發送國要求的特定方法，自行送達或使文件送達，除非該方法與該成員國的法律不符（規約第7條第1項）。接收機構應採取一切必要措施，盡快有效送達文件，無論如何應在收到後1個月內送達（規約第7條第2項）。

伍、域外送達之程序

一、程序依法院地法原則

法院受理涉外案件，屬於實體事項必須依照選法規則選定應適用之準據法，但程序事項則應適用法院地法，沒有選法問題。程序事項應依照法院地法原則，雖然沒有形諸法律明文，卻是國際私法上之一項原則。因為，程序法具有高度的技術性，難以要求本國法官完整理解、適用、運作外國的程序法。

本國法院受理涉外案件後，因為當事人送達處所在外國等因素，而必須為境外送達，此為本國法院訴訟程序上事項的程序法律適用問題，應依程序事項適用法院地法原則，以我國《民事訴訟法》決定送達之方式及效力。至於《民事訴訟法》第402條第1項第2款所規定，以外國判決合法送達為承認外國判決效力之要件，乃是判決承認之問題。雖然，同樣是送達問題，卻具有不同的性質，判斷的內容也有不同，應先予辨明。

二、境外送達之方法

(一) 依條約或協定為送達

我國與其他國家或法域，簽訂有司法文書送達的協定，首先應依照協定所定之方式為送達。我國與越南簽訂《駐越南臺北經濟文化辦事處與駐臺北越南經濟文化辦事處關於民事司法互助協定》（下稱《臺越司法互助協定》），其中第4條即規定，該協定所定之司法互助，包含司法文書送達，應通過雙方指定之權責機關進行聯繫。協定第17條規送達文書之程序「1.受請求方應根據請求，送達司法文書和相關附件。」「2.請求送達之文書需備一式2份，並翻譯為受請求方之語文或英文，連同請求書一併寄交。」「3.受請求方在執行送達後，應向請求方出具送達證明。送達證明應包括送達日期、地點和執行方法的說明，並應由執行送達的機關署名並用印。如不能執行送達，則應通知請求方，並說明理由。」在越南境內的我國國民，依照《臺越司法互助協定》第13條之規定，「1.締約一方之司法機關得透過其派駐他方之經濟文化辦事處向在該他方境內之己方人民送達文書。」

除了與越南之間的司法互助協定之外，臺灣也與中國大陸簽訂《海峽兩岸共同打擊犯罪及司法互助協議》，其中第三章也規定了文書送達以及調查取證。

德國《民事訴訟法》第183條規定境外送達的方式，也同樣規定首先必須依照歐盟各種規約的指令，以及其他國際條約所定的方式進行送達。歐盟規約或國際條約允許郵寄送達者，即可採取郵寄送達的方法。同條第2項繼續規定，沒有條約時，送達必須囑託德國外交機關為之。同時，德國《民事訴訟法》為了避免境外送達無法進行，於第184條規定法院可以在合理時間內要求受送達人指定德國境內的送達代收人。

(二) 囑託送達

我國《民事訴訟法》第145條規定，「於外國為送達者，應囑託該國管轄機關或駐在該國之中華民國使領館或其他機構、團體為之。」「不能

依前項規定為囑託送達者，得將應送達之文書交郵務機構以雙掛號發送，以為送達，並將掛號回執附卷。」

依照此項規定，境外送達首先必須採取囑託駐外機關送達的方法。又該外國與我國無邦交時，此項囑託應向我國在該外國所設相當於大使館、領事館之機關為之（最高法院86年度台上字第44號民事判決）。

無法依照囑託送達方式送達司法文書時，依照《民事訴訟法》第145條第2項之規定，可以改採郵寄送達。所謂無法囑託送達，其中一種情形是因為我國與其他國家或地區欠缺條約或協定，導致缺乏囑託送達的管道。此種情形，若干國家採取直接適用法院地法完成送達的方法[20]，我國則採取郵寄送達方式。

《民事訴訟法》第145條第2項規定，無法囑託送達是否包含事實上無法囑託送達，或是囑託送達無法完成送達，或是雖為囑託送達，卻無法於合理期間完成，有礙程序進行之情形。有學者認為，經囑託送達而無法送達時，即可採取郵寄送達[21]。鑑於送達之制度功能，至少應兼顧當事人程序參與權、聽審請求權。為了使訴訟程序有效進行，法院已衡酌具體情形，於囑託送達無法有效進行訴訟程序、保障當事人程序參與權、聽審請求權時，即應可採取郵寄送達方式。因此，通過《民事訴訟法》第145條第2項的解釋，應可包含事實上無法囑託送達，或是囑託送達無法完成送達，或是雖為囑託送達，經合理期間仍無法完成，有礙程序進行情形者。我國司法實務上，有函釋也認為倘依前開規定循條約或協定囑託該國管轄機關送達，已逾合理期間甚久仍無法有效送達，即可酌情判斷有無符合《民事訴訟法》第149條第1項第3款得為公示送達之情形（司法院民國110年1月12日院台廳民一字第1100001454號函、司法院109年12月9日院台廳民一字第1090035364號函參照）。

我國法院作業實務上，有為了避免囑託送達無法完成時，延宕程序的

---

[20] Heinrich Nagel and Peter Gottwald, InternationalesZivilprozessrecht, Dr. Otto schmidt KG Verlag. Germany, 6Aufl. 2007, S. 388 f.

[21] 伍偉華，〈兩岸間司法送達實務〉，《中華國際法與超國界法評論》，第13卷第2期，2017年12月，第289頁。

進行，才改行公示送達，因此，進行送達時，即同時採行囑託送達與公示送達兩種送達方式者[22]，呈現出以保障程序有效進行，而降低送達屬於主權表徵之成分。

(三) 郵寄送達

郵寄送達是指送達人依照法律所規定的程序，將司法文書透過郵寄方式，交給應受送達人。郵寄送達的合法性可以分為本國法院對境外的郵寄送達，以及外國法院對本國境內的郵寄送達，是否允許郵寄送達，後者屬於外國判決承認之一環。各國對郵寄送達，各有不同立法及做法。

2007年《歐盟送達規約》第14條規定，允許締約國法院，可以直接對於外國境內的當事人以郵寄方式送達司法文書。郵寄送達的效力，如同透過司法互助途徑所為之送達。法院訴訟文書經郵寄送達後，即發生應該送達而產生的法律上的效果。美國一向允許法院當事人和律師向國外郵寄送達，也允許外國法院、個人向美國境內郵寄送達。

德國《民事訴訟法》第168條規定境內的送達可以採取郵寄送達，條文內容為，「送達機關應依第173條至第175條進行送達。送達機關可以根據《郵政法》第33條第(1)款委託郵務機關或受託的司法書記員進行送達。」《民事訴訟法》第175條規定，「文件可以通過掛號信送達，並附有回執。回執足以作為交貨證明。」至於境外送達，《民事訴訟法》第183條特別規定對於外國的送達之方式。首先，除了應遵守歐盟的法令外，對外國的郵寄送達，必須以有國際條約或協定時，例如《海牙送達公約》，方可直接郵寄送達。如果沒有國際條約或協定允許郵寄送達，必須採取囑託外交機關送達之方式，否則，不足以使送達符合德國《民事訴訟法》第184條的規定。德國與受送達國家之間雖然有條約或是多邊條約，但是該國保留郵寄送達的方法，例如，中國大陸、瑞士、土耳其等國，德

---

[22] 吳偉華，〈兩岸間司法送達實務〉，《中華國際法與超國界法評論》，第13卷第2期，2017年12月，第293頁。

國法院也不得再採取郵寄送達的方式[23]。郵寄送達的送達回證也有一定格式上的要求，但是容許當事人以其他方式加以證明。受送達人拒絕收受文件，也可以用其他證據證明已經送達。送達的方法由法院決定之，當事人只能促請法院採取特定送達方法，也可以提供有關送達必要的資訊給法院參考。德國法承認郵寄送達的效力，但是要求必須有掛號回執，而且必須以德文撰寫或者翻譯成德文，如果受送達人是文書送達法院所在國的國民，可以使用該國的文字撰寫司法文書。

中國大陸《民事訴訟法》第247條第6項規定，受送達人所在國的法律允許郵寄送達的，可以郵寄送達。由於，中國大陸在加入《海牙送達公約》時，反對採取郵寄送達方式對大陸境內進行郵寄送達，因此，中國大陸《民事訴訟法》第247條第6項的規定，大陸學者認為，應解釋為中國大陸法院向外國郵寄送達，必須以該國法律允許郵寄送達為條件，而中國大陸並不允許外國法院對中國大陸境內為郵寄送達[24]。然而，由於郵寄送達是由郵務機關直接寄送，缺乏嚴密而有效的國境管制措施，無法阻止郵寄送達方式寄送法院通知，因此中國大陸學者也有從提升司法效率觀點，主張應允許外國法院對中國大陸境內郵寄送達，同時承認與司法協助送達併用的雙管齊下方式，承認郵寄送達的合法性，並舉出發生在1994年法國法院對於廈門華僑電子有限公司送達的案件為例。該案中，法國法院一方面透過司法協助途徑囑託送達，一方面也郵寄送達。當文書經囑託送達至該公司時，發現中國大陸的公司，早已經在半年前收到同樣的文書，案件也已經調解成立結案了[25]。

我國《民事訴訟法》第124條規定送達可以由郵務機關行之，已經明文肯定郵寄送達的合法性。對於外國送達，《民事訴訟法》第145條規定首先必須採取囑託送達的方法，不能囑託送達時，可以郵寄送達，也肯定

[23] Dr. Hanns Pruttin and Dr. Markus Gehrlein, ZPO Kommentar, Luchterhand Verlag, Köln, 2013, S. 678.

[24] 何其生，《域外送達制度研究》，北京大學出版社，2006年，第223-224頁。

[25] 曹發貴，〈完善我國涉外商事案件送達程序之設想〉，轉引自何其生，《域外送達制度研究》，北京大學出版社，2006年，第224頁。

郵寄送達的合法性。

　　我國《民事訴訟法》第145條第2項雖然肯定郵寄送達的合法性，卻規定不能囑託送達時才能郵寄送達。因此，產生沒有經過囑託送達，而直接郵寄送達，是否合法的問題。我國最高法院認為法院審理涉外案件，不可以直接採取郵寄送達。最高法院86年度台上字第44號民事判決指出，「……又於外國為送達者，應囑託該國管轄機關或駐在該國之中華民國大使、公使或領事為之，《民事訴訟法》第386條第1款、第145條規定甚明。又該外國與我國無邦交時，此項囑託應向我國在該外國所設相當於大使館、領事館之機關為之。經查原審言詞辯論期日通知書，並未依《民事訴訟法》第145條規定囑託該國管轄機關或駐在該地之相當於大使館、領事館之機關為之，而逕以郵寄雙掛號方式送達，其送達依法自有未合。……」而就外國法院直接郵寄送達方式，對我國境內之當事人進行送達，我國最高法院也認為，該送達不合法，可以依照《民事訴訟法》第402條第1項第2款拒絕承認該外國判決。最高法院101年度台上字第1360號民事判決指出：「……對在中華民國之被告，送達有關訴訟程序開始之通知或命令時，揆之『送達，乃國家司法主權之展現』及『程序依據法庭地法之原則』，自應依我國制定公布之《外國法院委託事件協助法》、《司法協助事件之處理程序》及其他司法互助協定暨作業要點等相關法規為協助送達，不得逕由外國法院依職權或由原告律師以郵送或直接交付在我國為送達。否則，即難認該外國法院訴訟程序開始之通知或命令，已在我國發生合法送達被告之效力，且不因於該外國認對被告發生送達之效力而受影響……。」

　　於可以囑託送達，卻沒有囑託送達，而直接郵寄送達，受送達人拒絕收受文件時，該送達固然不合《民事訴訟法》第145條的規定。然而所謂不能囑託送達，除了缺乏司法互助的管道，無法囑託送達之外，鑑於司法文書的送達，除了因為具有強制使受送達人收受文件的效力，而具有國家高權象徵之外，同時也具有促進訴訟的功能，以求平衡保障當事人的程序利益以及實體利益。因此，雖然有司法互助的管道，卻因為實質上的障礙，使送達無法在適當時間完成，也應該認為屬於無法囑託送達，而可採

取郵寄送達方式。

至於《民事訴訟法》第145條第2項規定之合宜性，參考上述《海牙送達公約》之規定，於現今國際間郵務送達的快速性及準確度，再以送達具有保障當事人程序的意義，該條之規定應有立法論上檢討的餘地。立法論上，應無再以囑託送達不能時，方採行郵寄送達的必要性。特別是，當事人已經收受或者陳明願意接受郵寄送達時，更無限制以囑託不能，才能郵寄送達之必要。

值得注意的是，越南於加入《海牙送達公約》時，對於領事送達採取保留聲明，聲明內容是「The Socialist Republic of Viet Nam objects to the use of such methods of service of documents provided for in paragraph b and paragraph c of Article 10 of the Convention.」反對由他國住在越南的領事館人員，直接對在越南境內的他國人送達。至於郵寄送達，越南並沒有異議，其聲明內容是「The Socialist Republic of Viet Nam does not oppose to the service of documents through postal channels mentioned in paragraph a of Article 10 of the Convention if the documents forwarded via postal channels are sent via registered mail with acknowledgement of receipt.[26]」雖然，我國不是《海牙送達公約》締約國，無法直接適用《海牙送達公約》。但既然越南允許境外郵寄送達，我國法院受理的訴訟案件，對住在越南境內的當事人採郵寄送達，於符合《民事訴訟法》第145條第2項的情形時，採郵寄送達，應該不違反《臺越司法互助協定》與我國《民事訴訟法》。

(四) 電子科技設備送達

《海牙送達公約》第1條第2項規定，當事人住所不明時，不能適用《海牙送達公約》。該項所規定之住所，是否包含受送達人的電子郵件地址，根據海牙國際私法會議常設事務局第五委員會於1999年討論的結果，於採用電子文件功能等同方法，並考慮到送達公約之目標，認為應

---

[26] https://www.hcch.net/en/instruments/conventions/status-table/notifications/?csid=1337&disp=resdn（最後瀏覽日期：2021/11/3）。

採取肯定見解，送達公約所謂的地址，也包含電子郵件地址[27]。2014年5月間該委員會再度聚會討論，獲致結論，提出結論報告（Conclusions and Recommendations of the Special Commission on the practical operation of the Hague Service, Evidence and Access to Justice Conventions (20-23 May 2014)），認為各國中央主管機關之間的公文往返，包含應送達文件等等，也可以採取電子郵件方式。根據這項結論報告，各國主管機關之間可以用電子郵件的方式，寄送應送達的各種司法文書、非司法文書。配合《海牙送達公約》第5條第2項之規定，接受送達機構的國家可以採用一切非正式的方式，送達文件給受送達人。所謂非正式方法，也包含以電子郵件方式寄送。因此司法或非司法文書的送達，在《海牙送達公約》中，等同已經肯定以電子郵件方式送達。德國《民事訴訟法》第169條第4項允許以電子文件送達。

　　我國《民事訴訟法》第153條之1第1項也承認電子郵件傳送司法文書的效力，規定，「訴訟文書，得以電信傳真或其他科技設備傳送之；其有下列情形之一者，傳送與送達有同一之效力：一、應受送達人陳明已收領該文書者。二、訴訟關係人就特定訴訟文書聲請傳送者。」司法院根據《民事訴訟法》第153條之1第2項的授權制定《民事訴訟文書使用電信傳真或其他科技設備作業辦法》。辦法第2條規定電子科技設備傳送文件的具體方法，「本辦法所稱電信傳真或其他科技設備傳送，係指送方以下列各款所列方式，將當事人或代理人書狀、證人或鑑定人書面陳述及具結文書，以及其他訴訟文書進行傳輸，受方可於其電信傳真或其他科技設備上收受該文書或其相同型式及內容之影本者：一、司法院電子訴訟文書（含線上起訴）服務平台（下稱司法院服務平台）。二、電信傳真。三、電子郵遞設備。」依照此項規定，當事人向法院陳明用電子科技設備傳送文件，法院依此陳明傳送文件者，並經當事人確認已經收受，或者當事人已經陳明開庭通知可以電子科技設備傳送者，該傳送即發生送達的同一效力。

---

[27] 何其生，《域外送達制度研究》，北京大學出版社，2006年，第133頁。

　　對境外當事人，是否可以採取電子科技設備傳送文件，鑑於我國《民事訴訟法》第153條之1的電子科技設備傳送文件，是當事人陳明或者事後陳明已經收領文件，才發生送達的效力。既然當事人已經陳明自願收受文件，參考《海牙送達公約》第5條第2項，當事人自願收受文件者，即發生文件送達效力之規定，此問題應採取肯定見解。但若當事人拒絕以電子郵件收受司法文書，法院僅得依照《民事訴訟法》第145條之規定，以囑託送達或郵寄送達之方式為之。

陸、送達瑕疵之治癒

　　德國《民事訴訟法》第189條特別規定送達瑕疵的治癒，條文規定法院文書的送達因為缺乏送達證書證明，或者違反強行規定而為送達，於文件實際交付收件人之時，視為已經送達。除此之外，德國《民事訴訟法》第295條也規定類似我國《民事訴訟法》第197條責問權。德國《民事訴訟法》第295條第1項規定，當事人對於訴訟程序規定之違反，特別是程序行為的形式要件，已經表示無異議，或者於最近一次之言詞辯論程序未提出異議，而為訴訟行為時，不得再為異議。依照德國《民事訴訟法》第189條及第295條的規定，德國法院送達司法文書違反規定，可以因為受送達人無異議，或者實際取得送達之文書，其瑕疵因而被治癒。至於外國法院送達有瑕疵時，可否因當事人沒有異議或實際取得文書而被治癒，應視審理法院所在地的法律而定。沒有透過司法互助途徑送達，是否構成送達上的瑕疵，不能直接適用德國《民事訴訟法》第189條的規定，而是依照請求司法互助送達國家的法律而定。此由德國《民事訴訟法》第328條承認外國判決之要件中，以判決國依照該國法律合法送達，即可得知。不過，德國司法實務多數判決認為，跨境送達不能適用德國《民事訴訟法》第189條之規定加以治癒，理由是對外國送達可能被宣稱侵害外國的主權，

而此種侵害屬於無法治癒的瑕疵[28]。

我國《民事訴訟法》第197條第1項規定,「當事人對於訴訟程序規定之違背,得提出異議。但已表示無異議或無異議而就該訴訟有所聲明或陳述者,不在此限。」最高法院81年度台上字第3007號民事判決認為,「惟查法律所規定之訴訟程序,僅為當事人之利益而設者,當事人知其違背或可知其違背,並無異議而為本案辯論者,喪失其責問權,此觀《民事訴訟法》第197條規定甚明。本件業經原審第二度更審,前列當事人未曾責問其未收受第一審言詞辯論期日之通知,馬某在更審前原審亦未曾指摘其第一審言詞辯論期日之通知係送達第三人。縱第一審通知兩造於民國61年11月27日上午10時到場之通知書未載明其為言詞辯論期日之通知,或馬某之通知書誤送與第三人,依前開說明,前列當事人業已喪失責問權。」肯定言詞辯論期日通知之送達,縱然有程序上之瑕疵,也因為當事人沒有行使質問權而治癒。

然而,是否有所司法文件之送達均屬於可治癒之瑕疵,仍應區分文件是否會對管轄權造成危害而定。送達的文件屬於起訴書等足以使某國法院對該案取得國際管轄權,該送達涉及管轄權。例如,英美法系國家,以合法送達作為取得國際管轄權的基礎,不應認為當事人沒有質問送達之合法性,而使該外國法院判決取得國際管轄權。至於,其他如言詞辯論期日通知的送達,是在確保當事人的聽審請求權,是在法院取得國際管轄權之後,所為之訴訟行為,不會損害其他國家之司法主權,應屬於可以治癒的瑕疵。

柒、結論

司法文書的送達具有強制力,影響到當事人的訴訟權益。因此,必須區分文書之性質,分別判斷送達是否帶強制力等主權高權的作用,並於送

---

[28] Haimo Schack, Internationales Zivilverfahrensrcht, Verlage C.H.Beck, 4Aufl., 2006, S. 218 f.

達合法性的判斷上，納入當事人請求權保障之考慮。當事人自願同意接受文書的送達，無論是郵寄送達或是電子郵件送達，參考《海牙送達公約》第5條第2項之規定，應認為送達已經合法。當事人沒有表明自願收受文書送達，我國法院審理涉外案件送達文件，應適用程序依法院地法原則，首先適用協定，其次適用我國《民事訴訟法》之規定。原則上，應以囑託送達之方式優先，如果有欠缺囑託送達管道而無法囑託送達，或者經囑託送達而長時間無法送達，影響訴訟之促進等不能囑託送達之情形，可以採取郵寄送達之方式。至於，當事人陳明以科技設備送達，如電子郵件送達者，亦可依陳明之方式送達。至於，外國判決之承認，其送達合法性之判斷，除了涉及國際管轄權之送達外，也應視各該審理國法院的法律而定。

人類命運共同體構建下國際私法使命的重新解讀[*]

譚曉杰[**]

2018年初，在導師劉仁山教授的積極引薦下，有幸赴臺灣最美的東海大學學習國際私法課程，這也讓我第一次有機會現場聆聽陳老師的教誨。在陳老師身上，我真切地體會到了「法學家的風骨」、「法律人的情懷」。時值陳老師七十華誕，特借此機會表達對陳老師的尊敬與感激之情，真誠地祝福陳老師及家人，也期待疫情散去，陳老師能再來大陸傳道授業解惑。

陳老師的貼心照顧讓我備受感動。從確定赴臺學習開始，陳老師和東海大學法學院就盡心盡力辦理好一切生活學習所需。記得到東海的時候，已經是晚上11點多了，陳老師早就要求學院提前安排好了宿舍，甚至連校園網、圖書館門禁卡、被子等生活用品都已準備妥當。在東海大學學習期間，陳老師和師母還經常抽出寶貴的時間，帶我們領略臺灣的美食，這也讓我的東海之行更為難忘。

陳老師的和藹風趣讓我記憶尤深。週四下午是第一堂陳老師的國際私法課程，當時我們既緊張又期待，更害怕自己的表現會讓陳老師失望，但在課堂上，陳老師以輕鬆愉悦的口氣對我們「大陸來的小妹妹」表示了歡迎，也對母校中南大給予了高度評價，從而輕鬆消除了我內心的不安與惶恐。

---

[*] 基金專案，本文係武漢理工大學自主創新基金「國際私法在全球治理中發揮作用的路徑研究」（專案編號：223113002）、國家社科基金重點專案「《民法典》時代我國國際私法典編纂中管轄權問題」（項目編號：21AFX026）階段性研究成果。文章發表於《時代法學》2022年第4期。

[**] 法學博士，武漢理工大學法學與人文社會學院講師。研究方向：國際私法與國際民事程序法。

　　陳老師的學術熱忱讓我深受震撼。我清楚地記得陳老師的辦公室正好對著上課的教室，每次去法學院一定能看到陳老師在檯燈下伏案疾書，陳老師總說擔心自己不能把學術思想完全記錄下來，因此特別珍惜當下。在陳老師身上我更為深刻地領悟了學者的毅力與恆心，也真切地體會到了什麼是對國際私法的熱愛，這些都已成為我終身學習的動力。

　　離開東海大學之前，特別就博士論文選題去請教陳老師，老師勉勵我，不要害怕困難，只要想寫，年輕人加油努力總能成功。回到學校以後，我又再次拿起了陳老師的《中國思想下的全球化管轄規則》、《中國思想下的全球化選法規則》，認真領悟陳老師主張的中國式法學之核心基礎思想「王道精神」，這也為博士論文的選題及順利完成提供了理論基礎。

　　如今，我也加入了教師這個行列，但距離真正踐行陳老師主張的「中國應該有中國人自己的法學之初衷」仍然有很大的差距，未來我會更加努力，希望不負陳老師的期待。最後，謹以此篇文章，再次把祝福送給陳老師，祝老師及家人身體安康、諸事順心！

壹、問題的提出：國際私法在全球治理中的缺位現狀

　　全球性問題的應對迫在眉睫，包括但不限於人權、環境保護、宗教多元化、性別平等、全球經濟的可持續、消除貧困、防止國家間衝突、人道主義援助，以及文化多樣性的保護等，這些都需要國際私法和國際法的共同關注[1]。跨國公司所引發的企業社會責任、跨國兒童誘拐、同性婚姻、跨國代孕、跨國環境污染等法律關係所蘊含的基本利益衝突和由此導致的法律爭端，不僅增加了國際私法的複雜性，也密切了國際私法與人權法、

---

[1] Abou-Nigm, Veroónica Ruiz, Kasey McCall-Smith and Duncan French, *Linkages and Boundaries in Private and Public International Law*, Hart Publishing, 2018, p. 2.

公司法、環境法等學科的連繫，既使得國際私法與全球治理的連繫越發明顯，也使其在當今社會扮演的角色面臨嚴峻的挑戰[2]。作為國際法體系的重要組成部分，國際私法對全球治理的貢獻甚少。一方面，將諸如環境保護、環境污染、自然資源的開發利用等此類行為留給公法調整，導致在很大程度上忽略了私法在緩解危機和不公正方面的作用；另一方面，在國際法碎片化的現狀下，國際公法本身現在面臨著越來越多的管轄權和適用法律等相互衝突的問題，其中私人或混合權力和制度現在占據著重要地位，甚至在自由區分法律與政治、公法與私法觀點的庇護下，積極為濫用權力的人提供豁免權[3]。

由此可見，國際私法即使不是完全缺席，基本上也沒有出現在整個全球治理場景中，至少不願對全球化背景下法律和權力的變化，提供任何系統性的視野或意義[4]。整體而言，造成該現象的原因是多方面的，具體包括：

其一，將國際私法視為「『純』國內法」，削弱了國際私法解決涉外糾紛的效力，導致國際私法在全球治理中所能發揮的作用被忽視[5]。全球治理的出現深刻改變了社會結構，其涉及大量的私人行為者、私法制度，模糊了威斯特伐利亞背景下公法、私法區分的界限[6]。將國際私法界定為國內法，意味著國際私法同中國其他國內法一樣，所表達的價值觀念

---

[2]　Laura Carballo Pineiro and Xandra Kramer, The Role of Private International Law in Contemporary Society: Global Governance as a Challenge, 7 *Erasmus Law Review* 109 (2014).

[3]　Horatia Muir Watt and Diego P Fernandez Arroyo, *Private International Law and Global Governance*, Oxford University Press, 2014, p. 1.

[4]　Horatia Muir Watt, Private International Law beyond the Schism, 2 *Transnational Legal Theory* 347 (2011).

[5]　Alex Mills, Rediscovering the Public Dimension of Private International Law, 24 *Hague Yearbook of International Law* 11 (2011).

[6]　Matthias Goldmann, A Matter of Perspective: Global Governance and the Distinction between Public and Private Authority (and not Law), 5 *Global Constitutionalism* 48 (2016).

和政策立足於一國範圍之內，即追求的是國家目標的實現[7]。而基於國際私法在爭議解決中的方法和協調對象而言，其不僅涉及對各國法律文化差異的包容，也是對各國在爭議解決相關問題上權力的分配[8]。而在榮格所謂的，法律已成為領土主權的特權，而人類事務卻可以自由跨越國界的情形下[9]，最突出的矛盾可能是，一方面，國際私法在實現權力的最佳分配上後勁不足，狹隘的視野觀導致其過於側重本國範圍的利益保護；另一方面，僅視為國內法的國際私法不利於國際私人關係的秩序化和系統化[10]。對此，英國艾力克斯·密爾（Alex Mills）教授指出，不應將國際私法的主要部分視為國內法，而應將其視為全球治理下法律多元體系的一部分[11]。

其二，從傳統國際私法的目標來看，過多強調實現當事人的個案正義，忽視了國際公法和國際私法的共同目標在於全球治理[12]。長久以來，國際私法通過為跨國民商事爭議的解決提供管轄權的確立規則、法律適用規則，以及判決承認執行規則等，保護具體案件中當事人正義的實現。但除去個案正義，秩序建構是法最為基礎的價值[13]。所以不應忽視的是，基於國際社會中法律秩序的多元性和法律文化的差異性，國際私法提供了在

---

[7] Dai Yokomizo, Conflict of Laws in the Era of Globalization, 57 *Japanese Year Book International Law* 179 (2014).

[8] 〔英〕艾利克斯·密爾，《國際私法、多元主義與全球治理》，張美榕譯，載陳澤憲，國際法研究〔M〕，社會科學文獻出版社，2012年，第118-119頁。

[9] 〔美〕弗裡德里希·榮格，《法律選擇與涉外司法》〔M〕，霍政欣、徐妮娜譯，北京大學出版社，2007年，再版前言。

[10] 〔英〕艾利克斯·密爾，《國際私法、多元主義與全球治理》，張美榕譯，載陳澤憲，國際法研究〔M〕，社會科學文獻出版社，2012年，第123頁。

[11] Alex Mills, The Identities of Private International Law: Lessons from the U.S. and EU Revolutions, 23 *Duke Journal of Comparative and International Law* 445 (2013).

[12] 美國《第三次衝突法重述》的報告員懷托克教授指出，《第三次衝突法重述》的編纂帶來了一個讓國際公法和國際私法再次交匯的契機，便於全球治理這一共同目標的實現。Christopher A. Whytock, Toward a New Dialogue Between Conflict of Laws and International Law, 110 *AJIL UNBOUND* 150 (2016).

[13] 劉平，《法治與法治思維》〔M〕，上海人民出版社，2013年，第190頁。

管轄權、法律選擇、外國判決的承認與執行問題上尊重其他法律秩序的方法，其本身就是全球治理的獨特方式之一[14]。

　　基於以上，國際私法在全球治理中的缺位有著深刻的現實根源。中國共產黨第十九次全國代表大會報告指出，世界正處於大發展大變革大調整時期，面臨著世界經濟增長動能不足，貧富分化日益嚴重，地區熱點問題此起彼伏，恐怖主義、網路安全、重大傳染性疾病、氣候變化等非傳統安全威脅持續蔓延等共同挑戰[15]，建設持久和平、普遍安全、共同繁榮、開放包容、清潔美麗的世界，需要各國齊心協力。「共商、共建、共用」全球治理觀的踐行，需要多元主體協調管理國際事務。國際私法作為全球治理的獨特形式，既提供了尊重其他法律秩序的方法[16]，也通過在各國之間分配治理權力，確保在缺乏集中統一法律機構規制下的跨國活動的有序運行[17]。因此，當前國際私法在全球治理中的缺位現狀值得關注。充分利用人類命運共同體構建契機，發揮國際私法在全球治理中的作用是國際私法學者當前必須解決的問題。

貳、國際私法在全球治理中發揮作用的基礎

一、理論上：國際私法天然具有國際視野觀

　　義大利文藝復興時期，國際貿易和商業進一步發展，包括威尼斯、米

---

[14] Dai Yokomizo, Conflict of Laws in the Era of Globalization, 57 *Japanese Year Book International Law* 179 (2014).

[15] 習近平，〈決勝全面建成小康社會奪取新時代中國特色社會主義偉大勝利——在中國共產黨第19次全國代表大會上的報告〉〔N〕，《人民日報》，2017年10月18日（1）。

[16] Dai Yokomizo, Conflict of Laws in the Era of Globalization, 57 *Japanese Year Book International Law* 179 (2014).

[17] Christopher A. Whytock, Conflict of Laws, Global Governance, and Transnational Legal Order, 1 *UC Irvine Journal of International, Transnational and Comparative Law* 117 (2016).

蘭等在內的眾多獨立城邦國家增加。城邦文化的多樣性導致不同法律之間的衝突，為解決實際問題，尤其是不同法則之間的衝突，需要更詳細的規則來補充羅馬法的基本原則。國際私法的概念是為了解決這些問題而出現的，作為一種機制，在接受一定程度的多元化的同時，儘量減少對私人爭端不一致的法律處理的可能性。

國際私法成為獨立科學而研究始於19世紀，在解決法律適用問題所考慮的諸多因素中，國家民族利益始終是核心所在，集中體現為對外國法適用的限制上[18]。但在國際私法相關理論學說的發展過程中，對整個國際社會共同利益的關注也從未缺位過。

羅馬法注釋學派巴托魯斯從符合國際社會交往利益出發，主張摒棄絕對屬地主義，要求平等對待內外國法；杜摩蘭則從促進貿易發展和統一市場之視角出發，要求通過授予當事人選法之權利進一步克服法律的屬地性；胡伯之禮讓說踐行並強化了主權平等概念，有助於國家間友好關係的維繫和國際法律秩序的構建[19]。

19世紀以來，超國家的法律適用理論逐漸流行。利弗莫爾將文明世界的各國比作「由許多家庭成員組成的宏大社會」[20]；薩維尼認為，國際私法規則是對共存的主權國家及其法律秩序問題的回應，並在此基礎上提出了「法律共同體」（völkerrechtliche Gemeinschaft）的概念，將「法律情感共同體」（community of legal feeling）的構建作為其理論的最終目標[21]，認為其所載規則之客觀性與不偏不倚性大為增強了行為人對國際商業交易安全性的信心[22]；與薩維尼一樣，孟西尼將國際私法規則視為次

---

[18] 袁雪，《法律選擇理論研究》〔M〕，哈爾濱工業大學出版社，2012年，第125頁。

[19] Abou-Nigm, Verónica Ruiz, Kasey McCall-Smith, and Duncan French, *Linkages and Boundaries in Private and Public International Law*, Hart Publishing, 2018, p. 18.

[20] 〔美〕弗裡德里希·榮格，《法律選擇與涉外司法》〔M〕，霍政欣、徐妮娜譯，北京大學出版社，2007年，第50頁。

[21] Alberto Horst Neidhardt, *The Transformation of European Private International Law: A Genealogy of the Family Anomaly*, Florence: European University Institute, 2018, pp. 179-192.

[22] Joseph J. Darby, Conflict of Laws and International Trade, 4 *San Diego Law Review* 45

級規範，認為這些規範在本質上是廣義法律體系的一部分[23]；受孟西尼影響，亞瑟（T.M.C. Asser）認為，國際私法必須具有國際性，才能協調不同法律秩序之間的關係。因此，國際私法處理的是全球性的問題，需要全球性的解決辦法[24]。

20世紀以後，和平發展成為時代主題，世界殖民體系土崩瓦解，全球化的發展使得國際民商事交往的區域範圍進一步擴展，民商事交往的深度和廣度都大為增加，國際私法學者開始對傳統學說進行批判和重構，在此背景下也有一系列相關理論思想蘊含其中。柯裡的「政府利益分析說」認為，法院在解決法律適用問題時，應該分析與案件相關國的正當利益，從而擴大了外國法的適用範圍；利弗拉爾的「法律選擇的五點考慮」將國際秩序的維持納入考慮範疇；拉貝爾的「比較法說」提出，在保護本國利益的同時也要尊重別國的主權，以促進跨國民事關係的公正合理發展；克格爾的「利益法學理論」從不同層面分析，認為國際私法上的「公正」包含當事人利益、交往利益和制度利益[25]。值得特別關注的是，亞瑟為實現國際私法規則的國際協調付出了諸多心血，其著眼於國際私法和國際公法在功能和實踐上的交錯情形，認為將國際私法視為服務於實質性的國內政策利益或者旨在實現個案正義的觀點存在誤解。正是在貫徹這樣的國際主義精神的背景下，亞瑟為推動國際私法維護世界和平與發展上作出了突出貢獻，也因此獲得了諾貝爾和平獎[26]。

(1967).

[23] 不過，二者有所區別的是，孟西尼認為國際私法是民族國家共同體法律體系的組成部分，而不是薩維尼所認為領土國家共同體法律體系的組成部分。Alex Mills, Rediscovering the Public Dimension of Private International Law, 24 *Hague Yearbook of International Law* 11 (2011).

[24] Alex Mills, Rediscovering the Public Dimension of Private International Law, 24 *Hague Yearbook of International Law* 11 (2011).

[25] 劉仁山，《國際私法》〔M〕，中國法制出版社，2019年，第48-58頁。

[26] Geert De Baere and Alex Mills, T.M.C. Asser and Public and Private International Law: The Life and Legacy of "a Practical Legal Statesman," 42 *Netherlands Yearbook of International Law* 3 (2011).

總之，無論國際私法理論如何發展變化，其都關注到了國際私法本身所涵蓋的多元化利益，既要保證本國利益，也從國際社會的角度要求其他國家的相關利益得以實現。這與馬丁・沃爾夫所強調的「許多個人的國際社會」[27]理念不謀而合。

二、實踐上：國際私法能有效彌補全球治理缺漏

在人類命運共同體的構建下，除主權國家和國際組織外，私人跨國經濟活動參與者（行業評級機構、跨國公司、非政府間組織等）成為重要的參與者。一方面，在新興的全球治理框架中，上述非公權力經濟活動參與者積極致力於各種非公法性質規範的制定和實施，如行業標準、示範條例等；另一方面，區別於一國國內立法或政府間國際組織制定條約，私權力機構的立法會引發合法性、權力監管、規範衝突等問題。由此，就會引發一系列治理難題。

(一) 跨國私權力立法的效力問題

全球範圍的大規模私權力立法，主要包括跨國公司訂立的行業標準、全球性商人法中的合同、仲裁等制度，這些跨國私權力立法對於填補市場規制空隙、提升自我規制水準、促進全球治理發揮著重要作用[28]。對於跨國民商事爭議所引發的法律適用問題，跨國私權力立法能否享有與國家法同等的地位是國際私法必須解決的問題。

比如，作為合同準據法的選擇對象，非國家法在仲裁領域的適用由來已久。非國家法在仲裁中的優勢地位在近40年來越發明顯，許多國際仲裁機構和國內仲裁法都允許當事人在仲裁協議中選擇非國家法作為準據法。

---

[27] 國際私法必須要記住一個社會的利益，而這個社會既不是他本國人的社會，也不是各個國家或民族的社會，而是全體人類、人類社會，即「許多個人的國際社會」。〔德〕馬丁・沃爾夫，《國際私法》〔M〕，李浩培、湯宗舜譯，北京大學出版社，2009年，第17頁。

[28] 高秦偉，〈跨國私人規制與全球行政法的發展——以食品安全私人標準為例〉〔J〕，《當代法學》，第30卷第5期，2016年，第67-77頁。

如1976年《聯合國國際貿易法委員會仲裁規則》第33條第1款、2010年
《聯合國國際貿易法委員會仲裁規則》第35條第1款、1998年《國際商會
仲裁規則》第17條；在各國國內仲裁立法中，也是如此，如2009年《墨西
哥仲裁中心規則》第23條、1996年《巴西仲裁法》第2條第1款等。2012年
《海牙國際民商事合同法律選擇原則》第3條之規定在國際私法學界引起
了熱烈討論。對於能否賦予非國家法同等效力的探討在學界仍未停止。雖
廣泛認可非國家法之選擇，可以強化當事人的意思自治、增強爭議解決的
可預見性，但對於非國家法所引發的適用困境，亦成為最大的阻礙。

　　全球化背景下，有學者甚至認為，政治監管與私人治理之間的關係已
發生根本性轉變，原處於核心地位的「官方的」國家法已然被邊緣化[29]，
跨國私人立法成為現代全球治理體系的重要組成部分，涉及環境、體育、
電子商務、食品安全等廣泛領域，在全球範圍內成為調整涉外糾紛的重要
實體規範。於一國而言，跨國私人立法能否成為當事人解決糾紛的依據，
需要國際私法對其法律地位及法律效力作出明確規定。

(二) 跨國私人經濟活動參與者的法律監管問題

　　作為跨國活動的重要參與者，如何對跨國私人經濟活動參與者進行有
效監管，避免其權力的濫用是維護全球治理秩序的重要內容。例如，「禿
鷲基金」對重債窮國的「圍獵」，2012年聯邦法院判定阿根廷政府應向禿
鷲基金償還13.3億美元，2013年紐約上訴法院維持原判，要求阿根廷政府
履行判決，後由於阿根廷未能準時支付債務，被評級機構判定為選擇性違
約。雖阿根廷政府主張，美國針對禿鷲基金的判決損害了其國家豁免權，
有違《外國主權豁免法》，但由於國際社會現階段，並沒有任何法律限制
其債務追繳上限，也沒有有效的機構對其加以監管[30]，由此導致被追債國

---

[29] Horatia Muir Watt, Private International Law beyond the Schism, 2 *Transnational Legal Theory* 347 (2011).

[30] 禿鷲基金，是一種以私人投資公司或者對沖基金的面貌出現的資產投資者。通常在
　　一些國家發生債務違約，或者一些貧窮重債國達到世界銀行和國際貨幣基金組織認
　　定的債務減免標準之後，對這些國家下手，以非常低廉的價格，購買其債券，然後

既無法實現債務重組，也深受不公正司法的迫害，進而損害法律的公正性。

　　類似上述私權力缺乏監管之情形並不少見。跨國公司和評級機構等非主權實體在塑造全球市場方面發揮了重要作用，但對於其全球經濟中私權力的行使方式，國際公法和國際私法均未有所涉及，使其可以逃避可信的公共問責和私人責任[31]。如美國聯邦最高法院在*Jesner v. Arab Bank, PLC Alien Tort Statute Litigatio*案中仍然堅持了Cabrance法官在*Kiobel v. Royal Rutch Petroleum*案中所確立的「外國公司不能依據《外國人侵權法》承擔國際習慣法上的責任」標準[32]。即國際私法無法在對跨國公司的權力監管上發揮作用，一方面，上述*Kiobel*案中的工業災難受害者和其他在外國遭受損害的受害人無法擺脫尋究救濟之困境；另一方面，跨國公司缺乏適當法律地位之情形，並不妨礙其利用跨國市場來保證資本和服務的自由[33]。

　　作為國際法體系的重要組成部分，國際私法通過對法律適用、管轄權和判決承認執行規則的協調，既能充分保證當事人的權利，又能推動國際法律秩序的有序構建。然而，在當前各國面臨全球性挑戰，尤其是私權力擴張所引發的諸多問題，如跨國公司的責任（在環境破壞、土地掠奪或食品供應鏈中權力濫用）、評級機構和其他金融監管機構在關聯市場危機中

進行惡意訴訟，要求全額償還債務本息，甚至還要求支付債務違約金，以攫取巨額回報。除了涉及主權債務，禿鷲基金也投資陷入困境的公司。吳成良，〈「禿鷲基金」妨礙窮國債務紓困〉〔N〕，《人民日報》，2014年8月5日（22）。

[31] Horatia Muir Watt, Private International Law beyond the Schism, 2 *Transnational Legal Theory* 347 (2011).

[32] 基奧貝爾訴荷蘭皇家石油公司案（*Kiobel v. Royal Dutch Petroleum litigation*）是一樁備受爭議的公共利益案件，此案涉及國內私法的域外效力和管轄權問題。這類訴訟涉及的問題是，美國的《外國人侵權法》是否允許就荷蘭、英國和尼日利亞石油公司在尼日爾河三角洲對尼日利亞公民犯下或支持的侵犯人權行為提起訴訟。參見杜濤，〈國際私法國際前沿年度報告〉（2016-2017）〔J〕，《國際法研究》，第3期，2018年，第85-128頁；杜濤，〈國際私法國際前沿年度報告〉（2017-2018）〔J〕，《國際法研究》，第3期，2019年，第89-128頁。

[33] Horatia Muir Watt, Private International Law beyond the Schism, 2 *Transnational Legal Theory* 347 (2011).

的責任等，國際私法並未作出突出性貢獻[34]。人類命運共同體構建下，面對世界權力格局發生的重大變化，國際私法也必須適時作出調整，不再局限於國際私法、國際公法的教條主義分割，以超越性的視野促進全球私權力的治理，適應發展、變化中的全球社會需求。

(三) 人權問題的複雜性使國際私法在全球治理中發揮作用更爲緊迫

2017年3月，中國代表在聯合國人權理事會第34次會議上發表了題爲「促進和保護人權，共建人類命運共同體」的聯合聲明，強調各國應共同努力，構建人類命運共同體。人權保障是構建人類命運共同體的重要組成部分[35]，對保障人權之遵守是產生國際私法領域各種法律關係的先決條件[36]。

以國際移民治理爲例，根據聯合國經濟和社會事務部人口司「2017年國際移民報告摘要」統計，2017年全球移民數量達到2.58億，比2000年時期增加約7,500萬人[37]。不論是國家層面，還是從國際層面來看，國際移民會引發安全、貿易、發展等系列問題。就現階段而言，國際移民已成爲世界性的嚴重問題，但仍爲全球治理的「黑洞」之一，缺乏規範全球性人員流動的機制[38]。作爲國際政治的重要議題，其主要依託於國際公法[39]，但

---

[34] Horatia Muir Watt, Private International Law beyond the Schism, 2 *Transnational Legal Theory* 347 (2011).

[35] 王毅，〈共同促進和保護人權攜手構建人類命運共同體〉〔N〕，《人民日報》，2017年2月27日（21）。

[36] 浦偉良，〈論人權與國際私法的關係〉〔J〕，《法治論叢》，第4期，2004年，第82-84頁。

[37] 陳積敏，〈當前國際移民現狀和治理挑戰〉〔EB/OL〕，2019年3月1日，http://www.qstheory.cn/zhuanqu/bkjx/2019-03/01/c_1124180969.htm（最後瀏覽日期：2022/2/22）。

[38] 漢斯·范魯、張美榕，〈全球視角中的國際私法〉〔J〕，《國際法研究》，第6期，2017年，第3-52頁。

[39] 如1951年《聯合國關於難民地位的公約》及1967年《關於難民地位議定書》、1990年《聯合國關於保護所有遷移雇員及其家庭成員權利的國際公約》、2016年《難民和移民問題紐約宣言》等。

全球移民問題與國際私法的關係密不可分。一方面，以國家為基礎的方法可能適用於貿易，但不適用於移民，在移民案件中，其必須結合將移民者視為自然人的方法，否則會危及人權的保護；另一方面，國際移民會涉及許多私法問題，如未成年人的保護，尤其是無人陪伴者、婚姻、父母關係以及其對家庭重組的影響，出生證明或婚姻證明的認可等[40]。

從保護人權的角度而言，國際私法能在全球移民治理問題發揮多大程度的作用是必須考慮的問題。在主權原則以及缺乏國際統一實體移民法的前提下，國際私法為解決法律多元文化衝突提供了有效方法：

其一，一國國際私法所涉及的管轄權、法律適用和判決承認執行規則，當然會反映該國在移民問題上的態度和政策意向，這就要求各主權國家進一步完善國內相關國際私法規定，強化對移民的權利保護。以中國為例，根據發布的《中國國際移民報告（2018）》，中國已經成為世界第四大國際移民來源國，與此同時，隨著來華就業外籍人士的增加，中國也不斷成為國際移民的目的國[41]。一方面，人員輸出或輸入過程中所引發的勞動、財產、婚姻等糾紛的解決依託於中國國際私法相應機制的完善；另一方面，勞工生態、弱勢群體保護、非法移民、勞工人權等問題的解決，也需要中國在包括海牙國際私法會議、聯合國在內的國際組織所建立的國際私法合作機制中發揮更加積極的作用。

其二，國際私法多邊合作機制，在推動全球移民治理上發揮著獨特作用。如海牙1993年《跨國收養公約》，不僅包括允許兒童進入收養父母的慣常居所地所在國並永久居住，也允許採取政策阻止跨國兒童買賣[42]。漢斯·范魯（H. van Loon）針對暫時性移民、非法移民的遣返和重新安置、移民仲介的委派和規制、僑匯四大領域提出了針對性且有說服力的提

---

[40] Horatia Muir Watt and Diego P Fernandez Arroyo, *Private International Law and Global Governance*, Oxford University Press, 2014, p. 302.

[41] 王耀輝、苗綠，〈中國國際移民報告（2018）〉〔M〕，中國社會科學文獻出版社，2018年，第27-29頁。

[42] Horatia Muir Watt and Diego P Fernandez Arroyo, *Private International Law and Global Governance*, Oxford University Press, 2014, p. 308.

案[43]。遺憾的是，到目前為止，海牙國際私法會議在這些問題上仍然成效甚微。

人類命運共同體建設強調，對人類共同利益、全人類價值的保護。2017年3月，聯合國人權理事會明確將「人類命運共同體」納入決議，標誌其成為國際人權話語體系的重要組成部分[44]。在國際移民越發複雜的背景下，從人權保障角度出發，必須充分發揮國際私法的治理作用，促進各項規則的完善與落實。

參、國際私法在全球治理中發揮作用的方式──構建國際民商事新秩序

一、國際民商事新秩序是國際秩序的重要組成部分

所謂秩序，是對一定程度的制度化或已建立的結構假定──通過對系統中行動者之間的關係和行為起一定控制作用的機制而建立的結構[45]。因此，從國際民商事領域而言，以國際私法制度為基礎所建構起來的機制，旨在調整國際民商事交往中當事人之間的關係和行為，當然會形成一定的秩序，這在本質上就是中國學者所謂的國際民商事秩序。正如曾陳明汝所言，古代之法律僅有國內法，然而，人類合群之天性，文明之進步與工商業之拓展，促使社會關係逐漸擴大，國與國之間、內國人與內國人之間、外國人與外國人之間、內國人與外國人之間，漸次產生關係。上述種種關係，構成「國際社會」之形象。為國際社會得以存在，並確保其構成分子

---

[43] 漢斯‧范魯、張美榕，〈全球視角中的國際私法〉〔J〕，《國際法研究》，第6期，2017年，第3-52頁。

[44] 新華社，「人類命運共同體重大理念首次載入聯合國人權理事會決議」〔EB/OL〕，2017年3月24日，http://www.xinhuanet.com/world/2017-03/24/c_129517029.htm（最後瀏覽日期：2022/2/22）。

[45] Michael J. Mazarr, Miranda Priebe, Andrew Radin and Astrid Stuth Cevallos, *Understanding the Current International Order*, Rand Corporation, 2016, p. 8.

之福利，對於國際社會之種種關係，究應依何種法則加以規範，自有探究之必要。斯此法則締造了「國際秩序」。若缺乏該法則，則社會秩序會趨於混亂[46]。

　　但遺憾的是，自全球治理理論提出以來，世界學者，尤其是國際公法和國際政治、國際經濟領域的學者，均在此基礎上進行了多方位、多層次的研究，並產生了豐富的研究成果；然而，作為國際法秩序重要組成部分的國際私法以及以國際私法為核心所建構的國際民商事秩序，卻並未得到重視。國際民商事秩序與國際經濟秩序、國際政治秩序相輔相成，因此，國際民商事秩序體系理應成為全球治理框架的重要組成部分，應該在全球治理中發揮應有作用[47]。

二、國際私法構建國際民商事新秩序的規範內涵

　　從規範上而言，國際民商事新秩序包括順暢的國際民商事關係流轉機制、公正的國際民商事造法機制、開放的外國法適用機制、高效的國際民商事爭議解決機制、自由的國際民商事判決流轉機制等五大方面的內容[48]，這也是國際私法在全球治理中發揮作用的主要方式。

(一)國際私法應提供順暢的國際民商事關係流轉機制

　　國際交往根本動因在於，實現資源的跨國交換及其在全球市場內的合理配置，即實現資本、商品、技術、人才、資訊等生產和消費資源的跨地區流動，上述要素的跨國流動，本質上就是國際民商事交往[49]。國際私法的原則、方法和制度，對於貿易、資本、人員和國際貿易的跨境流動至關

---

[46] 曾陳明汝，《國際私法原理（上集）》〔M〕，新學林，2008年，第5頁。

[47] 李雙元、鄭遠民、呂國民，〈關於建立國際民商新秩序的法律思考——國際私法基本功能的深層考察〉〔J〕，《法學研究》，第2期，1997年，第111-124頁。

[48] 劉仁山，《國際私法與人類命運共同體之構建》〔M〕，法律出版社，2019年，第11-12頁。

[49] 和諧世界與國際法編委會，《和諧世界與國際法：李雙元教授八十年華誕賀壽文集》〔M〕，中國法制出版社，2009年，第380頁。

重要[50]。設計良好的國際私法制度，可以有效減少甚至消除現有的貿易和投資壁壘，尤其是，通過尊重當事人在法律適用及管轄權的選擇，可以確保國際商業交易的確定性，減少成本效益[51]。

此外，在人員自由流動上，諸如前述移民問題的解決，當前國際社會並不存在規範跨國人員流動的全球性法律機制或框架，國際私法通過包括國籍、外國人的法律地位、當事人行為能力等在內的制度規範，有效減少人員流動障礙，為民商事關係的自由流轉，創造更為健全的制度保障。

(二) 國際私法應提供公正的國際民商事造法機制

在國際社會依存度不斷加深的當下，國際秩序的維持必須依賴於國際規則的建構，國際規則關乎國家間的利益分配。提升國際規則話語權是一國融入世界、參與全球治理的重要步驟[52]。國際私法努力的中心目標是，通過更大程度的協調和統一相關法律規範和原則來消除法律障礙，從而促進國際民商事交往。這些努力為交易各方的民事和商業交易提供了更大程度的法律指向性、確定性和可預測性[53]。作為國際私法協調或統一的前提，公正的國際民商事造法機制就更為重要。

從國際層面而言，國際私法規則的協調和統一是各國利益博弈的結果，尤其是大國博弈的結果，諸多規則的制定並未表達發展中國家的利益訴求。在當前許多國際條約中，西方國家仍致力於強化話語霸權，主張保留原有的既得利益，使包括中國在內的廣大發展中國家的利益面臨巨大挑戰。隨著發展中國家經濟地位的崛起，歐盟、美國等主導的規則，無法平衡新興經濟體在市場中的份額和規則話語權，從而導致規則出現治理乏力

---

[50] David P. Stewart, Private International Law, the Rule of Law, and Economic Development, 56 *Villanova Law Review* 607 (2011).

[51] Andrew Dickinson, Thomas John and Mary Keyes, *Australian Private International Law for the 21st Century: Facing Outwards*, Hart Publishing, 2014, pp. 8-9.

[52] 張志洲，〈增強中國在國際規則制定中的話語權〉〔N〕，《人民日報》，2017年2月1日（7）。

[53] David P. Stewart, Private International Law, the Rule of Law, and Economic Development, 56 *Villanova Law Review* 607 (2011).

且被邊緣化的風險。因此，在雙邊條約或多邊條約的談判過程中，必須平衡不同國家的規則話語權，保證造法機制的公正。

(三) 國際私法應提供開放的外國法適用機制

外國法的適用問題是國際私法理論的核心，國際私法的歷史發展，本質上也是在「如何適用外國法」這一問題上的技術表達，直指國際協調的意識[54]，開放的外國法適用機制，可以激勵私人當事人採取有效行動和國家制定有效的實體法律，來增加全球經濟福利，可以為國際法律選擇決策提供公正的規則指引，並為跨國行為者確定哪些法律將支配其活動，從而加強跨國法治。基於此，開放的外國法適用機制，有助於推動國際私法在全球治理中發揮作用[55]。

但不可忽略的現實是，法院地法一直傾向國內法院在處理涉外民商事爭議時存在的固有現象。以中國司法實踐抽樣調查為例，2017年在涉外民商事案件中適用中國國內法的情形約占78%，適用域外法律或相關規定的為10%，適用國際公約的為2%，同時適用中國法律和域外法律或相關規定的為2%，同時適用中國法律和國際公約的為8%[56]。可以看出的是，中國在處理涉外民商事爭議問題上，國內法的適用依然是主流。同樣地，美國《第二次衝突法重述》所確立的選法規則，亦被學者批判有嚴重的國內法傾向[57]，正基於此，在《第三次衝突法重述》起草背景下，學者力圖主

---

[54] 張春良，《永久和平的衝突法建構——衝突法的政治哲學功能導論》〔M〕，廈門大學出版社，2013年，第9-10頁。

[55] Christopher A. Whytock, Myth of Mess? International Choice of Law in Action, 84 *New York University Law Review* 719 (2009).

[56] 黃進、李建坤、杜煥芳，〈中國國際私法司法實踐述評〉〔J〕，《中國國際私法與比較法年刊》，第22卷第1期，2018年，第99-157頁。

[57] 例如，約瑟夫·辛格（Joseph Singer）指出，「在實踐中，很明顯，法院通常在衝突案件中所作的是適用法院地法。」拉裡·裡布斯坦（Larry Ribstein）認為，「即使法院根據法律選擇條款適用其他州的法律，他們也會在所有案件中最經常地適用法院法。」路易士·溫伯格（Louise Weinberg）同樣指出，「從歷史上看，法院地法一直是壓倒性的司法選擇。」See Christopher A. Whytock, Myth of Mess? International Choice of Law in Action, 84 *New York University Law Review* 719 (2009).

張摒棄以前存在的狹隘主義傾向（parochialism），改變《第二次衝突法重述》中不斷顯露的歸家趨勢（homeward trend），以更好地應對衝突法（國際私法）的國際化背景[58]。

　　基於以上，國際私法在全球治理中發揮作用、積極構建國際民商事新秩序的過程中，需進一步完善選法規則，促進各國在選法問題的合作，為交易各方的民事商交往，提供更大程度的確定性和可預測性，努力減少或消除法律障礙。

(四) 國際私法應提供高效的國際民商事爭議解決機制

　　國際民商事交往的快速發展，必然導致爭議增多，這就意味著一定範圍內的均衡狀態或秩序被打破，因此，爭議解決機制的效率，直觀反映了法律的協調能力[59]。現行解決國際民商事爭議的方式越來越多元化，包括：訴訟、仲裁、投資仲裁、多元化替代性爭議解決模式等多種方式[60]。然而，就高效處理爭議而言，仍存在不足。例如，在依據民事訴訟解決爭議上，各國程序法上的差異可能導致挑選法院、選法不公正或是判決無法得到有效承認執行等問題，增加了爭議解決中面臨的障礙；在利用仲裁解決爭議上，為降低成本、提高效率而引入的快速程序機制，在適用上亦存在犧牲正當程序、減損其價值的情形，與制度初衷相背離；在投資仲裁制度的適用上，如何系統、合理保護東道國人權仍舊是亟待解決的難題；在多元化替代性爭議解決上，在面臨調解範圍不斷擴大、糾紛數量不斷增加的情形下，應如何適應出現的新變化[61]。

---

[58] R. Michaels and Christopher A. Whytoc, Internationalizing the New Conflict of Laws Restatement, 27 *Duke Journal of Comparative and International Law* 349 (2017).

[59] 黃進、宋連斌，〈國際民商事爭議解決機制的幾個重要問題〉〔J〕，《政法論壇》，第27卷第4期，2009年，第3-13頁。

[60] 袁發強，〈「一帶一路」背景下國際民商事爭議解決機制之建構〉〔J〕，《求是學刊》，第45卷第5期，2018年，第82-90頁。

[61] 新華社，「我國將探索建立網上人民調解委員會」〔EB/OL〕，2018年5月22日，http://www.gov.cn/xinwen/2018-05/11/content_5290022.htm（最後瀏覽日期：2022/2/22）。

在已經確立多元化爭端解決機制的背景下，提高各種方式的適用效率，有針對地對各種制度中所涵蓋的條約糾紛解決效率的問題加以改進，以不斷實現國際民商事爭議解決機制多元與高效的有機結合，是當前國際私法在全球治理中發揮有效作用的題中之意。

(五) 國際私法應提供自由的國際民商事判決流轉機制

規則的制定、適用與執行，是治理系統的基本功能。治理系統的有效性在很大程度上取決於它產生的對規則的遵從性，法院執行判決就是治理功能的重要體現。對判決的執行，不僅是對糾紛的解決，而且是對社會內部資源的權威分配，蘊涵著豐富的治理價值[62]。詳言之，一是建立判決自由流動機制有利於提高效率，避免社會資源的重複支出，從而減輕跨國交易的成本；二是定紛止爭，可以有效平息已經出現的爭端，保證涉案當事人的關係歸於和諧；三是增強訴訟的確定性，提升交易的安全性和當事人的行為預期，從而在相互依賴和獨立的國家之間促進法治；四是有助於促進貿易一體化，判決的承認執行既為貿易商尋求法律救濟提供保障，也為其從事交易提供了貿易動機[63]。歐盟正是基於對國際私法治理職能的日益關注，才在推動判決執行方面付出了包括廢除了審查程序（exequatur）在內的諸多努力[64]。

為了建立判決自由流動機制，國際私法學界（不論是各主權國家，還是國際社會）一直都在為之奮鬥。海牙國際私法會議從上世紀60年代開始，就啟動判決專案，三度重啟，歷經半個世紀的努力，終於在2019年7月12日誕生了全球首部全面確立民商事判決國際流通統一規則的公約——

---

[62] Hans-W Micklitz and Andrea Wechsler, *The Transformation of Enforcement: European Economic Law in Global Perspective*, Hart Publishing, 2016, pp. 47-48.

[63] 正是在此背景下，有學者主張將判決承認執行問題視為國際貿易問題，並通過WTO建立的多邊貿易機制來解決判決執行問題。Antonio F. Perez, The International Recognition of Judgments: The Debate between Private and Public Law Solutions, 19 *Berkeley Journal of International Law* 44 (2001).

[64] Christopher A. Whytock, Faith and Scepticism in Private International Law: Trust, Governance, Politics, and Foreign Judgments, 7 *Erasmus Law Review* 113 (2014).

《承認與執行外國民商事判決公約》，力圖促進以規則為基礎的多邊貿易、投資以及人員流動，促進判決的有效承認與執行。截至目前，尚未有國家批准公約[65]，未來相當長時間內，推動公約發揮實效、實現公約宗旨是國際私法重心所在。

　　順暢的國際民商事關係流轉機制、公正的國際民商事造法機制、開放的外國法適用機制、高效的國際民商事爭議解決機制和自由的國際民商事判決流轉機制的確立，必然依託於國際社會和主權國家（或地區）在國際私法領域的具體立法及實踐，因此需要國際社會的共同努力，尤其需要大國在該過程中的引導作用。

肆、對中國的啓示：未來國際私法的努力方向

　　當前已進入全球化4.0時代，「合作共贏、共同發展」為核心理念的新治理模式是其基本方向。從「一帶一路」倡議到構建人類命運共同體的提出，標誌著中國對外戰略從韜光養晦轉為奮發有為，也是中國積極參與全球治理、努力構建「開放、包容」新型國際關係的重要嘗試。十九屆四中全會通過了《中共中央關於堅持和完善中國特色社會主義制度、推進國家治理體系和治理能力現代化若干重大問題決定》，明確提出，「堅持和完善中國特色社會主義制度、推進國家治理體系和治理能力現代化，是全黨的一項重大戰略任務。」在此背景下，國際私法學界更應銘記歷史使命，積極發揮國際私法在推進治理現代化中的作用。

　　作為國際私法在全球治理中發揮作用的主要方式，國際民商事新秩序構建可以為中國未來和平崛起創造良好的保障機制，有助於中華民族實現偉大復興[66]。但與此同時，也為國際私法立法、司法及理論研究帶來了一

---

[65] 截至2022年2月23日，僅有哥斯達黎加、以色列、俄羅斯、烏克蘭、烏拉圭簽署。海牙國際私法會議官網，https://www.hcch.net/en/instruments/conventions/status-table/?cid=137。

[66] Huang Jin, Establishment and Development of the Post-war New International Civil and Commercial Order, 1 *The Chinese Journal of Global Governance* 97 (2015).

系列亟待克服的挑戰。

　　中國國際私法學會2019年年會宣布成立了「中國國際私法法典編纂（學會建議稿）工作小組」，這既是學界對人類命運共同體構建背景下國際私法在全球治理中發揮作用的最佳回應，也反映了《民法典》編纂背景下，國際私法學界對國際私法法典化的殷切期許。國際私法典的編纂必須以落實「構建國際民商事新秩序」為中心，把握這一構建中國特色國際私法理論體系的最佳時機，改變國際私法認識論上的「隧道視野」（tunnel-vision），重新挖掘國際私法在全球治理中發揮作用的潛力。全球化背景下，既要重新認識國際私法的性質及其與其他學科（國際公法、環境法、公司法、人權法等）之間的聯繫，關注傳統公法調整的範圍，發掘國際私法可以發揮潛力的空間，也要致力於解決國際私法實踐中存在的諸多問題，如外國法的查明、不方便法院原則、條約和國際慣例的適用問題、判決承認執行中互惠原則的適用等。總之，在人類命運共同體構建的當下，國際私法應該積極承擔起在全球治理中的作用，努力推動構建國際民商事新秩序，為全球治理體系的變革、國際秩序的完善提供「中國智慧」、「中國方案」。

國家圖書館出版品預行編目資料

陳隆修教授七秩華誕祝壽論文集／吳光平，何佳芳，李瑞生，宋連斌，林恩瑋，孫尚鴻，張絲路，許兆慶，許慶坤，許耀明，游悦晨，黃志慧，黃鈺，馮霞，葉斌，蔡佩芬，劉仁山，劉流，賴淳良，譚曉杰著．－－初版．－－臺北市：五南圖書出版股份有限公司，2022.12
面； 公分
ISBN 978-626-343-446-2（平裝）

1.CST: 法學　2.CST: 文集

580.7　　　　　　　　　111016291

1RC9

陳隆修教授七秩華誕祝壽論文集

作　　者 — 吳光平、何佳芳、李瑞生、宋連斌、林恩瑋
　　　　　 孫尚鴻、張絲路、許兆慶、許慶坤、許耀明
　　　　　 游悦晨、黃志慧、黃　鈺、馮　霞、葉　斌
　　　　　 蔡佩芬、劉仁山、劉　流、賴淳良、譚曉杰
　　　　　（按姓氏筆畫排序）

主　　編 — 陳隆修教授七秩華誕祝壽論文集編輯委員會

發 行 人 — 楊榮川

總 經 理 — 楊士清

總 編 輯 — 楊秀麗

副總編輯 — 劉靜芬

責任編輯 — 呂伊真、許珍珍

封面設計 — 王麗娟

出 版 者 — 五南圖書出版股份有限公司

地　　址：106台北市大安區和平東路二段339號4樓

電　　話：(02)2705-5066　　傳　　真：(02)2706-6100

網　　址：https://www.wunan.com.tw

電子郵件：wunan@wunan.com.tw

劃撥帳號：01068953

戶　　名：五南圖書出版股份有限公司

法律顧問　林勝安律師事務所　林勝安律師

出版日期　2022年12月初版一刷

定　　價　新臺幣600元

版權所有·欲利用本書內容，必須徵求本公司同意※

五南
WU-NAN

全新官方臉書

五南讀書趣

WUNAN
Books
since1966

Facebook 按讚

1秒變文青

★ 專業實用有趣
★ 搶先書籍開箱
★ 獨家優惠好康

五南讀書趣 Wunan Books

不定期舉辦抽
贈書活動喔！！

經典永恆・名著常在

五十週年的獻禮 ── 經典名著文庫

五南，五十年了，半個世紀，人生旅程的一大半，走過來了。

思索著，邁向百年的未來歷程，能為知識界、文化學術界作些什麼？

在速食文化的生態下，有什麼值得讓人雋永品味的？

歷代經典・當今名著，經過時間的洗禮，千錘百鍊，流傳至今，光芒耀人；

不僅使我們能領悟前人的智慧，同時也增深加廣我們思考的深度與視野。

我們決心投入巨資，有計畫的系統梳選，成立「經典名著文庫」，

希望收入古今中外思想性的、充滿睿智與獨見的經典、名著。

這是一項理想性的、永續性的巨大出版工程。

不在意讀者的眾寡，只考慮它的學術價值，力求完整展現先哲思想的軌跡；

為知識界開啟一片智慧之窗，營造一座百花綻放的世界文明公園，

任君遨遊、取菁吸蜜、嘉惠學子！